法術 实务系列

Commentary on the Application
of Civil Evidence Rules

民事证据规则适用通解

宋春雨 著

人民法院出版社

图书在版编目（CIP）数据

民事证据规则适用通解 / 宋春雨著. -- 北京 : 人民法院出版社, 2024.1
（法衡系列丛书）
ISBN 978-7-5109-3890-0

Ⅰ. ①民… Ⅱ. ①宋… Ⅲ. ①民事诉讼－证据－法律适用－中国 Ⅳ. ①D925.113.5

中国国家版本馆CIP数据核字(2023)第167183号

民事证据规则适用通解

宋春雨　**著**

策划编辑　兰丽专
责任编辑　兰丽专　丁塞峨
执行编辑　杨晓燕
出版发行　人民法院出版社
地　　址　北京市东城区东交民巷 27 号(100745)
电　　话　(010)67550565(责任编辑)　67550558(发行部查询)
　　　　　65223677(读者服务部)
网　　址　http://www.courtbook.com.cn
E - mail　courtpress@sohu.com
印　　刷　三河市国英印务有限公司
经　　销　新华书店

开　　本　787 毫米×1092 毫米　1/32
字　　数　378 千字
印　　张　20.75
版　　次　2024 年 1 月第 1 版　2025 年 8 月第 4 次印刷
书　　号　ISBN 978-7-5109-3890-0
定　　价　88.00 元

出版说明

唐代诗人刘禹锡在《砥石赋》中说道："石以砥焉，化钝为利；法以砥焉，化愚为智。"法乃文明基石、治国重器，亦为启迪民智的理性明灯！而书籍则是人们获取法学知识和法律精神滋养的重要载体。在这个知识获取途径呈爆炸式增长乃至于信息泛滥的时代，在浩瀚书海中，如何甄选一本"开卷有益"的法律书籍，就显得尤为重要。

"法衡"系列丛书以法的精神为依归，秉持阐扬法理、衡平世情的基调，特别邀请法学界、实务界学有专长、治学严谨的专家学者，以其深厚学养和专业卓识为读者呈现各自研究领域的真知灼见；以其扎实理论和实务经验深入浅出、平实晓畅撰述法学要义，力求既能开悟法律专业人士，又能惠及更广泛的社会公众。

我们希望，"法衡"系列丛书能以各位专家学者深思精蕴的著述为读者播下智慧的种子，增益法律新知，开拓法学视野，传授思维方法，以此提升学法、用法、执法、司法之能力和水平。愿法治思想深入人心，俾法治精神大力弘扬。

作者小传

宋春雨，1973 年生，二级高级法官，诉讼法学博士。曾参与起草《最高人民法院关于民事诉讼证据的若干规定》(2001 年)、《〈最高人民法院关于民事诉讼证据的若干规定〉文书样式（试行）》(2003 年)、《最高人民法院关于适用〈关于民事诉讼证据的若干规定〉中有关举证时限规定的通知》(2008 年)、《最高人民法院关于适用〈中华人民共和国民事诉讼法〉的解释》（证据和第一审普通程序，2015 年)、《最高人民法院关于进一步加强民事送达工作的若干意见》(2017 年)、《最高人民法院关于修改〈关于民事诉讼证据的若干规定〉的决定》(2019 年)、《最高人民法院关于生态环境侵权民事诉讼证据的若干规定》(2023 年）等司法解释和规范性文件。承担人民法院"一五"改革纲要"进一步完善质证和认证制度"课题、人民法院"三五"改革纲要"进一步完善民事诉讼证据规则”课题、人民法院“四五”改革纲要“完善民事诉讼证明规则”课题、人民法院“四五”改革纲要“完善送达制度”课题，最高人民法院第七次民事审判工作会议“完善民事证据规则”重点课题。参著业务书籍20余部。另在《法律适用》等报刊发表论文若干篇。

序　言

一般认为，民事裁判遵循三段论的逻辑，即以法律规范为大前提，以具体案件事实为小前提，将具体的案件事实置于法律规范要件之下，从而得出裁判的结论。案件事实是裁判的基础，也是民事诉讼中重要的基础性问题，对于包括法院和当事人在内的各方诉讼主体都至关重要。而民事诉讼案件事实的查明，主要以证据为根据。因此，与证据相关的法律和规则，对于法律实务工作具有特别重要的意义。

在2001年《最高人民法院关于民事诉讼证据的若干规定》（以下简称《民事诉讼证据规定》）公布实施之前很长一段时间内，证据问题在民事诉讼中并未得到应有的重视，与证据有关的法律规则简单、抽象、模糊，审判实践中法官对举证责任的识别、对证据的审查判断事实上处于一种“超自由心证主义”的状况，当事人的诉讼活动也缺少充分法律规则指引，导致民事诉讼秩序不稳定甚至一定程度的混乱。2001年《民事诉讼证据规定》既是民事审判方式改革的阶段性成果，也是最高人民法院为推动我国民事诉讼现代化的重要举措。作为我国第一部聚焦于证据的司法文件，2001年《民事诉讼证据规定》结束了民事诉讼中证据收集、提供、质证、审核、采信的混沌无序状态，有效地规范了民事诉讼秩序；推动了民事诉讼主体证据意识的形成和深化，奠定了理性诉讼的基础，改变了当事人、律师实施诉讼行为的方式；突破了人民法院民事审判方式改革的瓶颈，促进了人民法院以庭审为中心的民事案件审理模式的建立和发展。2001年《民事诉讼证据规定》的施行，为学术研究提供了丰富的研究课题和素材，推动了民事证据法学、民事诉讼法学研究的深入，也为民事诉讼立法的完善和发展积累了经验，2012年全国人大常委会通过的《关于修改〈中华人民共和国民事诉讼法〉的决定》中关于证据制度的修改，大量吸收了基于2001年《民事诉讼证据规定》施行而总结的审判实践经验。

自2001年承担《民事诉讼证据规定》的起草工作，迄今已20余年。其间，在案件审理工作之外，我一直承担有关民事诉讼证据司法解释、司法改革课题以及立法建议稿的调研和文稿起草工作，见证并参与了我国民事诉讼证据制度20余年来发展、完善的全过程。作为法律人，这无疑是一份极为难得的荣幸。本次承蒙人民法院出版社不弃，邀请我承担“法衡”系列丛书中《民事证据规则适用通解》一书的撰写，使得我有机会分享有关民事诉讼证据司法解释的心得。本书以2019年修正的《民事诉讼证据规定》和《最高人民法院关于适用〈中华人民共和国民事诉讼法〉的解释》有关证据的条文为线索，结合起草过程中对理论观点的取舍、不同方案的争论和选择，对司法解释条文所涉及的基本概念、原理、规范目的、条文本意、实践中需要注意的问题等进行介绍和阐释。由于《民事诉讼证据规定》是以民事诉讼进程为基本逻辑设计条文顺序，涉及同一证据问题的规定可能分散在司法解释的不同部分，为便于全面理解相关联条文的内容，本书在体例上按照“当事人举证”“证据的调查收集和保全”“举证时限”“证据方法及证据规则”“证据评价”的结构，对相关联条文进行整理归纳，并对司法解释中主要制度设立的背景、目的、基本理念进行总括性的介绍。希望通过上述体例和内容的安排，为读者理解民事诉讼证据司法解释的内容提供帮助。

最后，感谢人民法院出版社兰丽专主任和杨晓燕编辑的理解、宽容和付出，感谢长期以来为民事诉讼证据司法解释的起草、完善提供指导、支持、帮助的专家学者和贡献宝贵经验的法官同仁。

宋春雨

2023 年 8 月 28 日

目　录

第一章　当事人举证

第一节　起诉的证据要求

2019年《最高人民法院关于民事诉讼证据的若干规定》（以下简称《民事诉讼证据规定》）

第1条　原告向人民法院起诉或者被告提出反诉，应当提供符合起诉条件的相应的证据。

民事诉讼因当事人起诉而得以展开，这既是由民事诉讼的特点所决定的，也是辩论主义和处分权原则的应有之义。从民事诉讼的构造角度来讲，民事诉讼的过程体现为三个阶段：首先，民事诉讼应当合法提起，即当事人提起诉讼须符合法定条件和方式，此为第一个阶段；其次，法院对当事人提起的诉讼的合法性进行审理，即通过对本案诉讼要件的审查，解决系属于法院的诉讼在程序上的适法性问题，系第二个阶段；最后，法院通过对本案实体权利要件的审理，对当事人争议的法律关系作出判决，即民事诉讼的第三个阶段。第一个阶段解决诉讼系属于法院问题，以使当事人提起的诉讼进入法院审查的视野；第二个阶段解决诉讼程序上的合法性问题，使诉讼具备法院对实体争议作出裁判的前提；第三个阶段解决法院对当事人实体争议的判决问题，以实现当事人的诉讼目的。后两个阶段体现了民事诉讼审理由诉讼审理和本案审理所构成的二元结构。① 即通过对诉讼要件的审理，解决诉的合法性问题，以确定是否能够以及是否有必要对本案作出实体判决；在此前提下，通过对实体权利要件的审理，对争议的法律关系作出判决。

在大陆法系国家和地区，理论上区分诉讼成立要件（起诉要件）和诉讼要件。所谓诉讼成立要件，是指满足法律所规定的起诉条件而使法院受理案件的条件；诉讼要件则是指当事人所提起之诉符合法律规定的条件，进而法

① 参见［日］中村英郎：《新民事诉讼法讲义》，陈刚等译，法律出版社 2001 年版，第 152 页；张卫平：《民事诉讼：关键词展开》，中国人民大学出版社 2005 年版，第 75 页。

院可以就案件进行审理并作出判决的条件。[①] 诉讼成立要件解决起诉行为的适法性问题，而诉讼要件则解决诉讼本身的适法性。在立法上，大陆法系国家和地区对于诉讼成立要件的规定，体现了起诉条件低阶化的特点，一般仅包括提交记载法定事项的诉状、交纳诉讼费用等起诉程序方面的内容。法官对于原告的起诉不进行实质性审查，也不需要原告提供充分证据，只要形式上满足起诉的程序要求，即可以登记确认起诉行为的效力。关于诉讼要件，通常包括法院的主管和管辖（诉讼事件是否属于普通法院权限及受诉法院管辖）、当事人的当事人能力和诉讼能力、诉讼代理人的合法性、是否构成重复起诉以及诉讼标的是否被确定判决或者和解的既判力所覆盖等。此外，一些“诉讼障碍事项”作为消极诉讼要件，虽然未必有立法上的明确规定，但也属于诉讼要件的范畴，如当事人之间是否存在仲裁协议等。对于诉讼要件的审查，属于民事诉讼审理的内容，由当事人就诉讼要件是否具备承担举证责任。

与大陆法系国家和地区不同，我国《民事诉讼法》将民事诉讼的基本程序结构规定为“起诉和受理”“审理前的准备”“开庭审理”三个阶段。在诉讼程序启动阶段没有实行登记立案，而是采取审查立案制度，即通过对原告起诉是否符合法定起诉条件进行审查以决定是否受理，从

---

① 参见唐力：《民事诉讼立审程序结构再认识——基于立案登记制改革下的思考》，载《法学评论》2017 年第 3 期。

而发生诉讼系属效力。《民事诉讼法》第十二章第一节“起诉和受理”的六个条文中，既有诉讼成立要件的规定，如第123条、第124条关于诉讼程式的规定，也有诉讼要件的规定，如第122条、第127条。有关当事人的当事人能力、诉讼能力及诉讼代理人合法性问题，由于系强制性诉讼要件，是法院应当依职权调查的事项，虽未明确规定，亦属于当然的法院对诉讼要件审查的范畴。《民事诉讼法》的规定将诉讼成立要件和诉讼要件合并作为起诉的条件，实质上将法院对当事人起诉行为的合法性审查与诉的合法性审查合并，与大陆法系国家和地区相比，体现了起诉条件“高阶化”的特点。这也必然要求当事人在提起诉讼时，应当对是否符合起诉条件，特别是对是否满足诉讼要件承担举证责任。虽然最高人民法院在2015年公布了《最高人民法院关于适用〈中华人民共和国民事诉讼法〉的解释》（以下简称《民事诉讼法解释》）和《最高人民法院关于人民法院登记立案若干问题的规定》，对案件受理制度改革进行探索，但在《民事诉讼法》并未对民事诉讼基本程序结构进行调整、未对起诉受理制度进行修改的情况下，司法实践中的“立案登记制并非实质意义上的登记制，其更多体现的是司法政策的实践表达”①。因此，对原告起诉时提供证据作出规定，在现有的法律制度下仍然是

① 唐力：《民事诉讼立审程序结构再认识——基于立案登记制改革下的思考》，载《法学评论》2017年第3期。

必要的。

一、提起诉讼时，原告提供证据应当与起诉条件相对应

2019 年《民事诉讼证据规定》从行为意义上对原告起诉时提供证据的内容提出要求。原告提供的证据应当与起诉条件“相应”，是指原告举证的内容限于起诉条件的内容，以证明符合起诉条件成立为必要限度。

如前所述，我国《民事诉讼法》规定的起诉条件包括诉讼成立要件和诉讼要件。就诉讼成立要件而言，主要是提起诉讼时的程式要求，如《民事诉讼法》第 123 条、第 124 条规定的递交起诉状及起诉状的必要记载事项，通常不存在提供证据证明问题。原告在起诉时需要提供证据证明的主要是与诉讼要件相关的事项，如《民事诉讼法》第 122 条、第 127 条规定的内容。其中，《民事诉讼法》第 122 条第 2 项“有明确的被告”、第 3 项“有具体的诉讼请求和事实、理由”与第 124 条第 2 项“被告的姓名、性别、工作单位、住所等信息，法人或者其他组织的名称、住所等信息”、第 3 项“诉讼请求和所根据的事实与理由”相同，只需要提供足以使被告与他人相区别的信息、列明诉讼请求具体内容和事实与理由即可，一般并不需要提供证据证明。

与诉讼要件有关的事项，包括以下两种情形。

其一，人民法院应当依职权调查的强制性诉讼要件。包括法律没有明确规定的强制性诉讼要件和法律明确规定的强制性诉讼要件两种情形。法律没有明确规定但属于强制性诉讼要件的情形包括：当事人是否具有当事人能力，如提起诉讼的其他组织（非法人组织）是否符合法定的条件；当事人是否具有诉讼能力，如自然人是否有行为能力、法人是否因破产等原因行为能力受限；诉讼代理人是否合法；等等。这些事项属于诉讼适法的基本前提，法律虽无规定，也当然属于人民法院应当审查的范畴。法律明确规定的强制性诉讼要件主要指《民事诉讼法》第122条第4项、第127条第1项、第3项、第4项所规定的人民法院主管和管辖问题，以及《民事诉讼法》第127条第5项、《民事诉讼法解释》第247条规定的属于“一事不再理”原则覆盖的事项以及《民事诉讼法》第127条第6项、第7项规定的限制起诉的事项。主管和管辖问题、“一事不再理”原则覆盖的事项以及法律规定的限制起诉的事项都涉及人民法院在民事诉讼中的职权或者基本诉讼秩序，无论当事人是否提出主张、抗辩，人民法院均应依职权调查。在人民法院对有关事实有疑问时，应当要求原告提供相应证据予以证明。需要强调的是，人民法院依职权调查并不是要求人民法院依职权收集证据，而是在当事人没有提出相应事实和证据时，人民法院可以依职权提出事实、要求当事人证明，不受当事人主张的限制。对于起诉条件有关的事实，人民法院没有主动调查收集证据的职权。

其二，《民事诉讼法》第122条第1项所列的事项，即原告与本案有直接利害关系。原告是否与本案有直接利害关系，涉及正当当事人的确定，属于案件的实体问题，而非传统意义上诉讼要件的内容。《民事诉讼法》将其规定在起诉条件中，实质上提高了起诉的"门槛"。如何准确理解和适用《民事诉讼法》的规定，既保证落实法律规定的诉讼适法性要求，又能够最大限度保障当事人的诉讼权利，是审判实践中十分重要的课题。而审判实践中曾经普遍存在的要求原告起诉时对"与本案有直接利害关系"进行充分证明，甚至要求原告对其实体权利是否成立进行证明的情况，又进一步提高了当事人起诉的"门槛"，为当事人提起诉讼设置了既不合法也不合理的限制。针对这种情况，2001年《民事诉讼证据规定》第1条对当事人起诉的证据要求作出规定，其目的是将起诉时对案件实体问题的审查限定在必要的限度之内，当事人在起诉时只需要提供符合起诉条件的相应的证据材料，即其证明活动以满足法律所规定的起诉条件为限。这一规定在目前仍然具有很强的现实意义，这也是2019年《民事诉讼证据规定》延续其内容的理由。关于何种程度属于必要限度，一般而言，原告提供证据证明其为本案法律关系的参与者，或者虽非法律关系的参与者但他人之间的法律关系对其利益造成影响，即可以认定其"与本案有直接利害关系"，完成了与起诉条件相应的证明责任。至于其权利主张是否成立，并非起诉时需要证明的内容。关于《民事诉讼法》第127条第2项所列当事人之间达成书面仲裁协议的情形，理论上属于消极诉讼要件或诉讼障碍要件，法院一般不作主动审查，在被告抗辩情况下才作为审理内容。这种情况下不存在原告提供证据证明问题。

此外，对于一些特殊类型的诉讼，法律、司法解释作出特别规定的，原告起诉时除符合《民事诉讼法》第122条规定外，还需要满足这些特别规定的要求。相应地，原告亦应当提供相应证据证明其符合特别规定的起诉条件。例如，第三人撤销之诉的原告，还需要根据《民事诉讼法》第59条第3款、《民事诉讼法解释》第290条规定，就“因不能归责于本人的事由未参加诉讼”“发生法律效力的判决、裁定、调解书的部分或者全部内容错误”“发生法律效力的判决、裁定、调解书内容错误损害其民事权益”，以及原告属于《民事诉讼法》第59条第1款、第2款规定的第三人、“自知道或者应当知道其民事权益受到损害之日起”不超过6个月等事项提供证据证明；执行异议之诉的原告，还应当根据《民事诉讼法》第238条，《民事诉讼法解释》第303条、第304条规定，就人民法院已经对有关执行异议申请作出裁定，以及原告系在裁定送达之日起15日内起诉的事实提供证据证明；环境民事公益诉讼的原告，还根据《民事诉讼法》第58条、《最高人民法院关于审理环境民事公益诉讼案件适用法律若干问题的解释》第 8 条规定，提供“被告的行为已经损害社会公共利益或者具有损害社会公共利益重大风险的初步证明材料”，社会组织提起诉讼的应当提交“社会组织登记证书、章程、起诉前连续五年的年度工作报告书或者年检报告书，以及由其法定代表人或者负责人签字并加盖公章的无违法记录的声明”；消费民事公益诉讼的原告，还需要根据《民事诉讼法》第 58 条、《最高人民法院关于审理消费民事公益诉讼案件适用法律若干问题的解释》第 4 条规定，提供“被告的行为侵害众多不特定消费者合法权益或者具有危及消费者人身、财产安全危险等损害社会公共利益的初步证据”以及“消费者组织就涉诉事项已按照消费者权益保护法第三十七条第四项或者第五项的规定履行公益性职责的证明材料”。

关于提起反诉的情形，由于反诉是本诉被告利用本诉的诉讼程序，就与本诉有牵连的事项针对本诉原告提起的诉讼，提起反诉的行为与起诉行为的本质和基本要求相同。故被告提起反诉时也应当如本诉的要求一致，提供符合反诉条件的相应证据。除前述与诉讼要件有关的一般事项外，反诉原告还应当按照人民法院的要求，就反诉与本诉之间具有牵连关系的事实提供证据证明，即符合《民事诉讼法解释》第 233 条第 2 款规定的“反诉与本诉的诉讼请求基于相同法律关系、诉讼请求之间具有因果关系，或者反诉与本诉基于相同事实”的情形。

二、2019 年《民事诉讼证据规定》对 2001 年《民事诉讼证据规定》的修改

2019 年《民事诉讼证据规定》对 2001 年《民事诉讼证据规定》第 1 条的修改，是将“证据材料”修改为“证据”。依大陆法系传统，证据包括证据资料和证据方法两个层面的含义。证据方法是法官调查的对象，通常为当事人所提供的证据。证据资料是法官调查证据方法所获得的内容。① 但我国理论界和实务界并未在大陆法系传统意义上使用证据的概念。长期以来，我国理论界倾向于通过揭示证据本质属性的方式定义证据，有观点认为证据是客观事实②，有观点认为证据是证明待证事实存在与否的手段或方法③，也有观点认为证据是“证明案件事实或者与法律事务有关之事实存在与否的根据”④。审判实践中，证据材料、证据资料、证据等表述经常混用，彼此之间没有清晰、明确的区分。在证据的含义问题上，笔者倾向于从形

---

① 参见雷万来：《民事证据法论》，我国台湾地区瑞兴图书股份有限公司 1997 年版，第 18~19 页。

② 参见田平安：《民事诉讼证据初论》，中国检察出版社 2002 年版，第 7~8 页。

③ 参见何家弘主编：《新编证据法学》，法律出版社 2000 年版，第 99 页。

④ 何家弘主编：《新编证据法学》，法律出版社 2000 年版，第 99 页。

式性的描述来理解证据，即凡用以证明案件事实的资料，均为证据。基于这种理解，2019 年《民事诉讼证据规定》将 2001 年《民事诉讼证据规定》中有关“证据材料”的表述均替换为“证据”。

第二节　释明

2019 年《民事诉讼证据规定》

第 2 条　人民法院应当向当事人说明举证的要求及法律后果，促使当事人在合理期限内积极、全面、正确、诚实地完成举证。

当事人因客观原因不能自行收集的证据，可申请人民法院调查收集。

第 53 条　诉讼过程中，当事人主张的法律关系性质或者民事行为效力与人民法院根据案件事实作出的认定不一致的，人民法院应当将法律关系性质或者民事行为效力作为焦点问题进行审理。但法律关系性质对裁判理由及结果没有影响，或者有关问题已经当事人充分辩论的除外。

存在前款情形，当事人根据法庭审理情况变更诉讼请求的，人民法院应当准许并可以根据案件的具体情况重新指定举证期限。

释明“通常是指法院为了明确案件的事实关系与法律

关系，就事实上以及法律上的有关事项向当事人发问，促使当事人及时、完整地陈述事实和提供证据的活动”①。释明权在性质上属于诉讼指挥权范畴，既是法官的权力，也是法官的义务，是基于审判权而衍生出来的法官的职权。通过法官释明权的行使，使当事人在诉讼中就未明确的特定事项予以说明、澄清，未充分陈述和声明的事项予以补充、完善，对不适当的陈述予以更正，并促使当事人提出证据。作为大陆法系国家和地区民事诉讼的术语和制度，释明是当事人主义诉讼模式下法官职权扩张的产物，通过法官的释明活动，弥补和修正辩论主义和处分权原则的不足，促进案件审理实质化，保障实质正义和诉讼平等，防止突袭性裁判，提升司法公信力。

从 1877 年《德国民事诉讼法》最早规定释明权至今，大陆法系国家和地区的释明权在演进中逐渐发展出双重含义，既包括法官通过告知、发问等方式提示当事人对于诉讼事项进行充分、完整的陈述和主张，并提供支持其主张的相应证据，以使其充分利用攻击防御方法揭示事实真相，实现纠纷的妥善解决；也包括法官通过开示庭审中的临时心证和法律见解的方式，保障当事人的程序参与权，避免突袭性裁判发生。② 在释明权行使方式上，既包括法官通

---

① 熊跃敏：《民事诉讼中法院释明的实证分析——以释明范围为中心的考察》，载《中国法学》2010 年第 5 期。

② 参见肖建华、陈琳：《法官释明权之理论阐释与立法完善》，载《北方法学》2007 年第 2 期。

过发问的方式促使当事人实施一定的诉讼行为，使其对有瑕疵的诉讼行为予以补充、完善和澄清，也包括法官以告知和陈述要求等方式，使当事人对其诉讼行为及结果能够充分理解并对不妥当的诉讼行为作出适当调整，促使当事人充分完成举证。① 法官对于应当释明的事项未行使释明权，则违反了释明权行使的义务，当事人可以此为由向上诉审法院提出推翻原判决的请求；相应地，如果法官过度行使释明权，亦可能因违法释明而导致上诉审法院废弃原审判决。

由于英美法系国家和地区的民事诉讼以当事人主导的对抗制为特征，大陆法系国家和地区的释明制度因其非对抗性的特点，并不为英美法系国家立法和民事诉讼理论所重视，因此并没有大陆法系意义上的释明制度。但法官在案件审理中同样存在释明行为，特别是在当事人未委托律师进行诉讼的情况下更是如此。只不过在英美法系国家和地区，释明并非法官的义务和职责，在制度上也不存在法官释明的约束性机制。法官释明更多的是遵循职业伦理所实施的行为，而非制度上的要求。因此，释明作为一种现象或者行为，在当事人主义诉讼模式下，并不因当事人主导型诉讼模式或是法院职权进行式的诉讼模式而截然相反。在职权探知主义诉讼模式之下，释明现象更是普遍存在，

① 参见张卫平：《民事诉讼“释明”概念的展开》，载《中外法学》2006 年第 2 期。

只不过其并非大陆法系意义上的释明制度。

在我国，长期以来，诉讼指挥权被视为人民法院审判权的重要内容，对当事人进行诉讼指导，也一直是人民法院的重要职责。2001年《民事诉讼证据规定》第3条、第35条关于人民法院释明的规定，既体现了人民法院指挥诉讼、指导当事人诉讼的传统职权，也根据审判方式改革和审判实践的需要，对人民法院在当事人举证的诉讼指导等方面提出明确具体的要求，第一次以释明权的理念诠释诉讼指挥权的内容。2001年《民事诉讼证据规定》既是我国第一部关于证据规则的法律文件，也是民事审判方式改革的重要成果。它总结了自20世纪80年代以来民事审判方式改革的经验，以“强化当事人举证责任，弱化和规范人民法院调查收集证据的职能”为基本线索，确立了我国民事证据制度和规则的基本框架，体现了“我国社会主义市场经济对民事诉讼制度的要求”，体现了我国民事审判方式和民事诉讼制度改革与发展的要求。在强化当事人的举证责任、强调在诉讼实体内容（证据）上当事人的主导地位的同时，2001年《民事诉讼证据规定》也充分意识到，“在诉讼实体问题上完全依靠当事人的行为，往往无法达到诉讼制度设置的目的，诉讼效率也会受到消极影响。因此，在某些情况下，需要法院行使对当事人发问、提醒、启发等职权。通过释明权的行使，既可以更好地保护当事人的诉讼权利，也更有利于查明案件事实”。[①]

2019年《民事诉讼证据规定》第2条、第53条对于2001年《民事诉讼证据规定》第3条、第35条有关释明的规定，在内容上有所修改，但在基本思路和结构上二者是一致的，既对人民法院释明作出一般性规定，也就防止裁判突袭的释明作出特别规定。

一、人民法院对当事人举证进行释明的一般性规定

2019年《民事诉讼证据规定》第2条是关于人民法院释明的一般性规定。根据该条规定，人民法院对于当事人举证的释明，主要体现在对举证要求及结果的释明。这种释明的内容，应当作适当宽泛理解，既包括当事人举证责任的承担，证据资格、证据形式、反证规则、举证时限等内容的释明，也包括不符合或者违反法律、司法解释规定时应当承担的后果的释明。凡属与当事人举证有关的事项，在不违反法官中立的原则下，都可以作为释明的内容。

人民法院应当以何种方式行使释明权，实践中存在两种观点：一种观点认为，人民法院既可以采取书面通知方式，也可以口头方式告知当事人举证的要求和后果；另一种观点认为，从告知举证要求及后果的重要性、严肃性、

① 最高人民法院民事审判第一庭：《民事诉讼证据司法解释的理解与适用》，中国法制出版社2002年版，第7页。

可行性、必要性等考虑，人民法院只能以书面方式向当事人说明举证的要求及后果。① 事实上，这两种观点都不准确。释明权行使的目的，是通过法官发问、提醒等方式，启发当事人将不明确、不充分的主张和陈述予以澄清和补充，将不适当的主张和陈述予以排除和更正。人民法院对民事案件的审理，以言词审理为原则，口头方式是释明权行使的主要方式。将释明权理解为只能以书面告知方式行使的观点，没有充分理解释明权的本义以及《民事诉讼证据规定》规定释明权的目的。而将释明权行使理解为既可以书面方式行使也可以口头方式行使的观点，对释明权的理解也不够准确。在民事案件审理过程中，人民法院根据审理需要，随时通过行使释明权对当事人进行诉讼指导，以口头方式行使释明权是常态。除有法律、司法解释明确规定必须以书面方式告知有关举证事项的情形外，释明权均可以口头方式行使。

人民法院释明权的行使，贯穿于民事诉讼的全过程。我国《民事诉讼法》关于审判程序的结构，设置了“起诉和受理”“审理前的准备”和“开庭审理”三个基本阶段。这三个阶段均存在释明权行使的问题。人民法院在“起诉和受理”阶段，针对当事人的起诉条件即诉讼成立要件和诉讼要件进行审查，相应地，需要对当事人就起诉条件的

① 参见最高人民法院民事审判第一庭：《民事诉讼证据司法解释的理解与适用》，中国法制出版社2002年版，第27~28页。

举证行为进行指导和释明。这种释明一方面体现为人民法院通过诉讼服务中心摆放、张贴的“诉讼须知”，进行抽象的释明；另一方面体现为人民法院立案工作人员就具体个案对当事人的询问、告知和提醒，如是否有合同文本以证明原告与本案有直接利害关系的证据等。在“审理前的准备”阶段，人民法院根据2019年《民事诉讼证据规定》第50条（2001年《民事诉讼证据规定》第33条第1款）规定，向当事人送达举证通知书，书面释明举证责任分配原则和要求、可以申请人民法院调查收集证据的情形、举证期限及逾期提供证据的后果。通过举证通知书进行的释明，属于抽象的释明，并不针对个案的具体情况，告知的内容是法律、司法解释的一般性规定，系一般性的举证指导。而在“审理前的准备”阶段组织庭前会议、证据交换等过程中，以及“开庭审理”阶段，人民法院通过对当事人就具体事项进行主张、陈述和举证的发问、提醒、告知等方式，使当事人更正其诉讼行为的瑕疵、明晰其诉讼行为的内容，释明权的行使才更具体、更有针对性，更能够实现释明的目的和效果。

人民法院对当事人举证的释明，以促使当事人在合理期限内积极、正确、全面、诚实举证为目的。当事人在合理期限内完成举证，是举证时限制度的基本要求，也是民事诉讼正常秩序和效率的基本要求。通过对举证时限及逾期举证后果的告知，督促当事人及时提供证据，是举证释明的基本内容。积极举证和诚实举证，事关当事人对于举证的态度。通过人民法院的释明，促使当事人以积极态度利用一切符合法律规定的手段收集、提供证据，尽其所能通过举证行为积极主张权利；同时，也提醒当事人须以正当、合法的手段和目的行使举证的权利，不能通过伪造、篡改等方式制造证据，也不能以损害对方当事人利益为目的进行证据突袭。正确、全面举证，主要是对当事人举证内容上的要求。当事人正确、全面举证，是人民法院准确认定案件事实的基础。人民法院行使释明权，促使当事人既要针对本案争议的事实，提供符合真实性、关联性、合法性要求的证据，也要尽可能将其掌握的证据作全面展示，不能断章取义、任意删减。

人民法院举证释明的目的，也是举证释明的限度。从当事人主义诉讼观出发，举证归根结底属于当事人主导的诉讼实体内容。释明权行使是通过法官与当事人的沟通和交流弥补辩论主义的不足，因此，对于当事人举证的释明应当符合促进当事人及时、积极、正确、全面、诚实举证的目的，并以此为限度，而不能违背法官中立的基本司法规律，更不能过度介入当事人的行为、替代当事人进行主张。同时，释明权虽为人民法院的职权，但人民法院释明权的行使并非为当事人设定义务，对于人民法院的要求、提醒、询问，当事人也没有必须遵从的义务。要求当事人必须服从法院指导，也是对释明权的滥用。

二、防止裁判突袭的释明

如前所述，大陆法系国家和地区的释明既包括以充分揭示事实真相，实现纠纷妥善解决为目的的释明，也包括为保障当事人的程序参与权、避免突袭性裁判发生的释明。2019 年《民事诉讼证据规定》第 2 条（2001 年《民事诉讼证据规定》第 3 条）针对前一种情形在举证过程中的释明作出一般性规定，而自 2001 年《民事诉讼证据规定》第 35 条修改而来的 2019 年《民事诉讼证据规定》第 53 条，系专门就防止裁判突袭的释明所作的规定。2001 年《民事诉讼证据规定》第 35 条规定：“诉讼过程中，当事人主张的法律关系的性质或者民事行为的效力与人民法院根据案件事实作出的认定不一致的，不受本规定第三十四条规定的限制，人民法院应当告知当事人可以变更诉讼请求。当事人变更诉讼请求的，人民法院应当重新指定举证期限。”2019 年《民事诉讼证据规定》第 53 条将“人民法院应当告知当事人可以变更诉讼请求”修改为“人民法院应当将法律关系性质或者民事行为效力作为焦点问题进行审理。但法律关系性质对裁判理由及结果没有影响，或者有关问题已经当事人充分辩论的除外”；将当事人变更诉讼请求后“人民法院应当重新指定举证期限”修改为“人民法院应当准许并可以根据案件的具体情况重新指定举证期限”。

防止裁判突袭的释明，并非证据规则的内容，而属于程序规则的范畴。2001年《民事诉讼证据规定》第35条之所以作出人民法院就变更诉讼请求进行释明的规定，有其现实的考虑。审判实践中，当事人主张的法律关系性质或者民事行为效力与人民法院根据案件审理情况形成的认识不一致的情形非常普遍。人民法院对这种情形如何处理，在2001年《民事诉讼证据规定》公布实施之前，存在两种截然不同的认识和做法。一种观点认为，民事诉讼应当贯彻当事人主义，从辩论主义和处分权原则出发，依据什么样的事实和法律观点、选择什么样的诉讼理由和诉讼标的、提出什么样的诉讼请求，均属于当事人自主决定的事项，人民法院在审理过程中不得干涉，否则即违背法官中立的司法规律。当事人主张的法律关系性质和民事行为效力与人民法院的认识不一致，意味着当事人的认识和选择出现了错误，由于不同的请求权基础对应不同的诉讼标的，当事人建立于错误认识基础上选择的诉讼标的提起的诉讼请求，当然不能得到人民法院支持。这种情况下，人民法院不能基于自己的认识对实体法律关系作出判决，否则既违背当事人处分原则，也势必会违反辩论主义的要求，故应当驳回当事人的诉讼请求。当事人可以在生效判决作出后，基于不同的诉讼理由和诉讼标的另行提起诉讼。另一种观点认为，当事人在诉讼中主张的法律关系性质和民事行为效力与人民法院的认识不一致，往往是由于当事人诉讼能力不足、法律知识欠缺所致，简单驳回诉讼请求不利于当事人诉讼权利的保护，也增加当事人诉累，浪费人民法院的审判资源。当事人主张的法律关系性质和民事行为效力尽管与人民法院的认识不一致，但从其主张的事实和诉讼请求的内容，可以判断出当事人的诉讼目的，如基于投资关系主张返还投资本金及利息与基于借款关系主张偿还借款本金及利息，诉讼目的均为金钱给付；基于合同有效主张解除合同、返还财产与基于合同无效主张返还财产，诉讼目的均为财产返还。人民法院应当充分发挥职权作用，从保护当事人实体权利出发，根据自己的认识进行裁判。这种认识在当时的中、基层人民法院中尤其普遍，其主要原因在于 1982 年《民事诉讼法（试行）》作为我国第一部民事诉讼法，影响十分深远。1982 年《民事诉讼法（试行）》采职权探知主义模式，在第 56 条规定人民法院应当“全面地、客观地收集和调查证据”。尽管 1991 年《民事诉讼法》吸收了人民法院审判方式改革的成果，在第 64 条将其修改为人民法院对于“当事人及其诉讼代理人因客观原因不能收集的证据，或者人民法院认为审理案件需要的证据”应当调查收集，减轻了职权主义的色彩，但“当事人及其诉讼代理人因客观原因不能收集的证据”和“人民法院认为审理案件需要的证据”的标准并不明确，民事诉讼制度并未实现从职权探知主义向当事人主义的转型。诉讼模式的转型在 1991 年《民事诉讼法》之后，经过

1998年《最高人民法院关于民事经济审判方式改革问题的若干规定》（以下简称《民事审判方式改革规定》），最终由2001年《民事诉讼证据规定》才得以基本实现。2001年《民事诉讼证据规定》以当事人主义为基本理念，在诉讼实体内容即证据问题上强调当事人的主体地位和作用，弱化、限制人民法院的职权，倡导和推进辩论主义和处分权原则的贯彻落实。以此为出发点，前述第二种观点主张由人民法院根据自己的认识进行实体判决，会导致人民法院裁判的标的与当事人主张的诉讼标的不对应，甚至对当事人根本未主张的内容进行判决，造成“判非所请”，严重违背当事人处分权原则；同时，对于人民法院判决的内容，当事人也往往没有充分辩论的机会，人民法院判决的基础也往往并非当事人辩论的内容。这种处理严重背离了辩论主义的基本要求。而第一种观点严格遵循辩论主义和当事人处分原则，在基本思路上是正确的，但简单判决驳回原告的诉讼请求，则可能因人民法院判决的基础未经当事人充分辩论，而导致裁判突袭的情况发生。特别是2001年《民事诉讼证据规定》对于当事人举证采取“限时提出”、逾期举证将导致“证据失权”后果的情况下，这种裁判突袭的后果可能会被放大，造成为防止证据突袭而造成裁判突袭的情况，严重削弱以维护民事诉讼秩序、促进民事诉讼效率与公平为目标的举证时限制度的目的和效果。为此，根据2001年9月在西安召开的民事诉讼法学会年会对司法解释稿讨论情况和学者的建议，2001 年《民事诉讼证据规定》规定了第 35 条的内容，其目的在于通过人民法院行使释明权，告知当事人可以变更诉讼请求，使当事人有机会充实其攻击防御方法、更为充分地进行举证和辩论，从而防止裁判突袭的发生。从司法解释条文形成的背景可知，防止裁判突袭是 2001 年《民事诉讼证据规定》第 35 条的主要规范目的，至于纠纷一次性解决①则只是附带的目的或效果。

然而，2001 年《民事诉讼证据规定》第 35 条为防止裁判突袭而要求人民法院告知当事人可以变更诉讼请求的规定，在实践中引起争议。有观点认为，在当事人主张的法律关系性质或者民事行为效力与人民法院认识不一致时，要求人民法院告知当事人变更诉讼请求，实质上使法院的职权过度介入当事人的实体争议之中，违反法官中立的司法规律。更多的争议则集中于如何在审判实践中适用 2001 年《民事诉讼证据规定》第 35 条的规定，即采取何种方式告知，是以口头方式还是书面方式告知；以何种形式告知，是通知还是裁定抑或其他方式；何时告知，是在开庭审理过程中告知，还是庭后另行告知；告知内容如何确定，是明确告知人民法院对于法律关系性质和民事行为效力的

① 将规范目的理解为纠纷一次性解决可能是因不了解司法解释条文的背景所致。参见任重：《释明变更诉讼请求的标准——兼论“证据规定”第 35 条第 1 款的规范目的》，载《法学研究》2019 年第 4 期。

认识，还是告知当事人人民法院对于法律关系性质或者民事行为效力存在另外一种或者几种认定的可能性；人民法院未告知当事人变更诉讼请求的，如何处理；等等。在2001年《民事诉讼证据规定》修改之前，尽管一些高级人民法院在辖区内基本统一了告知的形式、方式、时点、内容等，但仍存在全国范围内适用不统一的情况。特别是上下级法院对法律关系性质或者民事行为效力问题存在不同认识时，下级法院的释明会被上级法院推翻，当事人根据下级法院的释明变更诉讼请求后又不得不再次变更回原来的诉讼请求，这种情况使下级法院的审判人员往往处于无所适从的尴尬境地。就当事人角度而言，由于我国《民事诉讼法》并未对预备之诉作出规定，实践中人民法院对于当事人在主诉讼请求之外另外提起备位请求的，经常以诉讼请求不明确、不具体为由不予准许，当事人亦缺乏有效手段避免由于上下级法院对法律关系性质或者民事行为效力认识不一致而导致诉讼在上下级法院之间反复、拖延的情形发生。这种实践中存在的问题严重影响了2001年《民事诉讼证据规定》第35条施行的效果和防止裁判突袭的规范目的的实现。

在2019年修改《民事诉讼证据规定》之前，最高人民法院在起草《关于适用〈关于民事诉讼证据的若干规定〉中有关举证时限规定的通知》（法发〔2008〕42号）的过程中，曾经试图通过将1991年《民事诉讼法》第139条先行判决的规定进行扩大解释，使先行判决发挥中间判决作用，通过人民法院对法律关系性质或者民事行为效力进行先行判决的方式对诉讼请求变更进行释明；在先行判决生效、人民法院对于法律关系性质或者民事行为效力的认定固定后再继续进行审理，以有效解决 2001 年《民事诉讼证据规定》第 35 条适用中的争议。但是，中间判决的作用系为解决本案判决的先决性事项，与 1991 年《民事诉讼法》第 139 条规定的“人民法院审理案件，其中一部分事实已经清楚，可以就该部分先行判决”中的先行判决的性质、目的均不相同。将中间判决解释为先行判决，明显不符合《民事诉讼法》的本义，也未得到立法机关的认可。故最终放弃了这种方案。

在修改 2001 年《民事诉讼证据规定》过程中，防止裁判突袭的释明的规定是否应当保留以及如何对第 35 条内容进行改造以适应审判实践的需要，是一个重点问题。2019 年《民事诉讼证据规定》第 53 条延续了 2001 年《民事诉讼证据规定》第 35 条防止裁判突袭的释明的理念，以“将法律关系性质或者民事行为效力作为焦点问题进行审理”取代“告知当事人可以变更诉讼请求”的释明方式，妥当解决了关于释明方式、释明时点以及上下级法院认识不一致等问题。采取 2019 年《民事诉讼证据规定》第 53 条的方案，其理由在于：其一，通过释明权行使，使当事人变更诉讼请求的做法，并未超出释明权行使的限度。按照外国民事诉讼理论的通说，如果释明权的行使有损当事人之间的公平以及对法院的信赖时，则超出释明权的范围，构成释明权的滥用。在外国法实践中，当事人对诉讼请求依据的法律关系存在误解时，法院可以通过释明，使当事人了解特定事实和法律行为的性质，以便正确地提出自己的诉讼请求。而当事人的诉讼请求存在两个可以选择的请求原因时，法院可以通过释明，让原告将其未主张的另一个原因作为预备性请求提出，以便在前一个请求不成立时，允许原告变更诉讼请求。[①] 其二，通过对法律关系性质或者民事行为效力问题进行释明，允许当事人变更诉讼请求，对于保障当事人诉讼权利，防止裁判突袭，规范人民法院的审理活动，十分必要，应当坚持。实践中之所以会产生适用上的争议，主要在于释明权行使的方式上。[②] 有鉴于此，解决问题的关键在于对释明方式作出适当调整。其三，在当事人主张的法律关系性质或者民事行为效力与人民法院认识不一致时径行驳回当事人诉讼请求，之所以造成裁判突袭，在于未能保障当事人就法律关系性质或者民事行为效力进行充分辩论的权利。“法律观点的形成规律决定了法律观点释明的方式只能是对另一种法律观点的可能性及其对本案结果的影响进行释明，并赋予当事人发表意见的机会。同理，若法院所持法律观点已由一方当事人提出

---

① 参见张卫平：《民事诉讼“释明“概念的展开》，载《中外法学》2006 年第 2 期。

② 参见宋春雨：《新民事诉讼证据规定理解与适用若干问题》，载《法律适用》2020 年第 13 期。

并经当事人充分辩论，法官以此法律观点为基础作出裁判将不构成对当事人的突袭裁判。”① 易言之，只要当事人的辩论权利能够得到充分保障，就不会导致裁判突袭的发生。在广泛听取意见的基础上，2019 年《民事诉讼证据规定》第 53 条采纳了审判一线法官的意见，确定了以焦点问题审理取代告知诉讼请求变更的释明方式，比较好地平衡了防止裁判突袭的释明目的与审判实践适用的可行性、便利性的矛盾。

我国民事诉讼实践中，一般认为，法律关系性质和民事行为效力问题系法律判断问题，也是判决的基础性问题，属于人民法院职权审查的内容，不受当事人主张的限制。即使双方当事人对于法律关系性质或者民事行为效力均无争议，人民法院也应当主动进行审查。审判实践中，对于诉讼标的的理解一般按照旧诉讼标的理论，根据当事人主张的实体法律关系或者权利义务识别诉讼标的。当事人主张不同的法律关系性质或者民事行为效力，意味着当事人选择不同的诉讼标的。而诉讼请求是建立在诉讼标的基础上的具体声明，是当事人请求人民法院裁判的具体内容。诉讼标的是诉讼请求的基础，二者并非同一逻辑层次，将《民事诉讼法解释》中的诉讼标的与诉讼请求等同的所谓

---

① 任重：《法律释明与法律观点释明之辩》，载《国家检察官学院学报》2020 年第 6 期。

"一元理解"①，是对司法解释的误读。诉讼标的不同，则诉讼请求的基础不同，由此对应的法律要件事实不同，即使诉讼请求中具体的给付等内容相同，诉讼请求也在实质上发生了变化。如当事人主张按照合同约定给付租金的诉讼请求与主张合同无效、按照租金标准赔偿租赁物占有期间损失的诉讼请求，虽然给付内容相同，但请求权基础不同，权利构成要件以及所需证明的事实不同，诉讼请求实质上并不相同。因此，在当事人主张的法律关系性质或者民事行为效力与人民法院的认识不一致时，才有释明的必要。人民法院应当将法律关系性质或者民事行为效力问题作为焦点问题审理，以保障当事人进行辩论的机会。在当事人根据法庭审理情况申请变更诉讼请求时，人民法院应当准许，并酌情重新确定举证期限，保障当事人因诉讼标的发生变动而针对新的法律要件事实通过证据进行攻击和防御的权利。

审判实践中，有时法律关系性质并非十分清晰，当事人未对法律关系性质提出明确主张，人民法院对法律关系性质也很难得出确切结论。在一些涉及无名合同的案件中，这种情况经常出现。对法律关系性质不作明确认定，如果不会对判决的理由和结果产生影响，则不存在裁判突袭的可能，人民法院也没有行使释明权的必要。同理，如果法

① 参见任重：《释明变更诉讼请求的标准——兼论"证据规定"第35条第1款的规范目的》，载《法学研究》2019年第4期。

律关系性质或者民事行为效力本身即当事人争议的焦点问题，双方当事人已经就有关问题全面、充分发表了意见，辩论权已经得到充分保障，人民法院当然无须进行释明。

2019年《民事诉讼证据规定》第53条在适用中需要注意的是：其一，对法律关系性质的不同认定，可能影响对民事行为效力的认定。这种情况下，法律关系性质和民事行为效力均属于人民法院释明的范围，均应作为案件审理的焦点问题。其二，对民事行为效力问题的认定，存在有效、无效、未生效等多种可能，各种可能的认识均宜纳入焦点问题审理。其三，对法律关系性质或者民事行为效力的释明，是在辩论主义和当事人处分权原则的前提下，为防止裁判突袭、保障当事人诉讼权利而设置的制度。不能本末倒置，以所谓追求纠纷一次性解决为由，违反处分原则和辩论主义的基本要求，突破民事诉讼“不告不理”的基本规则和法官中立的司法规律，就增加诉讼请求或者同时履行抗辩权进行释明。

第三节　举证责任

《民事诉讼法解释》

第90条　当事人对自己提出的诉讼请求所依据的事实或者反驳对方诉讼请求所依据的事实，应当提供证据加以证明，但法律另有规定的除外。

在作出判决前，当事人未能提供证据或者证据不足以证明其事实主张的，由负有举证证明责任的当事人承担不利的后果。

第91条　人民法院应当依照下列原则确定举证证明责任的承担，但法律另有规定的除外：

（一）主张法律关系存在的当事人，应当对产生该法律关系的基本事实承担举证证明责任；

（二）主张法律关系变更、消灭或者权利受到妨害的当事人，应当对该法律关系变更、消灭或者权利受到妨害的基本事实承担举证证明责任。

举证责任也称证明责任，是指“证明主体依据法定职权或举证负担在诉讼证明上所应承担的相应责任”①。具体到民事诉讼中，是指“应当由当事人对其主张的事实提供证据并予以证明，若诉讼终结时根据全案证据仍不能判明当事人主张的事实真伪，则由该当事人承担不利的诉讼后果”②。一般而言，裁判的作出是以法律规范为大前提，以具体的事实为小前提，进而得出裁判结果的三段论过程。抽象的法律规范在适用中必然以具体的事实为对象，而事实的认定须以证据为基础，在事实不能认定时，就会产生由谁承担不利后果的问题，也由此引起举证责任问题。

① 毕玉谦主编：《证据法要义》，法律出版社2003年版，第364页。

② 张永泉：《民事诉讼证据原理研究》，厦门大学出版社2005年版，第160页。

“举证责任之所在，败诉之所在。”举证责任问题是民事证据制度的基础性核心问题，对举证责任的不同理解能够体现民事诉讼制度的不同逻辑和民事诉讼模式的选择，因此也是民事诉讼的核心问题。

从我国民事诉讼的发展过程来看，始于20世纪80年代中期的民事审判方式改革，始终以举证责任问题为主线展开。1982年《民事诉讼法（试行）》第56条在规定当事人有提供证据责任的同时，又规定了人民法院全面、客观地收集和调查证据的职责，将人民法院在证据上的职责与当事人举证责任置于至少是等同的地位，削弱了当事人在证据上的主体地位和作用，不符合民事诉讼的规律和特点，也与社会经济发展对民事诉讼制度的要求不相符。因此，人民法院在推进民事审判方式改革的过程中，以举证责任问题为基本线索，通过不断强化当事人举证责任，弱化人民法院调查收集证据的职权，明确在诉讼的实体问题即证据问题上当事人的权利、责任与人民法院职权的边界，推动我国民事诉讼制度从职权探知主义向当事人主义诉讼模式的转型。经过1991年《民事诉讼法》、1992年《最高人民法院关于适用〈中华人民共和国民事诉讼法〉若干问题的意见》（以下简称《民事诉讼法适用意见》）以及1998年《民事审判方式改革规定》的公布实施，2001年《民事诉讼证据规定》对十几年来民事审判方式改革的成果进行总结和提炼，通过对举证责任及衍生的相关问题的规定，初步建立起具有我国特色的职权进行主义[①]民事诉讼的基本框架。2001 年《民事诉讼证据规定》的基本逻辑和理念，被 2012 年《民事诉讼法》修改所吸收，经过 2015 年《民事诉讼法解释》和 2019 年《民事诉讼证据规定》的进一步落实和完善，使当事人主义民事诉讼制度在我国总体上得以确立。

2001 年《民事诉讼证据规定》既是民事审判方式改革的阶段性成果，也为民事审判方式改革的继续推进奠定基础、确定了方向。也正是基于这种特殊的地位和作用，2001 年《民事诉讼证据规定》以五个条文直接针对举证责任进行规定，既包括举证责任含义的规定，也包括举证责任分配规则的内容。在举证责任分配规则问题上，又通过对与举证责任含义相结合的举证责任分配一般规则的规定、举证责任倒置的规定、合同纠纷和劳动争议纠纷案件举证责任的规定，以及特殊情形下法官分配举证责任的规定，确立了比较完整的举证责任分配规则体系框架。

但《民事诉讼法解释》和 2019 年《民事诉讼证据规定》并没有全部承继 2001 年《民事诉讼证据规定》关于举证责任规定的逻辑和内容。在《民事诉讼法解释》起草过程中，对于 2001 年《民事诉讼证据规定》有关举证责

① 依学者观点，当事人主义模式以当事人主导诉讼实体内容为本质特征，根据诉讼程序内容方面的不同特点，当事人主义模式可以区分为由法院主导程序推进的职权进行主义诉讼模式和当事人主导程序推进的当事人进行主义诉讼模式。

任的规定及其在审判实践中适用的情况进行了研究和梳理，在第 90 条、第 91 条对举证责任的含义及举证责任分配的一般规则作出明确规定，对于 2001 年《民事诉讼证据规定》关于举证责任的其余条文，未作保留。2019 年《民事诉讼证据规定》延续了这一思路，未就举证责任问题作出直接规定，2001 年《民事诉讼证据规定》中有关举证责任倒置的规定、合同纠纷和劳动争议纠纷案件举证责任的规定，以及特殊情形下法官分配举证责任的规定，未被新的司法解释保留。之所以未被新的司法解释保留，其理由在于：其一，2001 年《民事诉讼证据规定》第 3 条关于举证责任含义的规定，是对《民事诉讼法》中“当事人对自己提出的主张，有责任提供证据”的进一步解释，对于指引当事人的举证行为具有十分积极的意义，确有保留的必要。其二，删除 2001 年《民事诉讼证据规定》第 5 条、第 6 条关于合同纠纷和劳动争议纠纷案件举证责任的规定，是因为《民事诉讼法解释》第 91 条规定的举证责任分配的一般规则已经能够涵盖上述两条的内容，没有作进一步规定的必要。其三，2001 年《民事诉讼证据规定》第 4 条关于举证责任倒置的规定，针对的都是民事实体法上特殊侵权的情形，对于特殊侵权责任的构成要件，实体法已经有明确规定，根据《民事诉讼法解释》第 91 条的规定，按照举证责任分配的一般规则完全能够解决所谓举证责任倒置的问题。其四，2001 年《民事诉讼证据规定》第 7 条关于法官在特殊情形下分配举证责任的规定，是为矫正举证责任分配一般规则可能产生影响实质公平的情形所设定的特殊规则，对于实现民事审判的公平公正、完善举证责任分配规则体系是必要的，也是合理的。但在对 2001 年《民事诉讼证据规定》实施情况调研的过程中发现，这一规则在审判实践中存在比较普遍的滥用情形。一些审判人员疏于或者怠于通过对民事实体法关于法律关系或者权利要件的分析，确定具体案件中的举证责任分配，对于第 7 条的适用也并不严格遵守其适用的条件，根据自己的感觉或者好恶任意对实体法规定中隐含的举证责任分配规则进行调整。这种情形严重曲解了 2001 年《民事诉讼证据规定》第 7 条的目的和本义，损害了民事审判的公正性和公信力，影响当事人实体权利的保护和实体法实施的效果。为此，《民事诉讼法解释》和 2019 年《民事诉讼证据规定》均不再保留法官在特殊情形下分配举证责任的规定。事实上，随着实体法规范的不断完善，审判实践中适用举证责任分配一般规则将导致明显违反公平公正原则的情形非常有限。确实出现需要在个案中对举证责任分配问题进行特殊处理的情形的，应当作为法律适用问题逐级向最高人民法院请示，由最高人民法院通过批复的方式对举证责任分配作出调整，而不宜由审理案件的法官在个案中任意对举证责任分配进行特殊处理。

一、举证责任的含义

《民事诉讼法解释》

第90条　当事人对自己提出的诉讼请求所依据的事实或者反驳对方诉讼请求所依据的事实，应当提供证据加以证明，但法律另有规定的除外。

在作出判决前，当事人未能提供证据或者证据不足以证明其事实主张的，由负有举证证明责任的当事人承担不利的后果。

我国理论界通说认为，举证责任具有双重含义，即行为意义的举证责任和结果意义的举证责任。行为意义的举证责任也称为主观的证明责任，是指当事人在具体的民事诉讼中，为避免败诉的风险而向法院提出证据证明其主张的一种行为责任。结果意义的举证责任又称客观的证明责任，是指待证事实的存在与否不能确定时，由哪一方当事人对不利后果进行负担的责任和风险。在举证责任双重含义的理解上，英美法系与大陆法系国家和地区并无本质不同。在英美法上，“法官必须决定哪一方当事人应负担未提供充分证据足以使陪审团为特定发现的风险，以及哪一方当事人应负担未说服陪审团作出认定的风险。前者通称为举证的负担，后者通称为说服的负担”①。举证责任并非当事人在诉讼上所应负的义务，未尽举证责任的当事人也无须像违反法定义务一样面临因行为违法所产生的制裁，而只须自行承担诉讼上不利益的结果。因此，举证责任只是当事人在诉讼上所承受的负担。

行为意义的举证责任和结果意义的举证责任，是对举证责任从不同角度进行观察和认识的结果。行为意义的举证责任“是着眼于当事人、是从当事人提供证据的视角看待和解释证明责任”②，其在诉讼中是外在的、显性的、随时发生的。行为意义的举证责任并不限于要件事实，是诉讼过程中无条件出现的一种举证责任，只要当事人在诉讼中主张于己有利的事实，即会发生提供证据的责任。负担行为意义举证责任的当事人也不局限于发动诉讼的一方，对方当事人主张于己有利事实的，也需承担提供证据的责任。与行为意义的举证责任相对，结果意义的举证责任“是立足于裁判者，是从法院的角度看待和说明证明责任”，解决的是证据调查失败的后果应当有利于谁或者不

① ［美］摩根：《证据法基本问题》，李学灯译，我国台湾地区世界书局1982年版，第45页，转引自张永泉：《民事诉讼证据原理研究》，厦门大学出版社2005年版，第161页。

② 李浩：《证明责任的概念——实务与理论的背离》，载《当代法学》2017年第5期。

利于谁的问题。[①] 结果意义的举证责任是一种潜在的、附条件的举证责任，它仅针对要件事实发生，建立在法官不能因事实不清而拒绝裁判的理念之上，所解决的是待证事实真伪不明时法官如何裁判的问题，实质上是对事实真伪不明的一种法定的风险分配形式。正如罗森贝克所言，“证明责任的本质和价值在于，在重要的事实主张的真实性不能被认定的情况下，它告诉法官应当作出判决的内容。也就是对不确定的事实主张承担证明责任的当事人将承受对其不利的判决”[②]。作为法律预先设定的一种风险责任分配形式，其隐含于诉讼进程之中，并非每一个案件都需要以结果意义的举证责任为裁判依据。只有在待证事实真伪不明时，结果意义的举证责任才能发挥作用。而待证事实真伪不明，是指“在诉讼结束时，当所有能够释明事实真相的措施都已经采用过了，但争议事实仍然不清楚（有时也称无法证明、法官心证模糊）的最终状态。一项争议事实真伪不明的前提条件是：（1）原告提出有说服力的主张；（2）被告提出实质性的反主张；（3）对争议事实主张有证明必要，在举证规则领域，自认的、无争议的和众所周知的事实不需要证明；（4）用尽所有程序上许可的和可

① 参见李浩：《证明责任的概念——实务与理论的背离》，载《当代法学》2017 年第 5 期。

② ［德］莱奥·罗森贝克：《证明责任论》，庄敬华译，中国法制出版社 2002 年版，第 2 页。

能的证明手段，法官仍不能获得心证；（5）口头辩论已经结束，上述第（3）项的证明需要和第（4）项的法官心证不足仍没有改变”①。在绝大多数民事诉讼中，当事人通过积极履行行为意义的举证责任，已经使案件事实得到证明，法官完全能够从双方当事人提供的证据中获得内心确信的全部信息，结果意义的举证责任便无用武之地。②“如果当事人的主张没有争议，或者如果法院对有争议的主张的真实与否获得了一个特定的心证，不管该心证是证据调查的结果，还是在没有证据的情况下从审理的全过程中得出的，都不会出现证明责任问题。”③ 因此，“在证明责任所包含的行为责任和结果责任中，真正能够代表其本质的当属结果责任，因为行为责任只是一种表面现象，而结果责任才属本质问题”④。

1991 年《民事诉讼法》第 64 条第 1 款规定，当事人对自己提出的主张，有责任提供证据。这是我国民事诉讼立法上关于举证责任的法律渊源。从内容上看，这一规定强调当事人对其事实主张提供证据的责任，具有明显的行

① ［德］汉斯·普维庭：《现代证明责任问题》，吴越译，法律出版社 2000 年版，第 22~23 页。

② 参见最高人民法院民事审判第一庭：《民事诉讼证据司法解释的理解与适用》，中国法制出版社 2002 年版，第 19 页。

③ ［德］莱奥·罗森贝克：《证明责任论》，庄敬华译，中国法制出版社 2002 年版，第 8 页。

④ 毕玉谦：《民事证据原理与实务研究》，人民法院出版社 2003 年版，第 6 页。

为意义的举证责任的特征。由于“对法院的审判职能而言，除了审理当事人所提出的事实主张以及评估有关证据的证明价值外，法院还兼有对诉讼效果的裁判功能。所谓诉讼效果，既包括在诉讼过程中当事人的证明行为，也包括法官据此或在当事人证明行为基础上的查明行为（包括司法认知等证明方式）所产生的诉讼效果”①，结合 1991 年《民事诉讼法》第 64 条第 2 款关于“当事人及其诉讼代理人因客观原因不能自行收集的证据，或者人民法院认为审理案件需要的证据，人民法院应当调查收集”的规定，在待证事实不能通过当事人的举证予以查明时，势必加重人民法院调查收集证据的负担，也不利于保持法院的中立立场，实现当事人诉讼利益的平等保护。为此，2001 年《民事诉讼证据规定》以市场经济对民事诉讼制度的要求为导向，延续自 20 世纪 80 年代以来的民事审判方式改革的基本思路，在 1991 年《民事诉讼法》第 64 条第 1 款的基础上，对于举证责任的内容作出进一步具体化的解释，以实现强化当事人的举证责任的目的。2001 年《民事诉讼证据规定》第 2 条关于“当事人对自己提出的诉讼请求所依据的事实或者反驳对方诉讼请求所依据的事实有责任提供证据加以证明。没有证据或者证据不足以证明当事人的事实主张的，由负有举证责任的当事人承担不利后果”的

① 毕玉谦：《民事证据原理与实务研究》，人民法院出版社 2003 年版，第 7 页。

规定，是对1991年《民事诉讼法》第64条第1款关于行为意义举证责任内容的解释，本身也体现了非常鲜明的行为意义举证责任的特征。由于这一规定明确、具体，对于当事人的举证行为和人民法院对当事人行为的判断均能够发挥比较好指引作用，其内容为《民事诉讼法解释》所承继。

结果意义的举证责任对于理解举证责任含义无疑具有十分重要的意义，但对于民事诉讼实践而言，结果意义的举证责任通常不能直接发挥作用。结果意义的举证责任是在诉讼结束、所有证明手段穷尽的情况下仍然无法使法官对待证事实形成确切心证时，法官进行裁判的逻辑基础，相比较而言，行为意义的举证责任则清晰、明了、简单、直观，在诉讼过程中随时发生、贯穿于诉讼的整个过程。一方面，民事实体法规范作为当事人的行为规范，是从当事人行为的角度考虑举证责任问题，所针对的是发生纠纷时，某个特定的要件事实由哪一方当事人进行证明以及证明失败时法律后果的承担问题；另一方面，《民事诉讼法》第67条和《民事诉讼法解释》第90条有关行为意义的举证责任规定，也为人民法院在诉讼中的具体适用提供了指引。“证据提出之行为责任……既成为当事人进行举证活动之方针，同时亦成为法院诉讼指挥之指标。”[①] 在诉讼过程中，当事人主张法院适用于己有利的实体法规范进行判

① 许士宦：《新民事诉讼法》，北京大学出版社2013年版，第277页。

决的，需主张于己有利的案件事实并对事实的真实性进行证明；事实得到证明，则当事人的主张能够得到法院的支持，反之则不能得到支持。人民法院在适用举证责任规范对当事人的主张和行为进行判断时，只需要遵循行为意义的举证责任逻辑即可，这种判断的结果与当事人举证行为的关系简单明了，实体法和诉讼法上的依据也清晰明确，没有求诸复杂难解的结果意义的举证责任的必要。更何况"现实的诉讼中最终无法查明案件真相，即出现真伪不明的状态，只能根据客观举证责任所在来决定胜负的案件数量非常有限，真正需要结果意义上的举证责任发挥此种重大作用的场合其实很罕见"①。故《民事诉讼法解释》和2019年《民事诉讼证据规定》中均未对结果意义的举证责任作出规定。

二、举证责任分配规则

《民事诉讼法解释》

第91条 人民法院应当依照下列原则确定举证证明责任的承担，但法律另有规定的除外：

（一）主张法律关系存在的当事人，应当对产生该法律关系的基本事实承担举证证明责任；

① 王亚新、陈杭平、刘君博：《中国民事诉讼法重点讲义》，高等教育出版社2017年版，第104页。

（二）主张法律关系变更、消灭或者权利受到妨害的当事人，应当对该法律关系变更、消灭或者权利受到妨害的基本事实承担举证证明责任。

举证责任分配规则，可以追溯至罗马法时代。在罗马法上，举证责任分配遵循两项原则：一为“原告应负举证义务”；二为“举证义务存在于主张之人，不存在于否认之人”。可见，罗马法是从行为意义角度理解举证责任的内容，结果意义的举证责任即待证事实真伪不明时的风险负担并不在罗马法举证责任分配规则的范围之内。罗马法上的这两项原则历经中世纪寺院法的演变，确立了原告就其诉讼原因的事实为举证，被告就其抗辩的要件事实为举证的一般原则，该原则仅在遇有法律上的推定和主张消极事实两种情形下才为例外。19 世纪的德国学者一直遵循该项原则，直到后来由于例外情形一再增加，使其无论是理论上还是实务上均失去原本的应有价值。学者们遂放弃该原则，寻求创立新学说的途径。①

英美法系国家和地区的举证责任分配采取实质标准，即根据证明对象与证明主体之间的利益关系来分配举证责任。② 英美法系国家传统上采取对抗辩论式诉讼模式，法

---

① 参见毕玉谦：《民事证据原理与实务研究》，人民法院出版社 2003 年版，第 8 页。

② 参见最高人民法院民事审判第一庭：《民事诉讼证据司法解释的理解与适用》，中国法制出版社 2002 年版，第 23 页。

官并不像大陆法系国家和地区的法官借助预先设定的举证责任分配规则确定举证责任的承担，举证责任分配由事实审法官基于经验，依据公正、便利及政策性考虑，在双方当事人之间进行分配。[①] 大陆法系关于举证责任分配的理论，大致可以概括为两大类：一类是从案件事实出发，根据待证事实的性质和特征来分配举证责任，称为待证事实分类说。另一类为法律要件分类说，即主张权利者，应对权利根据的事实举证；对方则应对权利妨碍的事实或者权利消灭的事实举证。

在大陆法系关于举证责任分配的理论中，待证事实分类说是根据待证事实证明的难易来决定举证责任的分配，并不顾及某项待证事实在法律构成要件上处于何种地位，而仅注重待证事实的性质或内容，并将其作为举证责任分配的依据。[②] 具体而言，即将待证事实按照一定的标准进行分类，以明确对哪些事实须承担举证责任，对哪些事实不承担举证责任。[③] 依不同的划分标准，待证事实分类说分为消极事实说、外界事实说、基础事实说等。消极事实说将待证事实分为积极事实和消极事实，凡主张积极事实

---

① 参见毕玉谦主编：《证据法要义》，法律出版社 2003 年版，第 373 页。

② 参见毕玉谦主编：《证据法要义》，法律出版社 2003 年版，第 372 页。

③ 参见张永泉：《民事诉讼证据原理研究》，厦门大学出版社 2005 年版，第 181 页。

的当事人应当承担举证责任，主张消极事实的当事人无须承担举证责任。这一学说的缺陷十分明显，对于同一事实从不同的角度可能存在积极事实和消极事实两种不同的理解，而且并非所有的消极事实均存在证明困难的情形。外界事实说将待证事实分为外界事实和内界事实。外界事实是指人的感官所能够体察的事实，内界事实是指人的内心活动。主张外界事实的人承担举证责任，主张内界事实的人由于内界事实的证明非常困难，故不承担举证责任。这种学说的缺陷在于人的内心活动完全可以通过间接事实来证明，且在双方均主张内界事实时举证责任如何分配仍然不清楚。基础事实说是在克服消极事实说缺陷的基础上发展而来的，这种学说认为，主张权利发生的当事人应当对权利发生的要件事实承担证明责任，相对方对权利发生的欠缺要件承担证明责任。这一学说为法律要件分类说中规范说的产生奠定了一定的理论基础，在证明责任理论发展中具有比较大的影响。基础事实说包括特别要件说和因果关系说两个重要的分支。特别要件说将权利发生要件分为一般要件和特别要件，一般要件为普遍存在于一切权利发生情形中的要件，特别要件为与权利发生有直接关系的要件。故在权利发生的必备要件中，原告只需要对权利发生的特别要件事实承担证明责任，而被告应当对表示缺乏权利发生的一般要件事实承担证明责任。特别要件说在日本曾是通说。因果关系说主张权利成立原因事实应当由主张权利的当事人承担举证责任，权利条件欠缺的事实由相对方承担举证责任。因果关系说系规范说之前德国有关举证责任分配问题的通说。①

法律要件分类说以德国学者罗森贝克提出的规范说最具代表性。罗森贝克主张从法律规范要件分类出发，在对实体法律规范结构分析的基础上，根据法律规范的语义和构造分析法律规范的原则、例外，以及基本规范与反对规范之间的关系，以此为分配举证责任的方法。罗森贝克认为，民事实体法规范本身已经具备举证责任分配的原则，这是立法者预先设置的结果。因此，法律规范之间，或者存在补充关系，或者存在相斥关系，二者必居其一。② 罗森贝克将民事实体法规范分为两大类：一为权利发生规范，也即基本规范，是指能够引起权利发生的法律规范。二为对立规范，包括权利妨碍规范，即在权利发生开始时妨碍权利发生的效果，使权利不能发生的法律规范；权利消灭规范，即在权利发生之后使已经存在的权利归于消灭的法律规范；权利限制规范，即在权利发生之后，权利人欲行使权利时，能够使权利的效果予以遏制或消除，从而使权利不能实现的法律规范。在上述对实体法规范分类的基础上，规范说认为，凡主张权利存在的当事人应当对权利发

---

① 参见张永泉：《民事诉讼证据原理研究》，厦门大学出版社 2005 年版，第 182~184 页。

② 参见毕玉谦主编：《证据法要义》，法律出版社 2003 年版，第 373 页。

生的法律要件存在的事实负举证责任，否认权利存在的当事人应当就权利妨碍法律要件、权利消灭法律要件或者权利限制法律要件存在的事实负举证责任。审判实践中，在出现待证事实真伪不明时，法官根据这种举证责任分配的规则，对真伪不明的待证事实进行归类，确定对该事实负有举证责任的当事人，并据此判决由其承担不利后果。法律要件分类说中的规范说自诞生以来，尽管不断遭受批评和挑战，但迄今仍然无法撼动其作为大陆法系国家和地区举证责任分配的通说地位。

《民事诉讼法解释》第 91 条关于举证责任分配规则的规定，其理论依据是法律要件分类说中的规范说理论。以法律要件分类说中规范说的基本观点为依据，理解举证责任分配规则，在我国的民事诉讼实践中由来已久。在 2001 年《民事诉讼证据规定》制定时，由于 1991 年《民事诉讼法》第 64 条确立的“谁主张，谁举证”规定“过于原则，实践中不易操作，不能完全解决举证责任分配问题。审判人员在某些情况下对举证责任的分配难以进行判断。对当事人未尽到自己的举证责任应当承担什么后果规定也不明确……不仅不利于当事人权利的保护，也容易给审判的权威性和公正性造成消极影响”①，为此，将 2001 年《民事诉讼证据规定》第 2 条关于举证责任内容（含义）

① 最高人民法院民事审判第一庭：《民事诉讼证据司法解释的理解与适用》，中国法制出版社 2002 年版，第 409 页。

的规定，解释为举证责任分配的一般规则。尽管 2001 年《民事诉讼证据规定》第 2 条的内容并未在对要件事实分类的基础上明确规定举证责任分配的基本规则，但根据法律要件分类说中规范说的理论理解举证责任分配一般规则观点，是最高人民法院自 2001 年《民事诉讼证据规定》以来的一贯立场，① 也在审判实践中被广为接受。我国民事实体法的规范结构与大陆法系国家和地区的实体法规范结构相似，各种法律要件相对明确，区分和适用权利发生规范、限制规范、妨碍规范、消灭规范在司法实践中具备一定基础。相对于其他学说，法律要件分类说中规范说在规则上相对清晰、简单，也具有较强的可操作性。而法律要件分类说中的一些缺点，如不能很好地兼顾个案公平等，则可以通过实体法律和司法解释的特别规定予以矫正。因此，采取法律要件分类说中规范说作为我国举证责任分配的原则，具有相当的合理性。

《民事诉讼法解释》第 91 条的内容，首先明确的是关于举证责任分配一般规则的规定，其适用的条件为无特殊规则适用的情况下，即"除法律、司法解释对举证责任分配有明确规定的外"，应当依照第 91 条规定确定举证责任的分配。其次，举证责任分配的基础，是对要件事实的确定。第 91 条第 1 项和第 2 项举证责任的所指向的均为"法

---

① 参见最高人民法院民事审判第一庭：《民事诉讼证据司法解释的理解与适用》，中国法制出版社 2002 年版，第 23~24 页。

律关系的基本事实”。这里的基本事实与要件事实同义，即权利及法律关系的构成要件所依赖的事实。在司法解释起草过程中，曾经采取“法律要件事实”的表述，但考虑到我国民事诉讼立法上使用主要事实或基本事实的用语而并无“法律要件事实”的表述，故修改为“基本事实”以与立法保持一致，也便于实践中理解和适用。

需要强调的是，审判实践中在涉及举证责任分配问题时，首先，应当注意，举证责任的分配具有法定性，即举证责任由法律分配而原则上并不能由法官来分配。法官只能根据第91条的规定，在对民事实体法规范进行分析的基础上，识别权利发生规范、权利消灭规范、权利限制规范和权利妨碍规范，并以此为基础确定举证责任的负担。因此，法官在举证责任分配问题上适用法律的过程，是通过对实体法规范的分析发现实体法隐含的举证责任分配规则的过程，而非创造举证责任分配规则。其次，《民事诉讼法解释》第91条第2项关于“法律关系变更”的表述，在理解上可以与规范说理论中权利受限制或妨碍作同一理解。最后，基本事实应当理解为要件事实，即实体法律关系或者权利构成要件所依赖的事实。在民事诉讼法上，涉及诉讼程序问题时基本事实也可能被解读为包括诉讼主体等程序事项的事实。如《民事诉讼法解释》第333条规定：“民事诉讼法第一百七十七条第一款第三项规定的基本事实，是指用以确定当事人主体资格、案件性质、民事权利义务等对原判决、裁定的结果有实质性影响的事实。”但第91条是有关举证责任分配的规定，不涉及程序方面的事实，因此在解读上应当完全立足于实体法规范理解。

第四节　证明标准

《民事诉讼法解释》

第108条　对负有举证证明责任的当事人提供的证据，人民法院经审查并结合相关事实，确信待证事实的存在具有高度可能性的，应当认定该事实存在。

对一方当事人为反驳负有举证证明责任的当事人所主张事实而提供的证据，人民法院经审查并结合相关事实，认为待证事实真伪不明的，应当认定该事实不存在。

法律对于待证事实所应达到的证明标准另有规定的，从其规定。

第109条　当事人对欺诈、胁迫、恶意串通事实的证明，以及对口头遗嘱或者赠与事实的证明，人民法院确信该待证事实存在的可能性能够排除合理怀疑的，应当认定该事实存在。

2019年《民事诉讼证据规定》

第86条　当事人对于欺诈、胁迫、恶意串通事实的证明，以及对于口头遗嘱或赠与事实的证明，人民法院确信该待证事实存在的可能性能够排除合理怀疑的，应当认定该事实存在。

与诉讼保全、回避等程序事项有关的事实，人民法院结合当事人的说明及相关证据，认为有关事实存在的可能性较大的，可以认定该事实存在。

证明标准也称证明要求、证明度，是指诉讼证明活动中，对于当事人之间争议的事实，法官根据证明的情况，对该争议事实作出肯定或否定性评价的最低要求。① 证明标准是当事人是否完成举证责任、解除证明负担的尺度和法官对待证事实是否得到证明的评价标准。当事人的证明活动达到证明标准，法官应当对待证事实予以确认，当事人举证责任得以完成；反之，法官不能确认待证事实，当事人亦不能摆脱举证责任的约束。作为检验诉讼中当事人是否完成举证责任的指标，证明标准与举证责任密切相关。当事人在诉讼中对于待证事实的证明活动均围绕满足证明标准进行，相应地，法官对当事人证明活动的评价也以证明标准为出发点和根据。

证明标准具有主观性，“无论对证明度的内容如何表达描述，任何表达其实都可以说只是一种形容或比喻。这是因为作为衡量认识程度或状态的基准，证明度看不见摸

① 参见最高人民法院民事诉讼法调研小组编：《民事诉讼程序改革报告》，法律出版社2003年版，第126页。

不着，只是人们心目中一种共通的理解或认识。”① 特别是对裁判者而言，证明标准是裁判者对待证事实是否存在的内心确信程度。而是否形成内心确信，本身就带有较强的主观性。证明标准具有法定性，不属于法官自由裁量的范畴。对待证事实的证明活动未达到法定的证明标准法官即作出肯定或者否定性的评价，或者已经达到法定证明标准法官却未作出肯定或者否定性评价，均构成违法。证明标准也具有无形性和模糊性的特征。由于证明标准是主观对客观评价的尺度，精确定位证明标准的界限在事实上难以实现，盖然性成为描述证明标准的普遍选择。所谓盖然性就是指可能性或概率，它是指一种可能而非必然的性质，也即从事物发展的概率中推定案情、评定证据，“它以确认的事实联系其他合理性考虑为前提，是我们在对证据和案件事实的认识达不到逻辑必然性条件下不得不使用的手段”②。以盖然性描述证明标准，是大陆法系和英美法系国家和地区的普遍做法。只不过在英美法系国家和地区，民事案件以占优势的盖然性为通常证明标准，而在大陆法系国家和地区，则以高度盖然性为一般性证明标准。

2001 年《民事诉讼证据规定》第 73 条第 1 款规定：

---

① 王亚新：《对抗与判定：日本民事诉讼法的基本结构》，清华大学出版社 2002 年版，第 214 页。

② 陈响荣等：《诉讼效益与证明要求——论在民事诉讼中应确立高度盖然性原则》，载《法学研究》1995 年第 5 期。

"双方当事人对同一事实分别举出相反的证据，但都没有足够的依据否定对方证据的，人民法院应当结合案件情况，判断一方提供证据的证明力是否明显大于另一方提供证据的证明力，并对证明力较大的证据予以确认。"这一规定通常被解读为在广义的立法层面确认了我国民事诉讼高度盖然性的证明标准，[①] 即"要求法官基于盖然性认定案件事实时，应当能够从证据中获得待证事实极有可能如此的心证，法官虽然还不能够完全排除其他可能性（其他可能性在缺乏证据支持时可以忽略不计），但已经能够得出十之八九是如此的结论"[②]。但同时，也有观点认为，从该款规定的表述来看，实质上确定了一种占优势的盖然性或者优势证据的证明标准。

在《民事诉讼法解释》起草过程中，我们对这一问题进行了认真研究。审判实践中有关证明标准问题认识上的分歧，根源在于2001年《民事诉讼证据规定》第73条第1款的表述不尽科学、周延。一方面，在双方当事人对同一事实进行相反证明的情形下，如果证据的证明力相当、都不能否定对方证据的，待证事实通常处于真伪不明的状态，这种情况下法官应当根据举证责任分配规则作出证据裁判；另一方面，对证明力较大的证据予以确认，本身也

---

① 参见最高人民法院民事审判第一庭：《民事诉讼证据司法解释的理解与适用》，中国法制出版社2002年版，第410页。

② 最高人民法院民事诉讼法调研小组编：《民事诉讼程序改革报告》，法律出版社2003年版，第130页。

无法反映出确认高度盖然性证明标准的意图。为此，《民事诉讼法解释》没有保留 2001 年《民事诉讼证据规定》第 73 条的内容，而是通过对本证和反证证明要求的规定，明确提出了高度盖然性的证明标准。同时，在《民事诉讼法解释》和 2019 年《民事诉讼证据规定》中补充了证明标准提高和降低的情形，完善了证明标准规则体系。

一、高度盖然性证明标准

盖然性是各国对于证明标准的普遍认识。由于盖然性意味着一种可能性描述或者概率，不易进行定量衡量，通常学者以刻度盘为例对盖然性作出形象直观的描述：假定刻度盘两端为 0 和 100%，将刻度盘两端之间分为四个等级：1%~24%为非常不可能，25%~49%为不太可能，51%~74%为大致可能，75%~99%为非常可能。其中 0 为绝对不可能，100%为绝对肯定，50%为可能与不可能同等程度存在。据此，民事诉讼的证明标准应当确定在最后一个等级，即在穷尽了可以获得的所有证据之后，如果仍然达不到 75%的证明程度，则应当认定事实不存在；超过 75%的，应当认定待证事实存在。[①] 此即大陆法系国家和地区在民事诉讼中所普遍采用的高度盖然性的证明标准。“所谓高度盖然性，即根据事物发展的高度概率进行判断的一种认

① 参见［德］汉斯·普维庭：《现代证明责任问题》，法律出版社 2000 年版，第 107~137 页。

识方法，是人们在对事物的认识达不到逻辑必然性条件时不得不采用的一种认识手段……具体而言，就是在证据无法达到确实充分的情况下，如果一方当事人提出的证据已经证明事实的发生具有高度盖然性，法官即可予以确认”。[①] 英美法系国家和地区民事诉讼的盖然性证明标准，通常表述为盖然性占优或盖然性权衡，是指负有证明责任的当事人必须证明他所主张的事实存在的可能性大于不存在的可能性，即事实审理者斟酌全案证据后，必须能够表明当事人主张的事实存在的概率大于不存在的概率。如果盖然性对等，亦即事实审理者无法作出判断，负担证明责任的当事人将败诉。[②] 盖然性占优或盖然性权衡，在美国通常表述为优势证据标准，它要求“诉讼中一方当事人所提供的证据比另一方所提供的证据更具有说服力或者更令人相信……这一标准在确定哪一方在证据的数量和质量上更有优势不作过度要求。一些评论家将这种证明标准表达为51%的概率，意即只要一方当事人证据的优势超过51%他就可以胜诉”[③]。

自2001年《民事诉讼证据规定》开始，以高度盖然

---

① 韩象乾主编：《民事证据理论新探》，中国人民公安大学出版社2006年版，第386~387页。

② 参见齐树洁主编：《英国证据法》，厦门大学出版社2002年版，第201~203页。

③ 张卫平主编：《外国民事证据制度研究》，清华大学出版社2003年版，第217页。

性作为民事诉讼的证明标准即为我国理论界和实务界的主流观点。这种认识与我国社会公众对于司法程序事实查明的认知相符，与大陆法系国家和地区对证明标准的认识一致。《民事诉讼法解释》在第 108 条通过对本证和反证证明要求的比较，明确了高度盖然性（高度可能性）证明标准。在诉讼中，对待证事实负有举证责任的当事人所进行的证明活动为本证，不负有举证责任的当事人提供证据对本证进行反驳的证明活动为反证。本证证明活动的目的在于建立事实，使法官对待证事实的存在与否形成内心确信，这种内心确信应当满足证明评价的最低要求即法定的证明标准。而反证的证明活动，其目的在于动摇法官对于本证所形成的内心确信，使其达不到证明评价的最低要求，从而使本证一方主张的事实无从建立。因此，对于反证而言，其证明的程度要求相比本证要低，只需要使待证事实陷于真伪不明即可。故对待证事实负有举证责任的当事人所进行的本证，需要使法官的内心确信达到高度可能性即高度盖然性的程度才能被视为完成证明责任；反证则只需要使本证的对待证事实的证明陷于真伪不明的状态，即达到目的。

所需强调的是，其一，诉讼中，不存在所谓举证责任流动或者转移的问题，诉讼证明的过程体现为本证和反证证明活动交互作用的过程。本证方证明活动的目的在于建立事实，反证方证明活动的目的在于使本证方建立事实的目的无法实现。从证明度的视角观察，本证方的目的在于不断提高其对于待证事实的证明度，而反证方的目的则是不断降低本证的证明度，使法官对于本证方主张的事实不能形成内心确信。在诉讼结束、所有证明手段穷尽时，本证的证明活动满足高度可能性标准的，则人民法院应当对本证方主张的事实予以确认；反之则不能确认该项事实。其二，证明标准是证明评价的最低要求，是以本证证明活动为规范对象。反证的目的在于动摇本证的心证程度，使本证无法达到法定证明标准，故对于反证仅有证明要求而不存在所谓反证的证明标准问题。其三，《民事诉讼法解释》第 108 条第 2 款关于待证事实“真伪不明”的表述，只是对于事实证明状态的描述，其目的在于强调反证不必达到推翻本证所证明事实的程度而只需要使本证所欲证明的事实限于真伪不明即可，并不具有揭示或者明确结果意义的举证责任（客观证明责任）的目的。

二、证明标准的提高和降低

证明标准具有内部的层次性。这种层次性体现在对于不同的证明对象和待证事实，需要满足不同程度的盖然性要求。在认同盖然性标准的前提下，为能够相对清晰具体地说明盖然性问题，如前所述，学者们一般以百分比或者刻度盘来描述证明程度的等级。然而，事实上，这种刻度盘理论所描述的只是以高度盖然性为证明标准的一般原则。

即使在确定高度盖然性的一般原则下，也同样具有对盖然性程度进行量化的必要性。我国有学者主张将待证事实证明的程度区分为：初级盖然性，心证程度为51%～74%，表明事实大致如此；中级盖然性，心证程度为75%～84%，表明事实一般情况下如此；高级盖然性，心证程度为85%～99%，表明事实几乎如此。对于普通民事案件而言，应运用中级盖然性证明标准，对于特殊民事案件应分为两类：较低证明要求的适用初级盖然性证明标准，较高证明要求的适用高级盖然性证明标准。①

无论大陆法系还是英美法系国家和地区，在确定证明标准时，都在一定程度上体现出层次性要求。在大陆法系的德国，证明标准被确定为三级：第一级，原则性的证明标准，要求法官对真相形成全面的心证，即达到很高的盖然性，适用于通常的实体事实的证明；第二级，降低了的证明标准，要求达到“令人相信”的程度，相当于英美法系的盖然性占优势的标准，多规定于民法和民事诉讼法中的有关程序性事实的证明；第三级，提高了的证明标准，要求达到“显而易见”的程度，这一级证明标准适用得较少，仅在特定场合适用，如民法中规定的显失公平的证明。②

英美法系国家和地区民事诉讼以可能性（或然性）权

---

① 参见李浩：《民事诉讼证明标准的再思考》，载《法商研究（中南政法学院学报）》1999年第5期。

② 参见［德］汉斯·普维庭：《现代证明责任问题》，法律出版社2000年版，第117～137页。

衡为证明标准。即如果法庭认为证据所证明的事实的可能性大于不可能，则证明负担解除，如果可能性相同，则证明负担未解除。[①] 易言之，可能性（或然性）权衡的证明标准可以概括为，“足以表明案件中负有法定证明责任的当事人就其主张的事实上的真实性大于不真实”[②]。美国的证据法理论和证据立法将证明标准所涉及的程度分为九等，即“第一等为绝对确定，限于认识上的局限性所致，认为该标准程度根本无法实现，故无论出自何种法律目的均无此等要求；第二等为排除合理怀疑，为刑事案件作出定罪裁决的要求，亦是诉讼证明上的最高标准；第三等为清楚和有说服力的证据，在某些民事判决时有此等要求；第四等为优势证据，它是作出民事判决以及肯定刑事辩护时所要求的；第五等为合理根据，适用于签发令状，无证逮捕、搜查和扣押，提起大陪审团起诉书和检察官起诉书，撤销缓刑和假释，以及公民扭送等情况；第六等为有理由的相信，适用于‘拦截和搜身’时的要求；第七等为有理由的怀疑，用于足以宣布某被告人为无罪；第八等为怀疑，即据此可以开始行使侦查权；第九等为无线索，仅据此不足

---

① Bagshaw, Roderick and Peter Crane etc, *Phipson on Evidence*, Sweet & Maxwell (2000), pp. 80-81.

② 李祖军主编：《民事诉讼法学论点要览》，法律出版社 2001 年版，第 306 页。

以采取任何法律行为”①。可见，在美国的民事诉讼中，证明标准主要分为两等：原则性证明标准为优势证据标准，适用于绝大部分民事案件的实体事实的证明；较高的证明标准为清楚和有说服力的证据标准，适用于特定事实如欺诈的证明。②

2001 年《民事诉讼证据规定》并未对证明标准作出不同层级的规定。事实上，在《民事诉讼法解释》公布实施之前，法律和司法解释均未考虑证明标准的层次性问题。然而在我国的民事实体法上，却存在提高证明标准的要求。民事实体法立法上使用“足以”“显失公平”的表述，均反映出立法者有对此类待证事实拔高证明标准的意图。《民事诉讼法解释》第 109 条和 2019 年《民事诉讼证据规定》第 86 条第 1 款规定了的五种情形下，证明标准提高到排除合理怀疑的程度。其中，口头遗嘱和赠与的事实，涉及财产的无偿取得，提高证明标准对于财产秩序的稳定和利害关系人利益的保护是必要的；而欺诈、胁迫、恶意串通的事实，不仅涉及民事法律评价，也涉及道德评价以及行政、刑事法律评价，审判实践中对这些事实也应适用高于高度盖然性的证明标准，以与相应事实本身的性质和特

① 毕玉谦：《民事证据法及其程序功能》，法律出版社 1997 年版，第 123 页。

② 参见牟军：《民事证明标准论纲——以刑事证明标准为对应的一种解析》，载《法商研究》2002 年第 4 期。

点以及实体法的规定相呼应。

在大陆法系国家和地区的民事诉讼中，对于一些程序事实，法律允许采用疏明的证明标准。如在《德国民事诉讼法》中，疏明这一证明标准被明确地规定适用于若干特定的程序法事实，如当事人申请回避时对其提出的回避事由的证明、申请延长期限时对所提出的理由的证明等。[①]在日本，在为保证能够顺利地实施事实认定而为保全的情形中，若裁判所无法迅速地推进程序作出裁判，就可能妨碍制度目的的实现。这种情形中，由于并非对实体权利关系前提事实的认定，因此，为保全而采取的相应处分或关于一定程序上事项作出裁判而需要证明时，无须达到高度盖然性的确信，只须达到相当程度的盖然性即可对该事项作出认定，此即为疏明的概念。为了达到上述目的，疏明的证据方法限于裁判所可即时调查的证据方法，此被称为疏明方法的即时性，具有即时性的证据如出庭证人及实施疏明的当事人现在持有的文书。[②]而在英美法系国家，英国民事诉讼的证明标准是盖然性占优势，但具体实行的是被英国学者称为“灵活性证明标准”，即在坚持盖然性权衡的原则下，根据原告指控的性质和程度的不同，相应的证明标准也有所变化。美国则对证明标准则依据等级、比

---

① 参见李浩：《民事诉讼法适用中的证明责任》，载《中国法学》2018 年第 1 期。

② 参见［日］伊藤真：《民事诉讼法》，曹云吉译，北京大学出版社 2019 年版，第 235～236 页。

例等因素进行不同程度的量化，使性质不同的案件事实适用不同的盖然性标准。从立法规定看，两大法系国家和地区尽管对证明标准的层次、划分方式存在一定的差异，但在民事诉讼证明标准根据案件性质、证明难度等因素不同而采取不同的标准问题上具有一致性。①

《民事诉讼法解释》对于降低证明标准的情形没有规定。事实上，审判实践中对程序性事项的证明，经常采取类似疏明的要求，降低证明要求。如涉及当事人申请回避的事由，《民事诉讼法》第 47 条关于审判人员“与本案当事人、诉讼代理人有其他关系，可能影响对案件公正审理的”的表述，“可能”一词即意味着属于降低证明标准的情形。为此，2019 年《民事诉讼证据规定》总结审判实践经验，在第 86 条第 2 款对降低证明标准的情形进行了补充完善，对于程序事项有关的事实，确立了较大可能性的证明标准。

第五节　举证责任的例外之一——自认

《民事诉讼法解释》

第 92 条　一方当事人在法庭审理中，或者在起诉状、答辩状、代理词等书面材料中，对于己不利的事实明确表

① 参见最高人民法院民事审判第一庭编著：《最高人民法院新民事诉讼证据规定理解与适用》，人民法院出版社 2020 年版，第 755 页。

示承认的，另一方当事人无需举证证明。

对于涉及身份关系、国家利益、社会公共利益等应当由人民法院依职权调查的事实，不适用前款自认的规定。

自认的事实与查明的事实不符的，人民法院不予确认。

第93条　下列事实，当事人无须举证证明：

（一）自然规律以及定理、定律；

（二）众所周知的事实；

（三）根据法律规定推定的事实；

（四）根据已知的事实和日常生活经验法则推定出的另一事实；

（五）已为人民法院发生法律效力的裁判所确认的事实；

（六）已为仲裁机构生效裁决所确认的事实；

（七）已为有效公证文书所证明的事实。

前款第二项至第四项规定的事实，当事人有相反证据足以反驳的除外；第五项至第七项规定的事实，当事人有相反证据足以推翻的除外。

第107条　在诉讼中，当事人为达成调解协议或者和解协议作出妥协而认可的事实，不得在后续的诉讼中作为对其不利的根据，但法律另有规定或者当事人均同意的除外。

2019年《民事诉讼证据规定》

第3条　在诉讼过程中，一方当事人陈述的于己不利的事实，或者对于己不利的事实明确表示承认的，另一方当事人无需举证证明。

在证据交换、询问、调查过程中，或者在起诉状、答辩状、代理词等书面材料中，当事人明确承认于己不利的事实的，适用前款规定。

第4条 一方当事人对于另一方当事人主张的于己不利的事实既不承认也不否认，经审判人员说明并询问后，其仍然不明确表示肯定或者否定的，视为对该事实的承认。

第5条 当事人委托诉讼代理人参加诉讼的，除授权委托书明确排除的事项外，诉讼代理人的自认视为当事人的自认。

当事人在场对诉讼代理人的自认明确否认的，不视为自认。

第6条 普通共同诉讼中，共司诉讼人中的一人或者数人作出的自认，对作出自认的当事人发生效力。

必要共同诉讼中，共同诉讼人中一人或者数人作出自认而其他共同诉讼人予以否认的，不发生自认的效力。其他共同诉讼人既不承认也不否认，经审判人员说明并询问后仍然不明确表示意见的，视为全体共同诉讼人的自认。

第7条 一方当事人对于另一方当事人主张的于己不利的事实有所限制或者附加条件予以承认的，由人民法院综合案件情况决定是否构成自认。

第8条 《最高人民法院关于适用〈中华人民共和国民事诉讼法〉的解释》第九十六条第一款规定的事实，不适用有关自认的规定。

自认的事实与已经查明的事实不符的，人民法院不予确认。

第9条　有下列情形之一，当事人在法庭辩论终结前撤销自认的，人民法院应当准许：

（一）经对方当事人同意的；

（二）自认是在受胁迫或者重大误解情况下作出的。

人民法院准许当事人撤销自认的，应当作出口头或者书面裁定。

自认是当事人对于己不利事实的承认。根据自认作出的场合，自认可以区分为诉讼上的自认和诉讼外的自认。诉讼上的自认是指当事人在诉讼过程中就对方当事人主张的不利于己的事实，“于诉讼上陈述其为真实，或称当事人一方所主张的事实，对他方当事人不利，而他方当事人在诉讼上作出承认此项事实的陈述”①。“这里所指的裁判上或诉讼上并不是一个时间概念，即不是指诉讼或审判开始以后至诉讼结束或审判结束前这一段时间，而是指在法律规定的一定程序中，即是一个空间概念。”② 而诉讼外的自认是指当事人在诉讼过程之外，即没有在法律规定的程

① 李学灯：《证据法比较研究》，我国台湾地区五南图书出版公司1992年版，第103页。

② 张卫平：《自认制度及理论的基本构成》，载马俊驹：《清华法律评论（第3辑）》，清华大学出版社2000年版，第176页。

序中的自认。诉讼上的自认能够免除对方当事人的举证责任。与诉讼上的自认不同，诉讼外的自认只是影响法官心证的因素，并不具有免除当事人举证责任的效力。《民事诉讼法解释》和《民事诉讼证据规定》未规定诉讼外的自认，也不承认诉讼外自认的拘束力，在这两部司法解释的框架下所称的自认，仅指诉讼上的自认。

有关自认的性质，英美法系和大陆法系国家和地区立法和学说普遍将自认理解为一种诉讼行为。而苏联学者则认为自认是一种证据。我国也有学者认为，自认是当事人陈述的一种特殊形式，是一种特殊证据。[①] 但事实上，自认与证据在性质上存在很大不同。“一般证据能否证明真实可信，则由审理事实的法院衡情斟酌有关证据的价值，然后判断讼争事实是否实在，其事实的认定，是由法院评估证据的结果；但自认以后，根本不须评估自认是否可信，显与证据不同。”[②] 因此自认并非证据，而是产生免除当事人举证责任的民事诉讼法上效果的一种诉讼行为。自认制度是当事人主义诉讼制度下辩论主义的产物。依辩论主义，法院不得以当事人未主张的事实作为裁判的基础；对于当事人没有争议的事实，法院应当作为裁判的根据。而在诉讼中对于己不利事实的承认，是当事人行使处分权的结果，

---

① 参见宋朝武：《论民事诉讼中的自认》，载《中国法学》2003年第2期。

② 陈荣宗、林庆苗：《民事诉讼法》，我国台湾地区三民书局股份有限公司1996年版，第493页。

属于辩论主义的当然内容。此外，通过自认将事实固定，可以减少证明环节，节约诉讼成本，提高诉讼效率，符合诉讼经济的要求。这也是遵循当事人主义的国家和地区普遍承认自认制度的原因之一。

自认一经成立，即产生两方面的拘束力：一方面，拘束当事人，即作出自认的当事人不能任意撤销自认；另一方面，当事人的自认对法院产生拘束力，在没有法律、司法解释特别规定的情况下，自认的事实应当作为法院裁判的基础。这种对法院拘束力，不仅拘束一审法院，也拘束二审法院；而当事人在一审中作出的自认，在二审中也对当事人有拘束力，不允许当事人在二审中任意推翻。① 自认对于法院的拘束力，源于辩论主义的要求，一方当事人对于己不利事实的承认，免除对方当事人的举证责任，从而使对方当事人主张的事实成立，法院即应当受该事实的约束。由于辩论主义规范的对象主要是法院而非当事人，自认对于当事人的拘束力则并非来自辩论主义，而是源于民事诉讼中的诚信原则或者禁反言原则，即当事人实施一定诉讼行为后，无正当理由不得实施否定或者与前一行为相矛盾的诉讼行为。②

《民事诉讼法解释》第 92 条对自认的规定，确立了自

---

① 参见《民事诉讼法解释》第 340 条。

② 张卫平：《自认制度及理论的基本构成》，载马俊驹：《清华法律评论（第 3 辑）》，清华大学出版社 2000 年版，第 176 页。

认制度的基本框架。2019年《民事诉讼证据规定》第3条至第8条，对自认的一般规则、拟制自认、代理人自然、共同诉讼人自认、限制或者附条件自认、自认的撤销、自认的除外情形作出规定，是对《民事诉讼法解释》第92条规定的贯彻落实。相对于2001年《民事诉讼证据规定》，2019年《民事诉讼证据规定》从自认的构成、拟制自认的条件、代理人自认的认定、撤销自认的条件、不适用自认的情形几个方面对原有规定作出修改，补充了共同诉讼人自认和限制或者附条件自认规则，构建了比较完整的自认制度规则体系。

一、自认的一般规则

《民事诉讼法解释》

第92条第1款　一方当事人在法庭审理中，或者在起诉状、答辩状、代理词等书面材料中，对于己不利的事实明确表示承认的，另一方当事人无需举证证明。

2019年《民事诉讼证据规定》

第3条　在诉讼过程中，一方当事人陈述的于己不利的事实，或者对于己不利的事实明确表示承认的，另一方当事人无需举证证明。

在证据交换、询问、调查过程中，或者在起诉状、答辩状、代理词等书面材料中，当事人明确承认于己不利的事实的，适用前款规定。

（一）自认的对象

自认的对象必须是于己不利的事实。这一点在《民事诉讼法解释》和2019年《民事诉讼证据规定》中均有肯定、明确的规定。对于自认对象，可以从以下几个方面来理解。

其一，作为自认对象的事实必须系“于己不利”。在诉讼中，当事人主张于己有利事实的，应当提供证据证明，这是“谁主张，谁举证”原则的应有之义；当事人承认于己不利事实的，才构成自认，产生免除对方当事人举证责任的法律效果。1992年《民事诉讼法适用意见》第75条关于“一方当事人对另一方当事人陈述的案件事实和提出的诉讼请求，明确表示承认的”当事人无须举证的规定，没有关于“于己不利”的限制，即使在形式意义上也只能算具备自认规则的雏形。2001年《民事诉讼证据规定》第8条第1款规定，“诉讼过程中，一方当事人对另一方当事人陈述的案件事实明确表示承认的，另一方当事人无需举证”，也没有明确“于己不利”的表述，需要结合第74条“诉讼过程中，当事人在起诉状、答辩状、陈述及其委托代理人的代理词中承认的对己方不利的事实和认可的证据，人民法院应当予以确认”的规定，将其解释为系指“于己不利”的事实。《民事诉讼法解释》第92条和2019年《民事诉讼证据规定》第3条明确将“于己不利”的事实作为自认的对象，与2001年《民事诉讼证据规定》相比，自认的构成条件更为周延。

其二，自认的对象必须是事实。法律法规、司法解释、规章、经验法则以及法律效果问题，均不能成为自认的对象。法律法规、司法解释、规章和经验法则的适用，属于人民法院的职权，即使当事人对这些问题有一致认识也不能产生拘束法院的效力，故不能成为自认的对象。但对于一方当事人就对方当事人主张的于己不利的权利或者法律关系存在与否作出承认的行为，即所谓权利自认或者法律自认，是否具有自认的约束效力，存在争议。权利自认或者法律关系自认可以区分为两种情形：一种是当事人就作为诉讼标的的权利或者法律关系作出的于己不利的承认，构成对诉讼标的的放弃或者认诺，我国民事诉讼实践中对于诉讼请求的承认即指此种情形。人民法院一般应当根据当事人的认诺或者放弃作出对其不利的判决，这一点在理论上和实践中均无争议。另一种有争议的是当事人就作为诉讼标的前提的权利关系或者法律效果作出的于己不利的承认，是否应当作为自认的对象、产生自认的法律效力，存在不同意见。例如，原告主张被告侵害其房屋所有权，请求损害赔偿，被告承认原告对房屋有所有权，但提出租赁关系抗辩。被告对于原告有房屋所有权的承认，即所谓权利自认或者法律自认。在我国台湾地区，对此问题存在多种观点：有观点认为，权利自认不发生自认效力；有观点认为，权利自认可以类推适用诉讼上自认的效力，作相同处理；有观点认为，成为权利自认的基础事实，因其系事实，一方当事人既然作出自认，对方当事人对此项基础事实不负举证责任，但法院对于当事人自认的权利，不受自认的拘束，可以作出相反的判断，当事人也可以撤回对权利的自认；有观点认为，如果当事人或者其诉讼代理人能够对自认的权利内容完全了解，则其关于法律判断部分的权利或者法律关系的自认，应当认为有诉讼上自认的效力，法院及当事人均应受拘束；有观点认为，如果法律关系定性为一般人能够认知而不存在突袭的情形，以及对于不确定的法律概念所对应的事实如公序良俗、过失等，可以承认有自认的效力。① 另有学者认为，基于简化诉讼程序考虑，应尊重当事人的意思，承认这种对于先决性法律关系的自认。“如果不承认权利自认的拘束力，自认人随意撤销自认，必然给当事人在权利主张方面造成困难，也使法院不得不重新对法律适用问题进行审理，形成诉讼上的突然袭击。”②

2001 年《民事诉讼证据规定》和 2019 年《民事诉讼证据规定》均未规定所谓权利自认或者法律关系自认。对于作为诉讼标的的权利或者法律关系，当事人作出于己不利的承认或者放弃行为，是当事人在诉讼中对其实体权利的处分，不属于证据法问题，人民法院据此作出对行为人

---

① 参见姜世明：《民事诉讼法注释书（四）》，我国台湾地区新学林出版股份有限公司 2013 年版，第 153 页。

② 邱星美、张红娇：《论民事诉讼自认制度之限制性规则》，载《法律适用》2013 年第 3 期。

不利的判决，这一点也无争议；而作为诉讼标的前提的权利关系或者法律效果问题，系法律适用问题，主要涉及法律关系性质和民事行为效力的认定，在我国民事诉讼实践中，属于人民法院职权范围，亦属于2019年《民事诉讼证据规定》第53条人民法院释明权行使的范畴。承认这种情形下的权利自认对法院的拘束力，会侵害人民法院的职权，也会损害裁判的客观性和正当性。我国《民事诉讼证据规定》不承认权利自认或者法律自认具有诉讼上自认的效力，这一点是明确的。

其三，自认的事实应当是案件实体方面的事实，程序事实不属于自认的对象。作为我国民事审判方式改革的重要成果，2001年《民事诉讼证据规定》对于当事人和人民法院在诉讼中的行为边界作出比较明确的划分，诉讼的实体内容主要交由当事人负责，诉讼的程序性内容由人民法院主导，以这一理念推动我国民事诉讼由职权探知主义模式向当事人主义模式之下的职权进行主义模式的转变。其后包括《民事诉讼法》的修改以及《民事诉讼法解释》和2019年《民事诉讼证据规定》在内的司法解释制定、修改，都遵循这一思路进行。诉讼中的程序事项，是人民法院依职权调查的事项。当事人对于程序事项所涉及的事实，即使作出于己不利的承认，也没有拘束法院的效力。人民法院可以根据自己的判断，决定是否对相关事实进行调查。

其四，作为自认对象的事实不限于主要事实，当事人对于己不利的间接事实和辅助事实的承认也构成自认。民事诉讼中，案件事实包括主要事实、间接事实和辅助事实。主要事实是指权利或者法律关系构成要件所对应的事实，又称要件事实或者直接事实，对于确定权利或者法律关系发生、变更、消灭的法律效果有直接作用和必要，是民事诉讼中最重要的事实。间接事实是用以推定主要事实是否存在的事实，间接事实在法官根据经验法则和逻辑推理推定主要事实的过程中，作为适用推定规则的基础发挥作用。辅助事实是与待证事实无关、用以确定证据能力或者证明价值的事实，如证人的认知能力、书证的真伪等。大陆法系民事诉讼法学界通说认为，辩论主义的适用范围仅限于主要事实，间接事实和辅助事实与证据具有同质性，不在辩论主义的涵摄范围之内，应属法官的自由心证领域。即使间接事实对于当事人的诉讼请求有重要意义，其在辩论中未主张的，法官仍然可以认定；即使当事人对间接事实作出自认，法官也可以不受其拘束，根据证据调查的结果作出相反的认定。而诉讼中对主要事实存在与否的判断，属于法官自由心证领域。如果承认间接事实的自认，则法官受这种自认的拘束会不合理地妨碍自由心证。且间接事实和辅助事实与证据具有同质性，而法官对证据的认定，不受当事人意志的拘束。故自认的对象只能是主要事实，不包括间接事实和辅助事实，否则将妨碍法官对主要事实的自由认定。而肯定间接事实作为自认对象的观点则认为，将自认对象限于主要事实而不包括间接事实，并非法律的规定，而且诉讼中主要事实与间接事实的界限也不清晰；承认间接事实的自认，法官仍然需要就间接事实与其他证据作共同评价，不会对自由心证造成不合理的妨碍；而否定间接事实成立自认，则会使当事人遭受突然袭击的危险，造成审理的不安定，也不利于保护当事人的信赖利益。我国也有主张自认的对象不应包括间接事实的观点，认为2019年《民事诉讼证据规定》未严格区分主要事实和间接事实导致自认对象过于宽泛，是我国自认制度"非约束性"的表现。①

2001年《民事诉讼证据规定》和《民事诉讼法解释》均未对作为自认对象的事实范围作出规定，2019年《民事诉讼证据规定》延续这一思路，未限制自认对象事实的范围。这意味着我国民事诉讼上自认的对象事实不仅包括主要事实，也包括间接事实和辅助事实。司法解释的这种处理，与大陆法系国家和地区民事诉讼法理论上肯定自认对象包括间接事实的观点，在方向上一致，也符合我国民事诉讼传统和实际情况。事实上，自认制度源于辩论主义，其制度设置的目的不是限制辩论主义的内容，② 而辩论主义适用于所有事实，间接事实和主要事实的区分并非辩论

---

① 参见段文波：《我国民事自认的非约束性及其修正》，载《法学研究》2020年第1期。

② 参见邱星美、张红娇：《论民事诉讼自认制度之限制性规则》，载《法律适用》2013年第3期。

主义的适用标准。只不过基于自由心证的缘故，间接事实即使当事人未主张，法院如果从证据调查中得知，也可以在证据评价中考虑。① 而且，间接事实作为自认的对象，也不存在妨碍自由心证问题。间接事实是法官运用经验法则和逻辑规则推定主要事实存在与否的事实。间接事实存在本身，并不意味着主要事实存在与否的推定当然成立。法官在推定的过程中，需要就作为自认对象的间接事实与本案的其他事实和证据相结合，作出综合判断。因此，即使间接事实是基于自认而成立，对主要事实的认定仍然需要法官的自由心证才能完成。认为承认间接事实的自认会妨碍法官自由心证的观点，高估了间接事实的作用，也忽视了推定规则适用的逻辑。更何况在实践中，主要事实和间接事实的区分往往十分困难。而承认间接事实自认的效力，不存在理论上的障碍，对于简化对案件事实的认定，提高诉讼效率，维护诉讼秩序，促进当事人参与诉讼活动的主动性，也具有十分积极的意义。这是司法解释肯定间接事实作为自认对象的理由。

（二）自认的方式

在大陆法系国家和地区，由于听审权是一项宪法权利和政治性要求，原则上自认应当以口头方式在言词辩论场合作出。除在法官面前陈述并作成笔录，以及在书面程序

① 参见包冰锋、王悦：《间接事实的自认机理证成——兼论与辩论主义第二命题间的关系》，载《政法学刊》2019 年第 3 期。

中以书面形式作出自认外，在其他书面材料中作出的有关于己不利事实的表述，以及不符合“口头、对席、公开、直接”原则的场合所作的事实陈述，除非在言词辩论中通过口头表述，均不构成自认。只有经过言词辩论的“过滤”或“书面→口头”的转化才能作为判决的基础，起诉状、答辩状等均被视为言词辩论的准备性书状。而在英美法系国家和地区，自认属于传闻规则的例外，因此并不要求自认必须以口头方式在言词辩论场合作出。在美国，裁判上的自认除庭审中由当事人或其诉讼代理人以口头方式作出外，还可以通过诉答阶段的起诉状、答辩状等书面方式作出。在英国，自认只能以书面方式作出，以口头方式作出则不具有自认的效力。①

我国对诉讼上自认的方式和场合的要求比较宽松，自认既可以口头方式作出，也可以书面方式作出；既可以在庭审中作出，也可以在庭审之外的证据交换、询问、调查过程中作出。这一思路，从 2001 年《民事诉讼证据规定》第 8 条和第 74 条，到《民事诉讼法解释》第 92 条，再到 2019 年《民事诉讼证据规定》第 3 条，一脉相承，在技术性规则上逐渐完善。

根据 2019 年《民事诉讼证据规定》第 3 条的规定，第一，当事人先行陈述于己不利的事实，或者在起诉状中承

① 参见陈杭平：《再论我国“非约束性”自认的修正》，载《中外法学》2021 年第 4 期。

认于己不利的事实的，构成自认。在大陆法系国家和地区，这种自发性自认或者先行自认的情形，并不当然成立自认，需要经对方当事人援引才具有自认的效力。而综合《民事诉讼法解释》和2019年《民事诉讼证据规定》的内容可知，自发性自认或者先行自认的构成并不需要对方当事人援引，但需要符合“明确”的要求。模棱两可的陈述、前后矛盾的陈述等，需要法官适当地进行释明，以使当事人将不清楚、不明确的陈述明晰后，才能判断是否构成自认。第二，自认的方式可以是口头陈述，也可以是书面表达。听审权并非我国宪法上的权利和政治性原则，而社会生活中，书面方式也往往比口头方式更受重视。大陆法系国家和地区原则上限于口头的自认方式，并不符合我国的现实情况。第三，口头方式的自认，并不限于法庭审理中，在证据交换、询问、调查过程中，当事人在审判人员面前就于己不利的事实所作的承认性质的陈述，均可构成自认。书面方式的自认，也不限于起诉状和答辩状，包括代理词在内的书面材料中就于己不利的事实所作的承认性质的陈述，均可产生自认的效力。

二、拟制自认

2019年《民事诉讼证据规定》

第4条　一方当事人对于另一方当事人主张的于己不利的事实既不承认也不否认，经审判人员说明并询问后，其仍然不明确表示肯定或者否定的，视为对该事实的承认。

根据当事人对于己不利的事实是否作出明确承认的表示，自认可以区分为明示的自认和默示的自认。所谓默示的自认又称拟制自认，是指一方当事人就对方当事人主张的于己不利的事实，既不承认也不否认，以“不争执”等消极方式对待，从而在法律上拟制为自认即“视同自认”的情形。法律对拟制自认的承认，首先，是基于辩论主义的要求，一方当事人就对方当事人主张的于己不利的事实“不争执”，则该事实即无争议，法院应当受该事实的拘束。其次，是民事诉讼诚信原则的要求，诚信原则禁止当事人进行不真实的陈述，要求当事人积极、完全、具体地进行真实陈述，以促进诉讼。当事人怠于尽其真实陈述及促进诉讼义务，则可以将其行为视同自认。再次，正常、理性的人在诉讼中通常会对于己不利的事实进行争执，如不争执，在经验上认定对方主张事实的真实性，具有高度盖然性。最后，拟制自认制度，对于调动当事人诉讼的积极性，缩小争议范围，促进集中审理，提高诉讼效益，具有积极作用。[①] 在民事诉讼两造对立的情况下，一方当事人消极对待诉讼，就对方当事人主张的事实不进行充分答辩，不利于法官查明事实，在一定程度上妨碍审判活动的

① 参见奚玮：《民事诉讼中的拟制自认》，载《政法论坛》2007年第5期。

顺利进行。为了避免因一方当事人的消极沉默而使案件事实因缺少对抗而出现真伪不明，法律上设置了拟制自认制度。①

在民事诉讼中，当事人消极对待对方当事人所作的于己不利事实的陈述，体现为三种方式：不争执、声称不知道或者不记得、言词辩论缺席。我国台湾地区学者据此将拟制自认区分为原始型拟制自认（狭义拟制自认）、证据评价型拟制自认和准用型拟制自认三种类型。原始型拟制自认针对当事人消极地不表示意见的情形，即针对对方当事人的陈述不表示意见或者不明确表示意见，即“不争执”；证据评价型拟制自认是指当事人就对方当事人主张的事实声称不知道或者不记得，即作“不知陈述”的情形，这是一种介于争执与自认之间的特殊陈述方式；准用型拟制自认则是当事人在已经合法通知的情况下，缺席言词辩论亦未提交书面答辩，准用拟制自认规则的情形。无论大陆法系还是英美法系国家和地区，立法上均承认拟制自认制度。但对于前述三种形式的拟制自认，立场则不尽相同。（1）对于原始型拟制自认，各个国家和地区大体相同，没有太大差异。例如，《德国民事诉讼法》第138条第3款规定，“没有明显争执的事实，如果从当事人的其他陈述中不能看出有争执时，即视为已经自认的事实”。《日本民事

① 参见武文举：《民事诉讼证据制度研究》，中国政法大学出版社2012年版，第105页。

诉讼法》第159条第1款规定，“当事人在口头辩论之中，对于对方当事人所主张的事实不明确地进行争执时，视为对该事实已经自认。但是，根据辩论的全部意旨，应认为争执了该事实时，则不在此限”。《美国联邦民事诉讼规则》第36条规定，一方当事人可以向其他当事人送达“自认要求书”，如果受送达的当事人在规定期限内不向要求自认的当事人送达经签名的对要求事项的书面答复或异议，则视为自认该事项。[①]（2）对于证据评价型拟制自认，各个国家和地区在立法上作出不同的政策选择。《德国民事诉讼法》第138条第4款规定，“对于某种事实，只有在它既非当事人自己行为，又非当事人自己所亲自感知的对象时，才准许说‘不知’”。当事人仅可以就非其本人的行为或者非其本人认知范围的对象作不知陈述，对于其自己的行为和感受所作的不知陈述是不合法的，因而被视作不争执而视同自认。“在理论上，该款规定一般被评价为系加重当事人的陈述义务，使不负主张或举证责任的当事人不可任意为不知之陈述。”[②] 而在日本，对于当事人所作的不知道或不记得陈述，推定为对事实进行了争执。《日本民事诉讼法》第159条第2款规定，“对于对方当事人所主张的事实，已作出不知的陈述的，则推定为争执了该事实”。（3）准用型拟制自认，针对当事人经合法通知缺席

① 参见刘学：《论拟制的自认》，载《法学评论》2005年第5期。
② 刘学：《论拟制的自认》，载《法学评论》2005年第5期。

言词辩论的情形，当事人在言词辩论期日缺席又未提交答辩状等书面材料，视为舍弃抗辩权，因而被视同自认。《日本民事诉讼法》第159条第3款规定，“本条第1款的规定，准用于当事人在口头辩论期日不出庭的情况。但当事人以公告送达进行传唤的，不在此限”。

根据2019年《民事诉讼证据规定》第4条规定，第一，我国拟制自认制度仅限于原始型拟制自认即狭义的拟制自认，只有在当事人对于对方当事人主张的于己不利的事实既不承认也不否认的不争执的情况下，才可能构成拟制自认，实践中不知陈述和言词辩论缺席的情形均不构成拟制自认，不发生视同自认的效果。当事人在诉讼中就对方当事人主张的事实所作的“不知道”“不清楚”“不记得”的陈述，是法官进行自由心证时考量的因素，但不能产生视同自认的法律效力。而由于依据《民事诉讼法解释》第241条关于“被告经传票传唤无正当理由拒不到庭，或者未经法庭许可中途退庭的，人民法院应当按期开庭或者继续开庭审理，对到庭的当事人诉讼请求、双方的诉辩理由以及已经提交的证据及其他诉讼材料进行审理后，可以依法缺席判决”的规定，我国的缺席判决制度采取一方辩论主义，被告不到庭的不能视为对原告主张的事实不争执。第二，拟制自认只能发生在法庭审理，或者与法庭审理具有相似特征的场合。这一点，与大陆法系国家和地区的规定相似。拟制自认以“一方当事人对于另一方当事人主张的于己不利的事实既不承认也不否认”作为基本的适用对象，以“经审判人员说明并询问，其仍然不明确表示肯定或者否定”为适用条件，这些只能发生在审判人员和双方当事人均在场、以口头方式进行诉讼活动的法庭审理，或者与庭审具有相似特征的审前准备、对双方当事人询问等场合。这一点，与2019年《民事诉讼证据规定》第3条规定的以书面方式进行自认的情形不同。第三，审判人员的释明是拟制自认构成的必要条件和程序，这是我国拟制自认制度的特色。审判实践中，一方当事人对于对方当事人主张的于己不利的事实，不作明确表态的原因很多，可能不理解对方陈述的内容，也可能不愿意承认又无法否认等。此时，需要审判人员进行必要的释明。这种释明包含两个方面内容，既包括对于对方当事人陈述的内容本身进行解释、说明，以防止当事人因语言、理解能力等因素未能真正理解对方陈述的内容；也包括对有关法律后果的告知，即告知当事人如果仍然不明确表示意见可能视同自认的后果。只有经过审判人员对事实本身和对事实不明确表明意见的后果进行释明后，当事人仍然“不明确表示肯定或者否定的”，才能构成拟制自认。与2001年《民事诉讼证据规定》相比，2019年《民事诉讼证据规定》对于审判人员的说明删除了“充分”的要求，主要理由在于，说明是否充分，在实践中不易把握，只要包括前述两个方面内容，即能够起到保障当事人诉讼权利的作用，而强调充分说明则可能引起过度释明，影响审判人员的中立地位。第四，拟制自认不得追复。在大陆法系国家和地区，理论上认为拟制自认与当事人自己作出的明示自认，效力上并不相同。当事人自己作出的明示自认，一经作出即对其产生拘束力，除非符合法定条件和程序，不得任意撤销。但拟制自认的事实，在言词辩论终结前，可以随时再行争执。如《日本民事诉讼法》第159条第1款规定拟制自认时，在但书中规定“……根据辩论的全部意旨，应认为争执了该事实时，则不在此限”。我国台湾地区“民事诉讼法”第280条第1款在规定视同自认的同时，也有“但因他项陈述可认为争执者，不在此限”的规定；实务上认为，“视同自认，因本无自认行为，固不生撤销自认问题，而应许当事人为追复争执之陈述，使之失其效力，唯该项追复争执，应在第二审言词辩论终结前为之。”① 拟制自认追复的规定，其目的在于当事人的程序保障。而《民事诉讼证据规定》中的拟制自认，以审判人员的释明作为适用的必要条件和程序，对于当事人的程序保障已经比较充分。在审判人员释明之外，再增加追复的规定，不仅无必要，也会破坏程序的安定和诉讼秩序，导致诉讼突袭的发生。②

---

① 姜世明：《民事诉讼法注释书（四）》，我国台湾地区新学林出版股份有限公司2013年版，第195页。

② 参见张丽芬：《冲突与衡平：拟制自认追复规定浅探》，载《西南政法大学学报》2006年第1期。

三、代理人自认

2019 年《民事诉讼证据规定》

第 5 条　当事人委托诉讼代理人参加诉讼的，除授权委托书明确排除的事项外，诉讼代理人的自认视为当事人的自认。

当事人在场对诉讼代理人的自认明确否认的，不视为自认。

根据作出自认的主体不同，自认可以被区分为本人自认和代理人自认。本人自认是指当事人本人作出的自认，而由诉讼代理人作出的自认则被称为代理人自认。民事诉讼法上的代理人，可以分为法定代理人、特别代理人和诉讼代理人三种情形。根据《民法典》第 19 条至第 23 条的规定，无民事行为能力、限制民事行为能力的未成年人，以及虽成年但不能辨认或者不能完全辨认自己行为的无民事行为能力人、限制民事行为能力人，需要由监护人作为法定代理人实施民事法律行为。在民事诉讼中，由于行为能力有欠缺，无民事行为能力人和限制民事行为能力人没有诉讼能力，不能自己实施诉讼行为，应当由作为法定代理人的监护人代理其进行诉讼活动。法定代理人在诉讼中的权利义务与当事人本人基本一致，法定代理人的自认即为当事人本人的自认。特别代理人属于法定代理人中的一种特殊情形。根据《民事诉讼法解释》第 83 条的规定，当事人是无民事行为能力人、限制民事行为能力人的，“……没有民法典第二十七条、第二十八条规定的监护人的，可以指定民法典第三十二条规定的有关组织担任诉讼中的法定代理人”，即由民政部门或者“具备履行监护职责条件的被监护人住所地的居民委员会、村民委员会”担任诉讼中的法定代理人。这种法定代理人并非基于《民法典》第 27 条、第 28 条规定的亲属关系或其他特定关系担任监护人，而是基于人民法院指定，且仅在诉讼中担任法定代理人，因此属于特别代理人。其在诉讼中的权利义务与一般法定代理人没有区别，其自认行为亦属于当事人本人自认。诉讼代理人与法定代理人不同，其以当事人名义实施诉讼行为、行为的效力及于当事人本人，是基于当事人或者法定代理人（包括特别代理人）的授权为诉讼行为。诉讼代理人的产生，通常由当事人或法定代理人与诉讼代理人签订委托合同，并在此基础上由当事人或法定代理人以授权委托书将诉讼代理权授予诉讼代理人。从法院和对方当事人的角度来看，诉讼代理人是基于授予诉讼代理权这种单方诉讼行为而取得以当事人名义实施诉讼行为的权利。因此，诉讼代理人在诉讼中的行为，包括自认，应当结合其授权内容、代行诉讼行为的特点等判断其效力。

根据 2019 年《民事诉讼证据规定》第 5 条的规定，第一，诉讼代理人的自认原则上视为当事人本人的自认。当事人委托诉讼代理人参加诉讼的，诉讼代理人的行为是当事人行为的延伸，与当事人本人的行为具有一致性，其实施的诉讼行为的效力及于当事人本人，由当事人本人承受后果。故诉讼代理人的自认原则上应当视为当事人本人的自认。第二，诉讼代理人只能在当事人授权的事项范围内实施自认行为，不能超出当事人授权范围。诉讼代理人实施诉讼行为的权利源于诉讼代理权的授予，其诉讼行为只有在授权范围内才是有效的，自认行为应当受到授权范围的约束。2019 年《民事诉讼证据规定》和 2001 年《民事诉讼证据规定》均将授权范围作为排除诉讼代理人自认的除外情形。所不同的是，2001 年《民事诉讼证据规定》第 8 条第 3 款以诉讼代理人是否有特别授权为标准，规定"未经特别授权的代理人对事实的承认直接导致承认对方诉讼请求的除外"；而 2019 年《民事诉讼证据规定》第 5 条对此进行了修改，将"授权委托书明确排除的事项"作为除外情形。作出这种修改的理由在于，根据《民事诉讼法》（2017 年）第 59 条第 2 款"诉讼代理人代为承认、放弃、变更诉讼请求，进行和解，提起反诉或者上诉，必须有委托人的特别授权"的规定，特别授权事项针对的均为对诉讼标的的权利或法律关系的处分，并不针对事实。2001 年《民事诉讼证据规定》第 8 条第 3 款将诉讼代理人是否有特别授权作为标准，目的在于防止诉讼代理人对事实的承认直接导致对诉讼请求的承认，超出代理权限损害委托人的利益。但事实上，对事实的承认并不会直接导致承认诉讼请求，事实只是诉讼请求能否成立的前提之一，诉讼请求能否成立仍然需要法官进行法律上的判断。而将授权委托书明确排除的事项作为除外情形，则更符合诉讼代理权基于委托授权而取得、依委托授权内容行使的特点，也更符合诉讼规律和审判实践需要。第三，诉讼代理人的自认既可以在开庭审理、证据交换、人民法院询问、调查过程中以口头方式作出，也可以在代理词等书面材料中作出。第四，在场的当事人明确否认的，诉讼代理人对事实的承认行为不发生自认效力。当事人在场的情形，发生在诉讼代理人以口头方式自认的场合。如果当事人本人在场，应当允许当事人对诉讼代理人的陈述予以更正，当事人对诉讼代理人的自认明确否认的，不视为自认。当事人否认的行为必须明确，模棱两可、似是而非的陈述不发生否认的效果。而当事人是否予以否认，不属于人民法院行使释明权的范围，由在场的当事人自主决定。第五，诉讼代理人的自认，只能以明示作出，不适用拟制自认规则。默示自认或拟制自认只能由当事人作出，不能由诉讼代理人作出，这是由诉讼代理人制度的性质决定的。“依代理制度的要求，代理人在代理权限内作出积极意思表示视为当事人本人意思，对当事人形成约束，因此，代理人必须有明确的意思表示，而代理人的不争执并无意思表示，也就不能视为当事人的意思，因而不能对当事人形成约束。”① 而

---

① 蒋铁初：《代理人自认规则初探》，载《法律适用》2005 年第 11 期。

且，诉讼代理人并非案件事实的亲历者，其对事实的认知源于当事人，其对事实“不争执”并不意味着如当事人“不争执”一样，怠于履行其真实陈述及促进诉讼义务。从经验法则出发，因当事人对事实“不争执”，认定对方主张事实的真实性，往往具有高度盖然性；而因诉讼代理人“不争执”作同样的推定，可能往往与实际情况不相符。因此，拟制自认规则不能适用于诉讼代理人，诉讼代理人的自认只能以明示方式作出。

四、共同诉讼人自认

2019年《民事诉讼证据规定》

第6条　普通共同诉讼中，共同诉讼人中的一人或者数人作出的自认，对作出自认的当事人发生效力。

必要共同诉讼中，共同诉讼人中一人或者数人作出自认而其他共同诉讼人予以否认的，不发生自认的效力。其他共同诉讼人既不承认也不否认，经审判人员说明并询问后仍然不明确表示意见的，视为全体共同诉讼人的自认。

共同诉讼人自认的规定是2019年《民事诉讼证据规定》新增加的内容。

共同诉讼是复数当事人诉讼。就民事诉讼主体而言，典型的民事诉讼是一名原告与一名被告之间进行的诉讼。但无论基于实现实体法规范目的考虑，还是从诉讼法上节约诉讼成本、促进诉讼经济、防止裁判矛盾等程序价值出发，各个国家和地区在立法上普遍承认共同诉讼这种诉的主观合并。民事诉讼实践中，一方当事人为数人或者双方当事人均为数人的诉讼形态也十分普遍。这一点，在我国民事诉讼立法和实践中并无不同。

根据共同诉讼人彼此之间以及共同诉讼人与诉讼标的之间关联性的强弱，共同诉讼可以被区分为必要共同诉讼和普通共同诉讼两种类型。必要共同诉讼，是指当事人一方或者双方为二人以上，作为诉讼标的的权利义务对于多数诉讼人是共同的因而必须合一确定的共同诉讼。在大陆法系国家和地区，必要共同诉讼又区分为固有的必要共同诉讼和类似的必要共同诉讼。前者是指作为诉讼标的的法律关系，各共同诉讼人必须合一确定，且必须一同起诉或应诉当事人才适格的情形；后者是指作为诉讼标的的法律关系，各共同诉讼人不必一同起诉或应诉，但一旦一同起诉或应诉，法院对于共同诉讼人的诉讼标的必须合一确定判决的必要共同诉讼。而普通共同诉讼，是指必要共同诉讼之外的共同诉讼。普通共同诉讼中，多数诉讼人并不存在必须合一确定的共同诉讼标的，其诉讼标的或者是同一种类，或者作为诉讼标的的权利义务系基于同一事实和法律上的原因而产生。我国台湾地区“民事诉讼法”第53条规定：“二人以上于下列各款情形，得为共同诉讼人，一同起诉或一同被诉：一、为诉讼标的之权利或义务，为其所共同者。二、为诉讼标的之权利或义务，本于同一之事实上及法律上原因。三、为诉讼标的之权利或义务，系同种类，而本于事实上及法律上同种类之原因者。但以被告之住所在同一法院管辖区域内，或有第 4 条至第 19 条所定之共同管辖法院者为限。”该条规定中，第 1 项属于必要共同诉讼，第 2 项、第 3 项则为普通共同诉讼。我国《民事诉讼法》第 55 条第 1 款规定：“当事人一方或者双方为二人以上，其诉讼标的是共同的，或者诉讼标的是同一种类、人民法院认为可以合并审理并经当事人同意的，为共同诉讼。”前者系指必要共同诉讼，后者系指普通共同诉讼。审判实践中，对于我国台湾地区“为诉讼标的之权利或义务，本于同一之事实上及法律上原因”的情形，如同一侵权行为造成多人损害，被侵权人均对侵权人提起诉讼请求损害赔偿的，一般将其归入“诉讼标的是同一种类”的情形，作为普通共同诉讼。

普通共同诉讼与必要共同诉讼，在共同诉讼人之间的关系上存在很大不同。根据大陆法系民事诉讼法理论，普通共同诉讼体现共同诉讼人独立原则，各个共同诉讼人与对方当事人之间的诉讼彼此独立，各个共同诉讼人各自独立实施诉讼行为，一人的诉讼行为或者对方当事人对共同诉讼人中一人的行为，仅对该当事人发生效力，对其他共同诉讼人不发生效力。对于起诉是否符合法定条件、各个共同诉讼人诉讼请求是否成立，法院分别进行认定和裁判。

因此，普通共同诉讼是形式上的共同诉讼，实质上是多个诉讼合并为一个诉讼。对于必要共同诉讼而言，共同诉讼人中一人的行为对于其他共同诉讼人是否产生影响，采取有利原则。必要共同诉讼中，共同诉讼人中一人的行为有利于全体的，对全体共同诉讼人发生效力；不利于全体的，则对包括该人在内的全体共同诉讼人不发生效力。由于必要共同诉讼的共同诉讼人对于诉讼标的的权利义务是共同的，对方当事人对共同诉讼人中一人的行为，其效力及于全体共同诉讼人。

自认属于典型的诉讼行为，共同诉讼人的自认同样遵循共同诉讼的规则。《民事诉讼法》第 55 条第 2 款规定的“共同诉讼的一方当事人对诉讼标的有共同权利义务的，其中一人的诉讼行为经其他共同诉讼人承认，对其他共同诉讼人发生效力；对诉讼标的没有共同权利义务的，其中一人的诉讼行为对其他共同诉讼人不发生效力”，是理解该条内容的基础。第一，普通共同诉讼中，部分共同诉讼人作出的自认，仅对作出自认的人发生效力，对其他共同诉讼人没有自认的效力。对于普通共同诉讼人之间的关系，我国《民事诉讼法》与大陆法系国家和地区的理论和立法并无不同，均遵循共同诉讼人独立原则，部分共同诉讼人的自认行为对其他共同诉讼人不发生效力。“不过各个普通共同诉讼人间的行为并不是完全没有影响，其中一人在诉讼中对对方当事人事实的承认，对其他当事人的诉讼会起到一定的证明作用，当然这种证明作用并不等于产生了自认的效果。”[①] 第二，必要共同诉讼中，部分共同诉讼人的自认行为得到其他共同诉讼人承认的，产生自认效力；其他共同诉讼人否认的，对全体共同诉讼人不产生自认效力。与大陆法系国家和地区不同，我国对于必要共同诉讼中部分共同诉讼人的行为对其他人的影响，并未采取有利原则，而是遵循承认原则，故部分共同诉讼人的自认只有经其他共同诉讼人承认，才能对全体共同诉讼人发生效力。而其他共同诉讼人中只要有一人否认的，就不能产生自认效力。其他共同诉讼人不作明确表示的，审判人员应当对部分共同诉讼人承认的事实本身以及其他共同诉讼人不明确表示意见的后果进行释明，并询问其他共同诉讼人的意见。其他共同诉讼人仍然不表示意见的，则视同其他共同诉讼人的自认。有学者认为“必要共同诉讼中一人的自认，对其他共同诉讼人产生约束力，除非其他共同诉讼人提出证据证明这种自认与事实不符”[②]。该观点不符合《民事诉讼法》第 55 条第 2 款的规定，也会不合理加重共同诉讼人的举证责任。第三，代表人诉讼并非共同诉讼，诉讼代表人的自认适用当事人自认规则，不适用 2019 年《民事诉讼证据规定》第 6 条规定。《民事诉讼法》第 56 条规

① 宋朝武：《论民事诉讼中的自认》，载《中国法学》2003 年第 2 期。

② 毕玉谦、谭秋桂、杨路：《民事诉讼研究及立法论证》，人民法院出版社 2006 年版，第 396 页。

定："当事人一方人数众多的共同诉讼，可以由当事人推选代表人进行诉讼。代表人的诉讼行为对其所代表的当事人发生效力，但代表人变更、放弃诉讼请求或者承认对方当事人的诉讼请求，进行和解，必须经被代表的当事人同意。"当事人一方人数众多的共同诉讼，共同诉讼人在推举代表人后即退出诉讼，由代表人以自己的名义实施诉讼行为，诉讼行为的结果对其代表的人发生效力。诉讼代表人性质上为诉讼担当人，其在诉讼中具有当事人的地位，故适用当事人自认的规则。

五、限制自认

2019 年《民事诉讼证据规定》

第 7 条　一方当事人对于另一方当事人主张的于己不利的事实有所限制或者附加条件予以承认的，由人民法院综合案件情况决定是否构成自认。

诉讼上的自认依其内容，可以分为完全自认和限制自认。完全自认是指一方当事人就对方当事人主张的于己不利的事实予以无保留地全部承认。完全自认是典型的自认形态。而限制自认包括广义和狭义两种情形。狭义限制自认是指一方当事人承认对方当事人主张的于己不利事实的同时，为抵销于己不利的效果，对其承认的事实又附加限

制或条件的情形。[1] 广义的限制自认，除狭义限制自认情形外，另包括就对方当事人主张的于己不利事实部分承认的情形。民事审判实践中，对于完全自认的构成和处理，没有争议，但对于自认事实后又附加限制或条件的情形是否构成自认，存在很大分歧。限制自认不仅涉及对于承认的事实的举证责任和免证效力问题，也涉及当事人对所附加的限制或者条件的举证责任承担等诸多问题，对当事人的利益和法院裁判的妥当性都有很大影响。

从其他国家和地区的情况来看，很多在立法中对限制自认作出规定。在大陆法系国家和地区，《德国民事诉讼法》第289条规定："（1）对于审判上的自认，附加有包含独立的攻击防御方法的陈述者，并不影响自认的效力。（2）在法院所作的让步陈述，即使有其他附加的或者限制的主张，应该在何种程度上视为自认，由法院按照具体情况决定。"我国台湾地区"民事诉讼法"第279条第2款规定，"当事人于自认有所附加或限制者，应否视为自认，由法院审酌情形断定之"。而在法国，由于《法国民法典》规定了自认的不可分性，在立法层面没有限制自认的规定。但在实践中，法院根据自认陈述中两项事实是否存在关联性来判断是否适用自认不可分性的规定，附限制条件的事实陈述与自认的事实不具有关联性时承认自认部分的效力，

① 参见刘学在、赵贝贝：《我国限制自认的实践难题及成因与出路》，载《安徽大学学报》2021年第6期。

而是否具有关联性由法院根据案件事实进行认定。[1] 在英美法系国家，英国、美国均原则上承认限制自认的效力。对于当事人自认时附加独立攻击防御方法的，美国称为“承认又否定的抗辩”，对于当事人承认的部分赋予自认效力。

2001 年《民事诉讼证据规定》未对限制自认作出规定，2019 年《民事诉讼证据规定》根据审判实践的需要，对限制自认作出原则性规定。2019 年《民事诉讼证据规定》规定由人民法院综合案件情况决定有所限制或附加条件的自认是否构成自认。这种表述方式，有利于人民法院在审判实践中进一步积累经验，为完善操作规则预留空间。

在审判实践中，限制自认的情形比较复杂，由人民法院综合案件情况决定，意即由人民法院根据案件中出现的限制自认的具体情形，分别作出处理。

（一）一方当事人就对方当事人主张的于己不利的事实，仅作部分承认的，即部分自认的情形

例如，原告甲主张向被告乙出借款项 20 万元而乙逾期未还，请求乙偿还借款，被告乙称其只向原告借款一次，金额为 18 万元。对于原告主张的 20 万元借款，被告承认其中 18 万元的部分。就该部分事实，构成自认，免除原告

---

① 参见阮莉娜：《论民事诉讼限制自认》，西南政法大学 2018 年硕士学位论文。

举证责任。对于其余 2 万元借款事实是否存在，原告需要继续举证证明。在没有其他证据证明的情况下，人民法院应当判决被告就 18 万元借款承担清偿责任。

（二）一方当事人承认一定事实的同时，又附加限制条件

例如，原告甲主张向被告乙出借款项 10 万元而乙逾期未还，请求乙偿还借款，被告乙述称其曾经从甲处借款 10 万元，但诉讼之前已经由案外人丙偿还。被告乙承认甲主张的借款事实存在，但提出借款已经案外人丙之手偿还的事实作为限制条件，对其承认行为附加限制，用以抵销承认行为的后果。实践中类似情况非常普遍，如何处理也存在很大分歧，需要根据当事人承认时所附加的限制条件与对方当事人主张的事实之间的关系，作进一步的梳理。

1. 作出承认的当事人所附加的限制属于抗辩的

“所谓抗辩是指，为了最终达到否定对方当事人主张的法律效果，而在肯定对方当事人所主张事实的前提下又附加地提出自己负担证明责任的新事实主张。”① “抗辩之特质有二：其一，抗辩是被告为排斥原告所主张的请求原因事实的法律效果而提出的要件事实，抗辩事实若为真实，原告基于原因事实所提出的诉讼请求即不能得到受诉法院支持；其二，抗辩与请求原因事实在性质上能够两立，抗

① ［日］高桥宏志：《民事诉讼法——制度与理论的深层分析》，林剑锋译，法律出版社 2004 年版，第 408 页。

辩蕴含了对请求原因事实之承认的意思。”① 在前述案例中，原告甲针对被告乙提出的偿还10万元借款的请求，建立在借款关系存在的基础之上，借款关系存在的事实为原告甲主张的原因事实。逻辑上，借款关系存在，产生被告乙按照约定偿还借款的法律效果。被告乙提出已经案外人丙之手偿还的事实，是在承认借款关系存在的前提下提出的新事实，其目的并非在于否定借款关系，而是使偿还借款的法律效果不能发生，产生债务因清偿而消灭的法律效果。假如被告乙没有提出已经还款的事实，而是提出双方另有展期的约定、还款期限尚未届满等，性质上也与前述案例相同。这种情况下，当事人对于借款事实存在的承认，构成自认；其所附加的限制属于抗辩，作出自认的当事人应当就其附加的限制即其提出的新的事实主张承担举证责任。

2. 作出承认的当事人所附加的限制属于间接否认的

“所谓否认是指对对方当事人主张予以否定的主张，这是一个在对方当事人对某事实负担证明场合下存在的概念”。② 根据当事人作出否认时是否提出了其他事实为理由，可以将否认分为直接否认或单纯的否认、消极否认，和间接否认或附理由否认、积极否认两种情形。未提出其

① 占善刚：《附理由的否认及其义务化研究》，载《中国法学》2013年第1期。

② ［日］高桥宏志：《民事诉讼法——制度与理论的深层分析》，林剑锋译，法律出版社2004年版，第407页。

他事实作为否认的理由的，为直接否认或单纯的否认、消极否认；而提出其他与对方当事人主张的事实不能并存的事实，从而间接地否认对方当事人所主张的事实的，为间接否认或附理由否认、积极否认。从表现形式上看，间接否认与抗辩非常相似，不负举证责任的当事人都承认或者隐含着承认对方当事人主张的部分事实，都针对对方当事人所主张的事实提出新的事实，在内容上都属于不负举证责任的当事人对抗对方当事人的一种防御方法，但二者存在本质区别。抗辩是不负举证责任的当事人提出了与对方当事人所主张的事实能够相容的、并存的新事实，这种新事实能够产生独立的法律效果，从而排斥对方当事人所主张的事实产生法律效果；而间接否认则是不负举证责任的当事人提出与对方当事人所主张的事实相排斥的、不能并存的新事实。抗辩所针对的是对方当事人主张的事实的法律效果，即原因事实的法律效果；而间接否认针对对方当事人主张的事实，即原因事实本身。区别间接否认与抗辩的意义在于，民事诉讼中，主张者负举证责任，否认者不负举证责任，即使是间接否认，作出否认的当事人对其提出的新事实不承担举证责任；而进行抗辩的当事人，则应当对其提出的作为抗辩理由的新事实承担举证责任。以借款纠纷案件为例，如原告甲主张向被告乙出借 10 万元而乙逾期未还，请求乙偿还借款，被告乙称其确实收到甲交付的 10 万元款项，但该笔款项系甲的赠与。本案中，原告甲主张向乙出借10万元的事实，隐含着已将10万元款项交付给乙，被告乙虽然承认这一隐含的事实，但提出该笔款项系赠与的新事实。赠与事实与借款事实系不同的原因事实，当事人之间或者存在借款事实或者存在赠与事实，二者相互排斥，不能并存。被告乙提出赠与事实并非使借款事实不能产生债务清偿的法律效果，而是否认借款事实的存在，即否认存在借款债务。被告乙承认的款项交付的事实只是借款法律关系要件事实中的一项内容，对于认定借款事实没有直接影响。因此，虽然被告乙对于收取钱款的事实可以构成自认，但其在此基础上提出新事实的目的在于否认原告甲主张的借款事实存在，故对于借款事实而言，没有自认规则适用的余地。原告甲就借款事实的存在承担举证责任，需要继续举证证明，而被告乙不需要就其提出的赠与事实的存在承担举证责任，其对借款事实仅承担反证责任。

（三）一方当事人就对方当事人陈述的于己不利的事实，在作回应时，陈述内容模糊不清、摇摆不定或者前后矛盾等

口语表达本就具有不精确的特点，当事人陈述的内容往往需要结合语音、语调、陈述的场景等情形进行整体判断，必要时人民法院应当行使释明权，探寻当事人陈述的真实意思。这种情况下，人民法院应当对当事人回应对方陈述的内容作整体性考察，而不能断章取义，割裂当事人的真实意思。

六、自认的限制性规则

《民事诉讼法解释》

第92条第2款 对于涉及身份关系、国家利益、社会公共利益等应当由人民法院依职权调查的事实，不适用前款自认的规定。

第92条第3款 自认的事实与查明的事实不符的，人民法院不予确认。

第96条第1款 民事诉讼法第六十七条第二款规定的人民法院认为审理案件需要的证据包括：

（一）涉及可能损害国家利益、社会公共利益的；

（二）涉及身份关系的；

（三）涉及民事诉讼法第五十八条规定诉讼的；

（四）当事人有恶意串通损害他人合法权益可能的；

（五）涉及依职权追加当事人、中止诉讼、终结诉讼、回避等程序性事项的。

第107条 在诉讼中，当事人为达成调解协议或者和解协议作出妥协而认可的事实，不得在后续的诉讼中作为对其不利的根据，但法律另有规定或者当事人均同意的除外。

2019年《民事诉讼证据规定》

第8条 《最高人民法院关于适用〈中华人民共和国民事诉讼法〉的解释》第九十六条第一款规定的事实，不适用有关自认的规定。

自认的事实与已经查明的事实不符的，人民法院不予确认。

自认的限制性规则是指限制自认效力的规则。2001年《民事诉讼证据规定》第8条第1款将“涉及身份关系的案件”规定为自认的除外情形，第67条规定了当事人在和解或者调解中的让步不能作为对其不利的证据，二者共同构成自认的限制性规则。2019年《民事诉讼证据规定》总结了2001年《民事诉讼证据规定》施行的经验，对自认的限制性规则进行修改和完善。由于2019年《民事诉讼证据规定》属于《民事诉讼法解释》的特别规定，《民事诉讼法解释》已经规定的内容原则上不纳入2019年《民事诉讼证据规定》中作重复规定，故《民事诉讼法解释》第107条关于调解或者和解中让步的规定，未在2019年《民事诉讼证据规定》中体现。但《民事诉讼法解释》第107条的规定与2019年《民事诉讼证据规定》第8条的规定均为自认的限制性规则的内容。

自认制度源于辩论主义，根据辩论主义的要求，法院裁判仅需对当事人之间有争议的事实进行认定，对于当事人之间无争议的事实则不应过多干涉，一般应当作为裁判的基础。但民事诉讼中，一些特定的内容并不属于辩论主义的范围，或者即使属于辩论主义范围的内容，辩论主义的适用也不能绝对化。因此，遵循当事人主义诉讼观念的国家和地区普遍对自认的适用范围作出限制性规定。2001

年《民事诉讼证据规定》中关于自认的限制性规则即参考其他国家和地区的做法，并结合我国的民事审判实践作出的规定，其基本思路和逻辑被《民事诉讼法解释》和2019年《民事诉讼证据规定》所延续。根据这两部司法解释的规定，下列情形不适用自认规则。

（一）属于人民法院依职权调查的内容

与辩论主义对法院职权的限制不同，职权探知主义要求法院对于诉讼实体内容发挥主导作用，依职权探知事实、调查收集证据。职权探知主义包括以下三个方面的内容：第一，法院对于当事人未主张的事实，可以作为裁判的基础；第二，对于当事人之间不争执的事实，不论是否自认，法院均可以不将其作为裁判的基础，而依职权调查事实真伪；第三，法院在调查证据认定事实时，除当事人声明的证据外，可以依职权调查其他当事人未声明的证据。① 在大陆法系国家和地区，涉及公共利益的事项、程序性事项以及身份关系的事项，通常由法院依职权调查，不受辩论主义的约束。《民事诉讼法解释》第96条第1款的规定，与大陆法系国家和地区的规则总体一致。根据该款规定，"民事诉讼法第六十七条第二款规定的人民法院认为审理案件需要的证据包括：（一）涉及可能损害国家利益、社会公共利益的；（二）涉及身份关系的；（三）涉及民事诉

---

① 参见陈荣宗、林庆苗：《民事诉讼法》，我国台湾地区三民书局股份有限公司2006年版，第45~46页。

讼法第五十八条规定诉讼的；（四）当事人有恶意串通损害他人合法权益可能的；（五）涉及依职权追加当事人、中止诉讼、终结诉讼、回避等程序性事项的”。这些情形，属于人民法院依职权调查收集证据的范围，不能适用自认的规定，人民法院认定事实不受当事人自认的约束。

1. 涉及国家利益和社会公共利益以及公益诉讼的情形

我国与大陆法系国家和地区对于涉及公共利益的事项属于法院职权调查的内容，并无本质不同，只是对于公共利益范围的理解存在差异。在我国，国家利益与社会公共利益通常一并表述，均属公共利益的范围，比大陆法系国家和地区的公共利益范围更大。涉及公共利益的事实，不属于当事人能够处分的内容，由人民法院依职权调查，有利于公共利益的维护。而《民事诉讼法》第 58 条规定的公益诉讼，本身即为保护公共利益而特别规定的程序，当然属于公共利益所涵盖的范围。

2. 涉及身份关系的事实

身份关系不仅涉及诉讼当事人的利益，也会涉及案外人利益保护以及社会基本伦理价值的维护，因此也可以归结为广义的公共利益范畴。涉及身份关系的事实不适用自认，是大陆法系国家和地区普遍认可的规则。《德国民事诉讼法》第 617 条规定，关于审判上自认的规定，不适用于家庭事件程序；《日本民事诉讼法》第 10 条第 2 款也有相同规定。我国 2001 年《民事诉讼证据规定》第 8 条第 1

款规定“涉及身份关系的案件”不适用自认。在制定《民事诉讼法解释》时，考虑到“涉及身份关系的案件”中既涉及身份关系的事实也涉及财产关系等其他事实，而有关财产方面的事实与身份关系的判断没有直接关系，也不涉及公共利益，不宜作为人民法院依职权调查的事实范围，“涉及身份关系的案件”表述不够准确，故第 92 条第 2 款相应修改为涉及身份关系的事实。

3. 有恶意串通损害他人合法权益的可能

当事人恶意串通损害他人合法权益的，涉及诉讼秩序和社会秩序的维护，属于事关社会公共利益的问题，人民法院有依职权调查的必要。2001 年《民事诉讼证据规定》第 15 条规定的人民法院依职权调查收集证据的情形包括“涉及可能有损……他人合法权益的事实”。《民事诉讼法解释》制定时，认为这种表述不准确，其范围不易确定，故第 96 条第 1 款第 4 项将其修改为“当事人有恶意串通损害他人合法权益的可能”，仍然作为人民法院有职权调查收集证据的范围。因此，这种情形不适用自认的规定。

4. 程序性事项

程序性事项属于法院职权范围，不涉及当事人实体权利保护，但对于诉讼程序的进行有重要影响。对于程序性事项，人民法院不受当事人主张的约束，当事人虽未主张，或者当事人虽有主张或者自认，人民法院仍然可以根据职权调查的结果作出认定。

（二）自认的事实与已经查明的事实不符的

按照辩论主义的要求，自认一经作出，即对法院产生拘束力，排除法院对自认事实的审理，法院应当以自认的事实作为裁判的基础。但这种拘束力不能绝对化。有学者认为，双方当事人既然对某一事实存在一致的认识，就表明当事人双方不希望法院对该等事实的真实性等再作判定，因此，即便当事人自认的事实与众所周知的事实或者其他显著的事实相违背，只要该事实不违背法律、法规的强制性规定和社会公共利益，也应当对法院产生拘束力。① 这种观点并不妥当。承认虚构的、明显违背真实的自认对法院的拘束力，意味着法院以明显不真实的事实作为裁判的基础，这不仅违背社会公众的一般认知，也会极大地损害法院的公信力。特别是在我国，在追求裁判统一性的社会观念背景下，生效裁判的效力不仅在当事人之间发生，对于当事人之外的其他人也会产生影响。以明显不真实的自认为基础的裁判，会严重干扰诉讼秩序和社会秩序，从而对社会公共利益造成损害。事实上，法院的裁判不能以明显虚构的事实为基础，也是大陆法系国家和地区的普遍认识。“德国通说认为，当事人之间相互一致但却不真实地陈述对法官的限制并非绝对”，“通过与其他既有制度的整

---

① 参见奚玮：《自认属性及其相关问题研究》，载中华全国律师协会编：《第四届中国律师论坛百篇优秀论文集》，中国政法大学出版社2004年版，第502页。

合，真实义务被认为旨在禁止当事人有意的非真实的事实陈述，完整义务也应该在这个意义上加以把握，即禁止当事人有意提出一个事实片段，而掩盖另一些片段，以使法官陷入错误认识"。① 在德国，自认如违反普遍承认的经验法则或众所周知的事实，或者通谋诈害第三人，对法院不具有拘束力。在英美法系国家的美国，如自认是非法或不道德的、通谋的、不可能发生的事实，法院可以依职权审查并否定其拘束力。②

根据2019年《民事诉讼证据规定》第8条第2款的规定，自认的事实与已经查明的事实不符的，人民法院不予确认。这意味着，人民法院在认定当事人对于已不利的事实承认是否构成自认时，应当结合法官已经形成内心确信的事实进行判断。除通过证据的审查判断已经形成确定心证外，前述德国、美国等国家规定的违反一般经验法则等内容明显不真实的自认，也应当属于2019年《民事诉讼证据规定》第8条第2款所包含的内容。包括：其一，自认的事实为不可能发生的事实，如违背自然规律和定理的事实。其二，违背一般经验法则的事实。一般经验法则是人们从日常社会生活或者法律生活中所体验、感知的一类事实，由于这类事实构成要素之间的因果关系经过长期的反

---

① 任重：《民事诉讼真实义务边界问题研究》，载《比较法研究》2012年第5期。

② 参见陈杭平：《再论我国"非约束性"自认的修正》，载《中外法学》2021年第4期。

复验证，代表着某一类型事物发展的通常趋势或规律，它以事实的盖然性作为内容，由此形成的规则自无证明的必要，因此，一般经验法则可不作为利用其他证据加以证明的对象。[①] 其三，与众所周知的事实相矛盾。众所周知的事实属于免证事实，除非对事实内容存在争议，法官应当确信其真实性，当事人的自认与众所周知的事实相矛盾的，不能确认自认的效力。

（三）在调解或者和解过程中基于让步而认可的事实

诉讼中的调解，是指诉讼过程中，当事人在人民法院的审判人员主持之下，通过平等协商的方式解决民事争议的诉讼活动，是人民法院除裁判之外解决纠纷的重要方式。调解的过程是当事人自愿协商解决纠纷的过程，人民法院处于居中调和的立场，经调解达成协议可以有效降低诉讼的对抗性，减轻当事人的诉讼负担，节约司法资源，使民事诉讼更符合诉讼经济的要求。为此，我国《民事诉讼法》第八章对诉讼调解作出专门的规定。诉讼和解是当事人在诉讼中，在不违反法律规定的前提下，根据自己的意愿自主处分其实体权利和诉讼权利的行为。诉讼和解与诉讼调解的区别在于没有法院作为中立第三方介入，和解协

---

① 参见奚玮：《自认属性及其相关问题研究》，载中华全国律师协会：《第四届中国律师论坛百篇优秀论文集》，中国政法大学出版社 2004 年版，第 503 页。

议也不像法院根据调解协议制作的调解书那样具有强制执行力，而完全是当事人以诉讼契约处分自身权利的过程。但就当事人达成协议的过程而言，二者非常相似。

诉讼调解或和解的过程是当事人双方平等协商，依自愿合法的原则处分其实体权利和诉讼权利，在互谅互让的基础上解决民事纠纷的过程。在这一过程中，当事人为达成调解或者和解协议的目的，往往对一些有争议的事实不再争辩，或者本着息事宁人的态度予以承认。在调解或和解不能达成协议的情况下，这种不争执或者承认行为不能发生自认的后果。作出这种规定主要考虑：其一，诉讼调解与和解过程中对事实的认可，是以达成协议为目的而作出的妥协和让步，与诉讼对抗过程中对事实的承认存在本质不同；其二，如果承认调解或和解过程中对事实的认可能够发生自认的效果，无异于是对违反诚信原则的鼓励，不利于促进当事人通过调解或和解的方式解决纠纷。当然，如果法律存在特别规定，则应当遵照执行；而当事人双方如果均同意赋予这种不争执或承认的行为以自认效果，则属于对自己程序利益的处分，人民法院应当予以尊重。

2001 年《民事诉讼证据规定》第 74 条明确规定，在调解或者和解过程中基于让步而认可的事实不能作为其后对当事人不利的证据。《民事诉讼法解释》第 107 条对其进行适当修改后，延续了 2001 年《民事诉讼证据规定》的基本精神。

七、自认的撤销

2019年《民事诉讼证据规定》

第9条　有下列情形之一，当事人在法庭辩论终结前撤销自认的，人民法院应当准许：

（一）经对方当事人同意的；

（二）自认是在受胁迫或者重大误解情况下作出的。

人民法院准许当事人撤销自认的，应当作出口头或者书面裁定。

自认一经作出，即对当事人和法院产生拘束力，既免除对方当事人的举证责任，也原则上排除了法院对自认事实的调查，法庭审理也在自认事实的基础上继续进行。而撤销自认，意味着自认的事实重新成为待证事实，因自认而免除举证责任的当事人需要重新举证证明，建立在自认基础上的法庭审理活动需要重新进行。这种情况不利于诉讼秩序的稳定，往往会造成诉讼拖延。而且，当事人随意撤销自认，使对方当事人遭受诉讼上的突袭，损害对方当事人的信赖利益，违反民事诉讼诚信原则。因此，各个国家和地区对于撤销自认普遍设置比较严格的限制条件。如，《德国民事诉讼法》第290条规定，“当事人撤回其在审判上的自认，只限于他证明其自认与事实不符，而且其自认是由于错误而发生时，其撤回才影响自认的效力。这种情形，自认失其效力”。《日本民事诉讼法》对此虽未作规定，但判例及学理上一般将违反真实与意思错误相提并论。[①] 从大陆法系国家和地区的情况看，与事实不符一般作为撤销自认所应考虑的条件。

2001 年《民事诉讼证据规定》第 8 条第 4 款规定的撤销自认的条件，除双方当事人同意外，为“有充分证据证明其承认行为是在受胁迫或者重大误解情况下作出且与事实不符”。2019 年《民事诉讼证据规定》第 9 条对此进行了实质性修改，将其改为“自认是在受胁迫或者重大误解情况下作出”，删除了“与事实不符”的要求。这一点与大陆法系国家和地区存在明显差异。

就 2019 年《民事诉讼证据规定》第 9 条的内容，可以从以下三个方面理解。

（一）撤销自认的时间要求为法庭辩论终结前

当事人撤销自认的，应当在法庭辩论终结前向人民法院提出。之所以将法庭辩论终结作为时间节点，原因在于，法庭辩论终结意味着证据调查和事实审理结束，如果允许当事人在法庭辩论终结后撤销自认，势必重新启动证据调查程序，使以前的法庭审理被推翻，严重影响正常诉讼秩序，浪费诉讼资源，造成诉讼严重拖延。因此，将当事人撤销自认的时间节点确定为法庭辩论终结前，是十分必要

---

① 参见陈杭平：《再论我国“非约束性”自认的修正》，载《中外法学》2021 年第 4 期。

的，也与《民事诉讼法》关于法庭审理内容的规定保持逻辑上的一致。

（二）作出自认的当事人撤销自认，须满足相应条件

所谓相应条件即或者经过对方当事人同意，或者能够证明其自认行为是在受胁迫或者重大误解情况下作出的。

1. 关于双方一致同意的情形

自认是当事人在诉讼中行使处分权的结果。作为一种向法院作出的单方诉讼行为，作出自认的当事人自作出自认起即受自认效力的拘束。尽管一方当事人作出自认并不需要对方当事人的同意，但自认免除对方当事人举证责任的效力使对方当事人因此获益，对方当事人自愿放弃这种诉讼上的利益，本身也是对其利益的处分。如果这种对利益舍弃的处分行为又不会给诉讼秩序和诉讼效率带来太多负面影响，法院应当予以尊重。因此，当事人在法庭辩论终结前一致同意撤销自认的，人民法院应当准许。这一点，2001 年《民事诉讼证据规定》和 2019 年《民事诉讼证据规定》的规定与大陆法系国家和地区并无不同。

2. 关于受胁迫或者重大误解情况下作出自认的情形

胁迫，是指一方当事人以给一方当事人及其亲友的生命、健康、荣誉、名誉、财产等造成损害为要挟，迫使对方作出违背真实意思表示的行为。重大误解是指当事人对其自身行为的性质和后果发生严重错误认识的情形。基于

重大误解作出自认，当事人承认对方所主张事实与自己的意思相悖，从而造成双方权利义务关系严重失衡。按照大陆法系国家和地区理论上的认识，法律对自认的规定，既是辩论主义及诚信原则的要求，也是基于经验法则，当事人在两造对抗的诉讼中承认的于己不利的事实具有高度盖然性。而因为受胁迫或者重大误解作出自认，不是基于真实意思作出的承认，事实的盖然性程度值得怀疑。而且，由于受到对方当事人胁迫而作出不利于己承认的，也不存在对方当事人信赖利益保护问题。

在2019年《民事诉讼证据规定》起草过程中，关于撤销自认的条件如何确定，是以自认的内容不真实（“与事实不符”）为条件，还是以意思错误为条件，抑或保持2001年《民事诉讼证据规定》第8条第4款不作修改即以“意思错误”和内容不真实共同作为撤销自认的条件，存在争论。最终确定以受胁迫和重大误解所导致的意思错误为撤销条件，理由在于：其一，在民事诉讼中，因胁迫一方当事人实施于己不利的诉讼行为，本身即属妨害诉讼的违法行为和道德上应受谴责的行为，这种情况下如果不允许作出自认的当事人撤销自认，不利于社会基本价值和诉讼秩序的维护。而对自认拘束力的认可，是建立在当事人对于己不利的事实以及自认后果的明确认知基础上，故基于意思错误而作出的自认，应当准许当事人撤销。其二，2001年《民事诉讼证据规定》以“意思错误”和内容不真实共同作为撤销自认的条件，虽与大陆法系国家的德国、日本的立法和实务总体一致，但实践中，作出自认的当事人既需要对导致意思错误的受胁迫或重大误解的情形进行证明，也需要对与事实不符即真实的事实进行证明，过于严苛。根据2019年《民事诉讼证据规定》第8条规定，与已查明的事实不符的自认人民法院不予确认其效力，将与事实不符从撤销自认的条件中删除，既减轻当事人不必要的证明负担，降低其撤销自认的难度，也不会影响实践中适用效果。因此，2019年《民事诉讼证据规定》第8条对2001年《民事诉讼证据规定》的修改，是对当事人诉讼权利与民事诉讼秩序和社会基本价值维护之间的平衡进行斟酌的结果，是在认真考虑外国立法和实务情况、自认制度内涵、价值以及我国审判实际后作出的总体权衡。

（三）人民法院撤销自认的准许，应当以裁定方式作出

撤销自认对当事人的信赖利益、证明负担和民事诉讼秩序影响较大，故2019年《民事诉讼证据规定》为体现严肃性，规定人民法院须以裁定方式准许。一般而言，对于庭审中当事人提出撤销自认，人民法院可以当庭作出口头裁定予以准许；对于当事人以书面方式在庭审之前、之后提出的，可以作出书面裁定。当然，口头裁定或者书面裁定人民法院可以根据情况使用，当事人口头提出撤销自认的，不影响人民法院以书面裁定准许，反之亦然。

第六节　举证责任的例外之二——免证事实

《民事诉讼法解释》

第93条　下列事实，当事人无须举证证明：

（一）自然规律以及定理、定律；

（二）众所周知的事实；

（三）根据法律规定推定的事实；

（四）根据已知的事实和日常生活经验法则推定出的另一事实；

（五）已为人民法院发生法律效力的裁判所确认的事实；

（六）已为仲裁机构生效裁决所确认的事实；

（七）已为有效公证文书所证明的事实。

前款第二项至第四项规定的事实，当事人有相反证据足以反驳的除外；第五项至第七项规定的事实，当事人有相反证据足以推翻的除外。

2019年《民事诉讼证据规定》

第10条　下列事实，当事人无须举证证明：

（一）自然规律以及定理、定律；

（二）众所周知的事实；

（三）根据法律规定推定的事实；

（四）根据已知的事实和日常生活经验法则推定出的

另一事实；

（五）已为仲裁机构的生效裁决所确认的事实；

（六）已为人民法院发生法律效力的裁判所确认的基本事实；

（七）已为有效公证文书所证明的事实。

前款第二项至第五项事实，当事人有相反证据足以反驳的除外；第六项、第七项事实，当事人有相反证据足以推翻的除外。

所谓免证事实，即免除当事人举证责任的事实。民事诉讼中，当事人主张的事实为免证事实的，无须就该事实承担举证责任。自认也属于免证事实的一种情形，但由于自认是当事人的单方诉讼行为，且属于“辩论主义第二命题”的范畴，自认的规则也比较复杂，各国立法通常将自认问题作单独规定。免证事实不仅涉及对待证事实承担举证责任的当事人在诉讼中举证负担的免除，也涉及当事人诉讼权利保障、诉讼秩序的安定和诉讼效率的维护，因此，是证据规则中比较重要的问题。

有关民事诉讼中的免证事实，最初规定在《民事诉讼法意见》第75条[1]。2001年《民事诉讼证据规定》对《民事诉讼法意见》第75条内容进行梳理，删除“一方当事人对另一方当事人……提出的诉讼请求，明确表示承认”即认诺的内容，将自认的内容规定为第8条，将其余内容作为第9条，并将“众所周知的事实”与“自然规律及定理”分别进行规定，增加了“已为仲裁机构的生效裁决所确认的事实”和对免证事实的反证要求。2015年《民事诉讼法解释》第93条在总结审判实践经验基础上，对2001年《民事诉讼证据规定》第9条进行了修改，将推定的事实根据法律推定和事实推定的不同情形作分别规定，在“自然规律及定理”项下增加了定律，同时对反证要求区分为“有相反证据足以反驳”和“有相反证据足以推翻”两种情形。2019年《民事诉讼证据规定》对2015年《民事诉讼法解释》第93条内容再次进行了修改，将“已为人民法院发生法律效力的裁判所确认的事实”限定在基本事实的范围，同时将“已为仲裁机构的生效裁决所确认的事实”的反证要求由“有相反证据足以推翻”调整为“有相反证据足以反驳”。在2019年《民事诉讼证据规定》公布实施之后，《民事诉讼法解释》又于2020年、2022年

① 该条规定：“下列事实，当事人无需举证：（1）一方当事人对另一方当事人陈述的案件事实和提出的诉讼请求，明确表示承认的；（2）众所周知的事实和自然规律及定理；（3）根据法律规定或已知事实，能推定出的另一事实；（4）已为人民法院发生法律效力的裁判所确定的事实；（5）已为有效公证书所证明的事实。”

两次进行了修改。虽然修改内容未涉及证据部分的条文，但两次修改均发生在2019年之后，2019年《民事诉讼证据规定》对2015年《民事诉讼法解释》修改的内容是否仍然适用，实践中存在一定争论。对此，笔者认为，2019年《民事诉讼证据规定》是在《民事诉讼法解释》的基础上专门针对民事诉讼证据问题作出的司法解释，在《民事诉讼法解释》未进行全面修改，特别是未对证据部分的条文进行修改的情况下，其中与2019年《民事诉讼证据规定》不一致的内容，仍然应当适用2019年《民事诉讼证据规定》的规定。

一、自然规律以及定理、定律

自然规律即自然法则，是指存在于自然界的客观事物内部规律，如潮汐规律等，它是客观事物自身运动、变化和发展的内在必然联系。自然规律具有不以人的意志为转移的客观性，可以被人利用，但不能被人改变、创造和消灭。定理是已经证明具有准确性、可以作为原则或规律的命题或公式，如勾股定理；定律是科学上对某种客观规律的概括，反映事物在一定条件下发生一定变化过程的必然关系，如能量守恒定律。自然规律以及定理、定律，经过人类长期实践的反复检验和证明，是客观存在的真理，无须在诉讼中证明，也不可能在诉讼中推翻，因此具有免除当事人举证责任的效力，而且也不存在反证的问题。

二、众所周知的事实

“众所周知的事实，无须证明”，是古罗马法谚语。所谓众所周知的事实，是指具有通常知识和经验的一般人所知晓，且相信其为真实的事实。“众所周知之事实之所以无须由当事人举证证明，乃由于其本身固有的显著性与客观真实性使然，故将众所周知之事实明定为免证事实，乃各国立法上之通例。无论其采辩论主义还是采职权探知主义皆然”。① 众所周知的事实具有时间性，20 年前众所周知的事实在今天未必众所周知，只有诉讼发生时为一般社会公众所知晓并相信的事实才属于免证事实中众所周知的事实。众所周知的事实具有地域性特点，甲地众所周知的事实在乙地未必众所周知，故众所周知的事实应当是受诉法院辖区内为一般人所知晓的事实。

通常，某一事实仅为具有特定职业、地位的人所知悉，不能作为众所周知的事实，但如果诉讼发生在特定职业、地位的群体成员之间，则可以作为众所周知的事实。作为免证事实，众所周知的事实必须是审理案件的法官所知悉的事实。如果审理案件的法官不知晓该事实，即使事实本身是特定地域、特定群体内众所周知，也不能免除当事人的举证责任。人民法院可以依职权对众所周知的事实作出

① 占善刚、刘显鹏：《试论我国民事诉讼中免证事实之应有范围及其适用》，载《法学评论》2004 年第 4 期。

认定，无须当事人主张，但在作出认定之前，应当保障可能处于不利地位的当事人发表意见、进行反证的机会。

众所周知的事实可能与真实的事实不符，因此，根据2019年《民事诉讼证据规定》第10条第2款规定，当事人有相反证据足以反驳的，不能免除当事人的举证责任。

三、推定的事实

推定是指根据法律规定或者根据逻辑推理和经验法则，从已知的前提事实（基础事实）推断结果事实（推定事实）存在的证明法则。推定可以区分为法律推定和事实推定。法律推定是指通过法律条文确立的推定，当出现符合法律推定的法律规范条件事实时，可以直接根据法律规范推断出推定事实，[①] 2019年《民事诉讼证据规定》第10条第1款第3项即为法律推定的规定。事实推定是指在已知事实的基础上，法官运用日常生活经验法则进行逻辑推理，推断待证事实存在与否，2019年《民事诉讼证据规定》第10条第1款第4项即属事实推定。各个国家和地区的立法和实务中普遍将推定作为重要的证明法则。

从推定的过程看，法律推定和事实推定的逻辑并无本质不同，只是法律推定是在法律规范所要求的前提事实成立的情况下，直接推定结果事实；而事实推定则需要法官

① 参见邵明：《诉讼中的免证事实》，载《中国人民大学学报》2003年第4期。

运用经验法则进行逻辑推理，从前提事实推导出结果事实。推定的事实并非证据所证明的事实，而是基于基础事实与推定事实之间高度盖然的因果关系或逻辑关系而推断的结果，因此，推定的结果允许反证。一般而言，相对于推定结果处于不利地位的当事人，可以从三个角度进行反证：其一，针对基础事实进行反证，使基础事实达不到法定证明标准而不能成立，从而使推定事实失去成立的前提；其二，针对推定事实进行反证，包括直接对推定事实进行反向证明，以及提出事实抗辩即通过证明其他事实成立从而间接证明推定事实不成立；其三，针对经验法则和逻辑推理进行反驳或者反向证明，阻断基础事实与推定事实之间的因果关系或逻辑关系。就法律效果而言，推定改变了推定受益方的证明对象，将其原本应当对难以证明的推定事实承担的证明责任改变为对易于证明的基础事实承担证明责任。无论法律推定还是事实推定，都与所谓举证责任转移没有直接关系，也不存在举证责任倒置问题。从当事人诉讼权利的变动视角来看，民事推定的适用一方面赋予减缓推定受益方证明负担的程序利益，另一方面也使推定不利方获得了反驳推定适用的诉讼权利。证明责任转移仅是推定不利方行使反驳权时的一种外在程序表现，并非推定适用的必然法律效果；举证责任倒置与推定在内在逻辑结构和当事人证明负担分配上具有本质区别，谈不上是推定适用的法律效果。①

四、已为仲裁机构的生效裁决所确认的事实

赋予仲裁机构生效裁决所确认的事实具有免除当事人举证责任的效力，最初是2001年《民事诉讼证据规定》第9条所作的规定，是在对《民事诉讼法意见》第75条进行梳理的基础上所增加的规定。之所以增加这项规定，主要理由在于，仲裁具有准司法的性质，既然人民法院生效裁判具有免证效力，仲裁裁决也应当比照生效裁判处理。这也是制定2001年《民事诉讼证据规定》时理论界和实务界的普遍认识。2001年《民事诉讼证据规定》公布实施后，随着理论研究的深入和审判实践的发展，很多人对仲裁机构生效裁决免证效力规定的合理性提出质疑。在2019年《民事诉讼证据规定》起草过程中，关于仲裁裁决确认的事实是否纳入免证事实的范畴，存在很大争议，是起草过程中的重点问题。反对的观点认为：（1）除类似劳动争议仲裁这种强制仲裁具有准司法性质之外，民商事仲裁属于民间性纠纷解决机制，并不具有准司法性质。将生效仲裁裁决确认的事实与人民法院生效判决确认的事实并列作相同处理，依据不足。（2）仲裁程序以当事人的合意为基础，具有合意性和灵活性的特征，当事人的意志优先于发

① 参见张海燕：《民事推定法律效果之再思考——以当事人诉讼权利的变动为视角》，载《法学家》2014年第5期。

现真实，无须严格遵守证据规则，对当事人的程序保障也不如诉讼程序充分。特别是在商事仲裁中，当事人出于节约成本、追求效率、维护商业信誉和合作关系等考虑，往往通过合意、让步达成共识，仲裁庭认定的事实与真实的事实不一致的情况十分常见。这与诉讼程序中，严格遵守程序法和实体法规定、保障当事人诉讼权利、发现真实及公正裁判的要求存在很大差异。[①]（3）人民法院认定事实受仲裁裁决的约束，违反自由心证原则，而且仲裁庭认定事实通常不受人民法院生效裁判约束，这种反向约束不合逻辑，与人民法院作为司法机关的地位不符。（4）审判实践中，一些当事人通过在仲裁程序中的合意、自认等行为，经由仲裁裁决认定事实后，再以此为基础进行诉讼，给对方当事人的诉讼活动和人民法院的审判造成很大困扰。因此，司法解释应当删除仲裁裁决确认的事实作为免证事实的规定。赞同的观点认为：（1）基于仲裁“一裁终局”的特点，仲裁裁决与人民法院生效判决一样，具有既判力、执行力、形成力。将生效仲裁裁决与生效判决的免证效力作同样处理，有一定基础。（2）生效仲裁裁决在诉讼中作为免证事实，体现人民法院在民事诉讼中对仲裁的支持，而删除这项规定，影响很大，应慎重对待。（3）目前生效仲裁裁决作为免证事实在实践中存在的问题，可以通过仲裁机构加

① 参见杨婷：《仲裁裁决确认事实免证规则的反思与重构》，载《政治与法律》2021 年第 12 期。

强管理、完善制度解决。故现阶段仍然应当保留原有的规定。基于上述两种观点形成的两种方案提交讨论后，最终确定了保留生效仲裁裁决确认的事实作为免证事实的规定、但降低反证要求的折中处理，将仲裁裁决确认的事实的反证要求由《民事诉讼法解释》第 93 条第 2 款规定的“有相反证据足以推翻”修改为 2019 年《民事诉讼证据规定》第 10 条第 2 款“有相反证据足以反驳”，即反驳生效仲裁裁决认定的事实，只需要按照一般的反证要求处理，而无须达到证明相反事实存在的程度。

五、已为人民法院发生法律效力的裁判所确认的基本事实

人民法院生效裁判确认的事实作为免证事实，源于《民事诉讼法意见》第 75 条第 4 项的规定。2001 年《民事诉讼证据规定》之所以承继该项规定，主要基于两点理由：其一，人民法院生效裁判确认的事实，已经在此前的诉讼证明过程中得到证明并由人民法院确认，具有较高的可靠性、真实性，没有再次证明的必要。其二，人民法院的生效裁判具有法律拘束力，这种拘束力不仅体现为裁判结果的拘束力，也体现为事实认定的拘束力。这种认识在 2001 年《民事诉讼证据规定》起草过程中以及该项司法解释公布实施后很长时间内并无争议。

随着理论研究特别是判决效力理论研究的深入，一些

学者对于生效裁判所确认事实具有免证效力的规定提出质疑。在2019年《民事诉讼证据规定》起草论证过程中，有学者提出，生效裁判的既判力针对的是诉讼标的，事实不属于既判力的效力范围，不能对后诉的事实认定产生拘束效力；赋予生效裁判确认的事实在后诉中的免证效力，剥夺了后诉法院对该事实的自由心证，与自由心证原则不符。2019年《民事诉讼证据规定》最终在原则上保留了生效裁判确认的事实免证效力的规定，理由在于：其一，生效裁判确认的事实在后诉中作为免证事实，并非既判力问题，而属于生效裁判的事实证明效力范畴；其二，生效裁判确认的事实的免证效力，确实与自由心证原则存在一定的矛盾，但与其他国家和地区不同的是，我国对于人民法院裁判的一致性要求很高，这种一致性不仅体现在裁判结果的一致性，也体现为事实查明的一致性。在我国立法尚未规定既判力规则的情况下，因事实认定不一致导致裁判结果不一致的情形，不易被社会公众所理解和接受，甚至会产生对司法公信力的质疑。因此，现阶段保留这一规定有现实的必要性。与之前的司法解释相比，2019年《民事诉讼证据规定》第10条第1款第6项规定将人民法院生效裁判确认的事实限缩为基本事实。此处的“基本事实”，系指诉讼标的法律关系的要件事实。需注意的是，在《民事诉讼法解释》等司法解释中，基本事实的表述比较常见，但含义不尽相同。例如，《民事诉讼法解释》第333条规定，

“民事诉讼法第一百七十七条第一款第三项规定的基本事实，是指用以确定当事人主体资格、案件性质、民事权利义务等对原判决、裁定的结果有实质性影响的事实”，即在二审法院发回重审时对基本事实不清的认定，包括程序性事实；而生效裁判确认的事实作为免证事实的情形，应当严格限制范围，基本事实不应包括程序性事实。

无论人民法院生效裁判确认的事实，还是生效仲裁裁决确认的事实，之所以作为免证事实，其基础在于该事实已经在诉讼程序或者仲裁程序的事实查明中得到证明，因此，在适用中需要对上述事实的形成过程、方式作整体考量和具体分析。如果事实在其他诉讼或者仲裁程序中系由证据证明的，其可靠程度相对较高，能够在本案诉讼中作为免证事实免除当事人的举证责任；如果有关事实基于当事人在其他诉讼或者仲裁程序中的自认等行为形成的，即并非系证据证明而是按照其他证明规则认定的，因事实未经过证明，在本案诉讼中不宜作为免证事实，而只能作为法官自由心证所考虑的因素。

六、已为有效公证文书所证明的事实

《民事诉讼法》第72条规定：“经过法定程序公证证明的法律事实和文书，人民法院应当作为认定事实的根据，但有相反证据足以推翻公证证明的除外。”这是公证文书证明的事实免证效力规定的法律依据。因此，自《民事诉讼法意见》第75条开始，司法解释对于公证文书证明的事实具有免证效力的规定，均为对法律规定的落实。

公证本质上是一种证明活动。作为公证最为核心、最为广泛的公证证明，其效力的正当性、权威性源于法律对公证证明的合法性、真实性的实体和程序的系统保障，公证证明由此具有高度公信力。公证文书是公证机关进行公证证明活动、行使公证权的结果，“是由公证人代表国家权力，依照公证程序与规则，介入私法行为，用以证明法律行为或私权事实以及文书而出具的特殊文书”①。公证文书在性质上属于公文书，作为证据时遵循公文书证记载的内容推定为真实的规则，在反证时也应当满足有相反证据足以推翻的要求。

公证文书所证明的事实的免证效力规定，在适用时应当注意区分公证对象。广义的公证包括认证，即公证机关对公证申请人的文书形成过程或者文书形式真实性的证明；狭义的公证是公证机关对于法律行为或者事实本身的证明。我国实行公证一元化的制度，对于不同的公证对象适用同一种公证程序并统一制作公证书，② 因此从公证文书的外观上无法识别公证文书的证明内容，需要根据公证文书内容作具体判断。对于认证性质的公证，公证文书仅对有关

---

① 占善刚、楚晗旗：《公证文书的证据效力探析》，载《证据科学》2016年第1期。

② 参见占善刚、楚晗旗：《公证文书的证据效力探析》，载《证据科学》2016年第1期。

文书形成过程或者文书形式真实性具有证明效力，对于法律行为或者事实本身没有证明效力，也不能免除当事人对相应事实的举证责任。

第七节　当事人提交证据的要求

《民事诉讼法解释》

第111条　民事诉讼法第七十三条规定的提供书证原件确有困难，包括以下情形：

（一）书证原件遗失、灭失或者毁损的；

（二）原件在对方当事人控制之下，经合法通知提交而拒不提交的；

（三）原件在他人控制之下，而其有权不提交的；

（四）原件因篇幅或者体积过大而不便提交的；

（五）承担举证证明责任的当事人通过申请人民法院调查收集或者其他方式无法获得书证原件的。

前款规定情形，人民法院应当结合其他证据和案件具体情况，审查判断书证复制品等能否作为认定案件事实的根据。

2019年《民事诉讼证据规定》

第11条　当事人向人民法院提供证据，应当提供原件或者原物。如需自己保存证据原件、原物或者提供原件、原物确有困难的，可以提供经人民法院核对无异的复制件或者复制品。

第12条　以动产作为证据的，应当将原物提交人民法院。原物不宜搬移或者不宜保存的，当事人可以提供复制品、影像资料或者其他替代品。

人民法院在收到当事人提交的动产或者替代品后，应当及时通知双方当事人到人民法院或者保存现场查验。

第13条　当事人以不动产作为证据的，应当向人民法院提供该不动产的影像资料。

人民法院认为有必要的，应当通知双方当事人到场进行查验。

第15条　当事人以视听资料作为证据的，应当提供存储该视听资料的原始载体。

当事人以电子数据作为证据的，应当提供原件。电子数据的制作者制作的与原件一致的副本，或者直接来源于电子数据的打印件或其他可以显示、识别的输出介质，视为电子数据的原件。

一、提交书证的规则

《民事诉讼法解释》

第111条　民事诉讼法第七十三条规定的提供书证原件确有困难，包括以下情形：

（一）书证原件遗失、灭失或者毁损的；

（二）原件在对方当事人控制之下，经合法通知提交而拒不提交的；

（三）原件在他人控制之下，而其有权不提交的；

（四）原件因篇幅或者体积过大而不便提交的；

（五）承担举证证明责任的当事人通过申请人民法院调查收集或者其他方式无法获得书证原件的。

前款规定情形，人民法院应当结合其他证据和案件具体情况，审查判断书证复制品等能否作为认定案件事实的根据。

2019 年《民事诉讼证据规定》

第 11 条　当事人向人民法院提供证据，应当提供原件或者原物。如需自己保存证据原件、原物或者提供原件、原物确有困难的，可以提供经人民法院核对无异的复制件或者复制品。

《民事诉讼法》第 73 条第 1 款规定："书证应当提交原件。物证应当提交原物。提交原件或者原物确有困难的，可以提交复制品、照片、副本、节录本。"这是立法上对于实物证据原件、原物规则的规定。所谓实物证据，通常是指以有形物为存在形态的证据。书证、物证是典型的实物证据。视听资料和电子数据作为证据，其本身虽不以有形物形态存在，但均以有形物为载体，因此，参照适用实物证据的原件、原物规则。2019 年《民事诉讼证据规定》第 99 条第 2 款规定的"除法律、司法解释另有规定外……

关于书证的规定适用于视听资料、电子数据”即这一规则的体现。

2001 年《民事诉讼证据规定》第 10 条规定：“当事人向人民法院提供证据，应当提供原件或者原物。如需自己保存证据原件、原物或者提供原件、原物确有困难的，可以提供经人民法院核对无异的复制件或者复制品。”《民事诉讼法解释》第 111 条对于《民事诉讼法》第 73 条中有关书证提交原件确有困难的情形进行解释，对书证复制件的认定规则作出规定，但对于其他情形未作规定。2019 年《民事诉讼证据规定》在 2001 年《民事诉讼证据规定》第 10 条和《民事诉讼法解释》第 111 条的基础上，对物证、视听资料、电子数据的原件、原物规则作出完善和补充。

（一）书证的原件规则

书证是民事诉讼中十分重要的证据方法和证据类型。从广义上讲，书证不仅包括打印、书写于纸张上的文字记录，照片、录音录像资料、记载于计算机磁盘等电子介质上的数据电文均可以归属于书证的范畴。我国《民事诉讼法》将照片、录音录像资料等作为视听资料，记载于电子介质上的数据电文作为电子数据，均为独立的证据类型，因此，书证系从狭义理解，一般指视听资料和电子数据之外的以其记载的内容来证明案件事实的资料。书证以纸张等物质载体的形式体现，但文字、图形、符号等所记载的内容是其本质属性。关于书证内涵的认识，我国学者与其他国家学者的理解基本相同，都认为包含这样几层含义：（1）它首先是一种物件或物品；（2）该物件是一定文字、符号、图表等的载体；（3）这些文字、符号、图表等记载或代表一定的内容、含义，而且能证明案件事实。①

各国民事诉讼法均将书证作为独立的证据形式或证据方法。在英美法系国家和地区，书证既指当事人向法院提供的供法官和陪审团获悉案件事实的文书材料，也指法院通过查阅当事人提供的文书得悉有关事实的证据。在大陆法系国家和地区，书证是以其记录的内容和表达的思想证明案件事实的文书或者物件。图片、照片、录音磁带、录像带以及电子证据都归属为书证或者准书证。我国《民事诉讼法》将视听资料和电子数据规定为独立于书证的证据类型，因此书证在范围上排除了视听资料和电子证据。

原件规则是书证最重要的规则。所谓原件，指文件制作人最初作成，反映其意思或思想的文件，也称原本或底本。任何书证都有其最初制作的原本，它既可以是手写的，也可以是打印的，只要是最初表达和承载作者思想的文字、符号和图案等内容的文书，就是原件。而复制件，是指从内容、形式或性质上对原件的复制或摹写，包括在书证原件基础上抄录、复印等形成的文本。书证原件直接反映或体现法律关系的产生、变更、消灭的发展过程，或其本身

---

① 参见张永泉：《书证制度的内在机理及外化规则研究》，载《中国法学》2008年第5期。

就是法律关系发展过程中的产物，以书证原件证明案件事实可靠性更高。而复制件在被誊写、复印、传抄等过程中，由于中间环节的影响，发生失误、偏差、信息损耗在所难免，甚至复制者有意变造、篡改等情形也可能发生，因此书证复制件存在失真、不能如实反映案件事实原貌的可能性。

原件规则要求当事人以书证证明案件事实时应当提供原件，除法定情形外，不以原件提供的书证不具有证据能力。在英美法系国家和地区，原件规则包含于最佳证据规则之中。最佳证据规则是英美法上判断书证效力最主要的规则。所谓最佳证据规则是指一项事实只能用找到的最佳、最有说服力的证据予以证明。① 依此规则，书证的原件因其性质决定了不可能有比它更好的证据，因此为最佳证据，也是第一位的证据。而依证据本身的特征，有更好的证据即原始证据存在的，该书证为第二位的证据。只有在第一位的证据缺失的情况下，第二位的证据才能被允许使用。

大陆法系国家和地区对于书证的证据效力，可以从形式上的证据力和实质上的证据力的角度进行认识。形式上的证据力是指书证成立真实，没有被伪造的情况，即任何书证必须是其制作者真实作成的。实质上的证据力是对书证证明价值的评价，即书证内容与待证事实的关联程度。

---

① 参见沈达明：《比较民事诉讼法初论》，中信出版社 1991 年版，第 282 页。

形式上证据力涉及书证存在的真伪问题，而实质上的证据力涉及书证内容能否证明待证事实问题。书证是否具有实质上的证据力，往往由法院根据经验法则，依自由心证进行判断。大陆法系国家和地区没有从证据资格或者证据能力方面明确规定最佳证据规则，而是从审查书证的真实性角度出发，要求当事人提供书证时，原则上应当提交书证原件。但提供复制件并不当然不具有证据资格，法官仍然根据当事人提供复制件的具体情况来评判其证据力的大小。所以在原则上，判断书证的证据力，以书证的真实性为要件，书证的原件具有证据力，而书证的复制件则不具有证据力。所以，在理论上，应当以提出书证的原件为必要。但在对方自认书证正本的真实性，或者其缮本内容与原件一致时，实际上亦无须提出书证的原件，只提出其缮本便足，在此场合下，书证的缮本与其原件具有同等的证据力。①

（二）书证原件规则的例外

根据《民事诉讼法》第73条的规定，提交书证原件确有困难的，可以提交书证的复制件、副本或节录本。《民事诉讼法意见》和2001年《民事诉讼证据规定》对于何种情形属于提交原件确有困难没有规定，《民事诉讼法解释》第111条的规定，对《民事诉讼法》第73条的操

---

① 参见张永泉：《书证制度的内在机理及外化规则研究》，载《中国法学》2008年第5期。

作性规则进行完善和补充。

《民事诉讼法解释》第111条规定的提交书证原件确有困难的情形，均为当事人自身之外的原因导致不能提交书证原件的情形。该条列举的五种情形可以大致区分为两类。

1. 因客观原因不能提交书证原件的情形

包括：（1）“书证原件遗失、灭失或者毁损的”，即书证原件在客观上已经不存在、不能使用或者无从知晓其下落，当事人获取书证原件在客观上不可能。这种情况下应当允许当事人以提交复制件、副本或者节录本等方式，替代书证原件。（2）“承担举证证明责任的当事人通过申请人民法院调查收集或者其他方式无法获得书证原件的”。这种情形通常是指原件并非由当事人保管，当事人凭借自身的努力无法取得，而人民法院根据当事人的申请或者依职权调查收集证据，仍然无法取得的。例如，当事人对于保存在档案馆的书证没有权利获取原件，即使人民法院调查收集证据，取得书证原件也不被允许，这种情况下，可以通过提交与原件核对无异的复制件等方式替代原件。（3）“原件因篇幅或者体积过大而不便提交的”的情形。在《民事诉讼法解释》起草过程中，曾经有人提出异议，认为书证都是以纸质文书方式呈现的，不可能存在因篇幅或者体积过大而不便提交的情况。事实上，对这一问题的认识与对书证的含义的理解有关。书证是以其记载的内容发挥事实证明作用的证据形式，纸质的文书虽然是其最主要表现形式，但并非唯一形式。除文书外，其他物品只要符合书证的特征，也应当适用书证规则。因此，实践中因体积过大不便提交原件的书证，并不罕见。例如，以石碑上镌刻的内容证明案件事实时，应当适用书证规则，此时石碑即应当作为书证对待。

2. 因他人的原因不能提交书证原件的情形

（1）原件处于对方当事人的控制之下，经合法通知提交而拒不提交的。根据《民事诉讼法解释》第 112 条和 2019 年《民事诉讼证据规定》第 45 条的规定，书证在对方当事人控制之下的，对待证事实承担举证责任的当事人可以申请书证提出命令，由人民法院作出裁定责令对方当事人提交。但书证提出命令的适用须符合法定条件，无法一般性地适用于对方当事人控制书证原件、承担举证责任的当事人掌握复制件的情形。对方当事人经人民法院合法通知提交原件拒不提交的，应当允许承担举证责任的当事人提交复制件以替代提交原件。（2）原件在他人的控制之下，而该他人有权不提交的。即书证原件在诉讼外第三人控制之下，该第三人对书证原件系合法占有、其有权利不提交的情形。

（三）对书证复制件的审查判断

书证原件规则是书证形式上证据力的保证，其作用在于确保提交的书证具有证据能力或资格。作为例外情形可以提交复制件的书证，其证据能力上不存在法律上的障碍，但能否根据书证复制件认定案件事实，则需要根据具体情况进行分析判断。对于对方当事人认可书证复制件的真实性或者复制件与书证原件一致的，则书证复制件具有与原件同等的证据效力；对于证据原件系在案外人控制之下、其有权不提交，但可以提供复制件与原件核对无异的证明文件，或者提供原件供人民法院调查收集证据时在持有人处与复制件进行核对，经核对无异的复制件具有与书证原件同等的效力；对于书证原件在对方当事人控制之下，经人民法院通知其提交原件以供核对而拒不提交，且又拒绝认可复制件与原件一致，人民法院可以参照适用妨害证明的规则，在向其释明后，将当事人提交的复制件视作书证原件；对于“原件因篇幅或者体积过大而不便提交的”，人民法院可以组织当事人就原件与复制件是否一致进行现场核对，或者要求当事人自行核对后进行确认；对于书证原件遗失、灭失或毁损的，书证的复制件由于客观上无法与原件核对，根据 2019 年《民事诉讼证据规定》第 90 条的规定，不能单独作为认定案件事实的根据，人民法院需要结合其他案件事实和证据，判断书证复制件的真伪以及证明力，此时的书证复制件是被作为有瑕疵的证据对待，需要其他证据补强后才能发挥事实证明的效力。

需要注意的是，《民事诉讼法解释》第 111 条规定的五项情形，并没有“兜底性”条款，除这五项情形外，提交的书证复制件不具有证据能力。

二、提交物证的规则

2019 年《民事诉讼证据规定》

第 11 条　当事人向人民法院提供证据，应当提供原件或者原物。如需自己保存证据原件、原物或者提供原件、原物确有困难的，可以提供经人民法院核对无异的复制件或者复制品。

第 12 条　以动产作为证据的，应当将原物提交人民法院。原物不宜搬移或者不宜保存的，当事人可以提供复制品、影像资料或者其他替代品。

人民法院在收到当事人提交的动产或者替代品后，应当及时通知双方当事人到人民法院或者保存现场查验。

第 13 条　当事人以不动产作为证据的，应当向人民法院提供该不动产的影像资料。

人民法院认为有必要的，应当通知双方当事人到场进行查验。

在实物证据中，以物体的自然状态和属性发挥证明作用的为物证。《民事诉讼法》第 73 条规定“物证应当提交原物”，提交原物确有困难的，可以提交复制品、照片。2001 年《民事诉讼证据规定》对于物证的提交没有作相应规定，《民事诉讼法解释》也没有作出进一步解释。2019

年《民事诉讼证据规定》第12条、第13条根据物系动产和不动产的不同特点，分别对物证的提交规则作出规定，是对《民事诉讼法》和《民事诉讼法解释》的完善和补充。

民法上的物区分为动产和不动产。不动产是指依照其物理性质不能移动或者移动将严重损害其价值的有体物，不动产以外的物，即在性质上能够移动且移动不损害其经济价值的物为动产。与书证一样，物证原件也能够直接反映或体现法律关系的产生、变更、消灭的发展过程，或者物本身就是法律关系过程的产物，如承揽关系中的定作物，以物证原件证明案件事实更为直观，可靠性更高。与书证类似，物证的复制品在被复制的过程中，难免受到中间环节的影响发生失误、偏差、信息损耗等情形，甚至发生复制品的制作者有意变造、篡改的情形，与原件相比，物证的复制品和书证复制件同样存在失真、不能如实反映案件事实原貌的可能性。因此，《民事诉讼法》第73条规定物证以提交原物为原则是必要的。

《民事诉讼法》第73条在规定了物证原件规则的同时，规定了提交原物确有困难的，可以提交复制品、照片等替代物。物证为不动产的，将不动产提交到人民法院没有现实可能性，当然属于提交原物确有困难的情形，需要以其他方式替代，这一点自不待言。需要讨论的是以动产为物证时，如何理解提交原物确有困难，以及何种情形下可以不提交物证原件而提供替代品。2019年《民事诉讼证据规定》第12条规定，动产物证的原物“不宜搬移或者不宜保存”的，当事人可以提供复制品、影像资料或者其他替代品。所谓不宜搬移，是指一些物证虽然在物理属性上为动产，但由于其体积、质量过大无法搬移，或者基于其本身用途、保存条件等要求，搬移可能严重影响其价值的情形。例如，物权法上以不动产规则对待的特殊动产，即航空器、船舶、机动车等，体积、质量庞大，不宜搬移，无法以原物提交法庭；摆放、安装在公共场所的历史人物画像、塑像、浮雕，具有特殊的政治意义或文化价值，不宜作为物证提交法庭；文物需要由文物管理部门保存在具有一定安全设施和存储条件的地点，也不宜以原物提交法庭。所谓不宜保存，是指物品本身具有一定危险性而需要特殊保存条件，或者容易损耗、变质的情形。放射性物质本身具有高度危险，需要特殊保存条件，人民法院不具备相应的保存条件，当事人也不应提交物证原物；炸药、鞭炮、烟花等易燃易爆物品，通常也无须提交原物；鲜活物品、蔬菜鲜花等容易腐烂变质的物品也属于不宜保存的情形。

除上述物证的原物“不宜搬移或者不宜保存”的情形外，根据2019年《民事诉讼证据规定》第11条规定，并参考《民事诉讼法解释》第111条关于提交书证原件确有困难的情形的规定，下列情形也属于物证为动产时当事人可以不提交物证原物的情形：其一，当事人需要自己保存物证原物的。当事人基于物证原物的使用价值、交换价值或者情感因素等，需要自己保存原物的，可以提交复制品、照片等替代品，但应当提交物证原物用以法庭核验以及对方当事人核对；其二，物证原物并非当事人所有，而属于案外人的财产，由于当事人无权处分他人财产，客观上无法提交物证原物，故应当允许当事人以替代品提交；其三，物证原物毁损、灭失或者无法作为物证使用的，此时提交物证原物已经不可能，或者没有意义，应当允许当事人提交物证原物的替代品；其四，对于当事人提交物证复制品、影像资料等替代品，另一方当事人无异议的情形。

无论物证为不动产或动产，在当事人提交原物的替代品后，人民法院均应当组织对物证进行查验。所谓查验，即核查验证。查验与勘验不同，查验的目的是核实物证原物的替代品与原物的一致性，并不涉及物证的证据价值。而勘验的目的在于获取勘验对象的证据价值。对于动产物证，人民法院可以要求当事人将物证原物带至人民法院，由双方当事人和人民法院对原物与复制品、影像资料等替代品的一致性进行验证；对于不宜搬移的，由人民法院通知双方当事人到物证原物的保存场所共同查验替代品与原物是否一致。对于不动产，由于物证原物本身一般不易发生变化，人民法院可以根据具体情况决定是否有必要通知双方当事人，到不动产所在地对影像资料与不动产的一致性进行查验。

在民事诉讼中，人民法院对于物证通常进行勘验。因此，对物证的勘验可以和对物证原物替代品与原物一致性的查验合并进行。

三、提交视听资料和电子数据的规则

2019 年《民事诉讼证据规定》

第 15 条　当事人以视听资料作为证据的，应当提供存储该视听资料的原始载体。

当事人以电子数据作为证据的，应当提供原件。电子数据的制作者制作的与原件一致的副本，或者直接来源于电子数据的打印件或其他可以显示、识别的输出介质，视为电子数据的原件。

视听资料，是指借助录音、录像等设备和技术手段所记录、存储、再现的声音、图像信息证明案件事实的证据形式。视听资料通常以照片、碟片、录音带、录像带等为载体，根据《民事诉讼法解释》第 116 条的规定，视听资料包括录音资料和录像资料两种形式。录音资料是指借助录音设备和技术将声音如实地记录下来，然后通过设备播放再现原来的声迹，以此证明案件真实情况的证据；录像资料是借助录像设备和技术，将人或事物运动、发展、变化的客观真实情况录制下来，再经过设备播放，重新显示原始的形象来证明案件真实情况的证据。与传统证据形式相比，视听资料具有高度的准确性和直观性，与技术设备具有密切关联，需要借助一定设备呈现；同时也高度依赖载体，是以载体所记录的内容来发挥事实证明作用。因此，尽管视听资料在我国作为一种独立的证据形式，但其与书证具有很强的相似性。英美法系国家和地区将视听资料作为书证对待。英国《1995 年民事证据法》即将照片、碟片、磁带、录像带、胶片和底片等规定为“文书”的形式。《美国联邦证据规则》第 1001 条也将录音、录像带和电影胶卷归结为文书范围。在大陆法系国家和地区，有的将视听资料作为物证对待，如德国多数学者和判例即采此种观点；也有将其作为书证对待的，如我国台湾地区即对视听资料准用书证规则。无论各个国家和地区采纳何种观点，视听资料属于实物证据，这一点是共通的。

电子数据是指基于电子技术生成、以数字化形式存储于电子存储介质之中的能够证明案件事实的数据信息。电子数据以电子存储介质为载体，以载体中所记载的信息发挥对事实的证明作用，这一点与书证具有相似性。所不同的是，电子数据本质上是一种电子信息，无法直接获取其内容，必须借助特定的设备以及软件环境读取信息内容。与视听资料相似，电子数据具有高度的准确性和可靠性，同样，对其真实性的检验与视听资料一样，通常须借助特定的技术手段。电子数据在我国《民事诉讼法》中系一种独立的证据形式。而在英美法系国家和地区，电子数据一般作为文书的一种形式，适用书证规则，只是在书证的最佳证据规则上进行特殊处理。例如，《美国联邦证据规则》第1001条规定，如果数据被储存在计算机或类似装置里面，则任何可用肉眼阅读的、表明其能准确反映数据的打印物或其他的输出物，均为原件。即将通过显示器屏幕或者输出的打印文件作为原件对待。在大陆法系国家和地区，电子数据作为书证或者准书证，适用书证规则。

根据2019年《民事诉讼证据规定》第15条的规定，视听资料和电子数据作为证据提交，均须提交原件。只不过视听资料的原件是以原始载体的方式体现，而电子数据由于本身为电子信息，无法被人直接感知，因此需要司法解释作出变通的处理。按照传统的证据原件的概念，电子数据的原件是固定在电子存储介质中的数据信息。但事实上，存储在电子存储介质中的数据信息本身由于无法直接识别，对于案件事实的证明通常并无意义，发挥事实证明作用的是其通过电子计算机设备转换形成的可识别形式。而这种转换形式则属于证据的复制件。由于这种复制件无法确定与原件的一致性，如果按照传统的证据原件理解，事实上将相当数量的电子证据排除在案件事实证明过程之外。为此，联合国国际贸易法委员会在《电子商务示范法》中提出依照“功能等同法”，将具有最终完整性和可用性等功能的电子复本规定为原件，只要数据电文确实起到了在“功能上等同或基本等同”于书面原件的效果，便可视为一种合法有效的原件，就能满足证据法对原件的要求。在2019年《民事诉讼证据规定》起草过程中，我们对这一问题进行了认真研究，基本上接受联合国国际贸易法委员会在《电子商务示范法》提出依照“功能等同法”对电子数据原件的处理原则。2019年《民事诉讼证据规定》第15条第2款所称的电子数据原件，可以理解为电子数据的原始载体，即最初生成以及固定电子数据的电子存储介质。而电子数据的制作者制作的具有一致性的副本，或者直接源于电子数据的打印件，或者其他可以显示、识别的输出介质，如电子显示设备，视为电子数据的原件。

四、域外证据的证明手续和外文书证、资料的译本要求

2019年《民事诉讼证据规定》

第16条　当事人提供的公文书证系在中华人民共和国领域外形成的，该证据应当经所在国公证机关证明，或者履行中华人民共和国与该所在国订立的有关条约中规定的证明手续。

中华人民共和国领域外形成的涉及身份关系的证据，应当经所在国公证机关证明并经中华人民共和国驻该国使领馆认证，或者履行中华人民共和国与该所在国订立的有关条约中规定的证明手续。

当事人向人民法院提供的证据是在香港、澳门、台湾地区形成的，应当履行相关的证明手续。

第17条　当事人向人民法院提供外文书证或者外文说明资料，应当附有中文译本。

（一）域外证据的证明手续

形成于法域之外的证据，囿于司法权的地域性，其真实性、合法性不易判断，人民法院对证据的调查核实也存在现实的障碍，因此有必要对于域外形成的证据提出证明手续上的要求，以增强证据的可靠性，降低司法权地域性给民事诉讼带来的不利影响。基于这种考虑，2001年《民事诉讼证据规定》第11条参考1991年《民事诉讼法》第242条关于在我国领域内没有住所的外国人、无国籍人或者外国企业、组织从境外提交授权委托书的规定，对于我国领域外形成的证据，要求经所在国公证机关证明，并经我国驻所在国使领馆认证，或者履行条约规定的证明手续。其目的在于通过对域外证据的证据资格提出要求，减轻人民法院在判断域外证据形式真实性上的困难。

然而，2001年《民事诉讼证据规定》自2002年实施后，随着我国对外贸易井喷式增长，涉外民事诉讼案件大量增加，对域外证据证明手续要求的规定在审判实践中的问题逐渐显现。一些法院过于依赖证明手续要求，忽视质证对于证据真实性特别是证据内容真实性检验的作用；不同法院对于证明手续要求属于证据能力要求还是证明力要求认识不一致，法律适用不统一；而随着信息技术和电子商务的发展，越来越多的电子数据作为诉讼证据，进一步增加了域外证据证明手续要求的规定的适用难度。为此，2005 年最高人民法院下发了《第二次全国涉外商事海事审判工作会议纪要》，对于境外证据证明手续问题，区分不同情况作不同处理：对于证明诉讼主体资格的证据，履行相关的公证、认证或者其他证明手续；对于其他证据，除人民法院认为确需办理的外，由当事人选择办理公证、认证或者其他证明手续；无论是否办理证明手续，人民法院均需组织质证，结合当事人的质证意见进行审核认定。上述会议纪要虽然在一定程度上缓解了实践中的矛盾，但因其效力低于司法解释而存在正当性问题。

2019 年《民事诉讼证据规定》针对审判实践中的问题，对 2001 年《民事诉讼证据规定》第 11 条进行修改，限缩了需要履行证明手续的域外证据的范围，仅要求公文书证和涉及身份关系的证据履行相应的证明手续。就公文书证而言，由于公文书只能在本国领域内发生效力，不具有域外效力，而作为证据使用的公文书证因主体的特殊性又具有较高的证明力，有必要通过设置证明手续上的要求，使其在事实证明中发挥作用。因此，域外的公文书经所在国公证机关证明，或者履行我国与该所在国订立的有关条约规定的证明手续的，在我国具有公文书证的证据效力。

这与我国签订的有关双边条约的规定相一致。[1] 而身份关系涉及社会基本价值和伦理秩序，对于域外形成的涉及身份关系的证据履行更为严格的手续，理论界和实务界均无争议，因此2019年《民事诉讼证据规定》第16条第2款规定，应当经所在国公证机关证明并经我国驻该国使领馆认证，或者履行有关条约规定的证明手续。

关于在我国香港特区、澳门特区、台湾地区形成的证据，原则上参照适用境外形成的证据的规则处理。具体的证明手续，适用司法部发布的文件，或者最高人民法院与司法部联合发布的文件办理。

（二）外文书证、资料的译本要求

外文书证或者外文说明资料应当附有中文译本，是司法主权的要求和体现。根据《民事诉讼法》第273条的规定，"人民法院审理涉外民事案件，应当使用中华人民共和国通用的语言、文字"；第73条第2款规定，"提交外文书证，必须附有中文译本"。2019年《民事诉讼证据规定》第17条的规定与2001年《民事诉讼证据规定》第12条的内容一致，是对《民事诉讼法》第73条第2款的强调和落实。

外文书证或说明资料须附有中文译本，是对外文书证、说明资料证据能力的要求，未附中文译本的，没有证据能

---

① 参见尹伟民：《域外证据的特别证明程序探析——兼论〈最高人民法院关于民事诉讼证据的若干规定〉第11条》，载《大连海事大学学报》2007年第1期。

力，不能作为证据使用。无论案件是否适用涉外民事诉讼程序的特别规定，都应遵循这种要求。这种要求是法律的强制性规定，不因法官个体能力而有所变通，不能因为法官能够读懂外文资料就不再要求当事人提供中文译本。人民法院对外文书证或者外文说明资料的内容进行审查时，可以只就中文译本的内容进行审查。而中文译本的准确性，由人民法院根据当事人在质证中提出的意见，结合案件其他事实和证据进行判断。

五、提交证据的手续

2019 年《民事诉讼证据规定》

第 19 条　当事人应当对其提交的证据材料逐一分类编号，对证据材料的来源、证明对象和内容作简要说明，签名盖章，注明提交日期，并依照对方当事人人数提出副本。

人民法院收到当事人提交的证据材料，应当出具收据，注明证据的名称、份数和页数以及收到的时间，由经办人员签名或者盖章。

根据《民事诉讼法》第 69 条规定，“人民法院收到当事人提交的证据材料，应当出具收据，写明证据名称、页数、份数、原件或者复印件以及收到时间等，并由经办人员签名或者盖章”。这是 2012 年《民事诉讼法》修改时增加的关于人民法院签收当事人提供证据材料的手续的规定。

这一规定源于2001年《民事诉讼证据规定》第14条第2款，有关内容被立法机关肯定并以法律形式确定下来。2019年《民事诉讼证据规定》起草时对2001年《民事诉讼证据规定》的上述条文未作修改。

要求当事人对提交的证据进行整理说明、人民法院收取当事人证据出具收据的做法，是民事审判方式改革的一项成果。自20世纪80年代后期开始，随着社会经济的发展，案件数量大幅增长，案件情况日益复杂，民事案件证据越来越多、内容越来越繁复。由于民事审判的程序规范滞后，规范化程度不足，人民法院遗失当事人提交的证据的现象时有发生，当事人与人民法院就证据是否提交经常发生争议，法院工作人员徇私舞弊、更改、抽换证据的现象也偶有出现。针对实践中存在的问题，一些地方法院在民事审判方式改革的过程中，采取了审判人员对当事人提交的证据出具收据的做法。最高人民法院对审判实践中的做法进行了总结，在1992年《民事诉讼法意见》第71条规定："对当事人提供的证据，人民法院应当出具收据，注明证据的名称、收到的时间、份数和页数，由审判人员或书记员签名或盖章。"1997年《最高人民法院关于人民法院立案工作的暂行规定》第10条规定："人民法院收到诉状和有关证据，应当进行登记，并向原告或者自诉人出具收据。收据中应当注明证据名称、原件或复制件、收到时间、份数和页数，由负责审查起诉的审判人员和原告、自诉人签名或盖章……"1998年《民事审判方式改革规定》第4条也规定，“审判人员收到当事人或者其诉讼代理人递交的证据材料应当出具收据”。其后，一些地方法院在司法解释规定的基础上，对当事人提交证据进行分类、编号、说明等提出要求。如厦门市中级人民法院1996年制定的《民事、经济、行政案件诉讼当事人举证规则》第14条规定，“当事人提交的书证材料，应根据所证明案件事实发生的先后顺序，将证据材料逐一编号，注明提交时间、份数、页数，提交人姓名。应装订的书面材料，应装订成册”。最高人民法院在总结民事审判方式改革成果的基础上，在2001年《民事诉讼证据规定》第14条对当事人提供证据的分类、编号、说明和人民法院签收证据的手续进行规定，对于审判工作的规范化和当事人权利的保障，具有积极意义。

对于当事人而言，其提交证据时，需要完成如下工作：其一，对证据进行分类编号。通常，当事人需要根据其主张的事实的顺序，或者针对对方当事人主张的事实进行反驳的顺序，对证据进行整理，将证明同一事实的证据进行归类集中，编排序号，既便于对方当事人进行质证和人民法院进行审查，也能够使其证据对待证事实的证明作用更清晰。其二，对证据来源、证明对象和内容的简要说明。即证据是源自当事人自己留存的材料还是获取自案外人，是由自己制作，对方当事人制作还是案外人制作；当事人提交证据用以证明的哪一项待证事实；证据所反映的内容；

等等。其三，在证据目录或者清单上签名盖章、注明提交日期。其四，按照对方当事人人数提出证据副本，以便于对方当事人为质证进行必要的准备。上述内容只是对当事人提交证据的基本要求，当事人进行诉讼时，应当按照受诉法院的诉讼须知等文件的具体要求提交证据。

就人民法院而言，对当事人提交的证据出具收据，是一项法定义务。证据收据，是人民法院收到当事人提交的证据材料的凭证，对于规范人民法院的审判行为，防止人民法院与当事人就证据是否提交，提交的时间、方式等发生争议，影响人民法院的公信力。根据《民事诉讼法》第69条和2019年《民事诉讼证据规定》第19条第2款，证据收据应当包括如下内容：（1）证据名称。证据收据上应当写明当事人提交的证据的名称，如投资协议、建设工程施工合同、房产证等。（2）证据的页数、份数。证据收据上应当载明每一项证据各多少份、书证多少页。（3）原件或者复印件，即在证据收据中注明当事人提交的书证系原件还是复制件，物证是原物还是复制品、照片抑或影像资料，视听资料、电子数据系原始载体还是打印件、复制件等。（4）收到的时间，即人民法院收到证据的具体日期。证据收据须经人民法院的经办人员签名或者盖章，这是证据收据有效的必要条件。此处的经办人员既可以是人民法院的审判人员、书记员，也可以是人民法院负责接收当事人诉讼材料的其他工作人员。

第二章　证据的调查收集和保全

第一节　人民法院调查收集证据

《民事诉讼法解释》

第 94 条　民事诉讼法第六十七条第二款规定的当事人及其诉讼代理人因客观原因不能自行收集的证据包括：

（一）证据由国家有关部门保存，当事人及其诉讼代理人无权查阅调取的；

（二）涉及国家秘密、商业秘密或者个人隐私的；

（三）当事人及其诉讼代理人因客观原因不能自行收集的其他证据。

当事人及其诉讼代理人因客观原因不能自行收集的证据，可以在举证期限届满前书面申请人民法院调查收集。

第95条　当事人申请调查收集的证据，与待证事实无关联、对证明待证事实无意义或者其他无调查收集必要的，人民法院不予准许。

第96条　民事诉讼法第六十七条第二款规定的人民法院认为审理案件需要的证据包括：

（一）涉及可能损害国家利益、社会公共利益的；

（二）涉及身份关系的；

（三）涉及民事诉讼法第五十八条规定诉讼的；

（四）当事人有恶意串通损害他人合法权益可能的；

（五）涉及依职权追加当事人、中止诉讼、终结诉讼、回避等程序性事项的。

除前款规定外，人民法院调查收集证据，应当依照当事人的申请进行。

第97条　人民法院调查收集证据，应当由两人以上共同进行。调查材料要由调查人、被调查人、记录人签名、捺印或者盖章。

2019年《民事诉讼证据规定》

第18条　双方当事人无争议的事实符合《最高人民法院关于适用〈中华人民共和国民事诉讼法〉的解释》第九十六条第一款规定情形的，人民法院可以责令当事人提供有关证据。

第20条　当事人及其诉讼代理人申请人民法院调查收集证据，应当在举证期限届满前提交书面申请。

申请书应当载明被调查人的姓名或者单位名称、住所地等基本情况、所要调查收集的证据名称或者内容、需要由人民法院调查收集证据的原因及其要证明的事实以及明确的线索。

第21条　人民法院调查收集的书证，可以是原件，也可以是经核对无误的副本或者复制件。是副本或者复制件的，应当在调查笔录中说明来源和取证情况。

第22条　人民法院调查收集的物证应当是原物。被调查人提供原物确有困难的，可以提供复制品或者影像资料。提供复制品或者影像资料的，应当在调查笔录中说明取证情况。

第23条　人民法院调查收集视听资料、电子数据，应当要求被调查人提供原始载体。

提供原始载体确有困难的，可以提供复制件。提供复制件的，人民法院应当在调查笔录中说明其来源和制作经过。

人民法院对视听资料、电子数据采取证据保全措施的，适用前款规定。

第24条　人民法院调查收集可能需要鉴定的证据，应当遵守相关技术规范，确保证据不被污染。

第44条　摘录有关单位制作的与案件事实相关的文

件、材料，应当注明出处，并加盖制作单位或者保管单位的印章，摘录人和其他调查人员应当在摘录件上签名或者盖章。

摘录文件、材料应当保持内容相应的完整性。

证据是民事诉讼的实体内容，当事人和法院在证据问题上权利义务的划分，决定了民事诉讼的基本模式。凡在证据问题上由当事人主导的民事诉讼制度，均属于当事人主义诉讼模式；反之，凡是由法院在诉讼的实体内容方面发挥主导作用的，则为职权（探知）主义的诉讼模式。而在当事人主义诉讼模式之下，在有关诉讼的程序事项上，存在以英美法系国家和地区为代表的由当事人主导诉讼程序推进的当事人进行主义模式，以及多数大陆法系国家和地区采取的由法院主导的职权进行主义模式。无论由当事人还是法院主导诉讼程序的推进，均不能作为识别诉讼模式的依据。这是起草2001年《民事诉讼证据规定》时，我们对民事诉讼模式的基本认识。

1982年公布实施的《民事诉讼法（试行）》作为我国第一部民事诉讼法，具有非常明显的职权主义特征。《民事诉讼法（试行）》第56条虽然以第1款关于“当事人对自己提出的主张，有责任提供证据”的规定，明确了当事人的举证责任；但第2款“人民法院应当按照法定程序，全面地、客观地收集和调查证据”的规定，赋予人民法院在证据上非常广泛的职权，从而严重削弱了有关当事人举证责任规定的意义和效果。1984 年《最高人民法院关于贯彻执行〈民事诉讼法（试行）〉若干问题的意见》规定，“人民法院收集和调查证据，应当深入群众，依靠有关组织，认真查清纠纷发生的时间、地点、原因、经过和结果，不受当事人提供证据范围的限制”，进一步强化了人民法院在调查收集证据方面的职责，使人民法院在证据问题即诉讼的实体内容上居于主导地位。

自 20 世纪 80 年代中期开始，随着我国改革开放的深入和社会经济的发展，民事纠纷案件的数量大幅增长、类型也更为繁杂，职权主义诉讼模式下人民法院承担调查收集证据职责的证据制度，无法适应民事审判实践的要求。从 20 世纪 80 年代中后期开始，人民法院逐步推进以强化当事人举证责任、弱化人民法院调查收集证据职权为基本线索的民事审判方式改革。1991 年《民事诉讼法》对此前的民事审判方式改革的阶段性成果给予肯定，在第 64 条规定当事人举证责任的同时，将人民法院调查收集证据的职责限定于“当事人及其诉讼代理人因客观原因不能自行收集的证据”和“人民法院认为审理案件需要的证据”范围，强调人民法院的主要职能为“全面地、客观地审查核实证据”而非“收集和调查证据”。由此建立了以当事人提供证据为主，以人民法院调查收集证据为补充的证据制度。1992 年《民事诉讼法意见》第 73 条规定：“依照民事诉讼法第六十四条第二款规定，由人民法院负责调查收集的证据包括：（1）当事人及其诉讼代理人因客观原因不能自行收集的；（2）人民法院认为需要鉴定、勘验的；（3）当事人提供的证据相互矛盾、无法认定的；（4）人民法院认为应当由自己收集的其他证据。”1998 年《民事审判方式改革规定》第 3 条规定：“下列证据由人民法院调查收集：1. 当事人及其诉讼代理人因客观原因不能自行收集并已提出调取证据的申请和该证据线索的；2. 应当由人民法院勘验或者委托鉴定的；3. 当事人双方提出的影响案件主要事实的证据材料相互矛盾，经过庭审质证无法认定其效力的；4. 人民法院认为需要自行调查收集的其他证据。上述证据经人民法院调查，未能收集到的，仍由负有举证责任的当事人承担举证不能的后果。”这些规定进一步限缩人民法院调查收集证据的范围，强化、明确了当事人的举证责任及其边界。

然而，1982 年《民事诉讼法（试行）》作为我国第一部民事诉讼法，影响深远。加之 1991 年《民事诉讼法》及《民事诉讼法意见》和《民事审判方式改革规定》等司法解释未对“当事人及其诉讼代理人因客观原因不能自行收集的证据”和“人民法院认为审理案件需要的证据”范围作出明确规定，2001 年《民事诉讼证据规定》实施之前的审判实践中，人民法院调查收集证据的启动缺乏明确的标准和依据，带有较强的主观性和随意性，1991 年《民事诉讼法》的立法精神未能得到充分的贯彻落实。

在2001年《民事诉讼证据规定》起草过程中，最高人民法院对审判实践中存在的问题进行了认真研究，结合前述对民事诉讼模式的认识，认为：其一，强化当事人的举证责任，弱化和规范人民法院调查收集证据的职权，推动民事诉讼由职权主义向当事人主义模式转型，自20世纪80年代以来一直是民事审判方式改革的主线和我国民事诉讼制度发展的方向，符合市场经济下民事诉讼的规律，必须坚持。其二，在我国现有的法律制度和社会环境下，保留人民法院调查收集证据的职权是必要的。在当事人主义诉讼模式中，采取由当事人主导诉讼实体内容、由法院主导诉讼程序的职权进行主义模式，符合我国司法传统和实际情况，应当作为确定民事诉讼当事人权利义务与人民法院职责边界的基本指导思想。其三，1991年《民事诉讼法》第64条第2款规定的“当事人及其诉讼代理人因客观原因不能自行收集的证据”和“人民法院认为审理案件需要的证据”，虽然都属于人民法院调查收集证据的情形，但二者性质不同。前一种情形，本身属于当事人举证责任范畴，法律规定人民法院调查收集证据的目的是帮助当事人克服收集证据中存在的客观障碍；而后一种情形，则不受当事人举证责任的限制，即使当事人未主张有关证据，也不影响人民法院依职权调查收集。前一种情形，法院实质上在程序方面发挥作用，而非对诉讼实体内容的介入；后一种情形，则是法院职权对诉讼的实体内容直接进行干预。因此，对于前一种情形，可以适当放宽人民法院调查收集证据的范围和条件，以保障当事人的诉讼权利；对于后一种情形，则应当将人民法院依职权调查收集证据严格限制在必要的范围，防止由于公权力过度介入导致民事诉讼结构失衡。

基于上述认识，2001 年《民事诉讼证据规定》第 15 条将“人民法院认为审理案件需要的证据”确定为人民法院应当依职权调查收集的证据，并严格限制在“涉及可能有损国家利益、社会公共利益或者他人合法权益的事实”和“涉及依职权追加当事人、中止诉讼、终结诉讼、回避等与实体争议无关的程序事项”，并在第 16 条明确规定其他情形下人民法院调查收集证据“应当依当事人的申请进行”；第 17 条将“当事人及其诉讼代理人确因客观原因不能自行收集的其他材料”规定为当事人及其诉讼代理人可以申请人民法院调查收集的证据，并规定了可以由人民法院根据具体情况决定的相对宽松的条件。通过上述两个方面的规定，明确了人民法院在诉讼实体内容上职权行使的边界。

2001 年《民事诉讼证据规定》公布实施后，一些学者对于人民法院调查收集证据的范围和条件的规定提出不同意见。有学者认为，“在我国现有的司法实践中，由于许多当事人还不能够聘请律师，法律援助制度还正在落实之中，而公民知法、懂法的诉讼能力普遍较弱，在此情况下，完全免除法院查证的责任，也与国情不符。但是，从《民事诉讼证据规定》第 15 条和第 16 条来看，法院可以很轻易地推卸其全部查证责任，从而完全不承担任何查证责任。”“过于限制法院的职权调查，削弱了法院查明案件事实的能力，致使法院建立在事实真伪不明基础上的判决明显增多。这种状况既背离了各国民事诉讼制度力求发现真实、在发现真实的基础上适用民事实体法进行判决这一基本目标和基本要求，又脱离了一贯重视和追求实体公正的中国法律传统。因此，需要反思过分限缩法院调查取证权的做法，使法院的这一权力回归到民事诉讼法规定的范围。”① 另有学者认为，在当事人主导型诉讼体制下，法院不应拥有依职权主动调查收集证据的权力，法院调查收集证据违背了法官中立，背离了审判职能，违反程序正义。

在起草《民事诉讼法解释》过程中，通过对学者的不同意见和审判实践中的问题进行研究，我们认为，其一，2001 年《民事诉讼证据规定》中关于人民法院调查收集证据的范围和条件的规定，是民事审判方式改革的重要成果，符合《民事诉讼法》的立法精神和审判实践的需要，符合民事诉讼的规律和发展方向，其所确立的基本原则和制度，应当坚持。其二，审判实践中存在的问题，主要是司法解

---

① 王利明：《民事证据规则司法解释若干问题研究》，载《法学》2004 年第 1 期；李浩：《回归民事诉讼法——法院依职权调查取证的再改革》，载《法学家》2011 年第 3 期。

释规定的可操作性不强以及由此产生的理解分歧所导致，应当通过对2001年《民事诉讼证据规定》条文的具体化、精确化来解决。为此，《民事诉讼法解释》对2001年《民事诉讼证据规定》的有关条文进行整理、修改和补充，在第94条、第95条对人民法院根据当事人申请调查收集证据的范围、条件及不予准许申请的情形作出规定，在第96条规定了人民法院依职权调查收集证据的情形，2019年《民事诉讼证据规定》第18条对《民事诉讼法解释》第96条进行补充，进一步完善了人民法院调查收集证据规则。

一、人民法院依职权调查收集证据的范围

《民事诉讼法解释》

第96条　民事诉讼法第六十七条第二款规定的人民法院认为审理案件需要的证据包括：

（一）涉及可能损害国家利益、社会公共利益的；

（二）涉及身份关系的；

（三）涉及民事诉讼法第五十八条规定诉讼的；

（四）当事人有恶意串通损害他人合法权益可能的；

（五）涉及依职权追加当事人、中止诉讼、终结诉讼、回避等程序性事项的。

除前款规定外，人民法院调查收集证据，应当依照当事人的申请进行。

2019年《民事诉讼证据规定》

第18条 双方当事人无争议的事实符合《最高人民法院关于适用〈中华人民共和国民事诉讼法〉的解释》第九十六条第一款规定情形的，人民法院可以责令当事人提供有关证据。

《民事诉讼法解释》第96条和2019年《民事诉讼证据规定》第18条是关于人民法院依职权调查收集证据的范围的规定。后者是对前者的补充。《民事诉讼法解释》第96条第1款规定的五种情形，是对2001年《民事诉讼证据规定》第15条的修改、细化和补充，并未超出2001年《民事诉讼证据规定》第15条的范围。

其一，《民事诉讼法解释》第96条第1款增加的第2项至第4项，本身即属于公共利益范畴。法院对涉及国家利益和社会公共利益的事实保留依职权调查的权力，是大陆法系国家和地区的普遍做法，也是法院保护国家利益和社会公共利益所必要的职权。（1）增加"涉及身份关系"事实的证据，主要考虑到身份关系涉及社会基本伦理价值，本身即具有社会公共利益的属性，在性质上法院应当保留依职权调查收集证据的权力。大陆法系国家和地区在家事诉讼程序中法院也普遍保留广泛的调查收集证据的职权。2001年《民事诉讼证据规定》第8条在自认的规定中，排除涉及身份关系案件中自认规则的适用，也是出于身份关系具有社会公共利益的性质考虑。将涉及身份关系事实的证据规定为单独一项，目的在于强调身份关系的社会公共利益属性和人民法院依职权调查收集证据的正当性，防止实践中出现认识分歧。（2）民事公益诉讼的情形。《民事诉讼法》第58条关于民事公益诉讼的规定，目的在于社会公共利益的保护，本身属于社会公共利益的范畴，其与一般民事诉讼相比规则较为特殊，需要法院广泛发挥职权作用调查收集证据。将其单独列出，能够更好地与立法的规定相呼应。（3）增加了“当事人有恶意串通损害他人合法权益可能的”，补充完善了2001年《民事诉讼证据规定》第15条中“损害他人合法权益”的规定。当事人在民事诉讼中恶意串通损害他人合法权益的行为，是对诉讼秩序的破坏，本身即属于损害社会公共利益的情形，而《民事诉讼法》第115条也将其作为妨碍民事诉讼的行为，规定了相应的处罚措施。因此，无论从社会公共利益的维护，还是从保障诉讼程序顺利进行出发，均属于人民法院应当依职权调查的情形。2001年《民事诉讼证据规定》第15条中“损害他人合法权益”的表述，语义比较模糊，不易界定其范围，以“当事人有恶意串通损害他人合法权益可能的”取代，更清晰，也与《民事诉讼法》的规定相呼应。

其二，与当事人的实体争议无关的程序性事项，人民法院应当依职权调查。依职权推动诉讼程序的进行，是人民法院在民事诉讼中当然的职权。故涉及程序性事项时，人民法院应当依职权调查。《民事诉讼法解释》第 96 条第 1 款第 5 项是对 2001 年《民事诉讼证据规定》的承继，未作实质性修改。

在当事人主义的诉讼模式之下，诉讼的实体内容由当事人决定，法院仅在特殊情况下，出于保护公共利益等需要进行有限的介入，这是自 2001 年《民事诉讼证据规定》公布实施以来一以贯之的指导思想。为此，《民事诉讼法解释》第 96 条第 2 款承继 2001 年《民事诉讼证据规定》第 16 条的规定，严格限制人民法院依职权调查收集证据的范围，除明确规定的五种情形外，均需当事人依法申请获得准许后，人民法院才能够调查收集证据；否则，即属于违反法定程序。

存在《民事诉讼法解释》第 96 条第 1 款规定的情形，人民法院依职权调查收集证据不受当事人主张的限制，可以就当事人未主张的证据进行调查收集；也不受当事人自认的约束，当事人对事实无争议，不影响人民法院调查收集证据的职权行使。因此，2019 年《民事诉讼证据规定》第 18 条规定，属于人民法院应当依职权调查收集证据的事实，即使当事人无争议，人民法院仍然可以责令当事人提供证据进行证明。这既是根据事实本身性质对《民事诉讼法解释》第 96 条作出的补充，也是对自认规则的呼应。就当事人而言，待证事实属于人民法院应当依职权调查收集证据情形的，并不免除其对该事实承担的举证责任。在待证事实未得到证明的情况下，仍然由负举证责任的当事人承担相应的不利后果。

二、人民法院依当事人申请调查收集证据的范围和条件

《民事诉讼法解释》

第94条　民事诉讼法第六十七条第二款规定的当事人及其诉讼代理人因客观原因不能自行收集的证据包括：

（一）证据由国家有关部门保存，当事人及其诉讼代理人无权查阅调取的；

（二）涉及国家秘密、商业秘密或者个人隐私的；

（三）当事人及其诉讼代理人因客观原因不能自行收集的其他证据。

当事人及其诉讼代理人因客观原因不能自行收集的证据，可以在举证期限届满前书面申请人民法院调查收集。

2019年《民事诉讼证据规定》

第20条　当事人及其诉讼代理人申请人民法院调查收集证据，应当在举证期限届满前提交书面申请。

申请书应当载明被调查人的姓名或者单位名称、住所地等基本情况、所要调查收集的证据名称或者内容、需要由人民法院调查收集证据的原因及其要证明的事实以及明确的线索。

《民事诉讼法解释》第94条规定了人民法院依当事人申请调查收集证据的范围和申请条件。2019年《民事诉讼证据规定》第20条就当事人申请的条件进一步作出具可操作性的规定，是对《民事诉讼法解释》第94条的补充。

（一）当事人可以申请人民法院调查收集证据的范围

当事人可以申请人民法院调查收集的证据为当事人及其诉讼代理人因客观原因不能自行收集的证据。这意味着，首先，证据是属于当事人应当自行收集、提供的证据，而非人民法院应当主动地、依职权调查收集的证据。这些证据只与当事人之间争议的事实相关，不涉及国家利益、社会公共利益等需要人民法院主动依职权调查收集的范围。其次，证据由当事人自行收集存在客观障碍。即当事人由于自身之外的原因，导致其无法通过自己的行为收集证据。阻碍当事人收集证据的原因不能是当事人的主观因素，而必须具有客观性，只有存在脱离当事人主观因素的客观原因时，才有必要依靠人民法院的职权行为克服当事人收集证据过程中所遇到的障碍，保障当事人诉讼权利的落实。因此，只有在当事人遇到自身不能克服的客观障碍，提出请求人民法院调查收集证据申请的前提下，人民法院调查收集证据，才符合《民事诉讼法》第67条第2款的本义。

《民事诉讼法解释》第94条第1款通过对“当事人及其诉讼代理人因客观原因不能自行收集的证据”范围进行

解释的方式，明确了人民法院依当事人申请调查收集证据的范围。与2001年《民事诉讼证据规定》第17条直接规定当事人申请人民法院调查收集证据条件的方式相比较，虽然实质内容一致，但技术上更成熟，更符合司法解释的特点。根据《民事诉讼法解释》第94条第1款的规定，人民法院可以依当事人申请调查收集的证据，包括：（1）有关部门保存而当事人及其诉讼代理人无权查阅调取的证据。这类证据既包括由国家机关或者其他具有社会管理职能的部门所保管的档案资料、登记资料、审批材料等，也包括由国家机关、具有社会管理职能的部门之外的其他机构所保管、留存的资料。审判实践中，在很长时间内对这类材料的调查收集是当事人申请人民法院调查收集证据的主要情形。随着社会的发展和法治进程的深化，政府信息公开范围和程度也不断加深，社会公众很多情况下能够通过一般的申请途径比较便利地获得有关信息、查阅相关资料，当事人在客观上无法调查收集有关部门保存的资料的情形在不断缩减。如企业工商管理登记资料，当事人通过向行政管理部门查询，或者通过征信系统查询即可获得，没有申请人民法院调查收集的必要。但仍然有一些资料，不向社会公众开放，当事人及其诉讼代理人通常没有权利查阅、复制，如银行、其他金融机构的客户资料、交易记录，档案部门保管的特定档案材料等，有必要由人民法院通过职权行使排除当事人收集证据方面的障碍。2001年《民事诉讼证据规定》第17条第1项规定的“国家有关部门保存并须人民法院依职权调取的档案材料”，将证据限定在国家有关部门保存的档案材料，所规定的证据保存主体和对象的范围略窄，《民事诉讼法解释》对此作出修改，使之更符合审判实际的需要。（2）涉及秘密的材料。国家秘密、商业秘密、个人隐私，不为一般社会公众所掌握或知悉，法律也往往对此进行特别保护。当事人自行收集涉及国家秘密、商业秘密和个人隐私的证据，具有较高法律风险，或者可能违反法律的禁止性规定，或者可能承担侵权责任。如果待证事实需要以涉及秘密的材料证明，当事人依靠自身的能力很难合法获取证据，此时有必要由人民法院司法权介入，帮助当事人克服调查收集证据过程中的客观障碍。当然，涉及秘密的证据，无论在人民法院调查收集过程中，还是在证据使用过程中，各诉讼主体均负有保密义务，须保守有关秘密、保护利害关系人的隐私。（3）其他情形。除上述两种情形外，当事人及其诉讼代理人因客观原因不能自行收集证据的其他情形，需要人民法院在案件审理过程中，根据当事人申请调查收集的证据情况、申请理由等因素，作具体判断。该项规定，属于兜底性条款，由审理案件的法官根据具体案件情况进行判断。

关于当事人申请人民法院调查收集的证据类型，《民事诉讼法解释》和2019年《民事诉讼证据规定》并未作特别限制，由人民法院在具体案件的审理中判断当事人申请的证据是否适合的人民法院调查收集。

（二）当事人申请人民法院调查收集证据的条件

当事人申请人民法院调查收集证据，首先应当提交申请书。《民事诉讼法解释》第94条第2款和2019年《民事诉讼证据规定》第20条第1款均要求当事人提交书面申请，即要求当事人以申请书的形式提出请求。当事人申请人民法院调查收集证据，虽然并不改变当事人的举证责任承担，但人民法院以司法权帮助一方当事人获取证据，对于当事人利益影响较大。要求当事人以书面方式提出申请，更为正式、严肃。有观点认为，应当允许当事人以口头方式提出申请，以满足不具有阅读、书写能力的当事人的需要。事实上，根据2020年第七次全国人口普查的结果，我国文盲率仅为2.67%，审判实践中完全不具备书写能力的当事人非常少见。由于我国近年来诉讼服务建设成效显著，即使当事人不具备书写能力，也很容易得到法院或者社会的相应帮助。另外，书面申请并非仅具有提出申请的作用，2019年《民事诉讼证据规定》第20条第2款关于申请书必要记载事项的规定，本身也是申请所应当具备的条件。申请书应当对这些条件作出清晰、明确的描述，否则人民法院无从判断是否有调查收集证据的必要性和可行性。

其次，当事人应当在举证期限届满之前提出申请。当事人因客观原因不能自行收集的证据，本身属于当事人举证责任范畴；当事人申请人民法院调查收集证据的行为，作为举证行为的一种表现形式，适用举证的规则和要求。这是 2001 年《民事诉讼证据规定》所遵循的一个基本逻辑，并被《民事诉讼法解释》和 2019 年《民事诉讼证据规定》所承继。因此，当事人申请人民法院调查收集证据的行为，应当受举证期限的约束，在举证期限届满之前提出。当事人未在举证期限届满前提出申请的，人民法院并非绝对地不予准许。举证期限届满这一时点，是判断当事人的申请是否适用逾期举证规则的依据。根据《民事诉讼法》第 68 条的规定，当事人在举证期限届满后提出申请的，人民法院应当对其逾期提出申请的理由进行审查，并根据审查的情况决定准许其申请并处以训诫、罚款，或者适用证据失权规则不予准许其申请。

最后，当事人提交的申请书中，必要记载事项应当全面、完整、准确、明晰。申请书中的必要记载事项包括：（1）被调查人的基本信息。包括被调查人的姓名、名称、住所地或住址等能够识别、确定被调查人的必要信息。申请书对于被调查人基本信息的要求，目的在于使被调查人特定化，因此，被调查人的基本信息必须明确，否则人民法院无从确定、无法寻找被调查人，调查收集证据无从着手。（2）所要调查收集的证据名称或内容。当事人在申请书中应当载明其申请调查收集的证据名称或内容，以使其所请求调查收集的证据特定化，否则人民法院无法确定调查收集的对象证据。当事人在申请书中写明证据的名称，是最好的一种特定化对象证据的方式。但有时当事人并非证据形成过程的亲历者，未参与证据的制作、保管等活动，无法准确表述证据名称。这种情况下，当事人可以通过描述证据所载明的内容、证据所具有的特征等方式，使证据特定化。(3) 需要由人民法院调查收集证据的原因。证据符合《民事诉讼法解释》第94条第1款规定的情形，属于当事人有不能自行收集证据的客观原因，需要人民法院调查收集。当事人需要由人民法院调查收集证据的原因，必须是其自身无法克服的客观原因，否则其申请不应得到人民法院准许。(4) 证据的证明对象。申请书中应当写明当事人需要以人民法院调查收集的证据证明的事实。证据的证明对象是人民法院决定是否准许当事人申请的重要因素，只有当事人需要以人民法院调查收集的证据证明的事实是本案中需要查明的事实，而当事人申请的证据对于该事实的查明有意义，其申请才能得到人民法院的准许。就当事人而言，如果申请调查收集的证据是为证明间接事实，则还应当就间接事实与直接事实之间的逻辑关系、如何适用推定规则进行说明。(5) 明确的证据线索。关于证据线索，最初规定在《民事审判方式改革规定》第3条，“下列证据由人民法院调查收集：1. 当事人及其代理人因客观原因不能自行收集并已提出调取证据的申请和该证据线索的”。被调查人的基本信息、证据的名称或内容，属于广义的证据线索。但有时，仅有被调查人基本信息和证据的名称、内容，仍然很难做到准确定位，需要有进一步明确的线索，人民法院才能调查收集到相应的证据。因此，证据线索对于人民法院获取被调查收集的证据具有积极的指引作用，是申请书的必要记载事项。2019 年《民事诉讼证据规定》第 20 条第 2 款通过对申请书内容的规定，进一步明确了当事人申请人民法院调查收集证据的条件。故上述五个方面的记载事项，并非只是形式意义上的要求，而是人民法院决定是否准许申请时审查的核心内容，具有实质意义。

（三）人民法院不予准许当事人调查收集证据申请的情形

《民事诉讼法解释》

第 95 条　当事人申请调查收集的证据，与待证事实无关联、对证明待证事实无意义或者其他无调查收集必要的，人民法院不予准许。

当事人及其诉讼代理人其因客观原因无法自行收集，是当事人申请人民法院调查收集证据的基本条件。但人民法院是否准许当事人的申请，除满足这一基本条件外，还应当对调查收集证据的必要性进行审查。欠缺必要性的，人民法院不应当准许当事人的申请。《民事诉讼法意见》《民事审判方式改革规定》和 2001 年《民事诉讼证据规定》对何种情形下人民法院不应准许当事人调查收集证据

的申请没有规定。审判实践中，一些法院对于当事人申请人民法院调查收集证据的必要性不作审查，或者出于回避矛盾等考虑，不作实质性审查。而人民法院依当事人的申请调查收集的证据对于案件事实的证明没有意义，既浪费司法资源，也容易引发新的矛盾。为此，《民事诉讼法解释》特别增加第95条内容，对人民法院调查收集证据制度进行完善和补充。

与待证事实无关联的证据，人民法院没有调查收集的必要，当然不应准许当事人的申请。我国理论界和实务中一般认为，客观性（真实性）、关联性、合法性是证据的三种属性。所谓关联性，是指“证据必须同案件事实存在某种联系，并因此对证明案情具有实际意义”①。“证据的关联性是融合于证据规则中带有根本性和一贯性的原则……由于关联性这一含义适用于所有提出的证据，因此也渗透于庭审的全部过程。所有具备可采性的证据首先与待证事实具有关联性，至少当对方举证或就证据的关联性提出质疑时，必须首先证实其具有关联性。”② 在大陆法系国家和地区，证据关联性的判断属于法官自由心证的范畴，由法官根据经验法则，遵循理性和良知进行认定。而英美法系国家和地区由于传统上并非由专业法官进行事实审理，

① 樊崇义主编：《证据法学》，法律出版社2001年版，第47页。

② 韩象乾主编：《民事证据理论新探》，中国人民公安大学出版社2006年版，第37页。

因此有关证据关联性规则相对较为明确。例如，《美国联邦证据规则》第 401 条即规定，“关联性证据是指证据具有任何这样一种倾向，有这项证据比没有这项证据，使对审理案件有意义的任何事实的存在更可能或更不可能”。关联性是证据能否被人民法院所采纳的基本和首要条件，也是判断证据是否有证明价值的基本要求。有关联性的证据，未必能够证明待证事实的真伪，但没有关联性的证据，无论当事人自行收集提供，还是人民法院调查收集，均缺乏证明待证事实的基础，对案件事实的证明没有意义，没有利用司法资源去调查收集的必要。当事人申请调查收集没有相关性的证据，是对司法资源的浪费，当然不应准许。

人民法院在审查当事人调查收集证据申请时，对于作为申请对象的证据的关联性审查，应结合申请书所载明的证明目的或对象进行，即申请人需要以人民法院调查收集的证据证明的事实进行审查。如果当事人主张的证明对象事实是本案中需要查明的待证事实，或者虽非本案中需要查明的待证事实，但属于能够运用推定规则推导出本案待证事实的基础事实或前提事实，则需要进一步审查当事人申请调查收集的证据对于其在申请书中主张的证明对象是否具有证明价值。即假定当事人申请的证据已经由人民法院调查收集，且证据本身的客观性（真实性）、合法性不存在瑕疵，该证据对于当事人在申请书中主张的对象事实的证明是否具有积极意义。法官在具体的判断过程中，需要运用逻辑推理和经验法则，并与其他事实和证据相结合来得出结论。有关上述关联性判断的过程，与英美法系国家从证据的实质性即证据与待证事实之间的实质关系和证据的证明价值两方面判断证据关联性的做法基本一致。

当事人申请调查收集的证据对于待证事实的证明无意义的，也是属于人民法院无调查收集证据必要的情形。这种情形有时属于广义的证据与待证事实没有关联性的范畴。如当事人申请调查收集的证据，即使作为当事人的证据提交法庭，也不能使待证事实的“存在更有可能或者更不可能”。这种情况下，人民法院没有调查收集证据的必要。关于《民事诉讼法解释》第 95 条规定的其他无调查收集证据必要的情形，则属于兜底性规定，由审理案件的法官根据具体情况进行判断。如果对于待证事实，审理案件的法官已经形成较为充分的内心确信，无论当事人及其诉讼代理人申请调查收集的证据是否存在、内容如何，均不可能对法官的心证基础产生动摇的，则属这种无调查收集证据必要的其他情形。

2001 年《民事诉讼证据规定》第 19 条第 2 款对于人民法院不予准许调查收集证据申请的情形，规定应当向当事人或其诉讼代理人送达通知书，并规定了“当事人及其诉讼代理人可以在收到通知书的次日起三日内向受理申请的人民法院书面申请复议一次”。《民事诉讼法解释》和 2019 年《民事诉讼证据规定》未再保留这些规定。主要考虑，其一，以通知书的方式告知当事人，没有必要，也造成程序操作的复杂、烦琐，不符合审判实际的需要。事实上，在案件审理过程中，对于当事人的申请，能够即时处理的，口头告知即可，并不损害当事人的诉讼权利；不便即时作出决定的，可以事后口头告知或以书面方式告知，或者在判决书中作出回应，没有必要一律以通知书方式告知。其二，《民事诉讼法》并未规定当事人对于人民法院不予准许调查收集证据申请的复议程序，2001 年《民事诉讼证据规定》第 19 条的规定，没有立法上的依据，且增加了程序的复杂性。故综合考量以上情况，删除了前述规定。

三、人民法院调查收集证据的程序要求

《民事诉讼法解释》

第 97 条　人民法院调查收集证据，应当由两人以上共同进行。调查材料要由调查人、被调查人、记录人签名、捺印或者盖章。

《民事诉讼法意见》第 70 条规定：“人民法院收集调查证据，应由两人以上共同进行。调查材料要由调查人、被调查人、记录人签名或盖章。”《民事诉讼法解释》第 97 条对《民事诉讼法意见》第 70 条的文字作了适当修改，内容上没有变化。

人民法院调查收集证据，是司法权行使的组成部分。

要求两人以上共同进行，既体现司法权行使的严肃性，也能够由两名以上工作人员在调查收集证据过程中，互相监督、互相配合、拾遗补阙、保障程序公正和调查收集证据的效果。调查收集证据的人民法院工作人员，是否为审判人员，法律、司法解释均无规定。1984 年公布实施的《最高人民法院关于贯彻执行〈民事诉讼法（试行）〉若干问题的意见》规定，“收集和调查证据，应由审判人员主持，两人以上共同进行”。其后的司法解释虽然未再规定由审判人员主持证据的调查收集，但由审判人员进行证据的调查收集，一直是人民法院工作传统和惯例。《民事诉讼法解释》虽未作明确规定，但其本义仍然由审判人员主持证据调查收集工作。根据《民事诉讼法解释》第 48 条的规定，“民事诉讼法第四十七条所称的审判人员，包括参与本案审理的人民法院院长、副院长、审判委员会委员、庭长、副庭长、审判员和人民陪审员”。该条规定虽然是对《民事诉讼法》第 47 条有关审判人员回避规定进行的解释，但其对于审判人员范围的理解适用于《民事诉讼法》实施的全过程。因此，调查收集证据的审判人员，是指法官或者与法官具有同等职权的人民陪审员，法官助理、书记员属于司法辅助人员，不属于审判人员的范围。按照工作惯例和要求，调查收集证据的主体应为两人以上，虽然并不要求两人以上均为审判人员，但应当有审判人员参加并主持。

人民法院调查收集证据，应当制作调查笔录，记载调查的时间、地点、调查人和被调查人的信息、调查收集证据的情况等内容。调查笔录应当由调查人、被调查人和记录人签名、捺印或者盖章。《民事诉讼法解释》在《民事诉讼法意见》第70条规定基础上增加了“捺印”的规定，以适应无书写能力或者不方便书写的被调查人的需要。

四、人民法院对书证的调查收集

2019年《民事诉讼证据规定》

第21条 人民法院调查收集的书证，可以是原件，也可以是经核对无误的副本或者复制件。是副本或者复制件的，应当在调查笔录中说明来源和取证情况。

第44条 摘录有关单位制作的与案件事实相关的文件、材料，应当注明出处，并加盖制作单位或者保管单位的印章，摘录人和其他调查人员应当在摘录件上签名或者盖章。

摘录文件、材料应当保持内容相应的完整性。

大陆法系国家和地区遵循书证中心主义，书证是最重要的证据方法，对于诉讼中事实证明的重要性远远超过其他证据；而英美法系国家和地区遵循人证中心主义，有着复杂完备的证人证言获取和认定规则，书证的真实性也往往借助证人证言来检验。我国受大陆法系影响较大，加之历史传统和社会观念的作用，实践中书证在民事诉讼中也具有十分重要的作用。书证具有稳定、直观、方便等优点，是实践中最为常见且受到普遍重视的证据形式。在当事人申请人民法院调查收集证据，或者人民法院依职权调查收集证据时，书证也是最主要的调查收集对象。

根据《民事诉讼法》第73条的规定，书证以提交原件为原则。这一原则虽然主要是针对当事人提交证据所作的规定，但证据无论系当事人提交，抑或人民法院通过职权行为获取，用以证明事实的功能并无差别，对于证据能力和证据属性的要求本身亦无区别。故对于人民法院调查收集证据而言，书证的原件规则同样适用。书证的原件是文书或者其他载体的原始文本，属于原始证据，是在法律关系过程中形成的，或者本身即法律关系发展过程的产物，因其未经中间环节介入，通常能够比较准确客观地反映事实情况。而书证的复制件、副本等，虽然也源自书证原件，是在原件基础上通过临摹、誊写、复印、摘抄等方式制作形成的，但毕竟经其他因素介入，复制过程中不可避免发生错误、遗漏等无法完全反映书证原件原始状态的情形。因此，英美法系国家和地区遵循书证的“最佳证据规则”，以书证原件为最佳证据即第一位证据，大陆法系国家和地区也要求书证以提交原件为必要。我国《民事诉讼法》第73条对书证提交原件的要求，与其他国家一致。

人民法院调查收集证据的对象为书证的，应当以调查收集书证原件为原则。这既是《民事诉讼法》的要求，也是保证人民法院调查收集证据行为的效率和案件事实查明可靠性的要求。但由于书证原件可能是持有人的权利凭证，或者交易关系的依据，或者本身具有一定的经济价值或情感价值，持有人需要自行保存书证原件；有时也可能因为书证原件本身体积过大等原因不方便调取。在这种情况下，人民法院可以调查收集证据的复制件。事实上，实践中人民法院调查收集证据，也是以调取复制件为常态。故2001年《民事诉讼证据规定》第20条规定，“调查人员调查收集的书证，可以是原件，也可以是经核对无误的副本或者复制件”。2019年《民事诉讼证据规定》第21条除将“调查人员”修改为“人民法院”外，对其余内容延续原有的规定未作改动。

根据2019年《民事诉讼证据规定》第21条的规定，人民法院调查收集书证的副本或者复制件的，应当遵循如下规则：其一，副本或者复制件应当与书证原件核对无误。文书的副本，是由文书正本的制作者按照正本的内容以全文抄录、印制等方法制作的文本。文书副本一般与正本制作方法相同、内容相同，不同之处在于，副本通常发送给主收件人以外的其他有必要了解原件内容的相关单位和个人，使有关单位或个人了解、知悉原件文书的内容。书证复制件，通常按照书证原件内容以临摹、誊写、复印等方法制作而成。无论书证复制件，还是书证副本，都有可能在制作、抄录、复印过程中出现错误、遗漏或者模糊不清、无法识别的情形，因此，需要人民法院对副本、复制件与书证原件核对无误。其二，调查笔录中应当记载书证副本或者复制件的来源，以及调取证据的情况。根据《民事诉讼法解释》第97条的规定，人民法院调查收集证据应当制作调查笔录。第一，调查收集的证据为书证副本或者复制件时，调查笔录中首先应当记载副本或者复制件的来源，即副本或者复制件系由何人制作、提供，以便在诉讼中当副本或者复制件的真实性、完整性发生争议时，特别是在无法与证据原件核对时，能够进一步核实其真实性以及明确产生不真实、不完整的副本或者复制件的责任主体。第二，调查笔录中应当记载调查取证的情况，即调查取证的程序、过程，以保证人民法院调查收集证据的规范、合法。

书证的副本或者复制件，都是对书证原件内容的完整反映。但有时书证原件的内容很多、篇幅过大，而对案件事实的证明有意义的内容只是其中占比很小的部分，在书证原件无法调查收集的情况下，人民法院可以采取摘录的方式调取书证的内容。2001年《民事诉讼证据规定》第31条对于摘录有关单位制作的文件、材料的要求作出规定，2019年《民事诉讼证据规定》第44条作了少量文字修改后，保留了该条的主要内容。

根据2019年《民事诉讼证据规定》第44条的规定，人民法院摘录文件，应当遵守如下要求：其一，摘录的对象是有关单位制作的文件、材料。2001 年《民事诉讼证据规定》将文件、材料的制作主体确定为有关单位，初衷系针对有关单位制作或保存的档案资料。由于这类文件、材料通常篇幅较大且人民法院不宜调取书证原件，摘录是较为合理的调查收集证据方法。2019 年《民事诉讼证据规定》虽保留 2001 年《民事诉讼证据规定》的内容，但实践中如果存在私人制作或者保管的文件、材料适宜以摘录方式调取的，也应当参照第 44 条规定处理。其二，摘录应当注明出处。即在摘录的文本中，注明摘录内容源于哪一份文件哪一部分内容，以及具体的页码、位置等信息，以便人民法院核对以及当事人进行质证。其三，由文件、材料的制作单位或者保管单位盖章。摘录文本由制作单位或保管单位盖章，目的在于确定摘录文本的来源以及与文件、材料原本的一致性。如果文件、材料是由私人制作、保管的，则由制作人或者保管人签名、盖章或捺印。其四，摘录人和调查人员签名或者盖章，以明确调查主体。前述三项内容，是人民法院以摘录方法调查收集证据时，对摘录文本的形式要求。摘录文本形式上有瑕疵而不能补正的，则不具有证据资格。

此外，2019 年《民事诉讼证据规定》第 44 条第 2 款对于摘录文件、材料提出了实质性要求，即保持内容相应的完整性。人民法院在摘录文件、材料内容时，应当根据文件、材料内在的逻辑结构并结合整体内容进行把握，在此基础上确定摘录的内容，而不能仅简单机械地对文件、材料内容进行切割截取。特别是对于文件、材料中有关结论性的内容，应当结合有关背景和影响因素等进行总体考量，注意摘录内容的完整性。2019 年《民事诉讼证据规定》第 44 条虽然删除 2001 年《民事诉讼证据规定》第 31 条中“不得断章取义”的表述，但这一要求不言自明，无须规定。

五、人民法院对物证的调查收集

2019 年《民事诉讼证据规定》

第 22 条　人民法院调查收集的物证应当是原物。被调查人提供原物确有困难的，可以提供复制品或者影像资料。提供复制品或者影像资料的，应当在调查笔录中说明取证情况。

《民事诉讼法》第 73 条规定，物证应当提交原物，提交原物确有困难的可以提交复制品。这既是对当事人提交证据的要求，也是对人民法院调查收集证据的要求。

物证以物的自然属性和特征、存在状态发挥事实证明作用。物证的自然属性，是指物所具有的质量、重量、材料、成分、结构、性能等属性；物的特征是指形状、大小、数量、颜色、新旧破损程度等外部特征；物的存在状态是指物所处的位置、所占有的时间、空间范围等状态。与书证原件一样，物证原物是法律关系发展过程中产生的，或者本身即法律关系发展的结果，对于事实的证明与复制品相比，由于没有经过中间环节和因素介入，其可靠性更强。但物证的财产性更为明显，如果物是不动产，其本身不可能以原物提交法庭，人民法院也不可能调取原物作为证据；即使为动产，也往往由于体积、质量过大，价值较高或者保存条件不具备等原因，不宜由人民法院调取物证原物。因此，根据2019年《民事诉讼证据规定》第22条的规定，被调查人提供原物确有困难的，可以提供复制品或者影像资料。

审判实践中，下列情况属于“被调查人提供原物确有困难”的情形：其一，物证为不动产或者2019年《民事诉讼证据规定》第12条规定的“不宜搬移或者不宜保存”的动产。所谓“不宜搬移或者不宜保存”，是指动产由于体积、重量、价值、用途、保存条件特殊等原因，无法搬移或者搬移将影响其价值的情形。如船舶、飞机、火车、文物、放射性物质、爆炸物等。以这些动产、不动产为物证时，被调查人无法提供原物供人民法院调取，人民法院事实上也无法调取物证原物。其二，被调查人需要保存物证原物的。如物证原物为生产设备，或者具有情感价值的纪念品等。其三，当事人申请人民法院调查收集证据的复制品或者其他替代品的。即当事人在申请人民法院调查收集证据时知道被调查人提供物证原物有困难，故申请时要求人民法院调取复制品或者照片、影像资料的。

当事人确有困难不能通过物证原物或者人民法院认为

不宜调取物证原物的，人民法院应当调取物证的复制品或者影像资料。人民法院可以自行以拍照、录像等方式制作影像资料。对于被调查人提供的复制品或者影像资料，人民法院应当核对其是否与原物相一致。人民法院对物证的调查收集，可以结合勘验一并进行，既保证调查收集证据的准确性，也便于及时提取物证的证据价值。调查笔录应当对调查收集的物证是原物还是复制品、影像资料，复制品、影像资料由何人制作、提供，对复制品、影像资料与原物核对的过程及结果等内容进行明确记载，由被调查人、调查人签字、盖章。如复制品、影像资料是人民法院制作，应当载明制作过程。如果调查收集物证同时进行勘验的，还应当载明勘验人的行为过程，以与勘验笔录进行印证。

六、人民法院对视听资料和电子数据的调查收集

2019 年《民事诉讼证据规定》

第 23 条　人民法院调查收集视听资料、电子数据，应当要求被调查人提供原始载体。

提供原始载体确有困难的，可以提供复制件。提供复制件的，人民法院应当在调查笔录中说明其来源和制作经过。

人民法院对视听资料、电子数据采取证据保全措施的，适用前款规定。

有关视听资料和电子数据的收集和提交规则，《民事诉讼法》和《民事诉讼法解释》均未作规定。2001 年《民事诉讼证据规定》第 22 条规定，“调查人员调查收集计算机数据或者录音、录像等视听资料的，应当要求被调查人提供有关资料的原始载体。提供原始载体确有困难的，可以提供复制件。提供复制件的，调查人员应当在调查笔录中说明其来源和制作经过”，对于当事人自行收集的情形则未作规定。从上述条文内容来看，是将计算机数据与录音、录像资料共同作为视听资料的范畴，这与当时实务界主流观点对于计算机数据证据性质的理解是一致的。在 2012 年《民事诉讼法》修改之前，由于立法上并无电子数据这种证据类型，如何对待计算机数据、适用何种证据的规则，是一个有争议的问题，审判实践中的认识也不统一。有观点借鉴英美法系或者多数大陆法系国家和地区的做法，将计算机数据作为书证或者准书证对待，适用书证规则；主流观点则根据计算机数据与视听资料的相似性，将其归入视听资料的范畴，适用视听资料的规则。在 2001 年《民事诉讼证据规定》起草过程中，我们对这一问题进行了研究。在英美法系和大陆法系国家和地区，视听资料均不是独立的证据类型，故将视听资料作为书证或者准书证对待。但视听资料在我国《民事诉讼法》中是单独的证据类型，这一点与上述国家存在很大不同。基于计算机数据和视听资料相似的特点，将计算机数据归于视听资料更有合理性。

因此，在2001年《民事诉讼证据规定》第22条中采纳了主流观点。由于2012年《民事诉讼法》修改时，将计算机数据类的证据作为“电子数据”规定为独立的证据类型，2019年《民事诉讼证据规定》对2001年《民事诉讼证据规定》第22条作出相应修改。

视听资料与电子数据虽然是立法上两种独立的证据类型，但二者的相似性非常明显。二者都需要借助一定的设备和技术形成，多数视听资料也与电子数据一样需要借助设备和技术存储和再现；二者都对载体有较高的依赖，通常无法脱离载体存在。真实的电子数据与视听资料均能够高度准确反映事实过程，同样，借助特定设备和技术，电子数据和视听资料也容易被篡改、伪造或变造。对于电子数据和视听资料，通常也同样需要依赖科学技术手段进行鉴定来检验其真实性。因此，2019年《民事诉讼证据规定》对电子数据与视听资料在多数情况下一并进行规定。

人民法院调查收集证据的对象为视听资料和电子数据的，应当以调查收集原始载体为原则。这既是证据原件规则所决定的，也是视听资料和电子数据的特点所决定的。视听资料和电子数据都是以记载的内容证明案件事实，这一点与书证特征相同，书证的原件规则同样适用于视听资料和电子数据。同时，由于视听资料与电子数据高度依赖载体，且容易通过技术手段篡改、伪造、变造，同样经常依赖鉴定解决真实性判断问题，原始载体就显得更为重要。因此，人民法院调查收集证据、进行证据保全时，应当尽量调查、保全视听资料和电子数据的原始载体。在调查收集、保全视听资料和电子数据过程中，人民法院应当注意保持电子数据的完整性。电子数据的识别和感知，离不开特定的硬件设备和软件环境，缺失特定的软件环境，存储于电子介质中的电子数据可能无法准确呈现甚至导致信息丢失。因此，人民法院在对电子数据调查收集、进行证据保全时，不仅应关注对于存储电子数据硬件的调取，也应当关注电子数据运行的软件环境和信息。如有可能，尽量由鉴定人等专业技术人员一并参与电子数据的调查收集和证据保全。

但有时视听资料和电子数据的原始载体为被调查人或者证据保全的被申请人经营活动所必需，提供原始载体会使其承受重大损失或风险，或者存在其他特殊情况被调查人、证据保全被申请人确有困难无法提供原始载体，或者人民法院认为不宜调取、保存、查封、扣押原始载体的情形的，人民法院可以自行制作复制件，或者要求被调查人、证据保全被申请人提供或现场制作复制件。人民法院自行制作复制件，应当注意复制件与原始载体内容相一致，保证电子数据的完整性；对于被调查人、证据保全被申请人提供、现场制作的复制件，人民法院应当进行必要的审查，以保证其与原始载体内容的一致性。对于复制件的来源、制作情况，调查收集视听资料和电子数据的过程，应当计入调查笔录，由调查人、被调查人签名或者盖章。

七、人民法院对鉴定资料的调查收集

2019 年《民事诉讼证据规定》

第 24 条　人民法院调查收集可能需要鉴定的证据，应当遵守相关技术规范，确保证据不被污染。

对于人民法院如何调查收集需要鉴定所需的资料，《民事诉讼法》《民事诉讼法解释》和 2001 年《民事诉讼证据规定》均未规定。2019 年《民事诉讼证据规定》根据审判实践的需要和人民法院司法辅助部门的要求，在第 24 条作出原则性规定。

在案件事实涉及专门性问题时，往往需要以鉴定意见作为认定事实的根据。鉴定由此成为十分重要的获取证据的方法。鉴定意见的准确性首先依赖于鉴定资料的可靠性，如果送交鉴定的检材、样本无法保证质量，即使鉴定方法正确、鉴定技术先进，也难以保证得出正确的鉴定意见。如环境侵权案件中，侵权人排放的污染物的理化结构有时容易发生性状改变，需要专业的技术和方法进行提取、保存。提取、保存方法不当，则样本很可能发生改变，难以保证鉴定得出正确的意见；而对于痕迹等物证的调取，如果方法不当，可能导致痕迹擦除、物证受损，不具备鉴定条件；对于电子数据的调查收集，则可能由于收集方法不当，导致信息丢失，无法通过鉴定检验电子数据的内容。审判实践中，人民法院对于鉴定资料的调查收集，特别是对于需要进行科学技术鉴定的检材、样本的收集，样本、检材等鉴定资料受到污染的情况时有发生，影响鉴定工作的进行和人民法院对案件事实的查明。

人民法院在调查收集鉴定资料时，应当按照鉴定规范的要求，采取正确的方法调查收集证据。没有鉴定规范的，应当遵守相应领域的技术规范。在调查收集证据过程中，人民法院可以要求鉴定人或者邀请相应技术人员进行协助，以保证鉴定资料收集和保存过程的科学性，确保鉴定资料不被污染和破坏，为鉴定的顺利进行提供保障。

第二节　证据保全

《民事诉讼法解释》

第98条　当事人根据民事诉讼法第八十一条第一款规定申请证据保全的，可以在举证期限届满前书面提出。

证据保全可能对他人造成损失的，人民法院应当责令申请人提供相应的担保。

2019年《民事诉讼证据规定》

第25条　当事人或者利害关系人根据民事诉讼法第八十四条的规定申请证据保全的，申请书应当载明需要保全的证据的基本情况、申请保全的理由以及采取何种保全措施等内容。

当事人根据民事诉讼法第八十一条第一款的规定申请证据保全的，应当在举证期限届满前向人民法院提出。

法律、司法解释对诉前证据保全有规定的，依照其规定办理。

第26条　当事人或者利害关系人申请采取查封、扣押等限制保全标的物使用、流通等保全措施，或者保全可能对证据持有人造成损失的，人民法院应当责令申请人提供相应的担保。

担保方式或者数额由人民法院根据保全措施对证据持有人的影响、保全标的物的价值、当事人或者利害关系人争议的诉讼标的金额等因素综合确定。

第27条　人民法院进行证据保全，可以要求当事人或者诉讼代理人到场。

根据当事人的申请和具体情况，人民法院可以采取查封、扣押、录音、录像、复制、鉴定、勘验等方法进行证据保全，并制作笔录。

在符合证据保全目的的情况下，人民法院应当选择对证据持有人利益影响最小的保全措施。

第28条　申请证据保全错误造成财产损失，当事人请求申请人承担赔偿责任的，人民法院应予支持。

第29条　人民法院采取诉前证据保全措施后，当事人向其他有管辖权的人民法院提起诉讼的，采取保全措施的人民法院应当根据当事人的申请，将保全的证据及时移交受理案件的人民法院。

在当事人主义的诉讼制度之下，实行证据的当事人提出主义，当事人承担证据调查收集的责任和后果。但在一些特定的情况下，为保障当事人的诉讼证明权，贯彻民事诉讼当事人武器平等的原则，应当允许法院以公权力介入，帮助当事人克服调查收集证据中的客观障碍。为此，世界各国大多在立法上规定证据保全程序，保障证据在诉讼中能够顺利提出，使法院心证具有充分妥当的基础。证据保全是“为预行调查证据以保全结果之程序”，它“将原属诉讼中所谓之证据调查，提前在诉讼系属前或诉讼系属后而证据调查阶段前进行，其于诉讼目的之达成自有重大之意义”①。作为一项诉讼制度，证据保全肇始于教会法，后为德国普通法所继受，并为大陆法系国家和地区所普遍认可。英美法系国家和地区的立法上没有诉讼保全和证据保全的规定，与诉讼保全制度具有相同功能的是中间禁令制度，其通过发现程序以发达的证据开示制度实现类似大陆法系证据保全制度的功能。传统上，大陆法系民事诉讼中证据保全的目的在于事先防范，使证据经由法院调查固定，

① 姜世明：《新民事证据法论》，厦门大学出版社 2017 年版，第 25~26 页。

从而避免因情势变化、物理上的变化等原因或者其他意外情况的出现而发生灭失或者无法使用的情形。通过证据保全固定、保全证据调查的结果，弥补当事人持有、提供证据能力上的缺陷，缓解双方当事人证据问题上信息不对称，化解当事人对事实问题的分歧，减少诉讼中的事实争议，促使裁判在事实认定上获得正确结论。随着法律的发展，特别是随着诉前证据保全制度的充实，证据保全的功能也进一步扩展。

在大陆法系国家和地区，证据保全的本质为证据调查，而非仅为对证据方法的固定，其强调的是对保全标的物证据价值的固定和利用，而非对保全标的物本身的控制。这使得证据保全与以固定保全标的物经济价值为目的的财产保全有着本质区别。而在我国，学术界通常将证据保全理解为对证据本身进行保存和固定的行为，即对证据方法的固定。在概念使用上，大陆法系国家和地区的证据调查是法官对证据进行审查判断并形成心证的过程，类似于我国的证据审核认定；而在我国，证据调查则通常理解为证据的收集和调查。[①] 从《民事诉讼法》第 84 条第 3 款关于“证据保全的其他程序，参照适用本法第九章保全的有关规定”的规定来看，我国民事诉讼立法上也是将证据保全的目的和功能主要定位于证据方法的固定，这一点，与大

① 参见段文波、李凌：《证据保全的性质重识与功能再造》，载《南京社会科学》2017 年第 5 期。

陆法系国家和地区的理论和立法存在一定差异。

根据我国《民事诉讼法》第84条的规定，“在证据可能灭失或者以后难以取得的情况下，当事人可以在诉讼过程中向人民法院申请保全证据，人民法院也可以主动采取保全措施。因情况紧急，在证据可能灭失或者以后难以取得的情况下，利害关系人可以在提起诉讼或者申请仲裁前向证据所在地、被申请人住所地或者对案件有管辖权的人民法院申请保全证据。证据保全的其他程序，参照适用本法第九章保全的有关规定”。据此，我国《民事诉讼法》中的证据保全，是指为了防止证据灭失或以后难以取得，人民法院在诉讼前或者对证据材料进行调查前，根据利害关系人、当事人的申请，或者依职权采取措施，对案件有证明意义的证据材料予以提取、保存或者封存的制度。①与大陆法系国家和地区相比，我国证据保全制度，限于传统的“证据有灭失或碍难使用之虞”的情形，对方当事人同意和“就确定事、物之现状有法律上之利益并有必要时”这两种情形，则不属于证据保全的范围。

证据保全是基于客观上的急迫需要，在正式开展庭审调查前就特定证据材料预先加以调查，以便对其证据的形式与内容加以固定、保存的一种特别程序。证据保全属于诉讼行为还是非诉讼行为，学者存在不同的观点。主张为

① 参见毕玉谦主编：《证据法要义》，法律出版社2003年版，第523页。

非诉讼行为的观点认为，诉前证据保全是在诉讼系属之前进行的，故应为非诉讼行为；主张诉讼行为的观点认为，证据保全程序规定于诉讼法中，属于证据调查的特别规定，其程序开始基于法定原因，保全的证据双方当事人均可利用，有关费用也属于诉讼费用的组成部分。即使诉前证据保全，也是针对将来的诉讼行为，可以产生诉讼上的效果。我国学者多赞同证据保全为诉讼行为的观点，“证据保全是在证据可能灭失或今后难以取得的情况下，法院依申请或依职权采取的固定与保护措施，是法院的一种诉讼行为；同时，也是法院依申请或依职权对证据的预先调查活动，存在于法庭审理开始之前或诉讼受理之后，是一种法定的诉讼程序”①。也有学者认为，证据保全从总体意义上而论，属于诉讼行为与准诉讼行为相结合的二元制结构。“对于诉讼开始之后的特定阶段所实施的证据保全措施，作为一种诉讼行为来看待实为切合实际的一种态度……当事人之所以在诉讼上提出证据保全申请，是因为有关当事人向法院提出了事实主张而应当承担证明责任，并且为当事人用来证明其事实主张的有关证据遇到了将要灭失或者今后难以取得的特别情况，故此，此种情况下，由当事人提出的证据保全申请显然属于一种诉讼行为。但是，在诉讼形成之前而进行的证据保全程序所保全的证据，有时并

① 肖建华主编：《民事证据法理念与实践》，法律出版社2005年版，第294页。

不排除事后有关利害关系人并不提起诉讼的可能……因此这种程序下所实施证据保全的行为，其行为属性如界定为诉讼行为则实难与实际情况相符，如界定为准诉讼行为则更为妥当。”①

根据申请证据保全的时点不同，证据保全分为诉前证据保全和诉讼证据保全两种。诉前证据保全是指利害关系人在起诉前，有关权利义务争议的证据面临灭失或者以后难以取得的情形，为避免其合法权益遭受难以弥补的损害，在起诉前申请人民法院对有关证据采取提取、封存等强制措施。诉讼证据保全是在诉讼过程中发生证据可能灭失或者以后难以取得的情形，法院根据当事人的申请或者依职权采取固定和保存证据措施的行为。1991 年《民事诉讼法》没有对诉前证据保全作出规定，该法第 74 条规定，在证据可能灭失或者以后难以取得的情况下，诉讼参加人可以向人民法院申请证据保全，人民法院也可以主动采取保全措施。可见，当时立法上并不承认诉前证据保全。法律对诉前证据保全的规定，最初是在 1999 年的《海事诉讼特别程序法》中。其后，2001 年修改的《著作权法》《商标法》，最高人民法院制定的《最高人民法院关于对诉前停止侵犯专利权行为适用法律问题的若干规定》也对诉前证据保全作出规定。2001 年《民事诉讼证据规定》第 23 条

---

① 毕玉谦：《民事证据原理与实务研究》，人民法院出版社 2003 年版，第 420~421 页。

规定："当事人依据《民事诉讼法》第七十四条的规定向人民法院申请证据保全，不得迟于举证期限届满前七日。当事人申请证据保全的，人民法院可以要求其提供相应的担保。法律、司法解释规定诉前证据保全的，依照其规定办理。"这些法律、司法解释规定的诉前证据保全制度在实践中的适用，为立法上增加诉前证据保全的规定积累了丰富的实践经验。2012 年《民事诉讼法》修改时，在第 81 条（现行《民事诉讼法》第 84 条）第 2 款规定了诉前证据保全，既满足了审判实践的需求，也与其他实体法规定相衔接。

《民事诉讼法解释》第 98 条是对《民事诉讼法》第 84 条的适用程序作出的原则性规定，其内容源于 2001 年《民事诉讼证据规定》第 23 条，是对该条文进行文字修改而来的。2019 年《民事诉讼证据规定》在 2001 年《民事诉讼证据规定》第 23 条基础上，以第 25 条至第 29 条五个条文，对申请证据保全的条件、证据保全担保、证据保全的实施、错误申请的责任以及诉前证据保全在起诉后的证据移交问题作出规定，进一步完善了证据保全制度和规则。就上述司法解释条文而言，其一，在结构上，由于证据保全在性质上与人民法院调查收集证据相类似，证据保全行为属于法院的职权行为，同样须遵守法院职权行使的范围和条件，故 2001 年和 2019 年《民事诉讼证据规定》均将证据保全与人民法院调查收集证据一并规定。其二，在诉讼证据保全中，人民法院可以依职权采取证据保全措施。由于人民法院依职权进行证据保全的行为，在性质和规则上，与人民法院调查收集证据的行为相同，故人民法院依职权进行证据保全应当遵循人民法院依职权调查收集证据的原则和条件，没有单独规定的必要。其三，由于诉前证据保全主要发生在知识产权诉讼、海事诉讼中，而相应司法解释对诉前证据保全已有规定，普通民事诉讼在诉前多依赖诉讼证明中位阶较高的公证行为保全证据，诉前证据保全在普通民事诉讼中并不多见。且诉前证据保全原则上也适用诉讼证据保全的规则。故《民事诉讼法解释》和2019年《民事诉讼证据规定》主要针对诉讼证据保全作出规定。

一、申请证据保全的条件

《民事诉讼法解释》

第98条第1款　当事人根据民事诉讼法第八十四条第一款规定申请证据保全的，可以在举证期限届满前书面提出。

2019年《民事诉讼证据规定》

第25条　当事人或者利害关系人根据民事诉讼法第八十一条的规定申请证据保全的，申请书应当载明需要保全的证据的基本情况、申请保全的理由以及采取何种保全措施等内容。

当事人根据民事诉讼法第八十一条第一款的规定申请证据保全的，应当在举证期限届满前向人民法院提出。

法律、司法解释对诉前证据保全有规定的，依照其规定办理。

根据《民事诉讼法》第84条规定，“证据可能灭失或者以后难以取得”，既是当事人申请证据保全的基本条件，也是人民法院决定采取证据保全措施的重要依据。除此之外，《民事诉讼法解释》第98条和2019年《民事诉讼证据规定》第25条对于当事人的申请也规定了程序上的条件。

（一）须存在“证据可能灭失或者以后难以取得”的情形

证据可能灭失或者以后难以取得，即我国台湾地区“民事诉讼法”上所称的“证据有灭失或碍难使用之虞”，如不采取保全措施，证据将不复存在，或者即使存在也难以调取。通常，作为证据保全对象的证据消灭、自然性状发生改变等，致使证据无法发挥其证明价值的情形，均应包含在内。例如，海上船舶发生碰撞，船舶即将沉没；生鲜物品保质期届至即将销毁或者腐烂；在建工程存在质量瑕疵即将被继续施工的内容所掩盖；证人病危，可能不久于人世；有关部门保存的档案期限届满，即将销毁；等等。对于证据灭失或者发生变化，以后仍然可能取得但成本过高、概率较低的，在解释上应当作为“以后难以取得”的情形。

（二）作为证据保全对象的证据须与案件事实具有关联性

只有具有关联性的证据，对案件事实的证明才有意义。证据保全是人民法院以公权力帮助当事人克服调查收集证据中的障碍，而与案件事实的证明无关的证据，没有必要浪费司法资源，当然没有证据保全的必要。在诉讼证据保全中，人民法院应当结合本案待证事实对作为保全对象的证据进行审查。在审查方法上，与人民法院对当事人申请调查收集证据的审查相同。即假定当事人申请的证据已经由人民法院采取保全措施，且证据本身的客观性（真实性）、合法性不存在瑕疵，审查该证据对于当事人主张的对象事实的证明是否具有积极意义。法官在具体的判断过程中，需要运用逻辑推理和经验法则，并与其他事实和证据相结合得出结论。在诉前证据保全中，由于当事人尚未提起诉讼，其诉讼请求和诉讼标的不清楚，待证事实无法准确识别，人民法院可以根据当事人对于其将来拟提起的诉讼的描述，判断作为保全对象的证据的关联性。通常，只要在表面形式上相关联，即可认为具有关联性。

（三）须以书面方式提出申请

人民法院进行证据保全，是以司法权对当事人调查收集证据提供帮助，因此与人民法院调查收集证据一样，需要当事人以书面方式提出申请，以体现严肃性。而且，当事人申请证据保全，应当就需要保全的证据情况、申请证据保全的理由以及采取何种保全措施等作出明确表述，也有必要采取书面方式提出申请的内容和理由。

关于申请书的记载事项，根据2019年《民事诉讼证据规定》第25条第1款的规定，首先，应当明确作为保全对象的证据的基本情况。包括：（1）证据的名称或者对证据内容的描述，以使证据能够特定化，明确需要对何种类型的哪些证据进行证据保全。（2）被申请人的基本情况。被申请人通常为控制、保管证据的人。写明被申请人的基本情况，便于人民法院确定证据保全的相对人，保障其基本的程序权利。（3）证据保存的地点，通常也是实施保全措施的地点。对于申请证据保全的对象为实物类证据的，如书证、物证以及准用书证规则的视听资料、电子数据，证据保存地点明确对于人民法院及时有效实施证据保全行为尤其具有十分积极的意义。其次，申请书中应当载明申请证据保全的理由。当事人申请证据保全的理由，既包括《民事诉讼法》规定的可以申请证据保全的情形，也包括人民法院审查证据保全申请时应当审查的必要事项。包括：（1）存在“证据可能灭失或者以后难以取得”的情形；（2）作为保全对象的证据与本案事实的关联性，或者与将来提起诉讼时的案件事实的关联性。最后，载明采取何种保全措施。证据保全以获取、固定证据为目的，而不以控制财产为目的，因此，相对于财产保全，证据保全的措施更为多样化。当事人申请证据保全时应当尽量明确其申请采取的保全措施，以便人民法院斟酌情形判断证据保全对当事人利益的影响，决定是否准许申请、如何进行证据保全并进行必要的准备。如果当事人申请的证据保全措施系查封、扣押等限制保全标的物流通的，其应当在申请书中载明担保的意愿和内容。

（四）诉讼证据保全应当在举证期限届满前提出申请

由于在诉讼中，当事人的申请行为视为当事人的举证行为，适用当事人举证的规则，因此，申请证据保全应当遵守举证期限的要求。2001 年《民事诉讼证据规定》第 23 条规定，当事人应当在举证期限届满的七日前提出证据保全申请，《民事诉讼法解释》第 98 条和 2019 年《民事诉讼证据规定》第 25 条均要求在举证期限届满之前提出申请即可。主要考虑到，举证期限届满这一时点，是判断当事人是否逾期举证的关键节点，虽然届满后当事人仍然可以提出申请，但可能遭受训诫、罚款甚至失权的制裁，要求当事人在举证期限届满前七日提出申请，事实上将证据保全申请的举证期限进一步提前，不利于当事人证明权的保障。且当事人申请证据保全的行为，目的在于获取和固定证据，以利于诉讼中事实的查明和法庭审理效率的提高，在举证期限上过于严格限制没有必要。故《民事诉讼法解释》和 2019 年《民事诉讼证据规定》作出上述修改。

二、证据保全的担保

《民事诉讼法解释》

第 98 条第 2 款　证据保全可能对他人造成损失的，人民法院应当责令申请人提供相应的担保。

2019 年《民事诉讼证据规定》

第 26 条　当事人或者利害关系人申请采取查封、扣押等限制保全标的物使用、流通等保全措施，或者保全可能对证据持有人造成损失的，人民法院应当责令申请人提供相应的担保。

担保方式或者数额由人民法院根据保全措施对证据持有人的影响、保全标的物的价值、当事人或者利害关系人争议的诉讼标的金额等因素综合确定。

由于我国证据保全制度的目的和功能主要在于证据的获取和固定，侧重于对证据本身的控制，因此，证据保全在形式上与财产保全具有很大的相似性，同样可能由于证据保全行为的实施给他人的利益造成损害。因此，《民事诉讼法解释》第 98 条第 2 款参考《民事诉讼法》第 103 条诉讼保全的规定，对证据保全担保作出规定。2019 年《民事诉讼证据规定》第 26 条在此基础上，对于证据保全担保的适用条件、担保方式和数额的确定作出进一步规定，以方便审判实践中操作。

（一）证据保全担保的适用条件

证据保全担保是根据《民事诉讼法》的规定，为防止证据保全行为给被申请人或者利害关系人造成的损害得不到及时有效救济而提供的保障，是证据保全的申请人基于人民法院的要求所实施的行为，具有公法上的效力。这与基于意思自治而发生的民法上的担保存在本质不同。我国的证据保全制度虽然以固定证据为主要功能，但与财产保全中控制财产的经济价值不同，固定证据的目的是使证据在诉讼中发挥证明作用，而非防止其经济价值的减损。且固定证据本身也未必会影响物的使用价值和交换价值实现，证据保全一般也不会对被保全的证据持有人造成经济上的损失。因此，对于申请证据保全而言，申请人通常并不需要提供担保，只有被保全的证据本身为财物，如机器、设备、货物等生产经营资料，或者由于保全方法本身的特点，可能给证据持有人造成财产上损失时，申请证据保全的当事人才有提供担保的必要，人民法院在这种情况下应当责令其提供相应的担保。这一点，对于诉前证据保全和诉讼证据保全并无不同。

根据《民事诉讼法解释》第 98 条第 2 款和 2019 年《民事诉讼证据规定》第 26 条的规定，下列情形，申请证据保全应当提供担保。

1. 采取查封、扣押等限制保全标的物使用、流通等保全措施的

证据保全的目的在于固定证据，防止由于自然原因或者人为因素导致证据发生性状上的变化，或其他意外原因致使证据灭失或不能使用的情形出现，从而发生事实证明上的困难。因此，基于证据保全的目的，针对不同证据形式和事实证明的需要，可以采取不同的证据保全方法。查封、扣押的保全方法，通过限制保全标的物使用、流通，能够有效地防止证据被隐匿、转移或毁损、篡改，有利于保持证据的原始状态。但另外，查封、扣押等限制保全标的物使用、流通等保全措施对证据持有人的利益影响很大。特别是保全标的物具有财产价值、属于生产经营资料时，这种影响更为突出。例如，申请扣押企业账册或者电脑硬盘，对企业的生产经营可能产生重大影响；申请查封的物品为合同标的物的，对于合同履行会产生重大影响。这种情况下，申请人应当提供担保，以防止证据保全行为给证据持有人造成难以弥补的损失。与此相对，申请采取复制、录音、录像等保全措施的，由于保全措施本身通常不会对保全标的物造成损失或者影响其经济上的利益，申请人没有提供担保的必要。

2. 保全可能对证据持有人造成损害的

查封、扣押等限制保全标的物使用、流通的保全措施，属于比较典型、常见的对证据持有人利益影响重大、证据

保全申请人应当提供担保的情形。但除此之外，仍然存在一些无法详尽列举的证据保全措施可能对证据持有人造成损害的情形，申请人有提供担保的必要。这些情形需要人民法院根据具体情况判断。例如，当事人申请以勘验物品的方式进行证据保全，或者对保全标的物以鉴定方法固定证据，而勘验、鉴定本身可能对保全标的物造成损害的，申请人有提供担保的必要。

需要注意的是，财产保全中，被申请人提供反担保的，人民法院可以解除保全措施。这一规则对于证据保全并不适用。主要理由在于，财产保全关注保全标的物的经济价值，通过查封、扣押、冻结等方法控制保全标的物，以保障判决确定的给付内容的实现。而被申请人的反担保同样是以财产为担保标的物，基于反担保解除保全措施，不影响财产保全的目的。而证据保全的目的在于固定证据，虽然要求申请人提供担保是为了防止因采取保全措施造成被申请人的损失无法赔偿，这一点与财产保全相同，但被申请人的反担保对于证据保全固定证据的目的却不产生影响，固定证据本身并不具有财产意义，其对证据的证明价值的追求是难以用财产价值衡量。因此，证据保全措施不能因被申请人的反担保而解除。

（二）担保方式和数额的确定

根据《民事诉讼法》第84条第3款的规定，法律对证据保全程序未作规定的参照适用《民事诉讼法》关于保全的规定。有关证据保全的担保方式，亦应参照财产保全的规则处理。《最高人民法院关于人民法院办理财产保全案件若干问题的规定》（以下简称《财产保全规定》）第6条、第7条对于财产保全的担保方式和程序作出规定，参照该司法解释的规定，证据保全的担保，可以由申请人或者第三人提供现金、实物、有价证券、无形财产等作为担保物的方式进行担保，也可以由第三人出具保证书、金融监管机构批准设立的金融机构出具独立保函、保险公司与申请人签订责任保险合同后出具担保书的方式提供担保。需注意的是：其一，申请人或者第三人提供担保的财产或者进行担保的程序，不能违反民法或者公司法上的禁止性规定；其二，证据保全担保是公法上的担保，申请人或者当事人以财产提供担保的，并不需要根据民法上担保物权设立程序设立抵押、质押，人民法院审查同意后，裁定以查封、冻结担保财产等方式使担保财产特定化、限制财产的处分、流转即可。

有关财产保全担保数额的确定，根据《财产保全规定》第5条第1款、第2款的规定，担保数额不超过请求保全数额的30%；申请保全的财产系争议标的的，担保数额不超过争议标的的价值的30%；利害关系人申请诉前财产保全的，应当提供相当于请求保全数额的担保；情况特殊的，人民法院可以酌情处理。尽管证据保全程序上可以参照适用财产保全的规则，但有关财产保全担保数额的规定，无法适用于证据保全担保的场合。财产保全的目的是保障生效判决财产给付义务的实现，财产保全错误所造成的损失与请求保全的数额（通常为诉讼请求的金额）、保全标的物的价值直接关联；而证据保全的目的在于固定证据，证据的证明价值无法以财产直接衡量。因此，简单以诉讼请求的金额作为确定证据保全担保数额依据是不妥当的。人民法院应当结合证据保全措施对证据持有人的影响（如申请采取查封、扣押等限制保全标的物流通、使用的保全措施是否影响证据持有人正常生产经营活动或正常生活，影响程度如何，消除影响的成本多大，采取勘验、鉴定等措施是否对保全标的物造成损害及损害程度），以及保全标的物的价值和诉讼标的金额等因素，进行综合判断。

对于人民法院责令证据保全申请人提供担保而其不提供或者提供的担保不符合要求的，人民法院应当参照《民事诉讼法》第103条、《财产保全规定》第6条第3款的规定，裁定驳回其申请。

三、证据保全的实施

2019年《民事诉讼证据规定》

第27条　人民法院进行证据保全，可以要求当事人或者诉讼代理人到场。

根据当事人的申请和具体情况，人民法院可以采取查封、扣押、录音、录像、复制、鉴定、勘验等方法进行证据保全，并制作笔录。

在符合证据保全目的的情况下，人民法院应当选择对证据持有人利益影响最小的保全措施。

（一）证据保全中当事人到场

基于固定证据的目的，人民法院进行证据保全，涉及对保全对象的证据价值固定和提取，为使证据保全发挥先行证据调查的功能，保障当事人及时、有效地行使诉讼权利，减少当事人对于证据收集过程等外部争议，一般情形下，要求双方当事人或者委托诉讼代理人到场是必要的。在人民法院根据当事人申请进行证据保全时，申请一方当事人或者委托诉讼代理人需要对保全对象证据进行确认、对人民法院证据保全行为进行配合，其到场参与保全过程并无问题。但在对方当事人并非证据控制人的情况下，人民法院是否有必要通知对方当事人到场，存在争议。审判实践中，有观点认为，事先通知对方当事人到场可能会发生泄露证据保全信息、隐匿毁损保全对象证据的情况，而对于被保全证据证明价值的固定，可以在采取保全措施之后进行，因此通知对方当事人既无必要，也存在弊端，不可取。另有观点认为，从证据保全目的出发，通知双方当事人参与保全过程，既有利于实现固定证据的目的，提高证据保全的效率，也有利于当事人的程序权利保障，且有时证据保全亦需要双方当事人的配合，至于可能存在的弊端可以通过适用妨害民事诉讼的强制措施等处罚来解决。

笔者认为，是否通知对方当事人到场，不可一概而论。证据保全的目的首先是对证据的固定，在此基础上才存在先于法庭审理程序之前进行证据调查的问题，且证据调查在我国民事诉讼法上也并非对证据保全的要求。因此，应在保证证据保全目的实现的前提下，通过对证据保全对象证据的类型、特点，证据持有人的情况，证据保全措施的确定等具体情形进行综合考量，尽量通知当事人到场。因此，司法解释规定“可以”要求当事人到场，由人民法院根据情况来决定。

（二）证据保全的方法

我国《民事诉讼法》规定证据保全的程序适用诉讼保全规则。因此，就保全方法而言，证据保全与财产保全存在一定程度的重合，如查封、扣押等财产保全经常采用的方法同样适用于证据保全。此外，另有一些保全方法是基于证据保全的特点和目的所特有的，如复制、录音、录像是为保存证据而采取的保全措施，在财产保全中不会采取。

1. 查封、扣押

所谓查封，是指人民法院对物品进行查验后，就地封存，禁止其他任何组织和个人动用的行为。扣押是指依法强行提取、扣留和封存与案件有关的物品或文件的行为。采取查封、扣押措施，使物品处于静止状态，对于保持证据保全标的物的原始状态无疑具有很大的优势，可以有效防止被保全证据的毁损灭失或者篡改、变造等妨害使用的行为。但查封、扣押措施是比较严厉的司法强制措施，禁止物品的使用、处分、流通，会严重影响物的使用价值和交换价值实现。在财产保全中，尽管查封、扣押是经常采用的保全措施，但在保证财产保全目的的情况下，也通常会采取一些相对缓和或者变通的处理，如查封期间允许继续使用，或者在特殊情况下允许处分变现，将变现的钱款冻结等。对于证据保全而言，虽然查封、扣押对于证据的收集和固定比较有效，但由于证据保全对证据的固定并非以物理意义的固定为必要，因此，提取和固定保全标的物的证据价值，而非控制证据的载体，是选择证据保全方法时需要考虑的出发点。在进行证据保全时，特别是针对作为生产经营资料的物品进行证据保全时，应当尽量避免采取查封、扣押这类直接控制物品的保全方法，即使进行查封、扣押，也应当尽快提取、固定其证据价值后，解除查封、扣押措施。以避免由于证据保全给相对人造成不必要的损害。

2. 复制、录音、录像

复制是通过一定的方法或借助设备，按照原物的各种特征制作仿制品的行为，是对书证进行证据保全常用的方法。复制可以借助设备，如以复印机进行复印，也可以采取一定方法，如拓印、描摹等。以复制的方法保全书证，应当注意保持书证的完整性，即使只需要书证一部分内容发挥事实证明作用，通常也需要复制书证的全部，以免存在遗漏内容造成对复制部分内容理解的偏差。对于适用书证规则的证据而言，复制同样是保全证据的有效手段。如对于录音资料、电子数据而言，同样可以采取复制的方法进行证据提取和固定。录音的方法，多用于保全言词证据。如对证人证言进行证据保全，可以采取录音的方法。对于物证，可以采取录像的方法进行证据保全。2001 年《民事诉讼证据规定》第 24 条还规定了拍照的证据保全方法，《民事诉讼法解释》和 2019 年《民事诉讼证据规定》虽然将其删除，但在解释上，录像的方法应当包含拍照在内。

3. 鉴定、勘验

对于涉及专门性问题的证据，有时需要通过鉴定才能有效提取和固定保全标的物的证据价值，在这种情况下，需要以鉴定作为证据保全方法。需注意的是，证据保全中采取鉴定的方法，通常只在如不及时进行鉴定则保全标的物的证据价值即灭失、以后难以再提取和固定的情形下使用，如果没有必须立即鉴定的紧急情形，一般只需要对鉴定资料进行保全，在案件审理过程中，根据有关鉴定的程序和规则处理。对于物证，证据保全可以采取勘验的方式，由勘验人对物品、痕迹进行勘查、检验等方式提取、固定证据。上述证据保全的方法，在审判实践中通常组合使用，如对情况紧急需要立即以鉴定方法提取和固定证据的，可以先采取查封或扣押的方法控制保全标的物后，再行鉴定，而鉴定的程序操作，也可以参照人民法院依职权委托鉴定的程序进行，由人民法院确定具有相应资格的鉴定人，而不必通过当事人协商、摇号等方式选定鉴定人；对于物证的保全，可以录像、勘验一并进行。此外，2001 年《民事诉讼证据规定》第 24 条第 1 款将制作笔录规定为一种证据保全方法，2019 年《民事诉讼证据规定》将其从证据保全方法中剥离，作为人民法院进行证据保全的一般性要求，即无论采取何种方法进行证据保全，均应当制作笔录。证据保全中制作笔录，能够完整体现证据保全过程，这与人民法院调查收集证据的职权行使行为要求一致，符合证据保全行为的性质。

人民法院对于证据保全方法的选择，既要考虑当事人的申请内容，也要考虑案件的具体情况。当事人申请书中申请的证据保全措施，是重要的依据。但人民法院决定采取的保全方法并不受当事人申请的约束。人民法院在选择保全方法时，应当对当事人申请的保全措施是否符合保全标的物的特点，是否能够实现证据保全的目的，是否超出证据保全的必要，是否会给证据保全相对人造成损害，损害是否超出诉讼所要保护的利益等因素进行综合判断，以确定适合本案情况的证据保全方法。

（三）选择保全措施时的利益影响最小化原则

根据 2019 年《民事诉讼证据规定》第 27 条第 3 款的规定，人民法院在采取证据保全措施时，应当遵循利益影响最小化的原则，在符合证据保全目的的前提下，选择对证据持有人利益影响最小的保全措施。证据保全是人民法院司法权行使的行为，应当遵循公权力行使的比例原则。所谓利益影响最小化原则，是比例原则在证据保全制度中的体现。按照学者的解释，比例原则包含三项分支原则，即妥当性、必要性与均衡性原则。妥当性原则，又称适当性原则，它是指公权力行为的手段必须适当，能够促进所追求目标之实现；必要性原则，又称最小损害原则，它要求公权力行为者所运用的手段是必要的，即手段对行政相对人造成的损害应当降至最低；均衡性原则，即狭义比例原则，它要求公权力行为的手段所增进的公共利益与其所造成的损害成比例。①

利益影响最小化的原则，首先要求保全措施的选择符合证据保全的目的，即具有促进目标实现的妥当性。这是证据保全行为的基础和基本逻辑，也是人民法院在选择证据保全措施时需要明确的基本前提。其次，保全措施的选择不能超出必要性的要求，以实现证据保全目的所必要为限度，将证据保全措施的实施对保全相对人的影响降到最低，即选择对于证据持有人利益影响最小的措施。能够以复制、勘验、录像等方法进行证据保全的，尽量不采取查封、扣押措施；即使采取查封、扣押措施，也应当尽快固定和提取保全标的物的证据价值，尽快解除保全措施，尽量降低对证据持有人的损害和不利影响。最后，

① 参见潘璐：《比例原则的起源及特点》，载《人民法院报》2020年10月30日。

在选择保全措施时应当进行利益衡量。将作为保全对象的证据对于诉讼的影响及诉讼所欲保护的利益与采取不同保全措施对证据持有人造成的损害进行衡量，从中选择最优的方式。

四、申请证据保全错误的赔偿责任

2019 年《民事诉讼证据规定》

第 28 条　申请证据保全错误造成财产损失，当事人请求申请人承担赔偿责任的，人民法院应予支持。

证据保全关注的是证据价值的提取和固定，而非保全标的物的财产价值，通常不会像财产保全或者行为保全那样容易造成保全相对人的财产损失。但有时，证据保全采取查封、扣押等限制保全标的物使用、流通的措施对保全标的物本身进行控制，影响保全标的物使用价值或交换价值的实现，或者提取证据价值过程中采取的勘验、鉴定等方法会对保全标的物造成一定损害，由此产生因证据保全造成损失的赔偿责任问题。

《民事诉讼法》对于证据保全并未直接规定损失赔偿问题，依照《民事诉讼法》第 84 条第 3 款规定，证据保全程序参照适用保全的规定，而《民事诉讼法》第九章保全和先予执行中，在第 108 条规定了“申请有错误的，申请人应当赔偿被申请人因保全所遭受的损失”。从参照适用的逻辑出发，2019 年《民事诉讼证据规定》根据《民事诉讼法》的规定增加了申请证据保全错误损失赔偿的规定，对《民事诉讼法解释》进行补充。证据保全造成被申请人损失的情形，既可能因为申请人申请证据保全错误，也可能因为人民法院依职权进行证据保全错误，或者人民法院在进行证据保全时存在违法的情形。后两种情形受害人应当通过国家赔偿程序寻求救济，不属于人民法院受理民事案件的范围，不存在被申请人向申请人主张民事赔偿问题。

申请证据保全错误的赔偿责任在性质上属于侵权责任。申请人基于错误申请证据保全，保全措施失去正当性基础，证据保全对于被申请人的权利限制或物品的处置行为转变为侵权行为，人民法院实施保全措施的行为被视为申请人侵害被申请人的物件或工具，保全过程虽然“有一定公法因素渗入，却是对申请人私权的保全（可以类比民法上债的保全），依申请采取的保全措施主要反映的申请人的意志”①，故证据保全申请人应当承担侵权损害赔偿责任。《最高人民法院关于当事人申请财产保全错误造成案外人损失应否承担赔偿责任问题的解释》规定“当事人申请财产保全错误造成案外人损失的，应当依法承担赔偿责任”的实体法依据，是《民法通则》第 106 条关于侵权责任的

① 阮忠良、玄玉宝：《保全申请错误所致损害赔偿责任的构成要件——兼析新〈民事诉讼法〉第 105 条的理解与适用》，载《上海政法学院学报（法治论丛）》2013 年第 4 期。

规定，以司法解释明确了申请财产保全错误赔偿责任的侵权责任性质。由于证据保全在外观和程序上与财产保全基本一致，申请证据保全错误的损害赔偿责任在性质上与财产保全的情形相同，均属于侵权责任范畴。《民事案件案由规定》中，也将“申请证据保全损害责任纠纷”作为“侵权责任纠纷”之下的三级案由。

申请证据保全错误的赔偿责任性质上为侵权责任，有关纠纷作为民事侵权案件审理，这一点在审判实践中并无争议。值得讨论的是如何认定侵权责任的构成。对此问题，应作如下理解：其一，申请证据保全错误侵权，属于一般侵权，应当适用一般侵权的法律规定。申请保全错误侵权或者申请证据保全错误侵权，源于民事诉讼法的规定，并非侵权法上的明确规定，《民法通则》《侵权责任法》和《民法典》均未规定这种侵权形态。而特殊侵权的情形，则须有法律的明确规定，这一点，在《民法通则》第106条、《侵权责任法》第7条和《民法典》第1166条均有明确规定。当事人之所以对被申请人承担申请保全错误或者申请证据保全错误的损失赔偿责任，在于其申请有错误，这本身意味着申请人承担一般侵权责任即过错责任，适用《民法典》第1165条“行为人因过错侵害他人民事权益造成损害的，应当承担侵权责任”的规定。有观点认为，“保全致损责任属于民事诉讼法所规定的一种特殊侵权责任，应仅以错误保全行为、损害、因果关系为构成要件，而不以申请人对保全错误有过错为必要”①。这种观点将申请错误与保全错误割裂开来，分别作为侵权责任的不同要件，不符合《民事诉讼法》的规定。《民事诉讼法》第108条规定强调的是“申请有错误”，并以此作为当事人承担损害赔偿责任的基础。保全错误但申请没有错误的，涉及法院行为的合法性问题，属于《国家赔偿法》调整的范畴，不存在申请人承担侵权责任问题。且《民事诉讼法》并未对申请保全错误的侵权责任作进一步规定，需要以实体法规范作为确定侵权责任构成的根据。故这种观点并不妥当。其二，关于“申请有错误”的认定问题。申请有错误，是确定申请证据保全错误损害赔偿责任构成的要件事实，是最为关键的基础事实。在申请财产保全错误赔偿责任纠纷案件中，审判实践中通常根据申请保全对象是否错误，如申请保全的财产是否为案外人的财产，或者判决结果与申请保全的范围之间是否存在明显不合理的差异，如过度扩大保全的范围或金额，作为判断申请是否有错误的依据。这种做法对于申请证据保全错误赔偿责任案件的审理，具有一定参考价值。但证据保全与财产保全存在差异，对申请证据保全错误的认定，不能适用申请财产保全错误

① 参见方文光：《民诉法上财产保全损害赔偿构成要件与类型辨析——从实体正义与程序正义的双重视角出发》，全国法院系统第24届学术讨论会获奖论文，转引自阮忠良、玄玉宝：《保全申请错误所致损害赔偿责任的构成要件——兼析新〈民事诉讼法〉第105条的理解与适用》，载《上海政法学院学报（法治论丛）》2013年第4期。

认定的规则。证据保全的相对人是证据的持有人，可能是对方当事人也可能是案外人，对案外人控制的证据进行证据保全并不违反证据保全的规则和法律的规定，这与财产保全只能针对对方当事人的财产明显不同；由于证据保全的目的和功能在于提取和固定证据，不以控制财产为目的，而非如财产保全目的在于控制财产以保障生效判决的执行，因此，也无法以判决结果与申请保全的范围或金额的差异来判断申请人是否存在过错。对于证据保全申请有错误的认定，可以从以下两个方面考虑：（1）从证据保全的目的和功能出发，参考申请财产保全错误赔偿责任纠纷案件的通常做法，应当以保全的证据是否被人民法院采信、作为认定案件事实的基础为判断依据之一。只要保全的证据被采信，无论作为认定主要事实（要件事实）还是非主要事实的根据，均发挥了证据的证明价值，也意味着当事人申请证据保全的对象是正确的。（2）申请人申请采取的保全方法或措施是否适当。由于证据保全不以控制财产为目的，通常并非必须对保全标的物进行控制，特别是长时间控制。申请人在申请证据保全时，申请的保全措施明显超出提取和固定证据价值的必要，如以复制方式即可以完成对书证的固定而申请采取扣押的方式，或者在人民法院采取查封、扣押等限制保全标的物使用、流通措施后，不积极配合有关证据价值的提取和固定的，均可解释为申请人申请有过错的情形。需要注意的是，人民法院对于证据保全的申请，虽有审查的职责，但这种审查仅为形式审查，证据保全的实施主要根据当事人的申请、反映当事人的意志，且证据保全多适用于证据可能灭失或者以后难以取得的急迫情形，人民法院也难以在紧急情形下作充分的实质性审查。因此，人民法院在证据保全中不存在承担侵权责任问题。如果存在违法行为，也是适用《国家赔偿法》解决的问题。

五、诉前证据保全的证据移交

2019 年《民事诉讼证据规定》

第 29 条　人民法院采取诉前证据保全措施后，当事人向其他有管辖权的人民法院提起诉讼的，采取保全措施的人民法院应当根据当事人的申请，将保全的证据及时移交受理案件的人民法院。

诉前证据保全是指人民法院在受理民事案件或者在仲裁机构受理仲裁申请之前，因存在证据可能灭失或者以后难以取得的急迫情形，根据利害关系人的申请对证据进行提取和固定的行为。由于利害关系人申请证据保全时诉讼尚未系属于人民法院，当事人选择何种诉讼标的提起诉讼、向哪一级、哪一地法院提起诉讼尚未确定。且根据《民事诉讼法》第 84 条第 2 款的规定，利害关系人可以向证据所在地、被申请人住所地或者对案件有管辖权的人民法院申请保全证据。而根据《民事诉讼法》关于管辖的规定，对同一纠纷往往存在多个有管辖权的法院。因此，实施诉前证据保全的法院可能与当事人选择提起诉讼的法院不一致。由此即存在诉前证据保全之后，保全证据的移交问题。

有关诉前证据保全后的证据移交，《民事诉讼法》和《民事诉讼法解释》、2001 年《民事诉讼证据规定》均未作出规定。但有关人民法院采取诉前保全措施后，保全手续移交问题，《民事诉讼法解释》第 160 条规定，“当事人向采取诉前保全措施以外的其他有管辖权的人民法院起诉的，采取诉前保全措施的人民法院应当将保全手续移送受理案件的人民法院……”由于诉前证据保全参照适用诉前保全程序的规定，2019 年《民事诉讼证据规定》参照诉前保全的规定，对申请诉前证据保全后证据移交作出规定。所不同的是，因诉前保全包括财产保全和行为保全，在采取诉前保全措施后利害关系人提起诉讼时，需要移交的可能既包括财产，也包括有关查封、扣押、冻结的文件资料或者行为保全的资料，故《民事诉讼法解释》第 160 条规定，采取保全措施的人民法院移交的内容为包括上述情形在内的保全手续；而诉前证据保全的对象为证据，故采取证据保全措施的人民法院移交的对象为证据，有关对保全证据的勘验笔录、鉴定意见，以及记录证据保全过程的笔录等资料，应当作为证据的一部分或者作为与证据有关的资料，一并移交。此外，《民事诉讼法解释》第 160 条对于人民法院移交诉前保全手续，是根据受理案件的人民法院的请求，或者当事人的申请，还是主动移交，未作明确规定。2019年《民事诉讼证据规定》第29条规定，采取诉前证据保全措施的人民法院应当根据当事人的申请移交保全的证据。之所以根据当事人的申请移交，主要考虑当事人提起诉讼的人民法院与采取保全措施的人民法院不一致时，除非当事人分别向人民法院告知起诉情况和诉前证据保全情况，否则采取保全措施的人民法院可能并不知晓利害关系人已经提起诉讼，受理起诉的人民法院也可能不了解存在诉前证据保全的情况。要求受理起诉的人民法院主动请求移交证据，或者要求采取保全措施的人民法院主动移交证据，既不符合实际情况，也不合逻辑。而且根据《民事诉讼法》第104条第3款的规定，“申请人在人民法院采取保全措施后三十日内不依法提起诉讼或者申请仲裁的，人民法院应当解除保全”。在当事人怠于及时告知的情况下，要求人民法院主动移交或者请求移交证据也加重了人民法院的责任。因此，由当事人向采取诉前证据保全措施的人民法院申请，人民法院根据当事人的申请移交证据更为合理。当然，采取诉前证据保全措施的人民法院在得知起诉情况后主动移交证据，或者受理起诉的人民法院主动请求移交证据，不违反法律规定，亦无不可。而“及时”移交证据，应当以不影响受理案件的人民法院对案件的审理为限，具体时间则可以由采取诉前证据保全措施的人民法院根据情况决定。

第三章 举证时限

第一节 举证时限制度

《民事诉讼法解释》

第99条 人民法院应当在审理前的准备阶段确定当事人的举证期限。举证期限可以由当事人协商，并经人民法院准许。

人民法院确定举证期限，第一审普通程序案件不得少于十五日，当事人提供新的证据的第二审案件不得少于十日。

举证期限届满后，当事人对已经提供的证据，申请提供反驳证据或者对证据来源、形式等方面的瑕疵进行补正的，人民法院可以酌情再次确定举证期限，该期限不受前款规定的限制。

第100条 当事人申请延长举证期限的，应当在举证期限届满前向人民法院提出书面申请。

申请理由成立的，人民法院应当准许，适当延长举证期限，并通知其他当事人。延长的举证期限适用于其他当事人。

申请理由不成立的，人民法院不予准许，并通知申请人。

第101条 当事人逾期提供证据的，人民法院应当责令其说明理由，必要时可以要求其提供相应的证据。

当事人因客观原因逾期提供证据，或者对方当事人对逾期提供证据未提出异议的，视为未逾期。

第102条 当事人因故意或者重大过失逾期提供的证据，人民法院不予采纳。但该证据与案件基本事实有关的，人民法院应当采纳，并依照民事诉讼法第六十八条、第一百一十八条第一款的规定予以训诫、罚款。

当事人非因故意或者重大过失逾期提供的证据，人民法院应当采纳，并对当事人予以训诫。

当事人一方要求另一方赔偿因逾期提供证据致使其增加的交通、住宿、就餐、误工、证人出庭作证等必要费用的，人民法院可予支持。

2019年《民事诉讼证据规定》

第49条　被告应当在答辩期届满前提出书面答辩，阐明其对原告诉讼请求及所依据的事实和理由的意见。

第50条　人民法院应当在审理前的准备阶段向当事人送达举证通知书。

举证通知书应当载明举证责任的分配原则和要求、可以向人民法院申请调查收集证据的情形、人民法院根据案件情况指定的举证期限以及逾期提供证据的法律后果等内容。

第51条　举证期限可以由当事人协商，并经人民法院准许。

人民法院指定举证期限的，适用第一审普通程序审理的案件不得少于十五日，当事人提供新的证据的第二审案件不得少于十日。适用简易程序审理的案件不得超过十五日，小额诉讼案件的举证期限一般不得超过七日。

举证期限届满后，当事人提供反驳证据或者对已经提供的证据的来源、形式等方面的瑕疵进行补正的，人民法院可以酌情再次确定举证期限，该期限不受前款规定的期间限制。

第52条　当事人在举证期限内提供证据存在客观障碍，属于民事诉讼法第六十五条第二款规定的“当事人在该期限内提供证据确有困难”的情形。

前款情形，人民法院应当根据当事人的举证能力、不能在举证期限内提供证据的原因等因素综合判断。必要时，可以听取对方当事人的意见。

第54条 当事人申请延长举证期限的，应当在举证期限届满前向人民法院提出书面申请。

申请理由成立的，人民法院应当准许，适当延长举证期限，并通知其他当事人。延长的举证期限适用于其他当事人。

申请理由不成立的，人民法院不予准许，并通知申请人。

第55条 存在下列情形的，举证期限按照如下方式确定：

（一）当事人依照民事诉讼法第一百二十七条规定提出管辖权异议的，举证期限中止，自驳回管辖权异议的裁定生效之日起恢复计算；

（二）追加当事人、有独立请求权的第三人参加诉讼或者无独立请求权的第三人经人民法院通知参加诉讼的，人民法院应当依照本规定第五十一条的规定为新参加诉讼的当事人确定举证期限，该举证期限适用于其他当事人；

（三）发回重审的案件，第一审人民法院可以结合案件具体情况和发回重审的原因，酌情确定举证期限；

（四）当事人增加、变更诉讼请求或者提出反诉的，人民法院应当根据案件具体情况重新确定举证期限；

（五）公告送达的，举证期限自公告期届满之次日起计算。

第 56 条　人民法院依照民事诉讼法第一百三十三条第四项的规定，通过组织证据交换进行审理前准备的，证据交换之日举证期限届满。

证据交换的时间可以由当事人协商一致并经人民法院认可，也可以由人民法院指定。当事人申请延期举证经人民法院准许的，证据交换日相应顺延。

第 57 条　证据交换应当在审判人员的主持下进行。

在证据交换的过程中，审判人员对当事人无异议的事实、证据应当记录在卷；对有异议的证据，按照需要证明的事实分类记录在卷，并记载异议的理由。通过证据交换，确定双方当事人争议的主要问题。

第 58 条　当事人收到对方的证据后有反驳证据需要提交的，人民法院应当再次组织证据交换。

第 59 条　人民法院对逾期提供证据的当事人处以罚款的，可以结合当事人逾期提供证据的主观过错程度、导致诉讼迟延的情况、诉讼标的金额等因素，确定罚款数额。

举证时限制度在 1991 年《民事诉讼法》和《民事诉讼法意见》中没有规定，是 2001 年《民事诉讼证据规定》创设的制度。2012 年《民事诉讼法》修改时，总结了审判实践中举证时限制度的施行情况，在第 65 条（现行《民事诉讼法》第 68 条）规定了举证时限制度的基本原则和框架，将司法解释的规定上升为法律规定，成为我国民事

诉讼的一项重要制度。《民事诉讼法解释》根据2012年《民事诉讼法》第65条的规定，对2001年《民事诉讼证据规定》中与立法不一致的内容作出调整，2019年《民事诉讼证据规定》在此基础上，对原有的举证时限制度进行了全面修改，以进一步贯彻立法精神，满足审判实践的需要。

一、举证时限制度的内涵和意义

举证时限，简言之，是一项“期限”加“后果”的民事诉讼制度。举证时限制度是举证责任制度的内在要求。举证责任制度的设立，不仅要求提出主张的当事人就其主张的事实提出证据进行证明，还要求及时提出证据，在一定期限内完成其举证责任。“举证时限作为法律上的要求，就必然涉及这样的问题，如果当事人未能遵循举证时限，将承担一定的法律后果，即应当及时披露却逾期披露的证据丧失证据效力。”①

有关何为举证时限，学者们从不同角度作出不同的解读。有学者将举证时限理解为民事诉讼期间制度的内容，认为举证时限是指负有举证责任的当事人应当在法律规定和人民法院指定的期限内提出证明其主张的相应证据，逾期不举证则承担证据失效的法律后果的一项民事诉讼期间

① 张永泉：《民事诉讼证据原理研究》，厦门大学出版社2005年版，第297页。

制度；[①] 有学者将举证时限归属于举证责任范畴，认为举证期限是指根据法律的规定或者法官的指定，诉讼当事人向法院或者向对方当事人提出证据，逾期将承担相应责任的时限制度，又称举证时限，它们属于举证责任范畴内的概念。[②] 另有学者从证据失权的后果来理解举证时限制度，将超过举证时限未举证的后果称为证据失权，并与答辩失权、上诉失权、申诉失权、管辖异议失权共同构成民事诉讼失权制度。[③] 无论如何定义举证时限，举证时限制度都包含举证期限和逾期举证的后果这两个方面的内容。《民事诉讼法》及司法解释中的举证时限制度，是指负有举证责任的当事人应当在法律规定或者人民法院指定的期限内提供证明其事实主张的证据，逾期不提供将承担相应不利后果的一项民事诉讼制度。举证期限是对当事人提供证据的期间上的要求，逾期举证的后果是举证期限得以遵守的保障，二者结合共同构成举证时限制度基本内容。只不过举证时限的后果，在2001年《民事诉讼证据规定》中规定为证据失权，2012年《民事诉讼法》第65条规定为训诫、罚款和证据失权。但二者的不同只是对举证时限后果

① 参见陈桂明、张锋：《民事举证时限制度初探》，载《政法论坛》1998年第3期。

② 参见梁书文主编：《民事诉讼法实施问题研究》，人民法院出版社2000年版，第195页。

③ 参见张卫平：《诉讼架构与程式——民事诉讼的法理分析》，清华大学出版社2000年版，第453页。

的方案选择不同，不影响“期限”加“后果”的基本制度结构。

举证时限制度首先体现了程序公正的基本价值。程序公正意味着当事人双方诉讼地位平等，能够平等地行使各种诉讼权利，通过平等基础上的攻击防御以谋求有利于自己的诉讼结果。双方当事人按照举证期限的要求，在规定的时间内提出诉讼资料和攻击防御方法，从而有平等的机会展开攻击和防御，有效防止一方当事人利用优势地位对另一方当事人进行证据突袭和诉讼拖延，使当事人的攻击防御能够在公平的程序中展开。其次，举证时限制度是诉讼效率的基本要求。诉讼效率意味着应当以最小化的司法成本投入，来获取最大化的司法效益产出，节省不必要的人力、物力、财力和时间的付出，强调诉讼的经济性和快捷性。“在讨论审判应有的作用时不能无视成本问题。因为，无论审判能够怎样完美地实现正义，如果付出的代价过于昂贵，则人们往往只能放弃通过审判来实现正义的希望”。① 诉讼效率的实现必须满足两方面的要求：一是降低司法成本，防止司法资源的浪费；二是加速诉讼进程，防止程序的不必要迟延。举证时限制度能够有效地防止诉讼拖延和司法资源的浪费，体现了对诉讼效率价值的追求。再次，举证时限制度体现了民事诉讼诚信原则的要求。现

① ［日］棚濑孝雄：《纠纷的解决与审判制度》，王亚新译，中国政法大学出版社 2004 年版，第 267 页。

代社会，作为民法领域“帝王条款”的诚信原则同样贯穿于民事诉讼过程之中。举证时限制度能够有效防止和制裁民事诉讼中利用证据突然袭击和干扰正常诉讼秩序、拖延诉讼的不诚信的行为，体现了诚信原则的基本要求。最后，举证时限制度也体现了程序安定的要求。如果任由当事人利用证据突然袭击、拖延诉讼，势必使民事诉讼程序处于无法预测的不安定状态，诉讼秩序无从维护，当事人的正当利益无法保护，法院的审理无法正常进行。为此，通过举证时限制度对当事人举证行为进行必要的干预，对民事诉讼程序的安定具有积极意义。

二、2001 年《民事诉讼证据规定》创设举证时限制度的背景

1991 年《民事诉讼法》对于当事人提供证据没有规定任何时间上的要求。《民事诉讼法意见》第 76 条关于“人民法院对当事人一时不能提交证据的，应根据具体情况，指定其在合理期限内提交。当事人在指定期限内提交确有困难的，应在指定期限届满之前，向人民法院申请延期。延长的期限由人民法院决定”的规定，是对当事人暂时不能提交证据的督促，既非对当事人举证所作的一般性要求，也没有规定后果，不具备举证时限制度的特征和功能。因此，1991 年《民事诉讼法》第 125 条第 1 款“当事人在法庭上可以提出新的证据”的规定，在适用中没有任何条

件、期限的制约，体现了典型的“证据随时提出主义”的特征。由于“当事人在法庭上可以提出新的证据”，而何为“新的证据”法律、司法解释又没有作出限制性规定，当事人在法庭辩论终结之前、法庭审理的任何阶段均可以提供证据。且我国民事诉讼审理程序并未按照集中审理的模式设计，而是体现出明显的分散审理的特点。尽管审判实践中，人民法院往往对于大多数案件实行一次开庭审理，但在当事人不断提供新的证据情况下，人民法院不得不反复组织开庭，法庭辩论终结的时点也不断推延，失去其应有的程序意义。

“证据随时提出主义”的规定给民事诉讼带来很多弊端，造成较大危害。其一，破坏民事诉讼秩序，恶化民事诉讼环境。一些当事人、诉讼代理人违反诚信原则，将提供证据的时间作为诉讼技巧，开庭前不提供证据，在庭审中突然袭击，或者一审期间故意不提供重要证据，在二审甚至申请再审时进行证据突袭，以达到拖延诉讼、损害对方当事人合法权益的目的，对民事诉讼秩序的稳定和程序公平造成很大损害。其二，严重影响民事诉讼效率，削弱民事诉讼的功能。当事人在民事诉讼中随时提出证据，人民法院不得不随时组织质证，致使法庭审理无法集中化，诉讼拖延的情况非常普遍，浪费诉讼资源，增加当事人的诉讼成本和人民法院的司法成本，使实体权利受到损害的一方当事人无法及时获得救济，甚至不断扩大损失，严重削弱民事诉讼救济实体权利的功能。其三，影响法律实施效果，损害司法权威。对于当事人利用“证据随时提出主义”的法律规定，拖延诉讼、恶意诉讼、进行诉讼突袭等行为，人民法院缺乏必要的法律依据进行制止和制裁，这种情况严重影响司法权威和人民群众对民事诉讼制度的信任。

从其他国家民事诉讼制度发展来看，普遍经历了从“证据随时提出主义”到“证据适时提出主义”的发展过程。在英美法系国家和地区，程序正义的理念深入人心，程序的正当性被认为是审判公正进行的必要前提和有力保障，兼具程序公正和诉讼效率价值的举证时限制度是英美法系国家和地区民事诉讼制度的重要组成部分。美国在1936年正式确立以发现程序（证据开示）为核心的审前程序，形成了诉答、证据开示和庭审三个阶段的诉讼结构。1983年修改后的《美国联邦民事诉讼规则》第16条第3款第5项规定，法官可以在审前会议审议的事项中确定允许当事人提出证据的合理时间限制。在最后一次审前会议之后，法官将其与双方律师或当事人之间协商的事项作出决定性命令，该命令控制以后的诉讼程序。在法庭审理中，除非为了防止明显的不公，此命令被随后发布的命令所更改，否则当事人不能提出审前命令中没有的证据和事实，即产生证据失权的法律效果。而上诉审主要审查法律问题，即“法律审”，即使再次对事实进行审查，也是在一审事实审理的基础上的事后审查，是从审查法官的裁量权是否正确的角度进行审查的。[①] 大陆法系国家和地区虽然在传统上遵循“证据随时提出主义”，不作审前程序的规定，但自20世纪六七十年代以来，为解决“证据随时提出主义”带来的诉讼迟延等弊端，陆续放弃传统立场，通过修改民事诉讼法，实现由“证据随时提出主义”向“证据适时提出主义”的转变。在大陆法系的法国，1965年的民事司法改革改变了此前“证据随时提出主义”的做法，实行“证据适时提出主义”。根据《法国民事诉讼法》的规定，“审前准备法官，根据案件的性质、紧急程度与复杂性，随时确定案件审前准备所必要的期限”。审前准备法官有权在案件已经达到了适合判决的程度或者当事人不遵守指定的提出攻击防御方法的期限的情况下，发布审前程序终结命令。终结审前程序之后，当事人不得再提交任何陈述和辩论的文书、证据；否则，法官依职权不予受理，即产生举证失权的法律后果。[②] 1976年《德国民事诉讼法》修改，采纳了“证据适时提出主义”，规定当事人应当在准备性口头辩论阶段提出攻击和防御的方法，并通知对方当事人，在主辩论期日及其后原则上不准提出新证据。“已逾法定期间而提出攻击和防御方法时，只有在法院依其自由心证认为准许提出不至于延迟诉讼的终结或当事人就逾

①② 参见田淑霞、张辰琛：《民事诉讼举证时限制度比较研究》，载《法制与经济》2010年第3期。

期无过失时，才能准许”。当事人逾期举证的法律后果，除了不会延迟诉讼的终结或当事人无重大过失的情况下，逾期提出证据会导致证据失权。二审程序中除例外情形，不得提出新证据和新事实。再审之诉不得以新证据为诉讼理由。①《日本民事诉讼法》对“攻击和防御方法逾期提出”的法律后果规定得较为灵活，并没有明确地规定为证据失权，当事人可以在争点和证据整理程序终结后提出新的攻击和防御方法，但当对方当事人对此提出异议时，须向对方说明其迟延提出证据的正当理由，至于该理由是否正当、法院是否采纳、证据是否失权，则由法官依自由心证决定。

早在2001年《民事诉讼证据规定》制定之前，自20世纪90年代后期开始，越来越多的学者呼吁建立举证时限（举证时效）制度，以顺应民事审判方式改革的要求，满足审判实践的需要。学者们多从举证时限制度确保程序公正实现、促进诉讼效率提高、完善民事诉讼制度体系的制度价值出发，论证举证时限制度的合理性和必要性，提出建立以证据失权（失效）为法律后果的举证时限制度的构想或建议。② 在2001年《民事诉讼证据规定》中确立举证

---

① 参见常怡、王健：《举证时限制度的实证分析》，载《西南政法大学学报》2003年第6期。

② 参见陈桂明、张锋：《民事举证时限制度初探》，载《政法论坛》1998年第3期；潘剑锋：《论举证时效》，载《政法论坛》2000年第2期。

时限制度，是司法解释起草过程中，审判实务界和民事诉讼法学界共同推动的结果。

在 2001 年《民事诉讼证据规定》起草过程中，举证时限制度如何设计是一个重点问题，而举证时限的法律后果是其中的核心问题。为此，曾经设计多种方案，最终根据多数学者的意见，选择了证据失权作为最终的方案。即通过对《民事诉讼法》中“期间”的解释，解决人民法院指定举证期限的法律依据问题；通过规定“当事人在举证期限内不提交（证据材料）的，视为放弃举证权利”，明确举证时限的法律后果以证据失权作为一般原则；通过对《民事诉讼法》中“新的证据”的解释，解决未遵守举证期限而逾期提供的证据，在何种情形下能够纳入人民法院审理的范围，作为证据失权后果的例外，以在保障当事人诉讼权利与维护诉讼秩序、促进诉讼效率之间寻求平衡。通过上述制度设计，实现了我国的民事诉讼实务中由“证据随时提出主义”到“证据适时提出主义”的转变。与“证据随时提出主义”相比，“证据适时提出主义”无疑更符合民事诉讼的规律，对于规范民事诉讼秩序具有重要意义。

三、举证时限制度的适用情况及完善

2001 年《民事诉讼证据规定》自 2002 年 4 月 1 日起施行后，有关举证时限制度在很长一段时间内是实务界和理论界讨论的热点问题。举证时限制度作为一项全新的制度，它改变了我国民事诉讼长期以来的“证据随时提出主义”的观念和做法，使当事人诉讼主张和诉讼资料由随时提出转变为适时提出，对包括人民法院在内的各诉讼主体的诉讼能力提出了更高的要求。更为重要的是，举证时限制度的确立，改变了我国民事诉讼的理念，使民事诉讼由以追求实体公正为首要任务转变为更加关注程序公正、更能够体现程序自身的独立价值。举证时限制度对于我国民事诉讼的影响，远远超出证据制度本身，它为重塑民事诉讼的基本结构提供了关键的制度支撑，对于一审程序、二审程序、再审程序制度的改革都产生了十分深远的影响。

然而，在规则层面，举证时限制度在审判实践的适用中出现了一些的分歧和争议。存在一些法院和法官对于“新的证据”的判断标准认识不一致、对于证据失权的后果适用尺度不统一的情况，影响了举证时限制度实施的效果。一些学者也对举证时限制度的合理性提出质疑。

举证时限制度在适用中存在的问题，原因是多方面的。其一，举证时限制度源于司法解释的规定，其在立法上的依据不够充分，举证时限制度与1991年《民事诉讼法》的规定在衔接上存在一定障碍。我国1991年《民事诉讼法》是依据“证据随时提出主义”的理念规定有关当事人举证的内容，对于当事人提供证据的时间不设限制。而2001年《民事诉讼证据规定》是从“证据适时推出主义”

的理念出发，对于当事人举证的时间及其后果作出比较严格的限定。这种理念上的冲突导致司法解释中举证时限的规定在施行中与1991年《民事诉讼法》的规定在一定程度上存在不易协调的紧张关系。尽管2001年《民事诉讼证据规定》通过对1991年《民事诉讼法》上“期间”的解释，赋予人民法院指定举证期间的强制效力；通过对“新的证据”的解释，来平衡与当事人诉讼权利保障之间的矛盾，但由于举证时限制度体现了对程序公正的追求，与我国民事诉讼中长期以来重实体、轻程序的观念存在内在的矛盾，包括人民法院在内的各民事诉讼主体不适应、不接受这一新制度的情况客观存在，影响举证时限制度适用的效果。其二，配套的民事诉讼制度供给不足，影响举证时限制度的实施效果。从其他国家的情况来看，实行“证据适时提出主义”的国家，其民事诉讼程序结构基本由审前程序和审理程序构成，即通过强制答辩、审前准备程序实现审理前争点和证据的固定，从而使法庭审理能够集中进行。而我国1991年《民事诉讼法》显然并未按照集中审理的模式设计程序结构，其规定的“审理前的准备”只是诉讼的一个阶段，没有程序性意义，无法起到固定争点和证据的作用。对于开庭审理前固定争点和证据，立法上也没有一般性要求。这在很大程度上制约了举证时限制度作用的发挥。实践中，通过证据交换整理争点、固定证据的案件，举证时限制度适用的效果普遍比较理想。这本身也印证了相应民事诉讼制度的配合，对于举证时限制度适用的重要意义。其三，2001 年《民事诉讼证据规定》关于举证时限制度的法律后果的规定比较简单、绝对，缺乏弹性。受当时我国社会“效率优先，兼顾公平”的发展理念影响，针对民事诉讼中秩序混乱、效率低下的现实情况，举证时限制度重点以防止证据突袭，维护诉讼秩序，提高诉讼效率为目的，而证据失权无疑是解决诉讼效率问题最有效的手段。虽然作为证据失权的例外，2001 年《民事诉讼证据规定》以较多条文对于“新的证据”的范围作出解释，但并不十分周延，容易产生当事人仅因轻微过失未能如期举证即遭受失权后果，进而丧失胜诉机会的情况。其四，2001 年《民事诉讼证据规定》对于当事人的权利保障不够充分。2001 年《民事诉讼证据规定》对于举证时限设置了比较严厉的后果，但当事人在违反举证期限的要求逾期提供证据时，并没有相应的程序上的保障，以使逾期举证的当事人有陈述理由和辩解的机会。这些规则本身的问题，也直接影响了举证时限制度实施的效果。

自 2001 年《民事诉讼证据规定》公布实施后，最高人民法院一直持续对这一司法解释的实施情况进行跟踪调研。为缓和 2001 年《民事诉讼证据规定》中有关举证时限规定在适用中存在的问题和矛盾，2008 年，最高人民法院发布《最高人民法院关于适用〈关于民事诉讼证据的若干规定〉中有关举证时限规定的通知》（以下简称《适用举证时限通知》），对于举证期限的指定、新的证据的认定标准等审判实践中存在的问题，作出更为具体的可操作性规定，为进一步完善举证时限制度进行探索、积累经验。在2012年《民事诉讼法》修改过程中，关于总结举证时限制度实施经验、将举证时限制度纳入《民事诉讼法》，全国人大常委会法工委、最高人民法院和专家学者进行多次沟通、研讨，达成基本共识，即举证时限制度对于规范民事诉讼秩序、保障诉讼公平具有积极意义，应当在立法上确立下来；2001年《民事诉讼证据规定》关于逾期举证后果的规定，以证据失权作为一般性后果，适用条件、法律后果单一，弹性不足，不足以适应审判实践的需要，应当区分情况、区分层次设置不同的法律后果；同时，在制度上应当为逾期提供证据的当事人提供程序上的保障，赋予其进行陈述和辩论的机会。这些共识体现在2012年《民事诉讼法》第65条（现行《民事诉讼法》第68条）第2款，关于“当事人逾期提供证据的，人民法院应当责令其说明理由；拒不说明理由或者理由不成立的，人民法院根据不同情形可以不予采纳该证据，或者采纳该证据但予以训诫、罚款”的规定之中。这标志着我国民事诉讼“证据随时提出主义”向“证据适时提出主义”的转变，在立法上已经得以确立。

《民事诉讼法解释》根据2012年《民事诉讼法》第65条的规定，就2001年《民事诉讼证据规定》中与

2012年《民事诉讼法》第65条的规定不相容的内容，在第99条至第102条对举证时限制度作出新的原则性规定，2019年《民事诉讼证据规定》在此基础上对2001年《民事诉讼证据规定》中举证时限制度作出了全面修改，以更好地贯彻立法精神，使举证时限制度更好地满足审判实践需要。

第二节　答辩的要求

2019年《民事诉讼证据规定》

第49条　被告应当在答辩期届满前提出书面答辩，阐明其对原告诉讼请求及所依据的事实和理由的意见。

答辩是被告对于原告在诉讼中提出的主张和攻击方法的防御。广义的答辩包括否认、抗辩和提起反诉三种形态。通常所称的答辩，是指狭义的答辩，即被告对于原告起诉状中提出的主张进行否认或抗辩的行为。

举证时限制度以促进程序公正、提高诉讼效率、维护程序安定为基本价值和目标，这一目标的实现，需要以举证时限制度为核心的各项民事诉讼制度协调、顺利运行为基础。答辩制度作为其中不可或缺的环节，对于明确案件的证明对象和审理范围发挥着重要作用。答辩发生在诉讼的最初阶段。诉讼提起后，通过被告答辩，原告能够很快了解被告对于法律和事实问题的基本观点和双方争议之处，可以更有针对性地准备辩论意见和证据，使当事人双方在举证期限内提供的证据更充分、更有效率，从而使人民法院在法庭审理之前更顺利、准确地整理争议焦点和固定证据，实现审理集中化的目标。如果被告以消极态度对待诉讼，不积极进行答辩，则势必影响举证期限内当事人提供证据的质量，对举证时限制度顺利有效发挥作用造成消极影响。

从其他国家的情况看，实行当事人主义民事诉讼制度的国家和地区，普遍对被告答辩提出强制性要求。如在英美法系国家和地区，被告未在答辩期间内进行答辩的，期间届满即丧失答辩的权利，被告不答辩的行为视为承认原告的诉讼请求，原告可以向法院申请不应诉判决，法院可以直接判决原告的诉讼请求成立。《英国民事诉讼规则》第 12.1 条规定，如被告未提出送达认收书或未对诉讼请求进行答辩，且有关期间已经届满，除原告或者被告是未成年人，法官可以更改原告的申请，不经开庭审理直接作出判决，原告可以获得不应诉判决。《美国联邦民事诉讼规则》第 8 条亦有类似的规定。在大陆法系国家和地区，多数并未要求当事人必须在答辩期间内提出答辩状，但基于促进诉讼的义务，当事人不得逾期提出攻击防御方法，其逾期提出攻击防御方法足以导致诉讼迟延且有故意或重大过失的，法院可以驳回其攻击防御方法。通常，被告在准备程序第一次口头辩论时仍然不进行答辩的，法院可以根据原告的申请，经开庭审理作出缺席判决。两大法系基于不同的法律传统和诉讼观念，对于答辩规则设置存在较大差别，但对于答辩的义务性的认识是共同的，在被告不及时答辩将承担一定的不利后果这一点上并无本质区别。

根据《民事诉讼法》第 128 条的规定，被告应当在收到起诉状之日起 15 日内提出答辩状。被告不提出答辩状的，不影响人民法院审理。《民事诉讼法》将答辩作为被告的诉讼权利，虽然对于答辩期间作出了规定，但被告未在答辩期间内提出答辩状的，并不承担任何法律上的不利后果。审判实践中，特别是在 2001 年《民事诉讼证据规定》实施之前，拖延答辩经常被作为诉讼技巧对待，不在答辩期内提出答辩状的情况比较普遍，在庭审中以答辩作为诉讼突袭手段的情况经常发生。2001 年《民事诉讼证据规定》实施后，由于举证时限制度中证据失权后果的制约，以答辩作为诉讼技巧进行突袭的情况有所缓解，但由于制度上缺乏对被告答辩的义务性规定，被告不及时进行答辩的情况仍然大量存在，影响举证时限制度的实施效果。

在 2001 年《民事诉讼证据规定》实施后，学者们围绕在我国民事诉讼中引入答辩失权制度问题曾经进行了热烈的讨论。多数学者对于建立强制答辩制度没有分歧，对于具体的制度选择，有主张采取费用负担的适当转嫁、间接地强制答辩的观点，[①] 有主张建立不应诉判决制度和简易判决制度规定被告积极应诉的观点，[②] 有主张在被告有律师代理的情况下不如期答辩将丧失一定程序权利或给予对方程序性补偿的观点，[③] 等等。事实上，在2001年《民事诉讼证据规定》起草过程中，学者们也曾经提出建立强制答辩制度的建议，这一问题也在起草过程中经过慎重研究。2001年《民事诉讼证据规定》和2019年《民事诉讼证据规定》均未规定强制答辩，主要考虑到，答辩是《民事诉讼法》明确规定的被告基本诉讼权利，在立法不作修改的情况下，司法解释没有权力作不同的规定。因此，2001年《民事诉讼证据规定》第32条关于被告答辩的规定，属于倡导性规范，除对答辩状的内容提出要求外，并未增加《民事诉讼法》规定之外的内容。2019年《民事诉讼证据规定》第49条保留这一条文的内容，也是基于同样的逻辑。

---

① 参见王亚新：《再谈“答辩失权”与“不应诉判决”》，载《人民法院报》2005年5月6日。

② 参见汤维建：《答辩失权是大势所趋》，载《人民法院报》2005年4月20日。

③ 参见傅郁林：《答辩失权的基础性问题》，载《人民法院报》2005年4月13日。

第三节 举证期限的确定

《民事诉讼法解释》

第 99 条 人民法院应当在审理前的准备阶段确定当事人的举证期限。举证期限可以由当事人协商，并经人民法院准许。

人民法院确定举证期限，第一审普通程序案件不得少于十五日，当事人提供新的证据的第二审案件不得少于十日。

举证期限届满后，当事人对已经提供的证据，申请提供反驳证据或者对证据来源、形式等方面的瑕疵进行补正的，人民法院可以酌情再次确定举证期限，该期限不受前款规定的限制。

2019 年《民事诉讼证据规定》

第 50 条 人民法院应当在审理前的准备阶段向当事人送达举证通知书。

举证通知书应当载明举证责任的分配原则和要求、可以向人民法院申请调查收集证据的情形、人民法院根据案件情况指定的举证期限以及逾期提供证据的法律后果等内容。

第 51 条 举证期限可以由当事人协商，并经人民法院准许。

人民法院指定举证期限的，适用第一审普通程序审理的案件不得少于十五日，当事人提供新的证据的第二审案件不得少于十日。适用简易程序审理的案件不得超过十五日，小额诉讼案件的举证期限一般不得超过七日。

举证期限届满后，当事人提供反驳证据或者对已经提供的证据的来源、形式等方面的瑕疵进行补正的，人民法院可以酌情再次确定举证期限，该期限不受前款规定的期间限制。

第55条 存在下列情形的，举证期限按照如下方式确定：

（一）当事人依照民事诉讼法第一百二十七条规定提出管辖权异议的，举证期限中止，自驳回管辖权异议的裁定生效之日起恢复计算；

（二）追加当事人、有独立请求权的第三人参加诉讼或者无独立请求权的第三人经人民法院通知参加诉讼的，人民法院应当依照本规定第五十一条的规定为新参加诉讼的当事人确定举证期限，该举证期限适用于其他当事人；

（三）发回重审的案件，第一审人民法院可以结合案件具体情况和发回重审的原因，酌情确定举证期限；

（四）当事人增加、变更诉讼请求或者提出反诉的，人民法院应当根据案件具体情况重新确定举证期限；

（五）公告送达的，举证期限自公告期届满之次日起计算。

如前所述，举证时限是一项“期限”加“后果”的民事诉讼制度。举证期限是举证时限制度的基础，举证期限确定的时点、方式、内容以及约束范围，对于当事人诉讼权利保障以及诉讼效率和秩序的维护，均有重要影响。2001年《民事诉讼证据规定》和《适用举证时限通知》对于举证期限作出比较详细的规定。2012年《民事诉讼法》修改决定公布后，根据立法修改的内容，《民事诉讼法解释》第99条对于举证期限确定的方式、要求和不受举证期限影响的情形作出原则性规定，2019年《民事诉讼证据规定》第50条、第51条、第55条在此基础上进一步作出具可操作性规定和补充。这些规定是根据2012年《民事诉讼法》修改精神，在总结2001年《民事诉讼证据规定》实施以来民事审判实践经验的基础上，对原有规定进行修改形成的。

需要强调的是，对于举证期限的理解，2008年发布的《适用举证时限通知》是一项非常重要的文件。它在对2001年《民事诉讼证据规定》实施以来审判实践经验总结的基础上，就举证期限规则的完善提出了基本框架。其后公布实施的《民事诉讼法解释》和2019年《民事诉讼证据规定》对于举证期限的理解，均未超出《适用举证时限通知》的基本逻辑。

一、确定举证期限的时点

2001年《民事诉讼证据规定》第33条规定，“人民法院应当在送达案件受理通知书和应诉通知书的同时向当事人送达举证通知书。举证通知书中应当载明……人民法院根据案件情况指定的举证期限”，即在案件受理后通知当事人时确定举证期限。这种规定的优点在于简单明了，便于操作，但也存在一些弊端。其一，在案件受理后向当事人送达通知书时，审判人员对于案件情况往往并无充分了解，此时指定举证期限无法与案件具体情况相结合，只能按照 2001 年《民事诉讼证据规定》第 33 条第 3 款规定的一般要求确定不少于 30 日的期限。对于事实复杂的案件可能出现举证期限过短，需要当事人在后续诉讼阶段反复申请延长举证期限的情况；对于简单的、证据较少的案件，则可能因举证期限过长，当事人等待举证期限届满才能进入下一个诉讼阶段。其二，案件受理后向当事人送达通知书时，由于送达情况尚不清楚，通过指定届满时点（如举证期限至某年某月某日届满，或者于某年某月某日前提供证据）来确定举证期限且又需要满足不少于 30 日的要求，存在一定困难。因此，尽管 2003 年最高人民法院发布的《〈关于民事诉讼证据的若干规定〉文书样式（试行）》（以下简称《证据规定文书样式》）中，有关“举证通知书”样式采用指定届满时点的方式确定举证期限，但审判实践中按照“送达之日起 30 日举证期限届满”来确定举证期限的方式比较普遍。由此产生双方当事人举证期限届满时点不一致的情形。举证期限届满在先的当事人需要等待对方当事人举证期限届满后才能进入下一个诉讼阶段，而其在自己的举证期限届满时点与对方当事人举证期限届满时点之间提供证据，是否构成逾期举证也存在争议。同时，当事人举证期限届满时点不一致，也会给后续的程序操作造成不便。其三，案件受理后向当事人送达通知书时指定举证期限，当事人在事实上也很难有机会协商举证期限，不利于当事人协同推进诉讼进行。这也是审判实践中当事人协商举证期限极为少见的原因之一。

《民事诉讼法解释》总结了 2001 年《民事诉讼证据规定》在举证期限确定方面的经验和问题，对于指定举证期限的时点进行了调整，将案件受理后向当事人送达通知书时指定举证期限，修改为在审理前的准备阶段确定举证期限。根据《民事诉讼法》第 12 章第一审普通程序的规定，审理前的准备阶段是案件受理后到开庭审理前的时间段。在这个时间段内确定举证期限，与在案件受理后向当事人送达通知书的时点确定举证期限相比，更为灵活。人民法院可以根据案件的性质、特点、当事人诉讼能力、事实复杂程度、送达难易等情况，选择确定具体的举证期限，以更有利于案件的审理和诉讼程序的推进。

二、确定举证期限的方式

根据 2001 年《民事诉讼证据规定》第 33 条规定，举证期限可以由人民法院在举证通知书中指定，也可以由当事人协商一致并经人民法院认可，《民事诉讼法解释》第99条第1款延续了这一思路，2019年《民事诉讼证据规定》第50条、第51条对2001年《民事诉讼证据规定》第33条进行文字修改后也承继了基本内容。

2012年《民事诉讼法》修改决定公布后，有观点认为，《民事诉讼法》对举证时限的规定，意味着“举证时限的确定权从法官与当事人共同享有转向法官单独享有”[①]。这种理解并不准确。2001年《民事诉讼证据规定》对于举证期限的确定，允许当事人采取协商一致的方式，其内在的逻辑在于对当事人诉讼契约的承认。对于当事人之间达成的以产生诉讼法上效果为内容的合意，并不需要有法律的明确规定，只要法律没有禁止性规定的，均应予以承认。人民法院对于这种诉讼契约不作过多的实质性审查，只要不违反实体法效力性强制性规定，不违反民事诉讼法基本原则、价值和诉讼制度目的，通常予以准许。2012年《民事诉讼法》虽未规定当事人可以协商举证期限，但立法上并无相反的规定禁止这种行为。无论2012年《民事诉讼法》修改前还是修改后，承认当事人协商一致确定举证期限，都不违反《民事诉讼法》的规定和原则。故将2012年《民事诉讼法》第65条（现行《民事诉讼

---

① 康文学：《举证时限制度的变革及相关制度的变化趋势——以新〈民事诉讼法〉第65条及新司法解释为中心》，载张卫平、齐树洁主编：《司法改革论评》第20辑，厦门大学出版社2016年版，第62页。

法》第68条）关于“人民法院根据当事人的主张和案件审理情况，确定当事人应当提供的证据及其期限”的规定理解为法官单独享有举证期限确定权，并不妥当。

人民法院指定举证期限，根据不同诉讼阶段以及要求当事人提交证据的性质，可以采取不同的方式。（1）在案件受理后，作为一般性要求，指定当事人提供证明基础事实的证据时，或者二审程序中要求当事人就上诉请求所涉及的事实提供证据时，应当向当事人送达举证通知书，在举证通知书中明确举证期限的具体期间，即应当符合2019年《民事诉讼证据规定》第50条“人民法院应当在审理前的准备阶段向当事人送达举证通知书”的要求，而具体的期间应当符合第51条第2款“适用第一审普通程序审理的案件不得少于十五日，当事人提供新的证据的第二审案件不得少于十日。适用简易程序审理的案件不得超过十五日，小额诉讼案件的举证期限一般不得超过七日”的要求。（2）在人民法院指定的一般性举证期限届满后，人民法院要求当事人对某一特定事实进行证明，或者当事人需要对已经提交的证据进行补强，或针对对方当事人提供的证据进行反证的，人民法院不必以举证通知书方式指定举证期限，可以选择以书面或者口头告知方式。

人民法院指定举证期限，是民事诉讼中确定举证期限最为常见的方式。由于双方当事人诉讼中立场对立，能够协商一致确定举证期限的情形并非诉讼中的常态，且出于推进诉讼程序的考虑，在审理前的准备阶段由人民法院指定举证期限是合理的、符合诉讼规律的。如果双方当事人在诉讼中能够就举证期限问题达成一致，人民法院在审查后认为当事人协商的举证期限符合案件实际情况，不会导致诉讼拖延，可以准许，以当事人协商的期限为本案的举证期限。这种情况下通常需要对原先人民法院指定的举证期限进行变更。如果双方当事人协商一致后以书面申请方式向人民法院提出请求，人民法院可以书面通知的方式予以回应；如果当事人系在庭前会议等审理前的准备阶段双方在场情况下以口头方式提出，则人民法院可以口头方式准许并记入笔录。

三、举证期限的要求及除外情形

2001 年《民事诉讼证据规定》第 33 条规定，对于人民法院指定举证期限的，指定的期限不少于 30 日。之所以对人民法院指定的举证期限提出这一要求，主要考虑一方面要保障当事人举证的诉讼权利，另一方面要与《民事诉讼法》规定的审理期限相协调。以第一审普通程序为基础，确定不少于 30 日的期限能够比较好地平衡举证期限与 6 个月审理期限之间的紧张关系。对于简易程序的举证期限，2001 年《民事诉讼证据规定》在第 81 条规定不受“不少于三十日”的限制。但对于第二审程序，则并未涉及。在《适用举证时限通知》中，除在第 2 条重申适用简易程序审理的案件举证期限可以少于30日外，在第8条规定二审程序案件当事人提供新的证据的举证期限亦不受“不少于三十日”的限制。上述有关举证期限确定的基本思路，被《民事诉讼法解释》和2019年《民事诉讼证据规定》所沿袭。

对于人民法院指定举证期限，与2001年《民事诉讼证据规定》相比，《民事诉讼法解释》和2019年《民事诉讼证据规定》均作出一些调整和具体化规定。其一，第一审普通程序案件，举证期限调整为不少于15日。作出这种调整，主要考虑按照新的司法解释的规定，人民法院指定举证期限的时点由案件受理后送达通知书时调整为审理前的准备阶段，而根据《民事诉讼法》第136条第4项规定，人民法院对于需要开庭审理的案件，在审理前的准备阶段，应当“通过要求当事人交换证据等方式，明确争议焦点”。《民事诉讼法》第136条的规定使审理前的准备阶段具备了一定的程序化特征。除开庭前达成调解的案件外，民事诉讼案件均须开庭审理，这意味着在开庭审理前均应当进行以“明确争议焦点”为目的的审理前准备。而人民法院组织以证据交换等方式进行审理前准备的时点，通常在答辩期届满之后。指定不少于15日的举证期限，当事人用于准备证据的时间一般不少于2001年《民事诉讼证据规定》确定的“不少于三十日”，对于当事人诉讼权利的保障并未降低。且不少于15日的期限是一般性的举证期限，当事人提供反驳证据、补强证据不受这一期限的限制。其二，第二审程序的案件，举证期限不少于10日。第二审程序案件的举证期限，是《民事诉讼法解释》和2019年《民事诉讼证据规定》新增加的规定。在第二审程序中，当事人无须就一审程序中已经提供的证据再行提供，只有在有新的证据时，才涉及继续举证问题。因此，第二审程序案件的举证期限针对的是当事人提供了新的证据的情形。由于案件已经过第一审程序审理，当事人通常就案件事实涉及的证据已经大部分向人民法院提供，二审期间提交新的证据的数量较少，且从一审判决作出到二审法院受理之间的时间间隔较长，当事人亦有充分时间准备证据，故第二审程序中不需要指定较长的举证期限。其三，适用简易程序的案件，举证期限不得超过15日。适用简易程序审理的案件，根据《民事诉讼法》第160条的规定，均为“事实清楚、权利义务关系明确、争议不大的简单的民事案件”。这类案件由于事实简单，通常需要当事人准备的证据较少，人民法院可以简易方式通知、传唤当事人，即时开庭，因此通常并不需要较长的举证期限。且适用简易程序的案件审理期限为3个月，人民法院指定的举证期限不超过15日，是合理、适当的。其四，小额诉讼案件，举证期限一般不得超过7日。根据《民事诉讼法》第165条规定，符合简易程序适用条件的简单金钱给付民事案件，诉讼标的额为各省、自治区、直辖市上年度就业人员年平均工资

50%以下，或者诉讼标的额超过各省、自治区、直辖市上年度就业人员平均工资50%但在二倍以下的，适用小额诉讼程序审理，实行一审终审。与适用简易程序审理的其他案件相比，适用小额诉讼程序的案件，事实更为简单，证据也相对单一，且审理期限也只有2个月，指定不超过7日的举证期限，既符合小额诉讼案件的特点，也能够与人民法院审理期限相平衡。

上述司法解释提出明确要求的举证期限，系一般性举证期限，也即《适用举证时限通知》第1条规定的“人民法院指定当事人提供证据证明其主张的基础事实的期限”。民事诉讼中，当事人在一般性举证期限内能够充分完成举证的情形并不多见，针对对方当事人提供的证据或主张的事实进行反证或者提供反驳证据，对于已经提供的证据进行补强，以及按照人民法院要求对特定事实继续进行举证的，都需要人民法院再次确定举证期限。《适用举证时限通知》第1条规定的“前述规定的举证期限届满后，针对某一特定事实或特定证据或者基于特定原因，人民法院可以根据案件的具体情况，酌情指定当事人提供证据或者反证的期限”即指此种情形。《民事诉讼法解释》和2019年《民事诉讼证据规定》规定的“当事人提供反驳证据或者对已经提供的证据的来源、形式等方面的瑕疵进行补正的，人民法院可以酌情再次确定举证期限”，不受一般性举证期限的限制，即源于《适用举证时限通知》第1条的内容。所谓反驳证据，并非学理上的规范定义，而是审判实践中约定俗成的表述，它既包括对对方当事人主张的事实的反证，也包括基于当事人自身提出的抗辩所进行的证明。理论上，当事人提出抗辩的，应当就抗辩所依据的事实举证证明，由此涉及举证期限问题。由于在一般性举证期限届满前，当事人很难准确预料对方当事人提供的全部证据，因此有必要保障当事人提供反证以及进行抗辩时再次举证的机会。“对已经提供的证据的来源、形式等方面的瑕疵进行补正的”，涉及补强证据的提供。由于当事人在一般性举证期限届满前已经提供了证据，只是证据在形式、来源方面存在瑕疵，需要补正，这种情况下，为补强已经提供的证据的瑕疵而进行的举证行为，应当准许。以上两种情形人民法院指定举证期限，与指定一般性举证期限的目的、对象不同，故人民法院可以酌情确定当事人的举证期限，不应受一般性举证期限，如“不少于十五日”要求的限制。此外，人民法院可能在案件受理中基于职权，要求当事人对诸如法律关系性质或者民事行为效力等问题明确观点、进行举证，这种情况下当事人在举证期限届满后继续提供证据的行为，是基于人民法院的要求，故人民法院指定其提供证据的期限，也不应受一般性举证期限的限制，可以根据案件具体情况确定。

需要强调的是，在一般性举证期限届满之后，人民法院再次指定举证期限的，意味着在再次指定的举证期限内提供的证据，不产生逾期提供证据的法律后果，因此，需要注意司法解释规定的人民法院可以再次指定举证期限的要求。除人民法院特别要求对诸如法律关系性质或者民事行为效力等事项进行举证的情形外，只有当事人需要提供反驳证据或者补强证据时，人民法院才能再次指定举证期限，而该期限内，当事人也只能提供特定的反驳证据或者补强证据。当事人在该期限内提供其他证据的，均属于逾期提供证据，应当承担相应的法律后果。

四、特殊情形下举证期限的确定

2019 年《民事诉讼证据规定》第 55 条对于民事诉讼中出现对程序进行产生影响的因素时如何确定举证期限作出规定。这些规定主要源于《适用举证时限通知》的内容，在其基础上作出了一些修改和补充。

（一）当事人提出管辖权异议时举证期限的确定

当事人在提交答辩状期间内提出管辖权异议，是民事诉讼中经常发生的情况。由于人民法院在审理前的准备阶段指定的一般性举证期限，并非针对管辖权异议这类程序性事项，而是“指定当事人提供证据证明其主张的基础事实的期限”。当事人提出管辖权异议后，人民法院对案件的审理转向解决管辖权异议是否成立这一程序性问题，且需根据管辖权异议审理的结果决定是否继续进行实体审理。如果人民法院在提交答辩状期间届满前指定了举证期限，当事人提出管辖权异议的，举证期限如果继续计算，意味着当事人在人民法院审理程序性问题的举证期限内也需要同时准备案件有关实体争议的证据，这对于当事人过于严苛，没有合理性。因此，需要对举证期限的计算作出变通处理。《适用举证时限通知》第3条规定，这种情况下人民法院在驳回管辖权异议裁定生效后，根据一般性举证期限的要求，重新指定举证期限。2019年《民事诉讼证据规定》起草过程中，根据审判一线法官的意见，对《适用举证时限通知》第3条的规定进行了调整，采取中止举证期限计算的方法，即自当事人提出管辖权异议时，举证期限中止计算至管辖权异议裁定生效之日，自驳回管辖权异议的裁定生效之日起举证期限恢复计算。

（二）追加当事人或者第三人参加诉讼时举证期限的确定

根据《民事诉讼法》第59条的规定，第三人认为其对当事人之间争议的诉讼标的有独立请求权，可以起诉的方式参加诉讼；虽无独立请求权，但案件处理结果与其有法律上利害关系的，可以申请参加诉讼。而在必要共同诉讼或者当事人可能承担连带责任等情况下，人民法院应当依职权追加当事人进入诉讼。由于被追加的当事人或者参加诉讼的第三人均属于新加入诉讼中的主体，人民法院需要为其指定一般性举证期限，但涉及这一期限与此前为原有的当事人指定的举证期限如何协调的问题。在《适用举证时限通知》公布之前，审判实践中适用标准不统一，有的法院认为，对新加入诉讼中的主体指定的举证期限不能适用于原有当事人，原有当事人举证期限已经届满的，在新加入诉讼当事人举证期限届满前再提供证据的，为逾期举证；有的法院则在新的主体进入诉讼后，为当事人、第三人重新指定一般性举证期限。

对于举证期限的理解，应当结合《民事诉讼证据规定》《证据规定文书样式》和《适用举证时限通知》的内容作整体把握。《证据规定文书样式》不仅是对适用《民事诉讼证据规定》如何使用文书的指导，其中也包含了对于举证期限适用的指引。而《适用举证时限通知》则在总结审判实践经验基础上，将《证据规定文书样式》中的指引性规则进一步明确化、具体化。《证据规定文书样式》对于举证期限的确定，采取的是指定届满时间的方式；《适用举证时限通知》第 5 条明确规定，为新参加诉讼的当事人指定的举证期限，适用于其他当事人。将上述两个文件结合起来理解，全体当事人的举证期限应当以后加入诉讼当事人的举证期限届满时间为准。2019 年《民事诉讼证据规定》第 55 条沿袭了《适用举证时限通知》第 5 条的规定，在理解上是一致的。

早在《适用举证时限通知》起草过程中，对于人民法院为新加入诉讼的当事人指定的举证期限适用于其他当事人的规定，有人提出疑问，认为此规定事实上延长了原有当事人的举证期限，使其举证期限多于新加入诉讼的当事人，是否合适？我们认为，人民法院指定当事人举证的期限，目的不是限制当事人的诉讼权利，而是促进程序公正、提高诉讼效率。在人民法院为新加入诉讼的当事人指定的举证期限届满前，如果因为原有当事人的举证期限届满，不允许其提供证据，对于促进诉讼效率、防止证据突袭没有意义，而允许其提供证据，对于发现案件真实具有积极作用。而无论以起诉方式加入诉讼的有独立请求权第三人，还是人民法院追加的无独立请求权第三人或者当事人，对于原有诉讼的状态和证据情况均能够比较方便地了解，举证期限事实上少于原有当事人并不会损害其举证的诉讼权利。

（三）发回重审案件举证期限的确定

根据《民事诉讼法》第 177 条的规定，一审判决认定基本事实不清的，或者遗漏当事人、违法缺席判决等严重违反法定程序的，二审法院应当裁定撤销原判决，发回原审法院重审。案件发回重审后，原审法院是按照新的案件重新指定举证期限，还是不再指定一般性举证期限，抑或酌情指定举证期限，曾经是 2001 年《民事诉讼证据规定》实施中有争议的问题。《适用举证时限通知》对此作出明确回应，在第 9 条确定了“结合案件的具体情况和发回重审的原因等情况，酌情确定举证期限”，不受一般性举证期限限制的原则。2019 年《民事诉讼证据规定》沿袭了

《适用举证时限通知》的精神。

与一般的一审案件相比，发回重审案件指定举证期限可能略显复杂。这种复杂性既可能源于发回重审的原因，也和案件发回重审后可能出现新的情况有关。其一，案件因基本事实不清发回重审的，需要当事人在重审中对于基本事实继续举证证明，但通常只涉及基本事实中某项内容不清楚、需要继续查明，人民法院可以要求当事人协商确定举证期限，或者酌情指定举证期限，而不必指定不少于15日的一般性的举证期限。当然，如果一审判决全部或大部分基本事实不清楚，则有必要按照2019年《民事诉讼证据规定》第51条规定，指定一般性举证期限。其二，案件因为违反法定程序被发回重审，一般不涉及基本事实查明问题，通常如果没有需要继续查明的事实，原审法院可以在征求当事人意见后，酌情指定用于当事人就特定事项提供证据的期限；当事人一致认可不需要举证期限的，人民法院不再指定。但如果违反法定程序的具体类型系遗漏当事人等原审程序中当事人的举证权利未获得保障的，发回重审后应当保障其举证权利的行使，在追加当事人后为全体当事人共同指定一般性举证期限，或者在纠正其他程序错误时，根据具体情况酌情指定举证期限。其三，案件发回重审后，第三人参加诉讼的，按照2019年《民事诉讼证据规定》第55条第2项的规定处理；发回重审后，当事人增加、变更诉讼请求或者提起反诉的，按照2019年《民事诉讼证据规定》第55条第4项的规定处理。

（四）当事人增加、变更诉讼请求或者提出反诉时举证期限的确定

2001年《民事诉讼证据规定》对于当事人增加、变更诉讼请求或者提出反诉时举证期限如何确定没有明确规定。《适用举证时限通知》第7条规定：“当事人在一审举证期限内增加、变更诉讼请求或者提出反诉，或者人民法院依照《证据规定》第三十五条的规定告知当事人可以变更诉讼请求后，当事人变更诉讼请求的，人民法院应当根据案件的具体情况重新指定举证期限。当事人对举证期限有约定的，依照《证据规定》第三十三条第二款的规定处理。”这一规定仍然可以作为理解和适用2019年《民事诉讼证据规定》第55条第4项的重要参考。

当事人在诉讼中增加、变更诉讼请求的，人民法院需要根据具体情况重新确定举证期限。重新确定举证期限，不等于为全体当事人指定一般性举证期限，而应当根据案件情况酌情确定适当的期限。其一，当事人仅就请求的金钱数额有所增加的，或者在主张的基础事实不变的前提下以调整给付方式等为内容变更诉讼请求的，这种情况下，诉讼请求的基础事实没有发生变化，当事人只需要就增加的数额部分所依据的事实进行证明，或者仅为计算方式、期限的调整而不涉及新的事实，人民法院可以酌情指定举证期限，或者无须指定举证期限。其二，当事人增加、变

更诉讼请求是基于主张的基础事实有所变化而一并提出的，由于当事人需要就新的事实进行证明，人民法院可以根据基础事实变化的内容，酌情指定适当的举证期限。其三，当事人提起反诉的，由于反诉本身构成独立的诉，尽管反诉的诉讼标的与本诉的诉讼标的或者本诉攻击防御方法存在牵连关系，但事实证明的内容不同，人民法院通常应当根据2019年《民事诉讼证据规定》第51条的规定，指定一般性举证期限。

（五）公告送达情形下举证期限的计算

根据《民事诉讼法》第95条的规定，公告送达的，自公告发出之日起经过30日视为送达。送达内容包括举证期限的，自公告期届满之次日起计算举证期限，系根据《民事诉讼法》第7章第2节所作的规定。

第四节　举证期限的延长

《民事诉讼法解释》

第100条　当事人申请延长举证期限的，应当在举证期限届满前向人民法院提出书面申请。

申请理由成立的，人民法院应当准许，适当延长举证期限，并通知其他当事人。延长的举证期限适用于其他当事人。

申请理由不成立的，人民法院不予准许，并通知申请人。

2019年《民事诉讼证据规定》

第52条　当事人在举证期限内提供证据存在客观障碍，属于民事诉讼法第六十五条第二款规定的“当事人在该期限内提供证据确有困难”的情形。

前款情形，人民法院应当根据当事人的举证能力、不能在举证期限内提供证据的原因等因素综合判断。必要时，可以听取对方当事人的意见。

第54条　当事人申请延长举证期限的，应当在举证期限届满前向人民法院提出书面申请。

申请理由成立的，人民法院应当准许，适当延长举证期限，并通知其他当事人。延长的举证期限适用于其他当事人。

申请理由不成立的，人民法院不予准许，并通知申请人。

2001年《民事诉讼证据规定》第36条规定：“当事人在举证期限内提交证据材料确有困难的，应当在举证期限内向人民法院申请延期举证，经人民法院准许，可以适当延长举证期限。当事人在延长的举证期限内提交证据材料仍有困难的，可以再次提出延期申请，是否准许由人民法院决定。”该条规定对于保障当事人的诉讼权利具有积极意义，因此，2012年《民事诉讼法》修改时将其吸收为第65条（现行《民事诉讼法》第68条）第2款的内容，规

定为“当事人在该期限内提供证据确有困难的，可以向人民法院申请延长期限，人民法院根据当事人的申请适当延长”。《民事诉讼法解释》在此基础上，对延长举证期限的程序作出原则性规定，2019 年《民事诉讼证据规定》对举证期限延长的条件、程序的操作作出进一步具体的规定。

一、延长举证期限的条件

审判实践中，当事人由于种种原因在举证期限内无法完成举证的情况比较常见，为有正当理由的当事人延长举证期限，使其免于遭受不必要的逾期举证制裁，是《民事诉讼法》和司法解释保障当事人诉讼权利的重要措施。根据《民事诉讼法》第 68 条、《民事诉讼法解释》第 100 条和 2019 年《民事诉讼证据规定》第 52 条、第 54 条的规定，延长当事人的举证期限，应当符合如下条件：

（一）须当事人在举证期限届满前提出书面申请

人民法院延长当事人的举证期限，应当以不能在期限内完成举证的当事人申请为前提。延长举证期限并非人民法院应当依职权进行的事项，不能以某一方当事人在举证期限内完成举证有困难为由主动为其延长期限，否则会造成双方当事人程序保障的不平等，也影响另一方当事人的程序利益。而且，当事人能否在举证期限内完成举证，只有当事人自己最清楚，通常人民法院无从知晓。以当事人申请作为人民法院延长举证期限的前提，符合民事诉讼的规律。

当事人的申请行为适用当事人举证的要求、人民法院行使职权行为适用人民法院调查收集证据的规则，这是自2001年《民事诉讼证据规定》开始，延续至《民事诉讼法解释》和2019年《民事诉讼证据规定》的基本逻辑。当事人申请延长举证期限，亦应当按照当事人举证的要求对待，遵守举证期限的规定。且当事人是否能够完成举证，在举证期限届满前应当能够确定，要求其在举证期限届满的时点之前提出申请，并不严苛。

延长举证期限的申请，当事人须以书面方式提出，即提交申请书。之所以要求当事人提交书面申请，理由有二：其一，举证期限的确定和延长，是重要的程序事项，不能在期限内完成举证，当事人将面临逾期举证的后果，可能被处以训诫、罚款乃至证据失权的制裁，对当事人利益影响重大。故以书面方式提出延长期限的申请，更为正式、严肃。其二，当事人申请延长举证期限，需要对其不能在举证期限内完成举证的理由，即《民事诉讼法》第68条第2款规定的“确有困难”的情形，进行清晰、明确的描述，以书面方式记载其申请理由，更清楚、准确，便于人民法院审查判断，也能够减少争议。

（二）当事人须存在举证期限内提供证据确有困难的情形

在举证期限内提供证据确有困难，自2001年《民事诉讼证据规定》第36条规定至今，一直是当事人可以申请延长举证期限的实质条件。但在2019年《民事诉讼证据规定》公布实施之前，何为“在该期限内提供证据确有困难”，一直没有明确的判断标准。根据2019年《民事诉讼证据规定》第52条的规定，“在该期限内提供证据确有困难”，系指当事人在举证期限内提供证据存在客观障碍。所谓客观障碍，是相对于当事人主观因素而言，既包括地震、水灾等自然因素，也包括如战争、防疫等社会因素以及他人行为的影响、自身疾病的原因等。将判断标准确定为客观障碍，目的在于排除因当事人主观故意或者过失、懈怠等原因未能在举证期限内提供证据的情形。对于是否存在客观障碍的判断，人民法院应当结合当事人的举证能力与待证事实证明的复杂性、证明难易程度，当事人陈述的未能在期限内提供证据的原因是否系当事人自身无法控制的因素、是否具有合理性等情况，进行综合判断。由于延长举证期限不属于诉讼的实体内容，有关是否存在期限内提供证据确有困难的情形，并不需要当事人证明达到《民事诉讼法解释》第108条规定的具有高度可能性的程度。人民法院根据当事人提供的有关证据或理由，认为当事人主张的“确有困难”的情形存在具有较大可能性的，即可准许当事人的申请。

二、人民法院对于当事人申请的处理

根据2019年《民事诉讼证据规定》第54条的规定，

人民法院认为当事人申请延长举证期限符合第 52 条第 1 款规定，理由成立的，应当准许其申请，适当延长举证期限。所谓适当延长举证期限，即根据案件具体情况，酌情确定合理的举证期限，既能够保障当事人举证的权利，又不至于造成诉讼拖延。

人民法院准许或者不准许当事人延长举证期限的申请，均采取通知书的方式。这是自 2001 年《民事诉讼证据规定》以来，审判实践中的一贯处理方式，在《证据规定文书样式》中，也有“准许延长举证期限申请通知书”和“不予准许延长举证期限申请通知书”的样式。举证期限的延长，不仅对申请人发生效力，对对方当事人也同样适用，即基于与前述的人民法院为新参加诉讼的当事人指定的举证期限适用于全体当事人的相同理由，人民法院准许延长举证期限申请的，举证期限对于双方当事人一并延长。因此，准许当事人申请的，应当将举证期限延长的情况以及具体的期限通知双方当事人。而对于不予准许当事人申请的，由于并不涉及对方当事人的诉讼权利义务，只需要通知申请人即可，没有通知对方当事人的必要。

第五节　逾期提供证据的法律后果

《民事诉讼法解释》

第 101 条　当事人逾期提供证据的，人民法院应当责令其说明理由，必要时可以要求其提供相应的证据。

当事人因客观原因逾期提供证据，或者对方当事人对逾期提供证据未提出异议的，视为未逾期。

第102条　当事人因故意或者重大过失逾期提供的证据，人民法院不予采纳。但该证据与案件基本事实有关的，人民法院应当采纳，并依照民事诉讼法第六十八条、第一百一十八条第一款的规定予以训诫、罚款。

当事人非因故意或者重大过失逾期提供的证据，人民法院应当采纳，并对当事人予以训诫。

当事人一方要求另一方赔偿因逾期提供证据致使其增加的交通、住宿、就餐、误工、证人出庭作证等必要费用的，人民法院可予支持。

2019年《民事诉讼证据规定》

第59条　人民法院对逾期提供证据的当事人处以罚款的，可以结合当事人逾期提供证据的主观过错程度、导致诉讼迟延的情况、诉讼标的金额等因素，确定罚款数额。

逾期提供证据的法律后果，即举证时限制度的法律后果，是举证时限制度的核心内容，也是举证时限制度发挥作用的保障。举证时限制度能否实现促进程序公正、规范诉讼秩序、提高诉讼效率、防止诉讼突袭的制度目的，在很大程度上依赖于逾期提供证据法律后果的制度设计和贯彻实施。

从各国对举证时限制度的规定来看，逾期举证的法律后果涉及如下几个方面内容：其一，证据失权，即当事人逾期提供的证据，丧失证据效力。证据失权的后果意味着逾期提供证据的当事人丧失提出证据证明自己的事实主张和反驳对方事实主张的权利，法院也不会对当事人逾期提供的证据进行审理。在英美法系国家和地区，如在美国的民事诉讼中，当事人不得在庭审中提出审前命令中没有记录的证据，即使提出，法官也拒绝审理。其二，负担额外的证明责任，即当事人逾期提供证据确有正当理由的，该证据作为失权后果的例外被允许提出，但当事人应当就正当理由的存在负担证明责任。如《日本民事诉讼法》第167条规定，如果当事人在辩论准备程序之外提出新的攻击和防御方法，必须就其迟延行为说明理由。其三，承担不利的诉讼后果。由于举证时限是证明责任的内在要求，对待证事实负有举证责任的当事人未能按照举证期限的要求有效完成举证，在待证事实处于真伪不明状态时，应当承担不利的诉讼结果。①

2001年《民事诉讼证据规定》对于逾期举证的后果只规定了失权和不失权两种情形，即采取了以证据失权为原则、符合新的证据的条件时不发生失权后果为例外的处理方式。由于逾期举证的后果缺少缓冲环节，在“证据随时提出主义”向“证据适时提出主义”转变的过程中显得过

① 参见张永泉：《民事诉讼证据原理研究》，厦门大学出版社2005年版，第303~304页。

于严厉。而且，由于没有民事诉讼法上其他诉讼制度提供程序上的保障，审判实践中在具体适用时往往对当事人的权利保障不充分。《适用举证时限通知》虽然通过对人民法院指定举证期限的操作进行技术性调整、明确新的证据的判断标准等方式，试图缓和证据失权效果，但由于民事诉讼法的基本制度结构没有改变，而2001年《民事诉讼证据规定》关于逾期举证后果以证据失权为原则的基本思路也没有改变，故无法从根本上解决与当事人举证权利保障的冲突问题。

2012年《民事诉讼法》第65条（现行《民事诉讼法》第68条）第2款规定，“当事人逾期提供证据的，人民法院应当责令其说明理由；拒不说明理由或者理由不成立的，人民法院根据不同情形可以不予采纳该证据，或者采纳该证据但予以训诫、罚款”，对于2001年《民事诉讼证据规定》创设的举证时限制度的法律后果作出了比较大的改变，《民事诉讼法解释》和2019年《民事诉讼证据规定》遵循《民事诉讼法》的规定，在总结审判经验的基础上，对适用程序、适用条件以及逾期提供证据法律后果的考量因素等作出进一步的具体化解释和补充。

一、对当事人逾期提供证据理由的审查

（一）审查的程序

人民法院对当事人逾期提供证据理由的审查，是适用

逾期提供证据法律后果的前提。未经审查，人民法院无从了解当事人逾期提供证据的原因，以及对方当事人对逾期提供证据本身及其理由的意见，适用逾期提供证据法律后果没有依据。因此，审查当事人逾期提供证据的理由，对于法律后果的适用具有重要意义。

2001年《民事诉讼证据规定》没有关于人民法院应当对当事人逾期提供证据的理由进行审查的明确规定。从2001年《民事诉讼证据规定》关于举证时限制度的整体设计来看，当事人逾期提供证据虽然产生证据失权的法律后果，但对方当事人同意质证的和符合新的证据条件的情形，则属于失权后果的例外。而对方当事人是否同意质证、逾期提供的证据是否符合新的证据条件，均需经过人民法院审查才能得出结论。因此，2001年《民事诉讼证据规定》虽然没有对逾期提供证据的理由进行审查作出明确规定，但审查的内容事实上隐含在对新的证据的认定等条文之中。审判实践中，人民法院在对逾期提供的证据是否构成新的证据进行认定时，也必然要对当事人逾期提供证据理由进行审查。

《民事诉讼法》第68条第2款关于“当事人逾期提供证据的，人民法院应当责令其说明理由”的规定，使人民法院对当事人逾期提供证据理由的审查，更具有程序意义。人民法院在一定程序之中责令逾期提供证据的当事人说明理由，既符合民事诉讼的特点和规律，也是程序公正的基本要求。程序公正的标准有三个方面的内容，即中立、冲突的疏导、裁判。其中冲突的疏导包括以下四项具体规则：（1）平等地告知每一方当事人有关程序的事项；（2）冲突的解决应听取双方的辩论和证据；（3）冲突的解决者只应在另一方当事人在场的情况下听取对方的意见；（4）每一方当事人都应有公平的机会回答另一方所提出的辩论和意见。① 因此，在当事人逾期提供证据时，人民法院应当在一定程序中责令当事人说明理由，这意味着必须有双方当事人在场，既保障逾期提供证据的当事人陈述理由及依据的诉讼权利，也能够保障对方当事人发表意见的机会。通过逾期提供证据的当事人的说明，对方当事人的反驳，双方的辩论，以及必要时双方当事人的举证、质证，使人民法院更好地对当事人逾期提供证据的理由是否成立作出判断。

2012 年《民事诉讼法》修改决定公布实施后，审判实践中，一些人对于逾期提供证据的当事人在程序内“责令其说明理由”不以为然，认为双方当事人在场对逾期提供证据的理由发表意见、进行辩论和质证，增加程序的复杂性，没有必要。这种认识反映出，实践中一些审判人员对程序公正的价值和程序公正的尺度缺乏应有的认知，欠缺应有的程序意识。在举证时限制度适用中，这种观念是极端错误、非常有害的。2001 年《民事诉讼证据规定》施行

① 参见［美］马丁·P. 戈尔丁：《法律哲学》，齐海滨译，生活·读书·新知三联书店 1987 年版，第 240 页。

效果不理想，与这种观念的影响存在一定关系。

强调人民法院在一定的程序中责令当事人说明逾期提供证据的理由，其目的在于人民法院应当为双方当事人提供程序上的保障，并非要求人民法院必须另行专门组织双方当事人就逾期提供证据的理由进行辩论和质证。在具体操作时，可以灵活进行。例如，在开庭审理过程中，一方当事人提出举证期限之内未提供的证据，人民法院可以在庭审中要求逾期提供证据的当事人对其逾期的理由进行说明，并由对方当事人发表意见、双方进行辩论。这里所强调的是，人民法院在这一事关当事人重大利益和程序权利的事项上，应当注重对程序公正的保障，为双方当事人提供平等地发表意见、辩论和举证的机会。

（二）逾期提供证据的例外

根据《民事诉讼法解释》第 101 条规定，两种情况下，当事人逾期提供证据视作未逾期，不发生逾期提供证据的法律后果。其一，逾期提供证据系因客观原因所致。所谓客观原因，是指逾期提供证据并非因当事人主观故意、过失的原因，而是存在其自身不能控制的情形，如自然灾害、战争、疫情等不可抗力和社会事件以及他人的行为影响等因素。因客观原因逾期提供证据，非当事人自身所能控制，不发生逾期提供证据的法律后果，具有合理性。其二，对方当事人对逾期提供证据未提出异议。一方当事人逾期提供证据，会导致对方当事人遭受相应的不利后果，对方当事人对这种结果享有诉讼上的利益，其放弃这种诉讼上的利益，是行使处分权的行为，原则上人民法院应当予以尊重。

《民事诉讼法解释》第101条与2001年《民事诉讼证据规定》相比，在逾期提供证据的例外情形上存在一些变化。在2001年《民事诉讼证据规定》中，当事人逾期提供证据的，在对方当事人同意质证和属于新的证据的情况下，视为未逾期。对方当事人同意质证的不发生逾期后果，是对当事人处分权的尊重，这一点《民事诉讼法解释》与2001年《民事诉讼证据规定》基本一致；但对于除此之外的情形，2001年《民事诉讼证据规定》规定为"新的证据"，《民事诉讼法解释》第101条则强调"客观原因"。而从2001年《民事诉讼证据规定》对于"新的证据"的规定来看，主要是指在举证期限内因客观原因无法提供，或者为新发现的证据（本身可以被前者的扩大解释所涵盖），即客观原因是判断新的证据的重要标准。因此，《民事诉讼法解释》与2001年《民事诉讼证据规定》在因客观原因逾期提供证据视为未逾期这一结论上，并无本质不同，但选择角度有所不同。其原因在于，2001年《民事诉讼证据规定》的举证时限制度系以证据失权为原则，视为未逾期、不发生证据失权后果的，即视为未逾期的，则属于例外情形。这种情形只能通过对新的证据进行解释，才既能与立法相呼应，又能解决实际问题。而现行《民事诉讼法》第 68 条关于举证时限的规定，则以证据不失权为原则，因此在规定逾期提供证据的例外情形时，不必再从新的证据的角度出发进行考虑。

此外，需要强调的是，2019 年《民事诉讼证据规定》并未对“新的证据”的范围作出规定。由于 2019 年公布的《最高人民法院关于修改〈关于民事诉讼证据的若干规定〉的决定》已经删除了 2001 年《民事诉讼证据规定》中有关“新的证据”认定的全部内容，自 2019 年《民事诉讼证据规定》实施起，法律、司法解释中对于“新的证据”不存在一般性解释。对于“新的证据”不再作特别规定，主要考虑是，2001 年《民事诉讼证据规定》对于逾期提供证据的法律后果以证据失权为原则，需要通过对新的证据的范围进行解释，为失权原则设置例外的情形，以平衡当事人举证权利保障与举证时限制度之间的紧张关系。而《民事诉讼法》在 2012 年修改后，逾期提供证据的法律后果区分层次，证据失权并非唯一、主要后果，事实上采取了不失权的原则，2001 年《民事诉讼证据规定》中关于新的证据的范围的解释，不再有保留的必要。2019 年《民事诉讼证据规定》实施后，审判实践中，一些当事人、诉讼代理人对于逾期提供的证据，仍然以不构成“新的证据”为由进行辩论，并未注意到司法解释的精神和内容已经发生变化。由于新的证据不再具有阻断证据失权的功能，其含义和范围也不能再按照 2001 年《民事诉讼证据规定》

的规定理解，“新的证据”已经不再有特别的意义，从文义出发，凡在举证期限内没有提供的证据，均属“新的证据”。

二、逾期提供证据法律后果的适用

《民事诉讼法》第68条规定：“当事人逾期提供证据的，人民法院应当责令其说明理由；拒不说明理由或者理由不成立的，人民法院根据不同情形可以不予采纳该证据，或者采纳该证据但予以训诫、罚款。”逾期提供证据的法律后果，与当事人说明逾期的理由或者主张的逾期理由能否成立相对应；理由成立的，则不发生逾期提供证据的后果问题。《民事诉讼法解释》第101条关于当事人因客观原因逾期提供证据视为未逾期的规定，是对如何认定当事人理由成立的解释。但当事人非基于客观原因逾期提供证据，如何适用“不予采纳该证据”（证据失权）及“采纳该证据但予以训诫、罚款”的后果，是2012年《民事诉讼法》修改后，审判实践中需要明确的问题。

在《民事诉讼法解释》起草过程中，关于逾期举证后果的适用应当以当事人的主观状态为标准，还是以证据本身的重要性为标准，存在激烈争论。多数观点认为，证据本身的重要性不能作为适用逾期举证后果的考量因素，而应当根据当事人的主观过错程度，适用不同的后果，即当事人因故意或者重大过失逾期提供证据的，适用证据失权后果；当事人因一般过失逾期提供证据的，适用采纳证据但罚款的后果；当事人只有轻微过失的，适用采纳证据但训诫的后果。理由在于：其一，根据当事人逾期提供证据的主观状态对应不同的后果，是自 2001 年《民事诉讼证据规定》施行以来，最高人民法院适用逾期举证后果的一贯立场。早在 2003 年全国民事审判工作座谈会纪要中，就提出在判断当事人逾期提供的证据是否属于新的证据时应当考虑当事人主观上是否存在故意或者重大过失的意见。2008 年发布的《适用举证时限通知》第 10 条关于新的证据的认定问题上，也提出应当结合“当事人未在举证期限或者司法解释规定的其他期限内提供证据，是否存在故意或者重大过失的情形”综合认定。其二，逾期提供证据的后果本身体现了对当事人因自身原因逾期提供证据的制裁，而证据本身是否重要的判断标准模糊，以证据的重要性为标准，无法对当事人故意或者重大过失逾期提供重要证据的行为进行有效制裁，会严重削弱举证时限制度的功能。少数观点认为，民事诉讼的事实查明应当以揭示真实的案件事实为目标，对于事实查明有重要影响的证据因未能在举证期限内提供而发生失权后果，会使人民法院认定的案件事实与客观真实不一致，不符合实事求是的原则，也与人民群众的普遍认识不符。最终，《民事诉讼法解释》采取了折中处理，在第 102 条作出了逾期提供的证据“与案件基本事实有关的”，不发生失权后果的规定。

对于《民事诉讼法》第68条第2款、《民事诉讼法解释》第102条和2019年《民事诉讼证据规定》第59条有关逾期提供证据后果的规定，适用时应当作如下理解。

（一）证据失权

其一，当事人因故意或者重大过失逾期提供证据，原则上发生证据失权后果。其二，作为失权后果的例外，《民事诉讼法解释》第102条规定的“与案件基本事实有关”，是指逾期提供的证据对于案件基本事实的证明有重大影响，即采纳或不采纳该证据，对案件事实的证明会得出完全不同的结论。此处基本事实与要件事实的含义相同，由于立法上并未使用要件事实的概念，故司法解释采纳基本事实的表述。民事诉讼中，绝大多数证据都与案件的基本事实或多或少存在关联，但只有证明案件基本事实的证据，才是核心和关键证据，也只有逾期提供的证据是对于案件基本事实的证明有重大影响的证据，才有不失权的必要。其三，当事人逾期提供对案件基本事实的证明有重大影响的证据，人民法院虽然应当予以采纳，但应当对当事人处以训诫、罚款。训诫、罚款属于妨碍民事诉讼的强制措施，证据失权属于证据法上的责任。当事人因故意或者重大过失逾期提供的证据对基本事实的证明有重大影响的，虽不产生证据法上的不利后果，但其拖延诉讼的行为实质上对民事诉讼造成妨害，因此产生诉讼法上的不利后果。

（二）采纳证据后对当事人处以训诫、罚款

当事人因一般过失、轻微过失逾期提供证据的，不发生证据失权后果，人民法院应采纳证据，同时根据当事人主观过错程度对其处以训诫、罚款的制裁措施。训诫、罚款的适用应当与当事人的主观过错程度相适应。通常，当事人逾期提供证据仅有轻微过失的，处以训诫即可以实现处罚目的；当事人存在一般过失的，不罚款则不足以惩戒其行为。训诫、罚款是人民法院采纳逾期提供的证据时，普遍适用的制裁措施，无论当事人基于何种过错程度逾期提供证据，只要证据被采纳，均应对当事人适用训诫或罚款的处罚。而且，训诫与罚款可以并用，除当事人属轻微过失的情况外，对逾期提供证据的当事人均可以并处训诫和罚款。

（三）罚款数额的确定

根据2019年《民事诉讼证据规定》第59条的规定，对逾期提供证据的当事人罚款的数额，可以根据具体案件情况，结合当事人的主观过错程度、对诉讼的影响以及诉讼标的金额等因素确定。一般而言，当事人因故意或者重大过失逾期提供证据的，主观过错程度高，应当处以较高数额的罚款；而逾期提供证据严重拖延诉讼的，对诉讼秩序的妨害后果严重，也应当加大处罚力度。这两种情形可以考虑接近《民事诉讼法》第118条规定的罚款数额上限酌定具体数额。而当事人为一般过失，或者逾期提供证据

没有导致诉讼过于迟延的情况，则可以在中线值以下确定数额。在金钱给付等财产关系诉讼中，也需要考虑诉讼标的金额的因素，以免罚款数额高于诉讼标的金额导致不平衡，或者罚款数额过低而无法起到惩戒效果。在2019年《民事诉讼证据规定》起草过程中，有人提出，应当将当事人逾期提供的证据数量作为确定罚款数额的考量因素，必要时可以对每一份逾期提供的证据进行一次处罚，以达到震慑和惩戒的作用。司法解释没有采纳这一意见，理由在于处罚措施针对的是当事人逾期提供证据的行为而非证据的数量，逾期提供证据的数量可以作为罚款数额的考量因素，而针对每一份逾期提供的证据均进行罚款则属于重复处罚。但当事人存在多次逾期提供证据行为的，针对每一次行为均处以罚款，则并无不可。

（四）费用的赔偿

逾期提供证据的费用赔偿，亦属于逾期提供证据的法律后果。2001年《民事诉讼证据规定》第46条规定：“由于当事人的原因未能在指定期限内举证，致使案件在二审或者再审期间因提出新的证据被人民法院发回重审或者改判的……一方当事人请求提出新的证据的另一方当事人负担由此增加的差旅、误工、证人出庭作证、诉讼等合理费用以及由此扩大的直接损失，人民法院应予支持。”《民事诉讼法解释》沿袭其基本思路，但删除了“扩大的直接损失”的规定，理由在于逾期提供证据主要会导致有关费用的增加，因诉讼迟延导致扩大的损失，通常能够被当事人的诉讼请求所覆盖，而不需要另行提出主张。故《民事诉讼法解释》第 102 条第 3 款规定，当事人一方要求另一方赔偿因逾期提供证据致使其增加的交通、住宿、就餐、误工、证人出庭作证等必要费用的，人民法院可予以支持。而费用的标准，按照证人出庭作证的有关费用标准确定。所需强调的是：其一，这种费用赔偿的责任，并非诉讼法上的责任，其实质上属于私法上的责任。无论当事人逾期提供证据基于什么程度的主观过错，均不能免除对方当事人要求其赔偿相应损失的责任。其二，当事人主张因逾期提供证据产生的费用赔偿，应当通过增加诉讼请求的方式提出，以判决的方式确定。如果由于诉讼程序上的原因，当事人无法或者不宜在本案诉讼中增加诉讼请求的，可以另行提起诉讼。审判实践中，有观点认为，由当事人提起诉讼或者增加诉讼请求解决费用问题，程序烦琐，可以将上述费用作为诉讼费用，在判决书诉讼费用部分与案件受理费等一并处理。但当事人主张对方赔偿因逾期提供证据而产生的费用，实质上是主张赔偿损失，其基础在于民法上的请求权，与案件受理费系公法费用在性质上不同。以诉讼费用负担的方式解决费用赔偿问题，与损失赔偿的私法性质不符，没有法律依据，并不妥当。

第六节　证据交换

2019 年《民事诉讼证据规定》

第 56 条　人民法院依照民事诉讼法第一百三十三条第四项的规定，通过组织证据交换进行审理前准备的，证据交换之日举证期限届满。

证据交换的时间可以由当事人协商一致并经人民法院认可，也可以由人民法院指定。当事人申请延期举证经人民法院准许的，证据交换日相应顺延。

第 57 条　证据交换应当在审判人员的主持下进行。

在证据交换的过程中，审判人员对当事人无异议的事实、证据应当记录在卷；对有异议的证据，按照需要证明的事实分类记录在卷，并记载异议的理由。通过证据交换，确定双方当事人争议的主要问题。

第 58 条　当事人收到对方的证据后有反驳证据需要提交的，人民法院应当再次组织证据交换。

证据交换是人民法院在民事审判方式改革过程中逐步发展起来的整理争点、固定证据的方式。自 20 世纪 90 年代初开始，随着 1991 年《民事诉讼法》的施行，民事审判方式改革按照强化当事人举证责任、弱化人民法院调查收集证据职权的思路持续推进，在强化庭审功能和公开审判、强调当事人当庭举证质证、人民法院当庭认证等方面进行探索。为应对诉讼案件的快速增长，也为防止审判人员与当事人庭审前直接接触产生的先入为主等情况，民事审判方式改革中试行了直接开庭、一步到庭的审理方式，审判人员事先不接触案件资料，直接开庭审理，在庭审中通过组织当事人举证、质证、听取当事人陈述和辩论了解案件情况和法律争议，并当庭对证据是否采信作出认定。一步到庭对于强化庭审功能具有一定积极意义，但由于没有进行充分的审理前准备，特别是没有在审理前对于案件的争点和证据进行整理和固定，审判人员在开庭审理之前对于案件情况并不了解，一步到庭实际上将应当在审理前的准备阶段完成的工作后移至庭审之中，导致庭审效率低下，反复开庭，影响了庭审功能的发挥。因此，从 20 世纪 90 年代中期开始，一些地方法院关注的重点重新回到庭审前的准备工作，在审判实践中不再强调一步到庭，而是通过庭前交换证据来整理争点和固定证据。这种做法被司法解释所肯定，1998 年《民事审判方式改革规定》第 5 条规定："开庭前应当做好下列准备工作：……7. 案情比较复杂、证据材料较多的案件，可以组织当事人交换证据"。2001 年《民事诉讼证据规定》再次对证据交换作出肯定，并对证据交换的程序、功能、规则作出进一步的规定。其基本内容被 2019 年《民事诉讼证据规定》所承继。

证据交换的内涵和功能是随着审判实践的发展而不断

丰富起来的。这一点也体现在学者的研究中。早期的证据交换强调交换证据的行为，由当事人相互将证据送交对方。学者将证据交换定义为“当事人相互之间就其准备在法庭上使用的证据彼此互换，从而互通有无、公平诉讼的制度。其实质是一方当事人用自己已有的证据去交换相对方所具有的而自己没有的证据”①。随着审判实践经验的总结积累以及研究的深入，对证据交换的认识和要求逐渐转向更为关注证据交换的功能。特别是 2001 年《民事诉讼证据规定》在第 39 条第 2 款明确规定“通过证据交换，确定双方当事人争议的主要问题”，以此作为证据交换的功能和目的。审判实践中，证据交换强调的不再仅是当事人交换证据的行为，而是转变为以实现集中审理为目的的进行审前准备的重要制度。相应地，证据交换也被学者定义为“当事人将各自持有的准备在正式开庭时使用的证据彼此进行互换，从而互通信息、整理和明确争点，以追求公平诉讼的制度”②，“其核心内涵是指双方当事人在庭前准备阶段，在法院主持下将所掌握的与案件有关的案情及证据全部向对方披露及展示的诉讼活动”③。

---

① 汤维建：《民事诉讼中证据交换制度的确立和完善》，载《法律科学（西北政法学院学报）》2004 年第 1 期。

② 许少波：《民事诉讼证据交换制度的立法探讨》，载《法律科学（西北政法学院学报）》2012 年第 3 期。

③ 王慧：《我国民事证据交换制度的反思与完善》，载《重庆理工大学学报（社会科学版）》2017 年第 12 期。

2012年《民事诉讼法》修改过程中，为回应审判实践中案件繁简分流的需要和实务界、理论界对于设置审前程序的建议，增加了第133条（现行《民事诉讼法》第136条）规定，其中第4项规定“需要开庭审理的，通过要求当事人交换证据等方式，明确争议焦点”。《民事诉讼法解释》在此基础上，在第224条、第225条、第226条确立了以证据交换为中心，包括固定请求、收集证据、明确争点、促进和解为内容的庭前会议的基本框架，使庭前会议具备审前程序的雏形。上述法律和司法解释的规定，为审判实践中进一步总结经验，通过完善以证据交换为核心的庭前会议制度实现审理前准备的程序化改造预留了空间。因此，正确理解和适用证据交换的规定，具有特别重要的意义。

一、证据交换与举证期限的关系

2001年《民事诉讼证据规定》第38条第2款规定：“人民法院组织当事人交换证据的，交换证据之日举证期限届满。当事人申请延期举证经人民法院准许的，证据交换日相应顺延。”在2001年《民事诉讼证据规定》公布实施后，审判实践中一些人对于举证期限与证据交换日的关系产生困惑，特别是在已经指定举证期限的情况下人民法院组织证据交换的，如何协调举证期限届满之日与证据交换之日这两个时点的关系？

2001年《民事诉讼证据规定》是从举证时限制度的功能出发对证据交换规则进行规定。从举证期限的角度，将组织证据交换作为指定举证期限的特殊方式。即证据交换的时间与举证期限一样，可以由当事人协商一致并经人民法院认可，也可以由人民法院指定；在人民法院组织证据交换的情况下，以指定的证据交换日期作为举证期限届满的日期。2001年《民事诉讼证据规定》对于举证期限，提倡以指定举证期限届满时间为主要方式，这一点在《证据规定文书样式》和《适用举证时限通知》中均有明确体现。2001年《民事诉讼证据规定》第38条第2款规定的"证据交换之日举证期限届满"，也是遵循这一思路形成的结论。此外，由于人民法院指定的一般性举证期限是当事人提供证据证明其主张的基础事实的期限，而证据交换日正是当事人向人民法院和对方出示证据的时点，以证据交换日为举证期限届满的时点，也符合证据交换的特点和举证期限的意义。

人民法院在第一次组织证据交换后，可能就特定事实、证据再次组织证据交换，这种情况与《适用举证时限通知》第1条、《民事诉讼法解释》第99条第3款、2019年《民事诉讼证据规定》第51条第3款规定的再次指定举证期限的情形相同，以证据交换日作为再次指定的举证期限届满日，符合上述逻辑。

人民法院在指定了举证期限后，决定组织证据交换的，可能出现指定的举证期限届满时点与证据交换日不一致的情况。如前所述，由于证据交换是一种指定举证期限的特殊方式，应当遵守举证期限的基本要求。人民法院如果已经为当事人指定了一般性举证期限，则不能在该期限届满前组织证据交换，以保障司法解释规定的举证期限的时间要求（如适用第一审普通程序的案件不得少于 15 日）。如果人民法院组织证据交换的日期在指定的举证期限届满之后，则以证据交换日为举证期限届满日，即相当于为双方当事人共同延长举证期限至证据交换日。

人民法院在指定举证期限后确定了证据交换日期，在证据交换日之前，当事人又因存在客观原因申请人民法院延长举证期限获得准许的，则可能出现证据交换日早于延长的举证期限届满日的情况。而在延长的举证期限届满前进行证据交换，当事人无法充分提供证据，影响证据交换的效果，因此，在当事人申请延长举证期限获人民法院准许时，证据交换日应当作相应顺延。

在举证期限与证据交换的关系上，2019 年《民事诉讼证据规定》在思路和具体规定方面均无变化，与 2001 年《民事诉讼证据规定》保持一致。

二、证据交换的程序

（一）证据交换的启动和适用范围

2001 年《民事诉讼证据规定》第 37 条规定："经当事

人申请，人民法院可以组织当事人在开庭审理前交换证据。人民法院对于证据较多或者复杂疑难的案件，应当组织当事人在答辩期届满后、开庭审理前交换证据。”根据该条规定，证据交换的启动可以基于当事人的申请，也可以基于人民法院的职权；证据较多或者复杂疑难的案件属于人民法院应当组织证据交换的情形。2019 年《民事诉讼证据规定》删除了该条规定。由此，如何理解证据交换的启动方式和适用范围？

2019 年《民事诉讼证据规定》是以 2012 年《民事诉讼法》第 133 条第 4 项（现行《民事诉讼法》第 136 条第 4 项）为依据，对证据交换的可操作性规则进行的规定，这一点与 2001 年《民事诉讼证据规定》系在总结审判实践经验基础上创设制度存在明显不同。《民事诉讼法》第 136 条第 4 项规定，“需要开庭审理的，通过要求当事人交换证据等方式，明确争议焦点”。这意味着，尽管可以采取其他适当方式“明确争议焦点”，但证据交换是最有代表性的一般方式，没有其他更为适当的方式时，应当通过组织证据交换完成审理前的准备。《民事诉讼法解释》第 224 条规定，“依照民事诉讼法第一百三十六条第四项规定，人民法院可以在答辩期届满后，通过组织证据交换、召集庭前会议等方式，作好审理前的准备”，增加了庭前会议作为明确争议焦点的方式，而根据该司法解释第 225 条的规定，庭前会议也是以证据交换为核心内容展开的。

从法律、司法解释的规定来看，证据交换是以“明确争议焦点”为目的的审理前准备的基本方式，组织证据交换是法律、司法解释对于需要开庭审理的案件所提出的基本要求。这种要求并不因案件适用简易程序而有所不同，《民事诉讼法》第136条也并未对需要开庭审理的简易程序案件作除外的规定。而根据《民事诉讼法解释》第267条关于“适用简易程序审理案件，可以简便方式进行审理前的准备”的规定，也没有排除证据交换的适用，在没有更为简便的方式“明确争议焦点”时，仍然应当以证据交换为基本参照进行法律所要求的审理前准备工作。因此，案件是否证据较多或者复杂疑难，已经不能作为人民法院组织证据交换的条件，即使证据不多、并不复杂的案件，在没有其他适当方式时也应当通过证据交换来进行审理前的准备。当事人的申请，并非人民法院组织证据交换的法定原因。当然，删除2001年《民事诉讼证据规定》第37条，并不意味着当事人不能提出证据交换的申请。在人民法院选择确定审理前准备的方式时，当事人的申请仍然是重要的参考。

（二）证据交换的程序内容

2019年《民事诉讼证据规定》第57条保留了2001年《民事诉讼证据规定》第39条的内容，未作修改。根据上述规定，其一，主持证据交换的主体为审判人员。关于审判人员的范围，《民事诉讼法》并未作出明确规定，但

《民事诉讼法解释》第48条在对《民事诉讼法》第47条有关审判人员回避的规定进行解释时，规定"民事诉讼法第四十七条所称的审判人员，包括参与本案审理的人民法院院长、副院长、审判委员会委员、庭长、副庭长、审判员和人民陪审员"。可见，审判人员是指法官或者与法官具有同等职权的人民陪审员，法官助理、书记员属于司法辅助人员，不属于审判人员的范围。主持证据交换的审判人员，既可以是独任制的法官，也可以是合议制的承办法官、其他合议庭成员或者合议庭。其二，证据交换的内容。证据交换的内容并不强调交换证据的行为，而应当围绕证据交换的目的即明确争议焦点展开。证据交换的过程，既是当事人出示证据的过程，也在一定程度上包含当事人对证据表达意见的过程。即"对当事人无异议的事实、证据应当记录在卷；对有异议的证据，按照需要证明的事实分类记录在卷，并记载异议的理由"。而根据2019年《民事诉讼证据规定》第60条第1款的规定，"当事人在审理前的准备阶段……发表过质证意见的证据，视为质证过的证据"。当事人在证据交换过程中已经对证据进行了质证的，人民法院在庭审中可以不再组织质证。通过证据交换中的质证，能够使事实争议更为集中，焦点问题更为明确，为法庭集中审理打下较好的基础。其三，证据交换的次数。2001年《民事诉讼证据规定》第40条规定："当事人收到对方交换的证据后提出反驳并提出新证据的，人民法院应当通知当事人在指定的时间进行交换。证据交换一般不超过两次。但重大、疑难和案情特别复杂的案件，人民法院认为确有必要进行证据交换的除外。”2019 年《民事诉讼证据规定》第 58 条对上述规定进行了修改，删除了当事人“提出新证据”和证据交换次数的内容。主要考虑：（1）新的证据在 2012 年《民事诉讼法》修改后，特别是《民事诉讼法解释》公布实施后，已经没有特别的法律意义，而根据《民事诉讼法解释》第 99 条和 2019 年《民事诉讼证据规定》第 51 条的规定，有反驳证据提供的，人民法院应当酌情再次指定举证期限，在以证据交换进行审理前的准备的场合，人民法院当然应当再次组织证据交换。故表述为“有反驳证据需要提交”更为简洁、准确。（2）审判实践中的情况比较复杂，是否进行多次证据交换应当根据案件情况的需要确定，以是否实现了固定争点和证据的目标为考量标准。“一般不超过两次”的规定，既无必要，也没有意义。在审判实践中，是否需要再次进行证据交换，应当考虑是否有需要继续证明的事项，或者当事人是否有反驳证据、补强证据等需要证明某一特定事实的证据提供。存在这些情况，人民法院应当再次组织证据交换，不应受证据交换次数的限制。

第四章 证据方法及证据规则

第一节 专家证据

《民事诉讼法解释》

第 121 条　当事人申请鉴定，可以在举证期限届满前提出。申请鉴定的事项与待证事实无关联，或者对证明待证事实无意义的，人民法院不予准许。

人民法院准许当事人鉴定申请的，应当组织双方当事人协商确定具备相应资格的鉴定人。当事人协商不成的，由人民法院指定。

符合依职权调查收集证据条件的，人民法院应当依职权委托鉴定，在询问当事人意见后，指定具备相应资格的鉴定人。

第122条 当事人可以依照民事诉讼法第八十二条的规定，在举证期限届满前申请一至二名具有专门知识的人出庭，代表当事人对鉴定意见进行质证，或者对案件事实所涉及的专业问题提出意见。

具有专门知识的人在法庭上就专业问题提出的意见，视为当事人的陈述。

人民法院准许当事人申请的，相关费用由提出申请的当事人负担。

第123条 人民法院可以对出庭的具有专门知识的人进行询问。经法庭准许，当事人可以对出庭的具有专门知识的人进行询问，当事人各自申请的具有专门知识的人可以就案件中的有关问题进行对质。

具有专门知识的人不得参与专业问题之外的法庭审理活动。

2019年《民事诉讼证据规定》

第30条 人民法院在审理案件过程中认为待证事实需要通过鉴定意见证明的，应当向当事人释明，并指定提出鉴定申请的期间。

符合《最高人民法院关于适用〈中华人民共和国民事诉讼法〉的解释》第九十六条第一款规定情形的，人民法院应当依职权委托鉴定。

第 31 条　当事人申请鉴定，应当在人民法院指定期间内提出，并预交鉴定费用。逾期不提出申请或者不预交鉴定费用的，视为放弃申请。

对需要鉴定的待证事实负有举证责任的当事人，在人民法院指定期间内无正当理由不提出鉴定申请或者不预交鉴定费用，或者拒不提供相关材料，致使待证事实无法查明的，应当承担举证不能的法律后果。

第 32 条　人民法院准许鉴定申请的，应当组织双方当事人协商确定具备相应资格的鉴定人。当事人协商不成的，由人民法院指定。

人民法院依职权委托鉴定的，可以在询问当事人意见后，指定具备相应资格的鉴定人。

人民法院在确定鉴定人后应当出具委托书，委托书中应当载明鉴定事项、鉴定范围、鉴定目的和鉴定期限。

第 33 条　鉴定开始之前，人民法院应当要求鉴定人签署承诺书。承诺书中应当载明鉴定人保证客观、公正、诚实地进行鉴定，保证出庭作证，如作虚假鉴定应当承担法律责任等内容。

鉴定人故意作虚假鉴定的，人民法院应当责令其退还鉴定费用，并根据情节，依照民事诉讼法第一百一十一条的规定进行处罚。

第 34 条　人民法院应当组织当事人对鉴定材料进行质证。未经质证的材料，不得作为鉴定的根据。

经人民法院准许，鉴定人可以调取证据、勘验物证和现场、询问当事人或者证人。

第 35 条　鉴定人应当在人民法院确定的期限内完成鉴定，并提交鉴定书。

鉴定人无正当理由未按期提交鉴定书的，当事人可以申请人民法院另行委托鉴定人进行鉴定。人民法院准许的，原鉴定人已经收取的鉴定费用应当退还；拒不退还的，依照本规定第八十一条第二款的规定处理。

第 36 条　人民法院对鉴定人出具的鉴定书，应当审查是否具有下列内容：

（一）委托法院的名称；

（二）委托鉴定的内容、要求；

（三）鉴定材料；

（四）鉴定所依据的原理、方法；

（五）对鉴定过程的说明；

（六）鉴定意见；

（七）承诺书。

鉴定书应当由鉴定人签名或者盖章，并附鉴定人的相应资格证明。委托机构鉴定的，鉴定书应当由鉴定机构盖章，并由从事鉴定的人员签名。

第 37 条　人民法院收到鉴定书后，应当及时将副本送交当事人。

当事人对鉴定书的内容有异议的，应当在人民法院指定期间内以书面方式提出。

对于当事人的异议，人民法院应当要求鉴定人作出解释、说明或者补充。人民法院认为有必要的，可以要求鉴定人对当事人未提出异议的内容进行解释、说明或者补充。

第 38 条　当事人在收到鉴定人的书面答复后仍有异议的，人民法院应当根据《诉讼费用交纳办法》第十一条的规定，通知有异议的当事人预交鉴定人出庭费用，并通知鉴定人出庭。有异议的当事人不预交鉴定人出庭费用的，视为放弃异议。

双方当事人对鉴定意见均有异议的，分摊预交鉴定人出庭费用。

第 39 条　鉴定人出庭费用按照证人出庭作证费用的标准计算，由败诉的当事人负担。因鉴定意见不明确或者有瑕疵需要鉴定人出庭的，出庭费用由其自行负担。

人民法院委托鉴定时已经确定鉴定人出庭费用包含在鉴定费用中的，不再通知当事人预交。

第 40 条　当事人申请重新鉴定，存在下列情形之一的，人民法院应当准许：

（一）鉴定人不具备相应资格的；

（二）鉴定程序严重违法的；

（三）鉴定意见明显依据不足的；

（四）鉴定意见不能作为证据使用的其他情形。

存在前款第一项至第三项情形的，鉴定人已经收取的鉴定费用应当退还。拒不退还的，依照本规定第八十一条第二款的规定处理。

对鉴定意见的瑕疵，可以通过补正、补充鉴定或者补充质证、重新质证等方法解决的，人民法院不予准许重新鉴定的申请。

重新鉴定的，原鉴定意见不得作为认定案件事实的根据。

第41条 对于一方当事人就专门性问题自行委托有关机构或者人员出具的意见，另一方当事人有证据或者理由足以反驳并申请鉴定的，人民法院应予准许。

第42条 鉴定意见被采信后，鉴定人无正当理由撤销鉴定意见的，人民法院应当责令其退还鉴定费用，并可以根据情节，依照民事诉讼法第一百一十一条的规定对鉴定人进行处罚。当事人主张鉴定人负担由此增加的合理费用的，人民法院应予支持。

人民法院采信鉴定意见后准许鉴定人撤销的，应当责令其退还鉴定费用。

第79条 鉴定人依照民事诉讼法第七十八条的规定出庭作证的，人民法院应当在开庭审理三日前将出庭的时间、地点及要求通知鉴定人。

委托机构鉴定的，应当由从事鉴定的人员代表机构出庭。

第80条 鉴定人应当就鉴定事项如实答复当事人的异

议和审判人员的询问。当庭答复确有困难的，经人民法院准许，可以在庭审结束后书面答复。

人民法院应当及时将书面答复送交当事人，并听取当事人意见。必要时，可以再次组织当事人质证。

第 81 条　鉴定人拒不出庭作证的，鉴定意见不得作为认定案件事实的根据。人民法院应当建议有关主管部门或者组织对拒不出庭作证的鉴定人予以处罚。

当事人要求退还鉴定费用的，人民法院应当在三日内作出裁定，责令鉴定人退还；拒不退还的，由人民法院依法执行。

当事人因鉴定人拒不出庭作证申请重新鉴定的，人民法院应予准许。

第 82 条　经法庭许可，当事人可以询问鉴定人、勘验人。

询问鉴定人、勘验人不得使用威胁、侮辱等不适当的言语和方式。

第 83 条　当事人依照民事诉讼法第七十九条和《最高人民法院关于适用〈中华人民共和国民事诉讼法〉的解释》第一百二十二条的规定，申请有专门知识的人出庭的，申请书中应当载明有专门知识的人的基本情况和申请的目的。

第 84 条　审判人员可以对有专门知识的人进行询问。经法庭准许，当事人可以对有专门知识的人进行询问，当事人各自申请的有专门知识的人可以就案件中的有关问题进行对质。

有专门知识的人不得参与对鉴定意见质证或者就专业问题发表意见之外的法庭审理活动。

专家证据是英美法系国家和地区常用的表述，一般用以描述具有一定专门知识、技能的专业人士，对于诉讼中待证事实所涉及的专门性问题提供的意见证据。我国有学者认为，专家证据即为英美法系国家的专家证人，这种理解并不准确。事实上，在英美法系国家和地区，尽管专家证人是专家证据的最主要形式，但专家证据并不限于专家证人。英国在20世纪末沃尔夫改革之后，为降低诉讼成本、提高诉讼效率，在小额诉讼和速裁程序中以法庭专家取代当事人双方的专家证人。这种法庭专家与大陆法系国家和地区的鉴定人十分相似，法庭专家的意见也是专家证据的一种形式。此外，海事诉讼案件中的陪审员亦属于专家证据的范畴。从专家证据的角度观察，鉴定人是大陆法系国家和地区主要的证据方法，相应的鉴定意见（报告）是主要的专家证据形式。随着社会进步和科技发展，为弥补当事人诉讼能力的不足，诉讼辅佐人越来越多地被运用于涉及专门性问题的事实查明之中，诉讼辅佐人在诉讼中就专门性问题所陈述的意见也可以归于专家证据的范畴。

在2001年《民事诉讼证据规定》公布之前，鉴定结论（意见）是我国民事诉讼制度中唯一的专家证据形式。

2001年《民事诉讼证据规定》第61条通过当事人可以申请“具有专门知识的人员”出庭对专门性问题进行说明的规定，创设了专家辅助人制度，并被2012年《民事诉讼法》修改时所吸收。由此形成了极具特色的鉴定意见与专家辅助人意见相结合的所谓“双层”的专家证据制度。

一、鉴定及鉴定意见

《民事诉讼法解释》

第121条　当事人申请鉴定，可以在举证期限届满前提出。申请鉴定的事项与待证事实无关联，或者对证明待证事实无意义的，人民法院不予准许。

人民法院准许当事人鉴定申请的，应当组织双方当事人协商确定具备相应资格的鉴定人。当事人协商不成的，由人民法院指定。

符合依职权调查收集证据条件的，人民法院应当依职权委托鉴定，在询问当事人意见后，指定具备相应资格的鉴定人。

2019年《民事诉讼证据规定》

第30条　人民法院在审理案件过程中认为待证事实需要通过鉴定意见证明的，应当向当事人释明，并指定提出鉴定申请的期间。

符合《最高人民法院关于适用〈中华人民共和国民事

诉讼法〉的解释》第九十六条第一款规定情形的，人民法院应当依职权委托鉴定。

第31条　当事人申请鉴定，应当在人民法院指定期间内提出，并预交鉴定费用。逾期不提出申请或者不预交鉴定费用的，视为放弃申请。

对需要鉴定的待证事实负有举证责任的当事人，在人民法院指定期间内无正当理由不提出鉴定申请或者不预交鉴定费用，或者拒不提供相关材料，致使待证事实无法查明的，应当承担举证不能的法律后果。

第32条　人民法院准许鉴定申请的，应当组织双方当事人协商确定具备相应资格的鉴定人。当事人协商不成的，由人民法院指定。

人民法院依职权委托鉴定的，可以在询问当事人意见后，指定具备相应资格的鉴定人。

人民法院在确定鉴定人后应当出具委托书，委托书中应当载明鉴定事项、鉴定范围、鉴定目的和鉴定期限。

第33条　鉴定开始之前，人民法院应当要求鉴定人签署承诺书。承诺书中应当载明鉴定人保证客观、公正、诚实地进行鉴定，保证出庭作证，如作虚假鉴定应当承担法律责任等内容。

鉴定人故意作虚假鉴定的，人民法院应当责令其退还鉴定费用，并根据情节，依照民事诉讼法第一百一十一条的规定进行处罚。

第34条　人民法院应当组织当事人对鉴定材料进行质证。未经质证的材料，不得作为鉴定的根据。

经人民法院准许，鉴定人可以调取证据、勘验物证和现场、询问当事人或者证人。

第35条　鉴定人应当在人民法院确定的期限内完成鉴定，并提交鉴定书。

鉴定人无正当理由未按期提交鉴定书的，当事人可以申请人民法院另行委托鉴定人进行鉴定。人民法院准许的，原鉴定人已经收取的鉴定费用应当退还；拒不退还的，依照本规定第八十一条第二款的规定处理。

第36条　人民法院对鉴定人出具的鉴定书，应当审查是否具有下列内容：

（一）委托法院的名称；

（二）委托鉴定的内容、要求；

（三）鉴定材料；

（四）鉴定所依据的原理、方法；

（五）对鉴定过程的说明；

（六）鉴定意见；

（七）承诺书。

鉴定书应当由鉴定人签名或者盖章，并附鉴定人的相应资格证明。委托机构鉴定的，鉴定书应当由鉴定机构盖章，并由从事鉴定的人员签名。

第37条　人民法院收到鉴定书后，应当及时将副本送交当事人。

当事人对鉴定书的内容有异议的，应当在人民法院指定期间内以书面方式提出。

对于当事人的异议，人民法院应当要求鉴定人作出解释、说明或者补充。人民法院认为有必要的，可以要求鉴定人对当事人未提出异议的内容进行解释、说明或者补充。

第38条 当事人在收到鉴定人的书面答复后仍有异议的，人民法院应当根据《诉讼费用交纳办法》第十一条的规定，通知有异议的当事人预交鉴定人出庭费用，并通知鉴定人出庭。有异议的当事人不预交鉴定人出庭费用的，视为放弃异议。

双方当事人对鉴定意见均有异议的，分摊预交鉴定人出庭费用。

第39条 鉴定人出庭费用按照证人出庭作证费用的标准计算，由败诉的当事人负担。因鉴定意见不明确或者有瑕疵需要鉴定人出庭的，出庭费用由其自行负担。

人民法院委托鉴定时已经确定鉴定人出庭费用包含在鉴定费用中的，不再通知当事人预交。

第40条 当事人申请重新鉴定，存在下列情形之一的，人民法院应当准许：

（一）鉴定人不具备相应资格的；

（二）鉴定程序严重违法的；

（三）鉴定意见明显依据不足的；

（四）鉴定意见不能作为证据使用的其他情形。

存在前款第一项至第三项情形的，鉴定人已经收取的鉴定费用应当退还。拒不退还的，依照本规定第八十一条第二款的规定处理。

对鉴定意见的瑕疵，可以通过补正、补充鉴定或者补充质证、重新质证等方法解决的，人民法院不予准许重新鉴定的申请。

重新鉴定的，原鉴定意见不得作为认定案件事实的根据。

第 41 条　对于一方当事人就专门性问题自行委托有关机构或者人员出具的意见，另一方当事人有证据或者理由足以反驳并申请鉴定的，人民法院应予准许。

第 42 条　鉴定意见被采信后，鉴定人无正当理由撤销鉴定意见的，人民法院应当责令其退还鉴定费用，并可以根据情节，依照民事诉讼法第一百一十一条的规定对鉴定人进行处罚。当事人主张鉴定人负担由此增加的合理费用的，人民法院应予支持。

人民法院采信鉴定意见后准许鉴定人撤销的，应当责令其退还鉴定费用。

第 79 条　鉴定人依照民事诉讼法第七十八条的规定出庭作证的，人民法院应当在开庭审理三日前将出庭的时间、地点及要求通知鉴定人。

委托机构鉴定的，应当由从事鉴定的人员代表机构出庭。

第 80 条 鉴定人应当就鉴定事项如实答复当事人的异议和审判人员的询问。当庭答复确有困难的，经人民法院准许，可以在庭审结束后书面答复。

人民法院应当及时将书面答复送交当事人，并听取当事人意见。必要时，可以再次组织当事人质证。

第 81 条 鉴定人拒不出庭作证的，鉴定意见不得作为认定案件事实的根据。人民法院应当建议有关主管部门或者组织对拒不出庭作证的鉴定人予以处罚。

当事人要求退还鉴定费用的，人民法院应当在三日内作出裁定，责令鉴定人退还；拒不退还的，由人民法院依法执行。

当事人因鉴定人拒不出庭作证申请重新鉴定的，人民法院应予准许。

第 82 条 经法庭许可，当事人可以询问鉴定人、勘验人。

询问鉴定人、勘验人不得使用威胁、侮辱等不适当的言语和方式。

“鉴定系为辅助推事对事物之判断能力，命有特别学识经验之第三人，本于其专门知识、技能经验，陈述特别规律或经验法则之证据调查程序。即以鉴定人为证据方法，以鉴定人之鉴定意见为证据资料，俾以证明待证事项之调

查证据”。[①] 有观点认为，民事诉讼中的鉴定属于司法鉴定的一种情形，而诉讼过程中的司法鉴定，“是由司法机关指派或者当事人委托具有专门知识的人对诉讼中的专门性事实问题作出断定的一种活动”[②]，因此，无论是人民法院委托，还是公安机关、检察机关抑或当事人委托的鉴定人出具的报告或者意见，均应属于民事诉讼法上的鉴定意见。笔者不赞同这种观点。事实上，无论是自1991年以来《民事诉讼法》的规定，还是自2001年《民事诉讼证据规定》以来的司法解释的规定，都将人民法院的委托行为作为民事诉讼中鉴定的基础。其他任何机关或者当事人委托的所谓“鉴定”，均非民事诉讼法意义上的鉴定，所出具的意见也非民事诉讼法上的鉴定意见。因此，民事诉讼中的鉴定，是指具有相应专门知识、技能的鉴定人接受人民法院委托，对待证事实所涉及的专门性问题出具专业意见的行为。鉴定人就专门性问题出具的意见，即为鉴定意见。

民事诉讼法上的鉴定必须以人民法院委托为基本条件，这是由鉴定人在民事诉讼中的地位所决定的。在大陆法系国家和地区，传统上，鉴定是由当事人之外的第三人，就法院指定的诉讼资料陈述意见，因此，一方面，鉴定人是辅助法官对于专门性问题的知识和能力不足的辅助者，另

---

① 陈荣宗、林庆苗：《民事诉讼法》，我国台湾地区三民书局出版有限公司1996年版，第527页。

② 汪建成：《司法鉴定基础理论研究》，载《法学家》2009年第4期。

一方面，也是当事人可以利用的证据方法。“盖以，鉴定人乃陈述其意见以辅助法院者，故受诉法院遇有声请，即应以职权选任适当之鉴定人，既视事件之难易而定其数额，且得改任不适当之鉴定人；再者，鉴定乃所以辅助法官，非单纯之证据方法，当事人得以任意左右，故应许当事人于鉴定人执行职务有偏颇之虞情形得拒却之”。[①] 由于大陆法系国家和地区的民事诉讼法普遍赋予鉴定人对于鉴定资料收集权、对于当事人和证人的发问权等，其作为法官辅助人的角色是鉴定的本质特征，作为当事人证据方法的角色处于从属性地位。

我国《民事诉讼法》在2012年修改之前，有关鉴定的规定体现了比较强的职权主义特征。1982年《民事诉讼法（试行）》第63条第1款规定，“人民法院需要解决专门性问题时，有关部门有义务按照人民法院的通知，指派有专业知识的人进行鉴定”。1991年《民事诉讼法》第72条第1款规定，“人民法院对专门性问题认为需要鉴定的，应当交由法定鉴定部门鉴定；没有法定鉴定部门的，由人民法院指定的鉴定部门鉴定”。随着我国社会经济的发展和民事审判方式改革的深入，当事人关于鉴定的程序保障日益受到关注。2001年《民事诉讼证据规定》将当事人申

① 许士宦：《鉴定人之诉讼地位与当时之程序保障》，载《证据搜集与纷争解决》，我国台湾地区新学林出版股份有限公司2005年版，第270页。

请作为人民法院启动鉴定程序的主要事由，规定了当事人对于鉴定人选任的参与权，淡化了启动鉴定的职权主义色彩，使鉴定人作为人民法院辅助者的同时，兼具当事人证据方法的功能。2012 年《民事诉讼法》修改时吸收了 2001 年《民事诉讼证据规定》的内容，并为其后的《民事诉讼法》所延续。《民事诉讼法》确立的鉴定人主要为法官的辅助人、兼具当事人证据方法的逻辑，被 2019 年《民事诉讼证据规定》所承继、遵循。正是基于鉴定人作为法官辅助人的地位，民事诉讼法上的鉴定程序必须经由人民法院的委托而启动。非由人民法院委托而由当事人或者其他如公安机关、作为公益诉讼起诉人的检察机关等委托而进行的所谓的鉴定，并非民事诉讼法上的鉴定，所形成的意见亦不属于民事诉讼法上的鉴定意见。

委托鉴定是人民法院的职权行为，应当遵循人民法院行使职权的逻辑和规则。人民法院委托鉴定与人民法院调查收集证据均为人民法院获取证据的行为，具有逻辑上的一致性，故人民法院启动鉴定程序的事由，依照人民法院调查收集证据的规则，同样区分为基于当事人的申请启动和人民法院依职权启动两种情形，并相应适用人民法院在这两种情形下调查收集证据的规则。2001 年《民事诉讼证据规定》所确立的这一规则，被 2012 年《民事诉讼法》修改所吸收，并被其后的《民事诉讼法解释》和 2019 年《民事诉讼证据规定》所延续。

民事诉讼中，鉴定人是接受人民法院委托从事鉴定活动的主体。鉴定人并不特指从事鉴定工作的自然人，自然人接受人民法院委托从事鉴定活动，其作为鉴定人当然没有问题；鉴定机构接受委托的，则鉴定机构为鉴定人。1982 年《民事诉讼法（试行）》中，没有使用鉴定人的概念，1991 年《民事诉讼法》第 72 条第 2 款关于“鉴定部门及其指定的鉴定人有权了解进行鉴定所需要的案件材料……”的规定，将鉴定人理解为鉴定部门的工作人员，与鉴定人作为法官辅助人的地位存在一定矛盾。为此，2001 年《民事诉讼证据规定》没有采用鉴定人的概念，而是使用鉴定机构和鉴定人员的表述。在 2012 年《民事诉讼法》修改的过程中，最高人民法院与立法机关对于鉴定人的概念进行了充分沟通，最终立法修改不再使用鉴定部门的表述，而采用了鉴定人概念。从《民事诉讼法》关于鉴定的三个条文（现行《民事诉讼法》第 79 条、第 80 条、第 81 条）的逻辑上看，鉴定人所指向的是接受人民法院委托从事鉴定活动的主体，既可以是自然人，也可以是鉴定机构。2019 年《民事诉讼证据规定》将接受人民法院委托的主体表述为鉴定人，将接受委托的鉴定机构中从事鉴定工作的人员表述为鉴定人员，如在第 36 条第 2 款明确规定，“鉴定书应当由鉴定人签名或者盖章……委托机构鉴定的，鉴定书应当由鉴定机构盖章，并由从事鉴定的人员签名”，严格贯彻了《民事诉讼法》的精神。

实践中，对于鉴定人是否包括机构，存在不同认识。特别是司法鉴定管理部门以及人民法院司法辅助部门的工作人员中，有人认为鉴定人仅指自然人，其依据在于《全国人民代表大会常务委员会关于司法鉴定管理问题的决定》（以下简称《决定》）的规定。但《决定》将鉴定人作为在鉴定机构中从事具体鉴定工作的人员，与作为上位法的《民事诉讼法》对于鉴定人的理解不相符。而且《决定》是针对司法鉴定管理的法律文件，并非针对民事诉讼中鉴定程序所作的特别规定，以《决定》的内容为依据理解《民事诉讼法》中的鉴定人，并不可取。

在大陆法系国家和地区，传统上鉴定以具有特别学识经验的自然人为鉴定人。但随着科学技术的发展，鉴定所需要利用尖端实验设备、实验资料，或者需要多人协作共同完成的情形日益普遍，依靠自然人自己的力量难以完成鉴定工作。为此，“从个人鉴定到团体鉴定”成为各国民事诉讼的共同发展趋势。我国《民事诉讼法》以及2019年《民事诉讼证据规定》对于鉴定人的理解，符合民事诉讼的特点和规律，也符合民事诉讼法发展的趋势。

2019年《民事诉讼证据规定》特别从以下两个方面对2001年《民事诉讼证据规定》进行修改和补充：其一，加强法官对鉴定程序的管理。在人民法院对外委托司法鉴定的体制机制改革过程中，为防止司法鉴定过程中发生不廉洁行为，一度强调在法官和鉴定人之间进行隔离，限制甚至禁止法官与鉴定人进行接触。对于法官在鉴定程序中的职权行为进行监督是必要的，但机械地采取将法官隔离于鉴定程序之外的做法，导致法官无法就鉴定问题与鉴定人进行充分沟通，严重影响鉴定的准确性和鉴定意见的质量。为此，加强法官对鉴定程序的参与和管理，对于提升人民法院委托鉴定的质量，提升事实查明的效果十分必要。其二，加强人民法院对鉴定人的管理。长期以来，人民法院对于鉴定人的行为缺乏有效的管理和约束，对于鉴定人的管理主要经由行业管理和行政管理进行。实践中，鉴定人违反鉴定规范和职业道德，虚假鉴定的情形并不罕见，任意撤销鉴定意见等干扰、妨碍民事诉讼的情形也时有发生，严重损害民事诉讼秩序，影响裁判的稳定性。为此，2019年《民事诉讼证据规定》通过鉴定人承诺（具结）、撤销鉴定的限制、虚假鉴定制裁等规定，强化对鉴定人进行诉讼上的管理，规范鉴定人在诉讼中的行为，以保障鉴定程序公平、公正、有序进行，提高民事诉讼事实查明的效果。

另需强调的是，民事诉讼中的鉴定是本案诉讼过程中基于人民法院委托而进行的，在本案诉讼之外的其他案件中人民法院委托的鉴定，不能作为本案诉讼中的鉴定，另案中鉴定人出具的鉴定意见亦不能在本案中作为鉴定意见对待。这在《民事诉讼法解释》和2019年《民事诉讼证据规定》起草过程中，有着非常明确的认识。审判实践中，另案审理中调查的事实可能与本案存在关联，另案中人民法院委托鉴定人出具的鉴定意见在本案审理中如何对待，在认识上存在一定分歧，一些法院采取直接在本案中作为鉴定意见采信的做法。笔者认为，另案中的鉴定意见不能在本案中作为鉴定意见采信，如果另案中人民法院采信鉴定意见作为认定事实的基础，则基于生效裁判的事实证明效力，在本案中可以发生免除当事人举证责任的效果。

（一）鉴定程序的启动

《民事诉讼法解释》

第121条第1款　当事人申请鉴定，可以在举证期限届满前提出。申请鉴定的事项与待证事实无关联，或者对证明待证事实无意义的，人民法院不予准许。

《民事诉讼证据规定》

第30条　人民法院在审理案件过程中认为待证事实需要通过鉴定意见证明的，应当向当事人释明，并指定提出鉴定申请的期间。

符合《最高人民法院关于适用〈中华人民共和国民事诉讼法〉的解释》第九十六条第一款规定情形的，人民法院应当依职权委托鉴定。

第31条　当事人申请鉴定，应当在人民法院指定期间内提出，并预交鉴定费用。逾期不提出申请或者不预交鉴定费用的，视为放弃申请。

对需要鉴定的待证事实负有举证责任的当事人，在人民法院指定期间内无正当理由不提出鉴定申请或者不预交鉴定费用，或者拒不提供相关材料，致使待证事实无法查明的，应当承担举证不能的法律后果。

1. 启动鉴定程序的两类情形

在大陆法系国家和地区，民事诉讼中的鉴定，是为辅助法官在专门性问题领域知识、能力不足而设置的制度，因此，鉴定人主要是法官的辅助人，同时兼具当事人证据方法的功能。这一点与英美法系国家和地区相对应的专家证人制度存在很大不同。在英美法系国家和地区，证人区分为事实证人和意见证人，专家证人属于意见证人，以陈述意见为作证内容，以此来辅助当事人的诉讼活动。专家证人须由当事人提出，由当事人负担费用，传统上也只对当事人负责而并不具有辅助法官的义务，是当事人“雇用的枪”，因此也不可避免地具有“党派性”特征。虽然英国在20世纪90年代末进行以提高诉讼效率、降低诉讼成本为主要目的的民事诉讼改革，在沃尔夫报告中将专家证人的主要功能确定为辅助法官，在简易程序和速裁程序中赋予法官指定“法庭专家”的权力，并相应修改了民事程序法，但普通程序中专家证人规则并没有根本性变化。英美法系国家和地区的专家证人事实上仍然主要体现为当事人的证据方法。

在2001年《民事诉讼证据规定》公布实施之前，我国立法、司法解释中并未规定当事人申请鉴定的权利。1982年《民事诉讼法（试行）》体现了超职权主义特征，规定“人民法院需要解决专门性问题时，有关部门有义务按照人民法院的通知，指派有专业知识的人进行鉴定”，即当事人对于鉴定没有程序参与权，鉴定程序是否启动完全根据人民法院的需要。1991年《民事诉讼法》同样也没有涉及当事人对鉴定程序启动的程序参与权，规定“人民法院认为专门性问题需要鉴定的，应当交由法定部门鉴定”。随着1992年以后案件数量激增以及以“强化当事人的举证责任，弱化人民法院调查收集证据职权”为主线的民事审判方式改革的推进，审判实践中，人民法院基于当事人申请委托鉴定逐渐成为启动鉴定程序的主要事由。2001年《民事诉讼证据规定》在总结审判实践经验的基础上，比照人民法院调查收集证据的规则，将鉴定程序的启动区分为当事人申请鉴定和人民法院依职权鉴定两种情形进行规范，兼顾当事人程序参与权的保障与人民法院的职权行使的平衡。2012年《民事诉讼法》修改吸收了2001年《民事诉讼证据规定》的经验，按照2001年《民事诉讼证据规定》的逻辑对有关鉴定的条文进行了修改，并被其后的《民事诉讼法》所承继。

按照人民法院调查收集证据的规则，当事人因客观原因不能自行收集证据的，可以申请人民法院调查收集；对于《民事诉讼法解释》第96条规定的涉及国家利益、社会公共利益、程序事项、身份关系事实等方面的证据，人民法院应当依职权调查收集。相应地，如果需要鉴定的事项属于《民事诉讼法解释》第 96 条规定的五种情形，人民法院应当依职权启动鉴定程序；其他情形，人民法院委托鉴定应当以当事人申请为前提。

需要强调的是，委托鉴定是人民法院的职权，鉴定程序只有经人民法院委托才能启动，当事人申请鉴定只是人民法院启动鉴定程序的事由，并非只要当事人申请鉴定人民法院就应当委托鉴定。审判实践中存在的人民法院对于当事人的鉴定申请疏于审查、只要有申请即委托鉴定的情况，不仅造成诉讼拖延，也增加了诉讼成本和诉讼的复杂性。人民法院应当对委托鉴定的必要性进行审查，这一点与人民法院对当事人申请调查收集证据时的审查遵循相同的逻辑。

2. 人民法院对当事人申请鉴定的释明

根据《民事诉讼法》第 79 条的规定，人民法院启动鉴定程序，以当事人申请鉴定为原则。诉讼过程中，当事人认为待证事实涉及专门性问题，需要通过鉴定意见进行证明时，可以向人民法院申请鉴定，通过人民法院委托鉴定的职权行为行使获取证据。但审判实践中，当事人基于认识上的问题，或者出于其他原因，未就待证事实涉及的专门性问题申请鉴定，而待证事实本身又不涉及《民事诉讼法解释》第 96 条所规定的五种情形，这种情况下如何处理，是 2019 年《民事诉讼证据规定》公布实施之前存在认识分歧的问题。尽管多数法院能够通过对当事人进行必要的诉讼指导，引导当事人提出鉴定申请，但仍然有一些法院对此持消极被动的立场，以当事人举证不能为由作出证据裁判。

民事诉讼中的事实查明，以发现真实为目标，在遵守法律规则的情况下，应当最大限度地去发现真实的事实。未经必要的诉讼指导即作出举证不能的判断，不仅在程序操作上存在瑕疵，未充分保障当事人尤其是诉讼能力较低的当事人的诉讼权利，也使事实查明过程流于表面化、形式化，损害程序的公正性，进而对于实体公正造成损害。为此，2019 年《民事诉讼证据规定》第 30 条规定人民法院对于当事人申请鉴定的释明义务，通过释明权的行使，促使当事人及时妥当提出鉴定申请，尽量避免由于当事人诉讼行为不适当影响其实体权利的保护。

人民法院对于当事人申请鉴定的释明，应当建立在对举证责任分配的正确理解之上。在涉及专门性问题的待证事实需要通过鉴定意见证明时，应当按照举证责任分配规则确定哪一方当事人对待证事实负有举证责任，以明确释明权行使的对象。而释明的内容不仅可以包括当事人对于待证事实所负的举证责任和不提出鉴定申请的后果的释明，还可以包括待证事实所涉及的专门性问题的鉴定可能性的释明。必要时，审理案件的审判人员可以就释明的范围与人民法院司法辅助部门进行沟通，以了解有关专门性问题鉴定的可行性、鉴定成本等问题。

3. 当事人申请鉴定的要求

其一，申请鉴定的期间。当事人申请鉴定应当在举证期限届满前提出，是 2001 年《民事诉讼证据规定》确立的原则。之所以规定当事人的申请需遵守举证期限的要求，在于 2001 年《民事诉讼证据规定》将当事人在诉讼中的申请行为视为当事人的举证行为，适用举证的要求及后果。这种对于当事人申请行为的理解被《民事诉讼法解释》所延续，《民事诉讼法解释》第 121 条规定，当事人申请鉴定，可以在举证期限届满前提出。2019 年《民事诉讼证据规定》未再重复《民事诉讼法解释》第 121 条内容，但在第 30 条规定人民法院对当事人申请鉴定的释明时，规定了指定当事人提出鉴定申请的期间。该期间与举证期限均为当事人提出鉴定申请的期间，区别在于举证期限是人民法院为当事人提供证据所确定的一般性期间，并非专门针对鉴定申请，而前者则是在人民法院行使释明权后专门为当事人申请鉴定确定的期间。通常情况下，当事人在举证期限届满前未提出鉴定申请，人民法院认为有必要对当事人释明的，才存在指定其申请鉴定的期间问题。

其二，对鉴定申请的审查。民事诉讼中鉴定程序的启动，并非以当事人的申请为前提，而是以人民法院查明案件事实的需要为前提。鉴定是辅助法官查明事实的手段，鉴定程序是否启动，核心在于待证事实是否存在超出法官一般经验法则的专门性问题。因此，人民法院应当对当事人提出的鉴定申请进行审查，不仅应审查是否符合期间的要求、鉴定申请书是否明确具体且具可操作性等形式方面的内容，更应当对鉴定的必要性等实质内容进行审查。首先，这种实质性审查应当包括审查当事人申请的鉴定事项是否属于超出一般经验法则判断的专门性问题。如果根据法官的经验法则，结合其他案件事实和证据能够作出判断，则没有启动鉴定程序的必要。其次，需审查申请鉴定的事项与待证事实的关联性，即申请鉴定的事项与待证事实密切相关、对于待证事实的认定具有重要意义的，才有必要启动鉴定程序。如果申请鉴定的事项即使能够通过鉴定意见得以确认也仅能为待证事实的认定提供一种非确定的可能性，则启动鉴定程序没有实际意义，并不能实现查明案件事实的目的，不应准许当事人的申请。最后，应当审查鉴定的可行性。包括是否有符合条件和资格的鉴定人，是否存在可靠的鉴定方法，鉴定材料和鉴定条件能否满足鉴定要求等，避免在不具备可行性的情况下启动鉴定程序，拖延诉讼，增加诉讼成本。在审查过程中，人民法院应当充分听取当事人的意见，关注当事人的程序保障，既要为申请人提供阐述其申请理由的机会，也要保障对方当事人发表意见的权利。

其三，逾期申请及未申请鉴定的后果。根据 2019 年《民事诉讼证据规定》第 31 条的规定，当事人未在人民法院指定的申请鉴定期间内提出鉴定申请的，视为放弃申请，与未提出鉴定申请效力相同。完整的鉴定申请既包括提交鉴定申请书，也包括预交鉴定费用。仅提交申请书而未预交鉴定费用的，视为未完成申请，与未提交申请具有相同法律效果。所需注意的是，当事人虽未在人民法院指定期间提交鉴定申请或者预交鉴定费用，但存在如疫情、地震等客观障碍的，不应视为逾期，有关期间的计算应当中止，在障碍消除后继续计算期间。

由于当事人申请鉴定属于当事人举证责任范畴，因当事人未提出鉴定申请而导致需要通过鉴定意见证明的待证事实无法查明的，当事人应当承担举证不能的后果，这是举证责任的应有之义。当事人虽提交鉴定申请，预交了鉴定费用，但在意识到鉴定结果可能于己不利时拒绝提供相应的鉴定材料，也应当承担待证事实无法查明的证据法上的后果。如果因对待证事实不负举证责任的对方当事人拒绝提供鉴定材料导致鉴定无法进行的，则对方当事人的行为构成证明妨害，适用证明妨害规则处理。

《民事诉讼法》第 79 条第 2 款规定，当事人未申请鉴定，人民法院对专门性问题认为需要鉴定的，应当委托具备资格的鉴定人进行鉴定。审判实践中，有观点认为，根据该项规定，如果待证事实需要通过鉴定来查明，即使当事人未提出申请，人民法院也应当委托鉴定。这种认识是对《民事诉讼法》第 79 条的误读。《民事诉讼法》第 79 条第 2 款的规定，是《民事诉讼法》第 67 条第 2 款规定的延伸，是该条规定在鉴定场合下的具体化。《民事诉讼法》第67条第2款中“人民法院审理案件需要的证据”对应第79条第2款“人民法院对专门性问题认为需要鉴定的”的情形，而《民事诉讼法解释》第96条已经将其解释为人民法院依职权调查收集证据的情形。因此，属于当事人举证责任范畴的事项，人民法院不能依职权启动鉴定程序，当事人未申请鉴定的，应当承担举证不能的后果。

需要强调的是，2019年《民事诉讼证据规定》第30条第2款规定的“符合《最高人民法院关于适用〈中华人民共和国民事诉讼法〉的解释》第九十六条第一款规定情形的，人民法院应当依职权委托鉴定”，在适用中应当与《民事诉讼法》第79条第2款结合，即在符合《民事诉讼法解释》第96条第1款情形时，也应当以当事人申请优先，尽量通过释明权的行使促使当事人提出鉴定申请；在当事人未申请鉴定的情况下，必要时由人民法院依职权委托鉴定。

（二）鉴定人的选任和委托

《民事诉讼法解释》

第121条第2款　人民法院准许当事人鉴定申请的，应当组织双方当事人协商确定具备相应资格的鉴定人。当事人协商不成的，由人民法院指定。

第121条第3款　符合依职权调查收集证据条件的，人民法院应当依职权委托鉴定，在询问当事人意见后，指定具备相应资格的鉴定人。

2019 年《民事诉讼证据规定》

第 32 条　人民法院准许鉴定申请的，应当组织双方当事人协商确定具备相应资格的鉴定人。当事人协商不成的，由人民法院指定。

人民法院依职权委托鉴定的，可以在询问当事人意见后，指定具备相应资格的鉴定人。

人民法院在确定鉴定人后应当出具委托书，委托书中应当载明鉴定事项、鉴定范围、鉴定目的和鉴定期限。

---

1. 鉴定人的选任

人民法院准许当事的鉴定申请，或者决定依职权委托鉴定后，首先应当选任鉴定人。传统上，鉴定人是帮助法官认定涉及专门性问题事实的辅助人，选任鉴定人属于法官的职权。但同时鉴定人也兼具当事人证据方法的功能，因此，当事人对于选定鉴定人也应当有参与的权利。1982 年《民事诉讼法（试行）》和 1991 年《民事诉讼法》均将选任鉴定人作为人民法院的职权，未涉及当事人的程序参与权。2001 年《民事诉讼证据规定》补充了申请鉴定情形下当事人选任鉴定人的程序参与权，在第 26 条规定“当事人申请鉴定经人民法院同意后，由双方当事人协商确定有鉴定资格的鉴定机构、鉴定人员，协商不成的，由人民法院指定”。这一规定在 2012 年被《民事诉讼法》修改所吸收，在第 79 条规定“当事人申请鉴定的，由双方当事人协商确定具备资格的鉴定人；协商不成的，由人民法院指定。当事人未申请鉴定，人民法院对专门性问题认为需要鉴定的，应当委托具备资格的鉴定人进行鉴定”。

2019 年《民事诉讼证据规定》第 32 条第 1 款和第 2 款在《民事诉讼法》规定的基础上，进一步补充了人民法院依职权委托鉴定时当事人的程序参与权的内容，并根据人民法院启动鉴定程序的不同原因，分别对当事人的程序参与作出规定。鉴定程序基于当事人申请启动的，由当事人协商确定鉴定人，当事人协商不成的由人民法院指定；基于人民法院依职权启动的，由人民法院在询问当事人意见后指定鉴定人。

有关选任鉴定人问题，在当事人申请鉴定的情形下，需强调如下几点：其一，当事人协商优先。人民法院准许当事人的鉴定申请的，应当通知或者召集当事人协商确定鉴定人。审判实践中，通常采用的摇号或者抽签方式是人民法院指定鉴定人的方式，并非当事人协商的方式。只有当事人拒绝协商或者协商不成的，才由人民法院指定鉴定人。其二，当事人协商确定鉴定人的行为在性质上属于诉讼契约，对于双方当事人有法律上的拘束力。但这种拘束力一般仅限于选择鉴定人本身，除非双方当事人明确约定受鉴定结果约束；否则，不能认为当事人协商确定鉴定人的行为即视为当然接受鉴定结果。审判实践中不当扩大解释当事人诉讼契约的内容，将当事人协商确定鉴定人的行为认定为当事人当然受鉴定意见约束、不再组织对鉴定意见质证或者不允许当事人提出意见的情形，既是对当事人协商的误读，也不符合鉴定意见的证据属性。其三，当事人协商选任的鉴定人，须具备相应的资格。《民事诉讼法》规定鉴定制度，目的在于解决涉及专门性问题的事实查明。这种专门性问题既可能涉及不同领域的社会科学知识，如会计学，也可能涉及自然科学技术。对不同领域的专门性问题的鉴定需要相应的知识背景和经验，只有满足相应知识经验要求的人，才具备开展鉴定活动的基础。而且，鉴定人首要的功能在于辅助法官发现事实，如果鉴定人不具备相应的从事鉴定的知识和经验，无法保障法官准确、公正认定事实，以及裁判结果的公平、公正。因此，即使当事人协商一致，如果选任的鉴定人不具有相应资格，应当视为当事人未就鉴定人选任达成一致，人民法院不应准许，由人民法院指定鉴定人。对鉴定人的这种资格要求，也适用于人民法院依职权委托鉴定的场合。但如果当事人在诉讼程序之外达成协议，自行协商确定有关机构或者人员出具对争议问题的意见，人民法院不能以所谓鉴定资格问题否认其证据效力。但这种意见，在性质上并非鉴定意见。实践中有争议的是，如果双方当事人协商确定了具有相应资格的鉴定人，但鉴定人存在应当依法回避的情形，当事人的选任行为是否有效？有观点认为，回避是《民事诉讼法》的规定，鉴定人符合依法应当回避情形的，即应回避，不因当事人协商一致而变通；另有观点认为，当事人知道存在回避情形仍然协商一致确定鉴定人，意味着放弃申请回避的权利，这种情况下应当承认当事人协商一致的合意效力。笔者认为，后一种观点更具有合理性。其四，当事人协商一致选任的鉴定人，需要经人民法院确认。选任鉴定人是人民法院的职权，在人民法院职权行使过程中应当保障当事人的程序参与权，但不等于当事人的诉讼契约能够取代人民法院的职权。当事人协商一致确定鉴定人后，仍然需要人民法院确认才具有选任鉴定人的效力。

符合人民法院依职权调查收集证据的情形，人民法院依职权委托鉴定的，在选任鉴定人时，其一，应当保障当事人程序参与的权利，即保障当事人对于选任鉴定人表达意见的权利。人民法院可以将选定鉴定人时考虑的鉴定人教育背景、从业经历、技术水平、与本案涉及的专门性问题的关联以及拟选任的名单等情况向当事人进行说明，询问当事人的意见，并结合当事人双方的意见，确定鉴定人人选。但当事人的意见对于人民法院不具有拘束力，即使当事人不同意人民法院的选任方案和结果，也不影响人民法院选任鉴定人的合法性。其二，人民法院选任的鉴定人，同样需要符合资格的要求，这一点与当事人申请鉴定时并无不同。

2002 年，最高人民法院发布《人民法院对外委托司法鉴定管理规定》（以下简称《对外委托鉴定规定》），建立了人民法院委托司法鉴定的鉴定人名册制度。凡进入名册的鉴定人，均具有相应专业领域的鉴定资格。2005 年，全国人大常委会通过《关于司法鉴定管理问题的决定》规定，司法行政部门负责鉴定人的登记、名册编制和公告法医类鉴定、物证类鉴定和声像资料类鉴定。故这三类鉴定，鉴定人也需要满足司法行政部门的登记要求，记载于相应的名册之中，才具有相应鉴定资格。对于建设工程造价、医疗侵权、会计、知识产权等其他领域的鉴定，仍然按照《对外委托鉴定规定》，由人民法院进行管理。根据《对外委托鉴定规定》第 11 条的规定："司法鉴定所涉及的专业未纳入名册时，人民法院司法鉴定机构可以从社会相关专业中，择优选定受委托单位或专业人员进行鉴定"这种情况在有关专门性问题需要多学科领域专业知识、技能和仪器设备时，比较常见。此时人民法院需要组织多个专业领域的鉴定人共同完成鉴定。而对于鉴定资格的审查，也无法以鉴定人名册为依据，需要根据专门性问题的专业要求，结合有关鉴定人的教育背景、从事职业、经历经验等因素，进行综合判断。

2. 鉴定委托

鉴定人选任确定后，人民法院应当出具委托书，委托鉴定人进行鉴定工作。鉴定委托既是鉴定人从事鉴定这种准司法行为的权力基础，也是确定鉴定内容及具体要求的根据。因此，委托书的记载内容对于鉴定程序的规范进行、保障鉴定意见的质量具有十分重要的意义。

与2001年《民事诉讼证据规定》相比，2019年《民事诉讼证据规定》第32条第3款增加了鉴定委托书内容的规定，明确要求“委托书中应当载明鉴定事项、鉴定范围、鉴定目的和鉴定期限”。之所以增加上述规定，主要考虑在于，审判实践中，一些审判人员对鉴定程序的参与和鉴定人的监督管理缺乏足够重视，在涉及专门性问题需要鉴定时，将鉴定交由人民法院内部的司法辅助部门后不管不问，任由鉴定人根据自己对鉴定事项的理解开展鉴定活动的情形时有发生。由于审判人员事先不重视与鉴定人的沟通，事中缺乏对鉴定人行为和鉴定过程的监督，鉴定人对人民法院需要通过鉴定解决的问题不清楚，在鉴定过程中任意扩大或者不当缩小鉴定范围，甚至根据自己的理解确定鉴定事项的内容，导致鉴定意见无法作为认定事实根据。更有一些鉴定机构虽然具有相应鉴定资格，但超出自身能力范围扩张业务，同时接受多项鉴定委托，致使鉴定过度拖延，严重影响诉讼效率和秩序。2019年《民事诉讼证据规定》第32条第3款增加鉴定委托书内容的要求，其目的在于加强法官对鉴定的管理。鉴定活动属于诉讼程序的组成部分，对鉴定的管理属于诉讼管理的范畴，是法官诉讼指挥权的内容。实践证明，将法官隔离于鉴定程序之外，不符合鉴定本身的性质和功能，不符合民事诉讼的规律，也不利于司法鉴定工作的发展。只有加强审判权在鉴定过程中的作用，才能真正发挥鉴定在专门性问题事实查明中的功能。

2019 年《民事诉讼证据规定》第 32 条第 3 款规定的鉴定委托书的四项内容是对鉴定的基本要求。鉴定事项，是需要鉴定人出具意见的具体专门性问题，是委托书的核心内容。鉴定人对鉴定事项的意见是鉴定意见的核心，是人民法院认定涉及专门性问题事实的基础。因此，委托书中对于鉴定事项的描述应当明确、清晰、具体，以确保鉴定人准确理解。鉴定范围是鉴定活动的边界，用以确定鉴定人在何种范围内对鉴定事项出具专门性意见，对鉴定范围的确定应当合理、适当，以保证鉴定既能有效解决查明事实的专门性问题，又不至于不合理地增加鉴定成本，拖延鉴定时间。鉴定目的则是指人民法院需要通过鉴定意见最终查明何种事实，用以指引鉴定人准确理解鉴定的工作内容，对于鉴定人明确鉴定事项、合理确定鉴定方法和工作程序，使鉴定成果更符合案件审理的需要，具有积极促进作用。委托书中载明鉴定期限的目的，在于督促鉴定人及时、勤勉地开展鉴定工作，防止鉴定过分拖延。在确定委托书这四项基本内容时，审理案件的法官应当与鉴定人进行充分沟通，使鉴定人充分理解人民法院委托鉴定的意图，明确鉴定工作的具体内容，合理确定鉴定期限，以提高鉴定的效率和质量，真正发挥鉴定人作为法官专业助手的作用。

（三）鉴定人具结

2019 年《民事诉讼证据规定》

第 33 条　鉴定开始之前，人民法院应当要求鉴定人签署承诺书。承诺书中应当载明鉴定人保证客观、公正、诚实地进行鉴定，保证出庭作证，如作虚假鉴定应当承担法律责任等内容。

鉴定人故意作虚假鉴定的，人民法院应当责令其退还鉴定费用，并根据情节，依照民事诉讼法第一百一十一条的规定进行处罚。

鉴定人具结是 2019 年《民事诉讼证据规定》修改时增加的内容，是加强人民法院诉讼管理的一项重要措施。近年来，虚假鉴定在审判实践中时有发生，特别是上海、山西等地发生的涉及司法鉴定的腐败案件，严重损害了当事人的合法权益和司法公信力，社会各界对此反响强烈。这种情况的出现，一方面，是由于鉴定人多为社会机构，具有较强的逐利性，人员素质和能力良莠不齐，而鉴定本身专业性较强，不易被一般人所了解；另一方面，除司法行政部门管理的三类鉴定外，大多数鉴定机构由行业协会管理，这种管理很多情况下约束性较弱，比较松散，且这种管理对于诉讼活动而言，大多是间接的、事后的管理，而长期以来人民法院对鉴定人的规制也缺乏有效的手段。为此，2019 年《民事诉讼证据规定》增加鉴定人具结以及

违反具结的后果的规定，作为对鉴定人加强管理的措施之一，十分必要。

1. 鉴定人具结

具结是具有法律意义的承诺和保证。在大陆法系国家和地区，以人为证据方法时，普遍采取具结或宣誓的方式，以促使提供人证者增强内心的约束，诚实、审慎提供证据资料。另外，要求提供人证者进行具结或宣誓，也能够增强对其违反具结时进行处罚的正当性。具结或者宣誓，是鉴定人的基本义务。在 2019 年《民事诉讼证据规定》中，存在当事人具结、证人具结和鉴定人具结三种具结情形。这三种具结并无本质区别，只是鉴定人具结采取承诺书的方式进行，而当事人和证人则都是采取签署保证书并以口头朗读保证书的方式具结。之所以规定鉴定人以签署承诺书方式具结，主要考虑到审判实践中，人民法院大多数情况下是委托鉴定机构进行鉴定，鉴定机构作为鉴定人时，无法进行口头具结，故统一规定为书面具结比较符合实际情况。

2019 年《民事诉讼证据规定》第 33 条第 1 款规定的鉴定人具结的内容包括对行为的承诺和违反的后果两个方面。该条规定仅是鉴定人承诺书必须具备的基本因素，而非承诺书的范本，鉴定人在此基础上增加承诺内容，只要不违反法律、司法解释规定，不违背鉴定的基本规律，即属于有效的具结。

鉴定人在接受人民法院委托后未具结即开展鉴定活动应如何对待？笔者认为，此种情况下，人民法院可以要求鉴定人在出具鉴定书之前进行具结。如果鉴定人拒绝签署承诺书，则其鉴定行为的合法性不足，所出具的鉴定书也缺乏必要记载事项，鉴定意见不能作为认定案件事实的根据。

2. 虚假鉴定的后果

鉴定人违反客观、公正、诚实鉴定的承诺，故意作虚假鉴定的，既违反了其具结的内容，也妨害了民事诉讼秩序，应当承担相应法律责任。

鉴定人故意作虚假鉴定，鉴定意见不符合证据的真实性、合法性要求，不能作为认定案件事实的根据。根据2019年《民事诉讼证据规定》第33条第2款的规定，出具虚假鉴定意见的鉴定人，所应当承担的责任体现在两个方面：一为鉴定费用的退还；二为伪证制裁。鉴定人收取鉴定费用的基础在于其合法开展鉴定工作，并提供符合委托要求的鉴定意见，而故意作虚假鉴定的，其收取鉴定费用没有合法性基础，应当将费用退还给预交的当事人。鉴定人故意作虚假鉴定的行为，实质上是一种伪造证据、妨碍民事诉讼的行为。根据《民事诉讼法》第114条（原第111条）第1款第1项的规定，人民法院可以对作虚假鉴定的鉴定人处以罚款、拘留。

鉴定人故意作虚假鉴定，导致人民法院根据虚假鉴定意见作出判决，致使当事人利益受到损害，鉴定人是否应当向当事人承担损害赔偿责任？这是理论上和实务中都存在争议的问题。法国和德国的判例和学说均认为，鉴定人如果有重大过失而出具了错误的鉴定结论导致当事人的利益受到损害的，因符合“过错、损害和因果关系”的侵权责任成立的三要件，因而鉴定人不能免责；但为了保护鉴定的自由和中立性，应当减轻其责任。[①]《司法鉴定机构登记管理办法》第41条对司法鉴定机构的民事责任作了十分明确的规定。我国也有观点认为，“在确定因鉴定人故意或者重大过失致使出具的鉴定意见不能被人民法院采信，或者致使出具错误的鉴定意见被采信，从而令当事人遭受损失的，当事人可以通过民事救济途径主张相应权利。”[②]但这种观点值得商榷。鉴定人是否因其故意或者重大过失出具虚假、错误鉴定意见而承担民事责任，应当从鉴定人的性质、侵权责任构成等多方面进行考量。其一，鉴定人虽然是对专门性问题提供意见的专业人士，但与一般的会计师、律师等专家不同，鉴定人是作为法官的辅助人参与到民事诉讼之中。鉴定人选任、对鉴定人的委托均属于人民法院职权行使的结果。鉴定人与当事人之间不存在私法上的关系，对当事人也不负有任何私法上的义务，这一点与会计师、律师等一般专家与当事人之间存在合同关系的

---

①② 参见施卫忠、许江：《司法鉴定制度改革刍论》，载《南京大学法律评论》2001年第1期。

情形存在本质不同。因此，即使鉴定意见存在错误、虚假等情况，鉴定人亦不对当事人承担合同责任。其二，鉴定人在民事诉讼中的地位是法官的辅助人，其在诉讼中经人民法院准许可以行使法官的一定职权，如收集鉴定资料、询问证人和当事人等。鉴定活动具有准司法活动性质，鉴定人所负义务也是公法上的义务，义务的相对方是人民法院而并非诉讼当事人。鉴定人因其公法性质的行为对当事人承担民事责任，既不合逻辑，也欠缺合理性。其三，鉴定人出具的鉴定意见仅为证据，是否采信证据是人民法院的职权。而人民法院采信鉴定意见之前，须经过当事人的异议、鉴定人答复以及出庭作证等多重质证和辩论过程，人民法院在结合鉴定意见本身的情况、双方当事人的意见、案件其他事实和证据的基础上，综合判断鉴定意见是否作为认定案件事实的根据。鉴定意见本身并不会对当事人利益直接造成损害，即当事人的损失并非由鉴定意见造成，如果存在损失的话，也是由于人民法院采信鉴定意见作出的判决造成的。鉴定人出具虚假、错误鉴定意见的行为与当事人所受的损害之间，因果关系过于间接，并不满足"有此行为，通常即足生此种损害"的相当因果关系判断标准。令鉴定人承担侵权责任，依据并不充分。其四，我国与大陆法系国家和地区的民事诉讼制度存在很大不同。在大陆法系国家和地区，判决一经确定，当事人很难再有改变判决的机会，故学说和判例多认可当事人在没有救济方法去除错误鉴定造成的损害的情况下，可以向鉴定人主张损害赔偿。但同时也认为，在当事人因可归责于己的事由怠于行使其他救济方法时，鉴定人免责。[①] 而我国民事诉讼的再审制度发达，申请再审是当事人的权利，只要存在《民事诉讼法》第211条规定的情形，人民法院即应当启动再审程序。因此，在我国的法律制度之下，纠正错误判决的程序远较大陆法系国家和地区要简单、便利。在当事人能够通过再审程序实现救济的情况下，令其对鉴定人提起损害赔偿民事诉讼，既不便利也会增加程序复杂性。其五，《司法鉴定机构登记管理办法》不能作为民事诉讼鉴定人对当事人承担损害赔偿责任的依据。《司法鉴定机构登记管理办法》所指的鉴定，与民事诉讼中鉴定并不一致，还包括诉讼之外的鉴定。而民事诉讼之外的鉴定，当事人基于合同关系等私法上的关系，主张所谓的鉴定人承担民事责任，与民事诉讼鉴定人的责任存在本质不同。该办法作为部门规章，也不具有创设民事权利、设定民事责任的功能。因此，因人民法院采信鉴定人提供虚假、错误鉴定意见作出判决，当事人向鉴定人主张赔偿损失的，不应支持。

---

① 参见许士宦：《鉴定人之诉讼地位与当时之程序保障》，载《证据搜集与纷争解决》，我国台湾地区新学林出版股份有限公司2005年版，第300页。

（四）鉴定资料的质证和鉴定人的调查收集权

2019 年《民事诉讼证据规定》

第 34 条　人民法院应当组织当事人对鉴定材料进行质证。未经质证的材料，不得作为鉴定的根据。

经人民法院准许，鉴定人可以调取证据、勘验物证和现场、询问当事人或者证人。

在大陆法系国家和地区，鉴定可以分为三种类型，第一种类型是需要鉴定人提供法官所欠缺的有关法规范或者经验法则的知识或者资讯的情形；第二种类型是鉴定人将其专业知识适用于法官基于一般经验法则所确定的事实，进而给出判断结论的情形；第三种类型是鉴定人基于特定专业知识认定事实的情形。[①] 就第一种类型而言，鉴定人仅提供有关知识或者资讯信息，并不将其运用于具体事实的判断，而由法官根据鉴定人所提供的知识，自行将其运用于具体事实的认定之中。如有关外国法的理解，即属于此种情形。鉴定人并不需要当事人提供有关鉴定资料，根据自己掌握的知识、经验或者自行收集的资料即可开展工作、出具鉴定意见。我国民事诉讼中，一般并不将此种情形作为鉴定的范畴。对于第二种类型，由于鉴定的前提事

---

① 参见许士宦：《鉴定人之诉讼地位与当时之程序保障》，载《证据搜集与纷争解决》，我国台湾地区新学林出版股份有限公司 2005 年版，第 286 页。

实或者基础事实根据一般经验法则即能作出认定，法官应当对这些前提事实或者基础事实自行作出认定后，交由鉴定人作出专业判断。这种情形下，鉴定人通常只需要将其专业知识和经验适用于前提事实或者基础事实即可。如果法官给出的前提事实或者基础事实不充分或者有欠缺，鉴定人可以要求法官补充相应的材料，一般并不自行收集证据或者对证据进行认定。第三种类型中，鉴定的前提事实或者基础事实并非由法官给出，而是需要由鉴定人查明和认定。由于法官对于前提事实或者基础事实的认定缺乏必要的专业知识，其自行认定事实不可能，需由鉴定人自行收集鉴定材料并运用专业知识进行判断，鉴定人实质上承担了法官职能、对专门性事实进行认定。此种情形下，鉴定材料既可能需要当事人或者第三人提供，也可能由鉴定人自行勘验取得。我国民事诉讼中的鉴定，为第二种类型和第三种类型的情形。这两种情形下，都涉及鉴定材料的质证和鉴定人对鉴定材料的调查收集权问题。

《民事诉讼法》和2001年《民事诉讼证据规定》对交付鉴定人鉴定的材料应当符合哪些要求均未作规定，《民事诉讼法》有关鉴定人对于鉴定材料的调查收集权的规定也比较原则。2019年《民事诉讼证据规定》第34条从促进鉴定程序规范进行、保证鉴定意见质量的目的出发，对这些问题进行补充和细化。

1. 鉴定资料的质证

交付鉴定的材料应当经过质证，是对鉴定材料的基本要求。鉴定材料是鉴定的基础，无论是前述鉴定人对人民法院提供的前提事实或者基础事实适用专门知识进行判断的情形，还是鉴定人需要根据其专门知识认定事实并提供专业意见的情形，均涉及鉴定人对于鉴定材料进行判断的问题。而鉴定材料的真实性、合法性是鉴定意见准确、可靠的最基本保障。鉴定材料性质上属于证据，根据《民事诉讼法解释》第103条的规定，未经当事人质证的证据，不得作为认定案件事实的根据。因此，鉴定材料交由鉴定人鉴定之前应当进行质证，也是基于鉴定材料证据属性的基本要求。

其一，对于鉴定材料的质证，必须在人民法院主持下进行。在2019年《民事诉讼证据规定》公布实施之前，审判实践中，有些法院和法官对于鉴定材料的质证不重视，在委托鉴定后，并不组织对鉴定材料的质证，而是让当事人直接向鉴定人提供鉴定材料。而鉴定人既无组织当事人质证的职权，通常也不具备认定证据的能力。特别是涉及诉讼中的一些如举证责任分配、妨害证明规则适用等问题，鉴定人无法作出判断，也没有进行处理的权力。人民法院不组织对鉴定材料的质证，使鉴定材料的真实性、合法性无法保障，鉴定意见的准确性、公正性无从谈起。当事人对鉴定意见的异议常常基于对鉴定材料的异议，往往需要进行补充鉴定甚至重新鉴定等方式进行补救，极大地增加了鉴定成本，浪费了司法资源。而由鉴定人对于仅需一般经验法则判断的鉴定材料的真实性、合法性进行认定，实质上侵害了法官的职权，形成以鉴代审的局面，严惩地损害了人民法院的公信力。

其二，对于鉴定材料的质证，应当实质化。鉴定材料作为证据，与其他证据在质证问题上并无本质不同。审判实践中，一些法院和法官对鉴定材料的质证流于表面化、形式化，只将当事人无异议的材料移交鉴定人，凡有异议的鉴定材料不予移送，致使鉴定人收到的鉴定材料缺乏完整性，导致鉴定人或者无法出具鉴定意见，或者出具的鉴定人缺乏客观性，严重影响人民法院事实查明的效果和当事人合法权益的保护。

2019 年《民事诉讼证据规定》第 34 条以《民事诉讼法解释》第 103 条为依据，对鉴定材料的质证作出明确规定，是为保证鉴定意见质量对人民法院提出的要求，对于规范人民法院在鉴定过程中的行为，具有很强的现实意义。

2. 鉴定人在鉴定中的调查收集权

在前述我国民事诉讼的两种鉴定类型中，均涉及鉴定人对于鉴定材料的调查收集权问题。根据《民事诉讼法》第 80 条第 1 款的规定，“鉴定人有权了解进行鉴定所需要的案件材料，必要时可以询问当事人、证人”。2019 年《民事诉讼证据规定》第 34 条在此基础上，适当扩展了调查收集鉴定资料的方式，增加了调取证据、勘验物证和现场的规定。

鉴定人进行鉴定，如果对于鉴定的前提事实或者基础事实缺乏了解，难以准确把握鉴定的目的。因此，鉴定人为鉴定的需要，了解有关案件材料十分必要。《民事诉讼法》第 80 条规定的“鉴定人有权了解进行鉴定所需要的案件材料”，一般是指已经提交或者留存在法院的材料，如卷宗中的笔录、书证、视听资料、电子数据、当事人的意见等材料，以及提交到法院的物证等。有些案件材料虽未留存于法院但当事人在诉讼中已经提出，如提交物证的复制品、照片等，鉴定人有权到现场进行检视。而询问当事人和证人，调取证据，勘验物证和现场，可以补充鉴定材料的不足或者检验鉴定材料的质量、可靠性，是鉴定人完成鉴定工作的必要手段，对于保障鉴定活动的质量具有积极意义。

鉴定人对鉴定材料的调查收集权，必须经人民法院准许才能行使。民事诉讼中对当事人和证人的询问、对物证和现场的勘验以及对证据的调取，属于人民法院的职权。鉴定人为鉴定需要，可以申请人民法院询问、勘验或者调取证据，或者在人民法院准许后自行实施调查收集鉴定材料的行为。但未经人民法院准许的，鉴定人不得进行鉴定材料的调查收集。鉴定人调查收集有关鉴定材料，既可以经人民法院准许后单独进行，也可以在人民法院组织当事人质证时在场，在经人民法院准许后随时对当事人或者证人进行询问，或者参加庭前会议、证据交换，参与对焦点问题的归纳和确定。

（五）提交鉴定书的期限及逾期后果

2019年《民事诉讼证据规定》

第35条　鉴定人应当在人民法院确定的期限内完成鉴定，并提交鉴定书。

鉴定人无正当理由未按期提交鉴定书的，当事人可以申请人民法院另行委托鉴定人进行鉴定。人民法院准许的，原鉴定人已经收取的鉴定费用应当退还；拒不退还的，依照本规定第八十一条第二款的规定处理。

有关鉴定人提交鉴定书的期限要求，是2019年《民事诉讼证据规定》增加的内容。民事诉讼中，鉴定耗时过长的情形一度非常普遍。在人民法院超长期未结案件中，因鉴定周期过长导致案件迟迟不能审结的情况占相当大的比例。鉴定拖延不仅影响人民法院的案件审理，造成诉讼拖延，也导致当事人的合法权益不能得到及时救济，当事人和各级人民法院对此反映强烈。2019年《民事诉讼证据规定》增加的鉴定人提交鉴定书的期限要求，其目的在于加强对鉴定和鉴定人的管理，通过对鉴定人提交鉴定书的期限要求规范鉴定人的行为，促使鉴定人在接受人民法院委托后，勤勉、及时开展鉴定工作，尽快提交鉴定成果，防

止因鉴定拖延导致诉讼拖延，损害当事人的合法权益。

鉴定期限是鉴定委托书的必要记载事项，规定鉴定人提交鉴定书的期限要求，使委托书中关于鉴定期限的内容具有法律上的意义。鉴定期限是提交鉴定书的期限，也是完成鉴定工作的期限，鉴定书系鉴定工作的最终成果，提交鉴定书意味着鉴定工作基本结束。因此，人民法院在确定鉴定期限时，应当与鉴定人进行充分沟通。特别是对于需要鉴定人通过勘验、调查收集证据等方法发现事实，并在此基础上出具专业意见的鉴定，如一些医疗侵权责任纠纷中的鉴定，可能耗费的时间比较长，有一些鉴定可能需要通过比较复杂的实验才能得出结论，这种情况下，确定合理的鉴定期限非常重要，既要保证鉴定人有足够的时间完成鉴定，也要防止鉴定的不当拖延。人民法院在进行鉴定委托之前，应当根据鉴定事项中需要解决的专门性问题的多少、鉴定的难易程度、鉴定材料的准备情况，在征求鉴定人意见的基础上，合理确定鉴定期限。

关于鉴定期限的计算。鉴定期限从人民法院进行委托时起算。人民法院在委托书中确定鉴定期限时，可以确定具体期间，也可以确定期限的起止时间。在鉴定过程中，经常会出现需要当事人补充提交鉴定材料、鉴定人调查收集新的鉴定材料，或者增加新的鉴定内容的情形。在涉及鉴定材料的补充、重新收集的情况下，人民法院可以根据具体情况指定当事人补交鉴定材料的期间，将当事人补充鉴定材料的期间、鉴定人调查收集鉴定材料的期间从鉴定期限中扣除；增加新的鉴定内容的，人民法院应当为新的鉴定内容指定鉴定期限，与原鉴定期限合并计算。鉴定过程中出现在鉴定委托时未能预料到的复杂疑难情况或者特殊技术问题时，鉴定人应当及时向委托法院报告情况，并可申请对鉴定期限进行延长或者重新确定，由人民法院根据情况对鉴定期限进行调整。

有观点认为，对于鉴定费用的催交期限也应当作为调整鉴定期限的事由。尽管审判实践中，存在当事人在交纳鉴定费用之前人民法院即委托鉴定人进行鉴定，在鉴定过程中向当事人催交鉴定费用的情况，但这种操作并不妥当。如前所述，当事人预交鉴定费用是其鉴定申请的一部分，未预交鉴定费用视为其未完成申请，此时人民法院委托鉴定人进行鉴定的合法性基础存疑。而边鉴定边催费的情况很可能导致当事人在鉴定人完成鉴定工作后，发现鉴定意见可能不符合预期而拒绝交纳鉴定费用，使委托法院陷于尴尬境地。因此，这种边鉴定边催费的做法不可取，也不能成为变更鉴定期限的合理事由。

关于鉴定期限对当事人的告知。鉴定期限不仅对鉴定人意义重大，也影响当事人的权利。根据2019年《民事诉讼证据规定》第35条的规定，在鉴定人未遵守期限要求提交鉴定书时，当事人可以申请人民法院另行委托。因此有关鉴定期限的确定，应当以适当方式告知当事人。在当事人对鉴定人是否逾期提出鉴定书有疑问时，也应当以适当方式让当事人了解鉴定期限的计算方法、扣除或者延长的事由等情况，保障当事人的知情权。

鉴定人未遵守鉴定期限要求，逾期提交鉴定书的，应当承担不利后果。所谓逾期，是指鉴定人无正当理由违反鉴定期限要求的情形。存在鉴定期限的延长、扣除、中止等人民法院应当对鉴定期限进行特别处理的情形，鉴定人未违反特别处理后的期限要求的，本身不属于逾期的情形。鉴定人无正当理由未在鉴定期限内提交鉴定书，是不利后果适用的前提。所谓正当理由，是指存在鉴定人自身之外的原因。鉴定机构中工作人员离职、人手不足、仪器设备故障等，不属于其自身之外的原因，鉴定人因这些原因未在鉴定期限内提交鉴定书的，不能认为其存在正当理由。根据2019年《民事诉讼证据规定》第35条第2款规定，鉴定人逾期提交鉴定书的后果，体现在两个方面：其一，更换鉴定人。鉴定人逾期提交鉴定书的，当事人可以申请更换鉴定人，由人民法院另行委托鉴定人进行鉴定。鉴定人按照人民法院要求提交鉴定书，是其作为人民法院辅助人的义务，这种义务性质上属于公法上的义务。未按照鉴定期限要求完成鉴定，是对其公法义务的违反。有疑问的是，当事人申请更换鉴定人，人民法院是否可以依职权另行委托鉴定人？笔者认为，更换鉴定人与委托鉴定、选任鉴定人一样，都属于人民法院的职权，而鉴定人未遵守期限要求本身也违反了对国家、对人民法院所负的公法义务，鉴定人无正当理由未按照期限要求提交鉴定书，给人民法院的案件审理造成妨害，干扰了正常诉讼秩序，人民法院有权终止委托，更换鉴定人。2019 年《民事诉讼证据规定》第 35 条的目的，是赋予当事人申请更换鉴定人的权利，以强调鉴定过程中当事人的程序参与。虽未就人民法院的职权作出规定，但人民法院作为诉讼程序的管理者、指挥者和鉴定的启动者，为维护诉讼秩序的正常进行，当然有另行委托鉴定人的权力。特别是在鉴定人无故拖延鉴定，而双方当事人又怠于行使诉讼权利的情况下，人民法院依职权推进诉讼程序进行，更换鉴定人，更显得十分必要。其二，鉴定费用的退还。鉴定人进行鉴定虽属于公法上的行为，但民事诉讼实行有偿原则，申请鉴定的当事人需要预交鉴定费用，或者由人民法院垫付依职权启动鉴定程序的鉴定费用。因鉴定人逾期未提交鉴定书导致人民法院另行委托鉴定的，原鉴定人与人民法院之间的鉴定委托终止，已经收取的鉴定费用应当退还给预交费用的当事人或者垫付费用的人民法院。根据 2019 年《民事诉讼证据规定》第 81 条第 2 款规定，当事人要求退还鉴定费用的，人民法院应当在 3 日内作出裁定，责令鉴定人退还；拒不退还的，由人民法院依法执行。结合该规定第 35 条第 2 款的内容，在人民法院更换鉴定人场合，有关鉴定费用的处理由人民法院以裁定的方式责令鉴定人退还；鉴定人拒不按照裁定履行的，由人民法院按照《民事诉讼法》关于执行程序的规定强制执行。

此外，根据《最高人民法院关于人民法院民事诉讼中委托鉴定审查工作若干问题的规定》（以下简称《委托鉴定审查工作规定》）第14条的规定，“鉴定机构、鉴定人超范围鉴定、虚假鉴定、无正当理由拖延鉴定、拒不出庭作证、违规收费以及有其他违法违规情形的，人民法院可以根据情节轻重，对鉴定机构、鉴定人予以暂停委托、责令退还鉴定费用、从人民法院委托鉴定专业机构、专业人员备选名单中除名等惩戒，并向行政主管部门或者行业协会发出司法建议。鉴定机构、鉴定人存在违法犯罪情形的，人民法院应当将有关线索材料移送公安、检察机关处理。人民法院建立鉴定人黑名单制度。鉴定机构、鉴定人有前款情形的，可列入鉴定人黑名单。鉴定机构、鉴定人被列入黑名单期间，不得进入人民法院委托鉴定专业机构、专业人员备选名单和相关信息平台”。因此，除2019年《民事诉讼证据规定》第35条规定的后果外，鉴定人还可能承担人民法院根据上述文件对其处以的处罚、惩戒。

（六）对鉴定书的形式审查

2019年《民事诉讼证据规定》

第36条　人民法院对鉴定人出具的鉴定书，应当审查是否具有下列内容：

（一）委托法院的名称；

（二）委托鉴定的内容、要求；

（三）鉴定材料；

（四）鉴定所依据的原理、方法；

（五）对鉴定过程的说明；

（六）鉴定意见；

（七）承诺书。

鉴定书应当由鉴定人签名或者盖章，并附鉴定人的相应资格证明。委托机构鉴定的，鉴定书应当由鉴定机构盖章，并由从事鉴定的人员签名。

鉴定书是鉴定成果的载体，是当事人对鉴定意见进行质证的主要依据，也是人民法院对鉴定活动和鉴定意见进行审查的基础。2001 年《民事诉讼证据规定》第 29 条对于鉴定书内容审查的规定，目的在于通过对鉴定书的形式审查，规范鉴定人的行为，促使鉴定人提交规范、完整的鉴定书，以便当事人对鉴定结果发表意见，也为人民法院对鉴定意见是否采信提供判断的基础。2019 年《民事诉讼证据规定》第 36 条延续了这一思路，根据审判实践的发展，对 2001 年《民事诉讼证据规定》第 29 条的表述、结构进行了适当调整，实质内容并无变化。

人民法院对鉴定书进行审查的内容，是鉴定书的必要记载事项。这是鉴定人将鉴定成果提交人民法院后，人民法院首先应当审查的内容。欠缺必要记载事项的鉴定书，属于存在瑕疵的鉴定书，人民法院应当将鉴定书退回，责令鉴定人进行补正。鉴定人如果拒绝对鉴定书进行补正，拒不提供符合要求的鉴定书，应当视为未提供鉴定书。如果因此超出了人民法院指定的鉴定期限，根据2019年《民事诉讼证据规定》第35条的规定处理，人民法院可以更换鉴定人，责令其退回鉴定费用，并根据《委托鉴定审查工作规定》第14条的规定对鉴定人进行处罚和惩戒。

根据2019年《民事诉讼证据规定》第36条的规定，鉴定书应当具备以下内容。

1. 委托法院的名称

委托鉴定的法院，是启动鉴定程序的主体。鉴定书中写明委托法院，既是鉴定活动合法性的来源和依据，也具有证据法上的意义。人民法院对涉及专门性问题事实的查明，以鉴定书中所记载的鉴定意见为重要根据。而如前文所述，民事诉讼中的鉴定意见，必须以人民法院委托为前提，且应当是本案诉讼中审理案件的人民法院委托鉴定人出具的鉴定意见。故鉴定书中记载委托法院的名称，也是判断鉴定书所载的鉴定意见是否为民事诉讼法上的鉴定意见的重要依据。这一点对于二审程序或者再审程序，尤为重要。2001年《民事诉讼证据规定》第29条对此表述为“委托人姓名或者名称”，这种表述不准确，更多地体现为一种对实践的迁就。在当时的审判实践中，民事诉讼中的鉴定通常由申请鉴定的当事人与鉴定人签订委托合同，根据委托合同约定支付鉴定费用。这种做法实质上将人民法院与鉴定人之间公法上的关系变成了当事人与鉴定人之间的私法关系，是对民事诉讼法上鉴定的曲解。2019 年《民事诉讼证据规定》对此进行了纠正。

2. 委托鉴定的内容和要求

2001 年《民事诉讼证据规定》第 29 条将委托鉴定内容与委托人姓名、名称合并为一项，2019 年《民事诉讼证据规定》第 36 条将其独立为一项，并增加了鉴定要求。委托鉴定的内容对应鉴定人工作内容，对于判断鉴定人是否完成鉴定工作十分必要。鉴定要求是人民法院在委托鉴定时对鉴定人所提出的要求，是鉴定人进行鉴定时的重要依据，也是判断鉴定人鉴定工作规范性的标准。一般而言，人民法院委托书中载明的鉴定事项、鉴定范围、鉴定目的和鉴定期限，能够对应鉴定书中的委托鉴定内容和要求。故人民法院在审查时，应当以委托书为依据，审查鉴定人的工作成果是否与委托书内容相符合，鉴定人是否按照委托书内容开展鉴定工作。

3. 鉴定材料

在大陆法系国家和地区，法官所欠缺的有关法规范或者经验法则的知识或者资讯信息，一般通过鉴定解决。英美法系国家和地区民事诉讼中涉及这些问题时，法官也依赖专家证人等专家证据。我国将这种纯粹的知识、资讯信息的了解作为法官的职权，通常由法官依职权咨询有关领域的专家，从而获得其本身并不具备的经验法则或者知识信息，并不将这种情形纳入鉴定的范畴。因此，在我国民事诉讼中，鉴定包括鉴定人将其专业知识适用于法官基于一般经验法则所确定的事实，以及鉴定人基于特定专业知识认定事实的情形。这两种情形都需要以鉴定材料为基础，由鉴定人运用专门知识对鉴定材料进行专业性判断。因此，鉴定材料是鉴定书中必不可少的内容。鉴定书对鉴定材料的描述，可以根据鉴定材料的具体情况而作不同表述，对于鉴定材料简单的，可以直接记载鉴定材料的具体名称、状况等基本信息；对于鉴定材料种类较多、数量较大的，可以仅分类记载，列明主要内容，将鉴定材料详细情况体现于附录之中。

4. 鉴定所依据的原理、方法

鉴定所依据的原理和方法，是鉴定活动的专业依据。2001 年《民事诉讼证据规定》第 29 条第 3 项对此表述为"鉴定的依据及使用的科学技术手段"。在修改 2001 年《民事诉讼证据规定》过程中，人民法院司法辅助部门提出，科学技术方法属于鉴定方法的一种，不能涵盖所有情形，并非所有的鉴定均使用科学技术方法，建议表述为原理和方法。2019 年《民事诉讼证据规定》第 36 条的表述是在吸收上述建议的基础上形成的。鉴定所依据的原理和方法，对于判断鉴定结果的准确性具有重要意义，因此在鉴定书中载明，十分必要。

5. 对鉴定过程的说明

对鉴定过程的说明即对鉴定人工作过程的描述。鉴定过程对于判断鉴定是否符合科学原理、技术规范或者行业惯例、职业规范等要求，以及是否合乎逻辑地得出鉴定意见，十分重要。当事人往往需要从鉴定过程之中，发现鉴定工作存在的问题和漏洞，通过对鉴定过程的质疑进而攻击形成鉴定意见的逻辑。因此，对于鉴定过程的说明，应当尽量详细、清晰、明确。

6. 鉴定意见

鉴定意见是鉴定书的核心内容，人民法院委托鉴定的目的是获取鉴定意见，以作为涉及专门性问题事实查明的根据。2001 年《民事诉讼证据规定》第 29 条中，对鉴定意见要求“明确”，但鉴定意见是否明确更多属于对鉴定意见进行实质认定中考虑的问题，需要人民法院结合当事人的质证情况进行判断。因此，2019 年《民事诉讼证据规定》第 36 条将这一要求删除。尽管如此，鉴定意见仍然需要满足确定性要求，如果鉴定书中的鉴定意见明显含糊其词、模棱两可，或者自相矛盾，人民法院仍然应当要求鉴定人予以更正；否则，鉴定意见不能作为认定案件事实的根据。

7. 承诺书

2019 年《民事诉讼证据规定》第 36 条将承诺书作为鉴定人具结的形式，规定鉴定人在开始鉴定之前签署承诺书。因此，将承诺书作为鉴定书的必要记载事项，对于进一步强化鉴定人具结具有十分积极的意义。鉴定书中未载明承诺书内容的，不符合鉴定书的形式要求，系有瑕疵的鉴定书，人民法院应当要求鉴定人予以更正。

除上述七项内容为鉴定书必要记载事项之外，2019 年《民事诉讼证据规定》第 36 条第 2 款将 2001 年《民事诉讼证据规定》第 29 条中“对鉴定人鉴定资格的说明”和“鉴定人员及鉴定机构签名盖章”单独列出，进行较为详细的规定。就鉴定资格而言，应当在鉴定书中附有鉴定人鉴定资格的证明，如资格证书、职业或从业经历证明等，而不能仅有对资格的文字描述。有关签名盖章的规定，2001 年《民事诉讼证据规定》第 29 条将鉴定人员和鉴定机构并列，一并规定，表述不严谨。2019 年《民事诉讼证据规定》区分鉴定人为机构和自然人的情况分别规定。对于鉴定机构作为鉴定人的情形，规定不仅需要鉴定机构盖章，也需要从事鉴定的人员签名，以便在当事人有异议、需要鉴定人出庭时，核实鉴定机构出庭人员的身份。

需要强调的是，人民法院对于鉴定书的审查，属于形式审查，鉴定书具备前述内容的，即为有效的鉴定书。鉴定书的具体内容是否准确、公正，则应当通过对鉴定书的实质审查作出判断。

（七）对鉴定意见的异议

2019年《民事诉讼证据规定》

第37条　人民法院收到鉴定书后，应当及时将副本送交当事人。

当事人对鉴定书的内容有异议的，应当在人民法院指定期间内以书面方式提出。

对于当事人的异议，人民法院应当要求鉴定人作出解释、说明或者补充。人民法院认为有必要的，可以要求鉴定人对当事人未提出异议的内容进行解释、说明或者补充。

第38条　当事人在收到鉴定人的书面答复后仍有异议的，人民法院应当根据《诉讼费用交纳办法》第十一条的规定，通知有异议的当事人预交鉴定人出庭费用，并通知鉴定人出庭。有异议的当事人不预交鉴定人出庭费用的，视为放弃异议。

双方当事人对鉴定意见均有异议的，分摊预交鉴定人出庭费用。

第39条　鉴定人出庭费用按照证人出庭作证费用的标准计算，由败诉的当事人负担。因鉴定意见不明确或者有瑕疵需要鉴定人出庭的，出庭费用由其自行负担。

人民法院委托鉴定时已经确定鉴定人出庭费用包含在鉴定费用中的，不再通知当事人预交。

第79条　鉴定人依照民事诉讼法第七十八条的规定出庭作证的，人民法院应当在开庭审理三日前将出庭的时间、地点及要求通知鉴定人。

委托机构鉴定的，应当由从事鉴定的人员代表机构出庭。

第80条　鉴定人应当就鉴定事项如实答复当事人的异议和审判人员的询问。当庭答复确有困难的，经人民法院准许，可以在庭审结束后书面答复。

人民法院应当及时将书面答复送交当事人，并听取当事人意见。必要时，可以再次组织当事人质证。

第81条　鉴定人拒不出庭作证的，鉴定意见不得作为认定案件事实的根据。人民法院应当建议有关主管部门或者组织对拒不出庭作证的鉴定人予以处罚。

当事人要求退还鉴定费用的，人民法院应当在三日内作出裁定，责令鉴定人退还；拒不退还的，由人民法院依法执行。

当事人因鉴定人拒不出庭作证申请重新鉴定的，人民法院应予准许。

第82条　经法庭许可，当事人可以询问鉴定人、勘验人。

询问鉴定人、勘验人不得使用威胁、侮辱等不适当的言语和方式。

鉴定意见属于意见证据，是鉴定人运用其掌握的专业知识、借助相应的科学仪器设备对鉴定材料进行检验、分析、判断后形成的结论，是鉴定人主观对客观反映。在鉴

定人进行主观判断的过程中，不可避免受各种因素的影响。由当事人对鉴定意见提出异议、进行争执和辩论，有利于人民法院发现鉴定中的疏漏，保障鉴定意见的准确性和公正性。另外，对鉴定意见的异议也是当事人辩论权利的体现。由鉴定意见的证据属性所决定，只有经过质证的鉴定意见，才能作为人民法院认定案件事实的基础。即使案件事实所涉及的专门性问题再复杂，鉴定意见未经当事人质证和人民法院的审查判断中的心证过程，也不能当然作为认定案件事实的根据。因此，保障当事人对于鉴定意见的异议权利，既是保障人民法院查明事实的准确、公正的要求，也是保障当事人诉讼权利的要求。

与2019年《民事诉讼证据规定》第36条关于鉴定书形式审查的规定相对应，对鉴定书内容的实质审查由鉴定意见的异议程序体现。与2001年《民事诉讼证据规定》相比，2019年《民事诉讼证据规定》对于鉴定意见的异议程序作出了比较详细的规定，在《民事诉讼法》规定的基础上，根据审判实践的需要进行了必要的补充。根据法律、司法解释的规定，对鉴定意见的异议程序包括书面异议和鉴定人出庭两个阶段、两种情形。

1. 书面异议

对鉴定意见的书面异议并非《民事诉讼法》的规定。根据《民事诉讼法》第81条的规定，“当事人对鉴定意见有异议……鉴定人应当出庭作证……”没有规定其他解决当事人异议的程序。书面异议的规定是对长期以来审判实践经验的总结。在 2019 年《民事诉讼证据规定》之前的审判实践中，鉴定人完成鉴定、提交鉴定书后，人民法院通常将鉴定书送交双方当事人，由当事人提出书面意见；再由鉴定人针对当事人的意见进行答复。与直接通知鉴定人出庭作证相比，这种做法简便易行，既能够节省鉴定人和当事人的时间和诉讼成本，也能够使当事人和鉴定人之间的沟通更为充分，有利于促进当事人对于鉴定意见的形成过程、依据和鉴定人分析判断过程的了解，缓和当事人与鉴定人之间的对立，提高鉴定人出庭作证时的质证质量。因此，2019 年《民事诉讼证据规定》吸收了这种做法，将其规定为通知鉴定人出庭作证之前的异议程序。

鉴定人完成鉴定后，应当向人民法院提交鉴定书。审判实践中，有的法院在组织鉴定时程序操作不规范，默许鉴定人直接向当事人送交鉴定书，这种做法是不妥当的。鉴定程序是基于人民法院委托而启动，鉴定人的行为也具有公法行为的性质，向人民法院提交鉴定书，是鉴定人履行公法义务的体现。鉴定书的提交与鉴定意见异议程序紧密相关，鉴定人直接向当事人送交鉴定书，影响其后异议程序的合法性，也影响人民法院诉讼程序操作的合法性。因此，鉴定人只能向人民法院提交鉴定书。存在特殊情况确有必要由鉴定人直接向当事人送交的，应当经人民法院准许，并根据人民法院指令的方式、要求进行，做好交接记录。

鉴定人向人民法院提交鉴定书，应当根据当事人的人数提供相应数量的副本。人民法院留存正本，将副本送交当事人。同时，指定当事人就鉴定书内容提出异议的期间。异议期间的指定，由人民法院根据鉴定的内容、鉴定的复杂程度等因素酌情确定。异议期间是当事人对鉴定书内容进行分析研判以及对意见进行整理的期间，当事人在期间内完成工作有困难的，可以向人民法院申请延长异议期间。异议期间由人民法院根据案件具体情况确定和延长，既保障当事人能够充分行使异议权利，又不至于造成诉讼过分拖延。

当事人对于鉴定书的异议，应当以书面形式提出。为使鉴定人能够准确理解当事人所提异议的内容，以便有针对性作出答复，当事人应当写明其异议的理由。仅有异议，如仅表示不认可、不接受、不同意而无理由，鉴定人无从知晓其异议的原因，也很难对异议作出有效的答复。在2019年《民事诉讼证据规定》第36条所规定的鉴定书各项内容中，当事人对鉴定书内容的异议，应当主要针对鉴定所依据的原理、方法，对鉴定过程的说明和鉴定意见这三项实质性内容。当事人对鉴定书的实质性内容未提出异议，仅就鉴定书其他内容提出异议的，人民法院可以要求鉴定人将鉴定书进行补充完善，或者要求鉴定人对当事人所提出异议的事项进行必要的解释和说明。

鉴定人对当事人的书面异议应当进行书面答复。当事人对鉴定书内容的书面异议，应当提交人民法院，由人民法院送交给鉴定人，并指定鉴定人提出书面答复的期间，具体期间由人民法院根据当事人异议的情况确定。鉴定人书面答复的内容，须针对当事人异议的内容和理由，进行解释、说明或者补充。鉴定人的答复应当有针对性，不能答非所问；应当既阐明观点，也阐明理由，不能仅以采纳或者不采纳之类的表述回应当事人的异议而不附理由，更不能简单重复鉴定书的表述作为答复内容。鉴定人的书面答复应当向人民法院提交，由人民法院送交当事人。人民法院对鉴定人的书面答复应当进行审查，而不能简单地转交。对于鉴定人书面答复中只有结论不附理由，或者简单复制鉴定书原有内容等敷衍塞责、不作实质性回应的情形，人民法院应当指定期间责令鉴定人重新出具答复意见。鉴定人逾期拒不重新出具答复意见的，人民法院可以根据《委托鉴定审查工作规定》第 14 条的规定，对鉴定人予以处罚、惩戒。

人民法院对于当事人未提出异议的内容，认为鉴定人有必要进行解释、说明或者补充的，可以要求鉴定人进行书面答复。为保障当事人的诉讼权利，人民法院应当将其要求鉴定人进行解释、说明或者补充的问题告知当事人，有关鉴定人的回复意见也应当让当事人了解。

鉴定书是鉴定意见的载体，对鉴定书内容的审查属于对证据审查的范畴，是人民法院的职权。人民法院在审查鉴定书的过程中，对于鉴定书中存在的逻辑不清晰、内容不完整、表述模糊、意见不明确等问题，有向鉴定人进一步了解的权力。因此，在当事人对鉴定意见的书面异议程序中，即使当事人未提出异议的内容，人民法院认为有必要的，也可以要求鉴定人进行解释、说明或者补充。事实上，人民法院对鉴定书内容进行审查，既可以及时发现鉴定书中存在的问题，促进鉴定人完善鉴定工作，提高鉴定意见的质量，也有利于人民法院进一步了解鉴定意见的形成过程和逻辑，从而在审查判断鉴定意见时有的放矢，更准确地对鉴定意见进行认定。审判实践中，鉴定书中载明的鉴定意见含糊其词、模棱两可，鉴定意见的结论与理由不对应、自相矛盾，鉴定依据的原理方法与鉴定过程不对应等情况，时有发生。人民法院在审查鉴定书时，应当注意审查鉴定书中载明的鉴定意见的形成过程及逻辑关系，注重鉴定书内容审查的实质性，不能因为有当事人的书面异议和鉴定人的书面答复就忽视对鉴定书内容的审查，更不能以当事人的异议取代人民法院对鉴定书内容的审查。

2. 鉴定人出庭作证

鉴定人既是人民法院的辅助人，也是一种证据方法。作为诉讼主体之外具有特别知识经验的辅助人，鉴定人针对事实查明所涉及的专门性问题提供专业意见，以补充法官经验法则和判断能力的不足，发挥法院辅助机关的作用。

另外，鉴定人出具的鉴定意见并不对法官产生拘束力，法官仍然需要经过自由心证来决定是否将鉴定意见作为认定案件事实的根据。虽然鉴定人在法庭上陈述鉴定意见与证人出庭陈述证言在内容、形式上均有不同，但从证据法角度观察，鉴定人作为人证证据方法的一种，在证据调查上与证人并无实质区别，均需在开庭期日到庭，以口头方式进行陈述。鉴定人到庭进行陈述，既是直接、言词原则的要求，也是鉴定人必须履行的法定义务。基于直接、言词原则的要求，鉴定人必须在庭审中口头陈述鉴定意见的内容，并口头回答双方当事人和人民法院的询问。而鉴定人作为人民法院的辅助人，其接受委托从事鉴定活动是其履行公法义务的行为，出庭作证作为其鉴定活动的延伸，属于其公法义务的范畴。人民法院作为民事诉讼证据调查的实施主体，对鉴定人这种证据方法的调查，需要通过鉴定人陈述鉴定意见的内容来保证人民法院对于证据调查结果认定的准确性、公正性。

由于鉴定意见的专业性不仅超出法官一般经验法则范畴，很多情况下相关领域的专业知识也并非当事人所熟悉，因此，为使鉴定人对于鉴定事项的判断意见能够更准确地被法官和当事人所理解，大陆法系国家和地区普遍允许鉴定人提交书面鉴定书作为陈述方式。如《日本民事诉讼法》第 215 条第 1 款规定，受诉法院、受命法官或受托法官可命令鉴定人书面陈述鉴定意见；我国台湾地区“民事诉讼法”第335条第1款也规定，受诉法院、受命法官或受托法官可命令鉴定人出具鉴定书。事实上，在德国、日本的裁判实务中，鉴定人以提交鉴定书的形式向法院陈述鉴定意见，已成为惯例。[①] 但法律允许鉴定人书面陈述，并不当然免除鉴定人出庭作证的义务。为保证法院认定事实的准确性，保障当事人在证据调查中的诉讼权利，在必要的情况下，鉴定人仍然应当根据法院的要求到庭进行陈述，对于鉴定书中的内容进行解释说明，回答当事人和法院的疑问。如《德国民事诉讼法》第411条和《日本民事诉讼法》第215条第2款，均规定法院认为有必要时，如鉴定意见不清楚或存有疑问，可以依职权或者依当事人申请传唤鉴定人到场，进行口头解释、回答问题。我国《民事诉讼法》第81条关于“当事人对鉴定意见有异议或者人民法院认为鉴定人有出庭必要的，鉴定人应当出庭作证……”的规定，与大陆法系国家和地区的规定基本一致。

其一，鉴定人出庭作证的条件。

鉴定人出庭作证是对鉴定意见异议最常见的程序安排。审判实践中，通常提出书面异议的当事人，在鉴定人进行书面答复后，不再持有异议的情形并不多见。根据《民事诉讼法》第81条和2019年《民事诉讼证据规定》第38条

---

① 参见占善刚：《论我国民事诉讼中鉴定人不出庭作证的应有后果——〈民事诉讼法〉第78条评析》，载《法学家》2014年第2期。

的规定，这种情况下，鉴定人应当出庭作证，人民法院也要相应地进行鉴定人出庭作证的准备。

根据《民事诉讼法》第 81 条规定，只要当事人对于鉴定意见有异议或者人民法院认为鉴定人有必要出庭的，鉴定人就应当出庭作证，这一点与《刑事诉讼法》的规定有很大不同。《刑事诉讼法》第 192 条第 3 款规定，公诉人、当事人或者辩护人、诉讼代理人对鉴定意见有异议，人民法院认为鉴定人有必要出庭的，鉴定人应当出庭作证。可见，刑事诉讼中，诉辩双方、诉讼代理人对鉴定意见有异议，只是鉴定人出庭作证的条件之一，在人民法院同时认为鉴定人有出庭的必要的，鉴定人才应当出庭作证。仅有诉辩双方和诉讼代理人的异议，鉴定人不需要出庭作证。审判实践中，有一种意见认为，民事诉讼中当事人对于鉴定意见有异议的情形非常普遍，几乎所有的案件中经过书面异议、答复后，当事人对鉴定意见仍然会有异议；且鉴定人出庭作证所陈述的意见与其书面答复的内容通常不会有本质区别。一概要求鉴定人出庭作证既无必要，也会增加程序的复杂性，故民事诉讼中鉴定人出庭作证也应当参照《刑事诉讼法》的规定处理。2019 年《民事诉讼证据规定》没有采纳这种观点，主要考虑：第一，《民事诉讼法》第 81 条所规定的“当事人对鉴定意见有异议”与“人民法院认为鉴定人有必要出庭”是并列关系，是鉴定人出庭作证的两种原因和情形，并非《刑事诉讼法》所规定的鉴定人出庭作证需要同时具备的条件。在《民事诉讼法》有明确规定的情况下，司法解释不能作出不一致的规定。第二，在当事人有异议的情况下要求鉴定人出庭作证，既是对当事人诉讼权利的保障，也是民事诉讼直接言词原则的体现。通过当事人对鉴定书内容进行质疑、鉴定人现场回答当事人提出的问题、双方当事人进行辩论，以及人民法院对鉴定人的询问，能够在充分保障当事人质证权利行使的同时，更有利于揭示鉴定意见中存在的问题，有利于人民法院对于鉴定意见作出更为准确的认定。2019 年《民事诉讼证据规定》第 37 条的规定，已经从审判实践的需要出发，增加了书面异议和鉴定人书面答复的程序。在当事人有异议的情况下，进一步限制鉴定人出庭作证的条件，既不符合《民事诉讼法》规定，也不合理。因此，人民法院认为有必要，只是鉴定人出庭作证的原因之一，在当事人经过书面异议程序后对鉴定意见仍然有异议的，鉴定人应当出庭作证，不需要以人民法院认为有必要为条件。

其二，鉴定人出庭费用。

（1）关于鉴定人出庭费用的预交。在经过书面异议程序后，当事人对鉴定意见仍有异议的，人民法院即应当着手启动鉴定人出庭作证的准备工作。根据《诉讼费用交纳办法》第 11 条规定，鉴定人在人民法院指定日期出庭发生的交通费、住宿费、生活费和误工补贴，由人民法院按照国家规定标准代为收取。因此，人民法院在通知鉴定人出庭作证之前，应当首先通知有异议的当事人预交鉴定人出庭作证的费用。

鉴定人出庭作证的费用在性质上是公法费用。民事诉讼中，鉴定人首要的功能是辅助人民法院在涉及专门性问题的事实认定中进行判断，兼为当事人的证据方法。从鉴定人作为法官辅助人的角色出发，鉴定活动具有公法性质，是司法行为的辅助行为。鉴定人出庭作证，是其鉴定活动的延伸，是鉴定人接受人民法院鉴定委托的附随义务，履行的是公法上的义务。但民事诉讼以解决当事人之间的私权纠纷为目的，本质上属于当事人为了自己的利益请求国家司法机关保障私权的程序，因而世界各个国家或地区民事诉讼基本上实行有偿主义，民事诉讼程序运行过程中产生的费用作为诉讼费用，由当事人负担，藉以防止当事人滥用诉权提起无益的诉讼，同时减少国库的开支进而减轻纳税人的负担。① 因此，尽管鉴定人进行鉴定、出庭作证是履行公法义务的行为，鉴定人出庭作证费用也应当遵循民事诉讼费用的一般逻辑，由申请鉴定的一方当事人预先向人民法院交纳，并最终按照民事诉讼费用的一般负担原则由败诉的一方当事人负担。

正是基于公法费用性质，鉴定人出庭作证费用是人民法院代表国家向鉴定人支付，当事人也应当向人民法院预

---

① 参见占善刚：《鉴定人出庭作证费用的补偿方式及具体路径》，载《烟台大学学报（哲学社会科学版）》2016年第4期。

先交纳此笔费用，而不能由当事人直接向鉴定人支付。审判实践中，一些法院对鉴定费用的理解不准确，对《诉讼费用交纳办法》第 11 条的规定不重视、适用不规范，在通知鉴定人出庭作证之前不向当事人收取有关费用，或者让当事人直接向鉴定人支付出庭费用，甚至让当事人与鉴定人协商出庭费用的数额。这种做法无疑曲解了鉴定人的功能和鉴定人出庭作证费用的性质，不符合《诉讼费用交纳办法》的要求，也容易使当事人通过出庭费用支付与鉴定人达成私下交易，影响鉴定人出庭作证的质量和人民法院事实查明的准确性，损害程序公正和对方当事人的合法权益。因此，人民法院应当通知当事人向人民法院预交出庭作证费用，不能允许当事人与鉴定人之间进行出庭费用支付。

在双方当事人经过书面异议程序后仍然均对鉴定意见有异议时，如何预交出庭作证费用，审判实践中曾经存在分歧。有的法院按照当事人异议的数量划分比例预收，有的法院根据当事人异议内容所对应的金钱数额划分比例预收，还有法院不作比例划分，要求提出异议的当事人均足额预交出庭费用，以预交的总额作为鉴定人出庭作证费用，不一而足。事实上，以异议数量划分当事人之间预交的鉴定人出庭作证费用比例，或者以异议内容对应的金钱数额划分比例，既缺乏可操作性，也欠缺合理性，并不可取。而鉴定人出庭作证费用本身并非鉴定人出庭的报酬，只是对鉴定人出庭的必要开支的补偿，将有异议的双方当事人预交的费用总额作为鉴定人出庭作证费用，是对此笔费用性质的误解。从便于操作、相对公平的原则出发，对于双方当事人均对鉴定意见有异议的，要求其平均比例负担、分摊预交鉴定人出庭作证费用，更为妥当。

审判实践中，一些鉴定人是按照当事人之间涉及专门性问题争议的金额收取鉴定费用，这种情况下鉴定费用通常比较高，鉴定人出庭作证费用与之相比占比相对较低。人民法院在进行鉴定委托时，有时会出于为当事人节约成本考虑，在确定鉴定费用时明示其中包含鉴定人出庭作证费用。这种情况下，鉴定人出庭作证的，人民法院不再通知当事人预交出庭作证费用。

当事人预交出庭作证费用，是鉴定人出庭作证的前提。人民法院通知当事人预交鉴定人出庭作证费用时，既要告知其明确的预交金额，也要指定其预交费用的时间。对于预交金额，人民法院应当在了解鉴定人出庭人员情况的基础上，按照2019年《民事诉讼证据规定》第39条的规定确定；预交时间则由人民法院根据案件的具体情况酌情指定。对鉴定意见有异议的当事人如果未按照人民法院通知预交鉴定人出庭作证费用的，视为其放弃异议。在双方当事人均对鉴定意见提出异议情形下，未预交鉴定人出庭作证费用的当事人的异议，在鉴定人出庭作证时不作为审理内容，在人民法院审查判断鉴定意见时，对其在鉴定人进行书面答复后所提出的异议亦不应考虑。

在当事人未对鉴定意见提出异议，而人民法院认为鉴定人有必要出庭的，有关鉴定人出庭作证的费用由人民法院垫付，最终由败诉的当事人负担。

（2）关于鉴定费用的计算和负担。虽然证人作证与鉴定人出庭作证在陈述的形式、内容上并不相同，证人只能向法庭陈述其亲身感知到的事实，而鉴定人陈述的是其对专门性问题的意见，但在出庭作证的费用问题上，两者并无本质不同。因此，2019 年《民事诉讼证据规定》第 39 条参照适用 2012 年《民事诉讼法》第 74 条（现行《民事诉讼法》第 77 条）有关证人出庭作证费用的规定，明确了鉴定人出庭作证费用按照证人出庭作证费用标准计算。

关于证人出庭作证费用的范围，根据《民事诉讼法》第 77 条的规定，包括交通、就餐、住宿等必要费用和误工损失。《诉讼费用交纳办法》第 6 条也规定，证人、鉴定人、翻译人员、理算人员在人民法院指定日期出庭发生的交通费、住宿费、生活费和误工补贴，属于当事人应当向人民法院交纳的诉讼费用。《民事诉讼法解释》第 118 条在此基础上，进一步明确了证人出庭作证费用的计算标准，即证人因履行出庭作证义务而支出的交通、住宿、就餐等必要费用，按照机关事业单位工作人员差旅费和补贴标准计算；误工损失按照国家上年度职工日平均工资标准计算。《民事诉讼法》第 77 条和《民事诉讼法解释》第 118 条中，所谓必要费用，是指维持证人正常生活状态和履行出庭作证义务所应当支出的费用，具体应当根据案件的实际情况来确定。但鉴于我国幅员辽阔，各地区之间经济发展状况存在差异，而案件具体情况也千差万别，如果依证人实际发生的费用计算出庭作证费用，难免在实践中引发争议。如交通费用，按照飞机票还是火车票确定费用标准？飞机票按照商务舱还是经济舱标准确定？火车票是否按照高铁标准，按照商务座、一等座还是二等座标准确定？因此，确定抽象的标准是必要的，也是《民事诉讼法解释》在确定费用计算标准所考虑的重要因素。鉴于机关事业单位工作人员差旅费和补贴标准明确且易于查询，且审理案件的人民法院均熟悉相应的标准；而上年度职工日平均工资的标准每年统计部门均会向社会发布，因此《民事诉讼法解释》以这些标准来确定证人出庭作证费用有其现实合理性。有关鉴定人出庭作证费用也应当按照上述标准计算。

有观点认为，《民事诉讼法解释》对于证人、鉴定人出庭作证费用计算标准的规定不合理，因为机关事业单位工作人员差旅费因级别不同而获得的补贴额大小不同，按照这种计算标准，会导致不同身份的人作证适用不同的补偿标准，不仅于理不符，更是违背同一行为作同一处理的平等原则。而且对于没有对应级别的人，在适用时势必导致认定标准不一致，损害制度的公正性和败诉当事人的合法权益。[①] 这种理解并不准确，更多是一种想当然的误读。事实上，人民法院在确定证人、鉴定人出庭作证费用时，并不会考虑证人、鉴定人的行政级别问题，而是按照机关事业单位一般员工的交通费、住宿费和餐饮等补贴的标准确定出庭作证费用的数额。另有观点认为，鉴定人出庭作证费用与证人出庭作证费用相比存在特殊性，鉴定人为所在领域的专家，工作忙，收入高，其出庭作证应当支付较高的差旅、住宿、餐饮等费用和误工费，以与其所从事的专业领域的专家的地位相匹配，否则会影响其出庭作证的积极性。这种观点没有准确理解鉴定人出庭作证义务乃公法义务、出庭作证费用系补偿性费用的性质。鉴定人出庭作证费用并非鉴定人出庭作证的对价。鉴定人出庭作证是法律所规定的义务，《民事诉讼法》关于鉴定人拒不出庭作证的鉴定意见不能作为认定案件事实的根据、鉴定费用应当退还当事人的规定，即为督促鉴定人履行法定义务而作的规定。且鉴定人从事鉴定活动，收取鉴定费用，本身已获取报酬，特别是在我国审判实践中大量委托机构进行鉴定，且鉴定机构从事鉴定活动具有营利性质的情况下，更是如此。根据鉴定人所从事的专业领域或者所谓的专家地位确定较高的费用标准，也势必导致审判实践中鉴定人出庭作证费用的标准混乱，反而有损制度的公正性。

---

① 参见占善刚、施瑶：《证人、鉴定人出庭作证费用补偿范围和标准研究》，载《证据科学》2016 年第 6 期。

因鉴定意见不明确或者有瑕疵需要鉴定人出庭作证的，出庭费用由鉴定人自行负担。这一规定主要考虑这种情况下鉴定人出庭作证是基于其鉴定工作疏漏的原因引起，因鉴定人自身原因发生的费用应当由其自行负担。有疑问的是，如果鉴定意见存在不明确或者有瑕疵的情形，而当事人又对其他问题提出异议的，如何处理鉴定人出庭费用问题。从加强对鉴定人的诉讼管理角度，对于这种情形下鉴定人出庭作证费用的负担应当从严掌握，即只要存在鉴定意见不明确的情形需要鉴定人出庭作证的，鉴定人即应当自行负担出庭作证费用。而鉴定意见存在瑕疵的，属于2019年《民事诉讼证据规定》第40条通过补正、补充鉴定或者补充质证、重新质证乃至于重新鉴定等方法解决的问题，无论当事人是否对于鉴定书其他内容有异议，鉴定人出庭作证费用均应当由其自行负担。

有关鉴定人出庭作证费用的支付，《民事诉讼法》和相关司法解释均未作出规定。基于鉴定人出庭作证费用的补偿性质，原则上鉴定人在履行出庭作证义务之后，可以向人民法院申请支付出庭费用。如果鉴定人存在特殊情况需要预先支付出庭作证费用才能出庭的，可以向人民法院提出申请，人民法院认为理由正当的，可以先行支付出庭费用。审判实践中，鉴定人在出庭作证之前要求人民法院支付出庭费用的情形时有发生。对此，人民法院应当询问鉴定人是否存在不预先支付出庭费用将影响其出庭作证的特殊情况。如果没有特殊情况，不应准许其预先支付的请求，告知其在出庭作证后，可以向人民法院申请支付，而不能允许鉴定人以支付出庭费用作为出庭作证的条件。鉴定人以未支付出庭费用为由拒不出庭的，依照《民事诉讼法》第81条的规定处理，鉴定意见不能作为认定案件事实的根据，其收取的鉴定费用应当退还

鉴定人出庭作证后，应当在什么期限内申请支付费用，法律和司法解释亦未作出规定。有学者认为，为方便受诉法院计算诉讼费用以及为避免证据灭失导致计算困难，该期限以较短为宜。这种观点有其合理性。鉴定人在出庭作证后，应当及时向人民法院申请支付有关费用。

鉴定人出庭作证费用属于诉讼费用。按照学者的解释，诉讼费用包括裁判费用即当事人实施起诉、上诉等诉讼行为或者其他申请事项交纳的费用，以及其他诉讼费用即受诉法院为实施证据调查、送达等诉讼行为而支出的费用。鉴定是为获取涉及专门性问题事实查明的证据所实施的诉讼行为，鉴定程序中所发生的必要费用，包括鉴定费用、鉴定人出庭作证费用均应当由当事人负担。因此，鉴定人出庭作证费用应当遵循诉讼费用负担的一般原则，由败诉的当事人负担。

其三，鉴定人出庭的程序和要求。

人民法院认为鉴定人有必要出庭作证的，或者当事人经过书面异议程序后对鉴定意见仍然有异议，在经人民法

院通知预交鉴定人出庭作证费用后，人民法院应当通知鉴定人出庭。为保证鉴定人能够及时到庭、充分发表意见，在通知之前，人民法院应当和鉴定人进行充分沟通，以确定具体的开庭时间、出庭人员等。根据2019年《民事诉讼证据规定》第79条的规定，人民法院应当在开庭3日前通知鉴定人，以保障鉴定人有充分的时间到庭。我国《民事诉讼法》采取到达主义，人民法院的通知须于开庭3日前到达鉴定人，否则鉴定人按时出庭在时间上无法保障。通知的内容包括开庭时间、地点以及鉴定人在庭审中的诉讼权利义务等必要事项和要求。

鉴定人为自然人的，人民法院应当通知作为鉴定人的自然人出庭作证。但人民法院委托机构鉴定的，鉴定人出庭作证如何体现？审判实践中曾经对此存在比较大的争议。在大陆法系国家和地区，随着社会发展，大多将“团体”纳入鉴定人的范畴，以应对科学技术进步所带来的个人因设备、仪器及多领域经验不足而难以胜任鉴定人角色的局面。我国民事诉讼在传统上是以机构（单位）为鉴定人，1982年《民事诉讼法（试行）》和1991年《民事诉讼法》均对人民法院委托有关单位或部门进行鉴定作出规定，2012年《民事诉讼法》作出修改，将接受委托的主体统一称为鉴定人。民事诉讼法上的鉴定人并不以是否为自然人为标准，而是以是否接受委托为判断依据，即机构接受委托的，则机构为鉴定人；自然人接受委托的，则自然人为鉴定人。在我国民事诉讼实践中，专门从事鉴定的机构作为鉴定人的情形占多数比例。民事诉讼法上有关鉴定人的规定，与2005年全国人大常委会通过的《关于司法鉴定管理问题的决定》、司法部公布的《司法鉴定人管理办法》《司法鉴定机构登记管理办法》中将鉴定人理解为从事鉴定工作的自然人、鉴定机构作为鉴定人执业的平台的规定存在很大不同。鉴于上述决定并非针对民事诉讼中的鉴定所作的规定，且其后作出修改的《民事诉讼法》作为基本法，有关鉴定的规定也未采纳上述决定和部门规章的理解，2019年《民事诉讼证据规定》遵循《民事诉讼法》的逻辑对鉴定人进行解释。在鉴定机构接受委托作为鉴定人时，应当由机构选派的代表出庭作证。而鉴定机构中从事鉴定的人员参与具体鉴定事务，熟悉鉴定情况和过程，由其代表机构出庭作证，具备合理性。

鉴定人出庭作证，庭审中并不需要像证人一样先进行陈述，再由当事人对鉴定人进行询问。《民事诉讼法》虽然规定鉴定人应当出庭作证，但不等于鉴定人即为证人，而只意味着鉴定人出庭适用证人规则。由于对鉴定意见的异议已经过书面异议程序，有异议的当事人已经收到鉴定人的书面回复；即使是人民法院认为有必要的情况下依职权通知鉴定人出庭作证的，双方当事人在开庭审理之前也已经知悉人民法院有疑虑的问题及鉴定人的回复意见。因此，鉴定人在庭审中不必再陈述鉴定的过程、鉴定的依据、鉴定意见的内容等基本情况，而可以直接由双方当事人或者人民法院对鉴定人进行询问。对鉴定人询问的程序适用证人询问程序。在经法庭许可后，当事人可以对鉴定人发问，但与证人询问的规则一致，当事人在询问中不得使用威胁、嘲讽、侮辱等影响鉴定人正常履行职务的言词和表达方式。人民法院也应当对当事人不恰当的行为及时制止。

鉴定人应当如实回答当事人和人民法院的询问，如实答复当事人所提出的异议，这一要求也与证人作证基本一致。由于鉴定意见为意见证据，鉴定人在进行答复时，并非如证人一样陈述其亲身感知的事实，而是应当遵循职业伦理和专业精神，利用其掌握的专业知识、经验及借助于仪器设备所得到的数据和信息，客观地解释鉴定意见的具体内容、得出过程、考量因素等，解释、回应当事人或者人民法院的疑问，使人民法院能够在充分质证基础上，对鉴定意见进行综合判断。

由于鉴定意见有时具有很强的专业性，鉴定人对一些问题的回答有时也需要借助相应的仪器设备或者专业技术手段，因此，客观上会存在鉴定人在庭审中一时难以回答的情形。对此，人民法院应当进行分析判断，如果确实存在当庭难以答复的正当理由，则可以另行确定开庭时间由鉴定人出庭作证，或者准许鉴定人在庭审之后进行书面答复。准许书面答复的，人民法院在收到书面答复后应当及时送交双方当事人，并可以指定期间让当事人提出意见。

如果当事人对于书面答复仍然有异议，要求鉴定人出庭进行答复，或者人民法院对鉴定人回复内容仍然有疑虑等其他必要情形下，可以再次开庭质证，由鉴定人出庭进行现场答复。有关鉴定人再次出庭的费用、程序，应当适用鉴定人出庭作证的规定。

其四，鉴定人拒不出庭作证的后果。

鉴定人是人民法院在涉及专门性问题事实查明时，用以补充法官一般经验法则之外专业知识和经验不足的辅助人，其基于人民法院委托从事鉴定活动，对人民法院负有公法上的义务。鉴定人出庭作证是其以言词表达鉴定意见的方式，是鉴定活动的延伸，属于鉴定人义务的范畴。鉴定人拒不出庭作证，违反其承担的法定义务，应当承担相应的法律后果。另外，鉴定人作为一种证据方法，其出庭作证也是民事诉讼证据调查遵循直接原则和言词原则的需要。尽管鉴定人已经向人民法院提交了以鉴定意见为核心内容的鉴定书，但如果鉴定人不出庭作证，以言词方式对鉴定书的内容进行解释、说明，回答当事人和法官的疑问，当事人对于其有异议的内容无法进一步了解鉴定意见的逻辑，法官也很难对鉴定意见作出准确的判断。这势必会影响当事人诉讼权利保障，影响人民法院认定鉴定意见的准确性和公正性。在这个意义上，鉴定人拒不出庭作证，在证据的采信上，也应当产生一定的法律后果。

根据《民事诉讼法》第 81 条、2019 年《民事诉讼证据规定》第81条和《委托鉴定审查工作规定》第14条的规定，鉴定人拒不出庭作证的，产生如下后果。

第一，鉴定意见不被采信的后果，即鉴定意见不得作为认定案件事实的根据。鉴定意见不被采信系证据法上的后果，并非直接针对鉴定人。鉴定意见是《民事诉讼法》规定的法定证据形式，需要遵守证据调查的一般规则，即“证据应当在法庭上出示，并由当事人互相质证”。当事人对于鉴定意见经过书面异议程序，鉴定人书面答复后仍然有异议或者人民法院认为有必要的，鉴定人仍然有必要出庭接受当事人的质询和人民法院的询问，以保障当事人充分质证的权利和人民法院证据调查的效果。鉴定人拒不出庭的，对鉴定意见的质证并未完成，对鉴定意见的采信缺乏适法性和公正性，不能作为认定案件事实的根据。相应的，当事人也因此取得申请重新鉴定的权利。在《民事诉讼法》于2012年修改之前，法律、司法解释对于鉴定人拒不出庭的情形没有任何关于后果的规定。2001年《民事诉讼证据规定》起草过程中，已经认识到鉴定人出庭的重要性，曾经试图作出与1991年《民事诉讼法》第72条类似的规定，即鉴定人不出庭的，鉴定意见不得作为认定案件事实的根据。但在征求意见过程中，这种方案遭到很多审判一线法官的反对。反对的理由主要在于，20世纪末和21世纪初，鉴定机构的市场化程度远远不够，很多鉴定机构是事业单位或者本身即为国家机关的部门，且一些领域的鉴定机构数量有限，这些鉴定机构处于垄断地位，对于出庭作证较为排斥。如果规定鉴定人不出庭鉴定意见不能作为认定案件事实的根据，则很可能导致很多案件无法借助鉴定意见认定涉及专门性问题的事实，使审判工作陷于被动。经过反复权衡，2001 年《民事诉讼证据规定》第 59 条仅规定了鉴定人应当出庭接受当事人询问，以及因特殊原因无法出庭时，经人民法院准许可以书面答复当事人的质问，未进一步规定鉴定人无正当理由不出庭时，鉴定意见的证据效力。在 2012 年《民事诉讼法》修改时，由于社会环境发生很大变化，鉴定机构的市场化程度已经有了极大提高，某些机构垄断某一领域鉴定事务的情形基本不再存在，立法机关吸收了各方建议，对于鉴定人不出庭作证的后果作出明确规定。2012 年《民事诉讼法》第 78 条的规定，从立法层面弥补了 2001 年《民事诉讼证据规定》的不足，无疑具有十分积极的意义。

第二，鉴定人退还鉴定费用。鉴定人进行鉴定虽然是履行公法义务的行为，但按照民事诉讼有偿主义原则，鉴定人支出的成本和应得的报酬应当由当事人承担。故在鉴定委托之前，申请鉴定的当事人需要预交鉴定费用；人民法院依职权委托鉴定的，则由人民法院先行垫付鉴定费用。鉴定费用是鉴定人出具符合法律规定的鉴定意见的对价，由于鉴定人拒不出庭导致鉴定意见不能作为认定案件事实的根据的，鉴定人收取鉴定费用失去正当性基础。因此

《民事诉讼法》第81条规定，支付鉴定费用的当事人可以要求退还鉴定费用。由于鉴定费用性质上属于公法费用，当事人预交鉴定费用系基于人民法院的指示，当事人要求退还鉴定费用只能向人民法院提出。当事人与鉴定人之间没有私法上的权利义务关系，其向鉴定人直接主张返还费用缺乏权利基础。人民法院在收到当事人要求退还鉴定费用的申请后，应当在3日内作出裁定，责令鉴定人在一定期间内退还鉴定费用。这种裁定不涉及当事人的权利义务，纯粹为处理程序事项，不能上诉，也不能复议。鉴定人不按照裁定的期间和内容履行的，人民法院无须当事人的申请，可以依职权移送执行。在人民法院依职权委托鉴定的情况下，鉴定人拒不出庭作证时，人民法院就垫付的鉴定费用可以直接裁定鉴定人退还，并在鉴定人拒不退还时移送执行。

第三，对鉴定人的处罚。对于鉴定人拒不出庭作证的后果，《民事诉讼法》没有规定对鉴定人的处罚。我国民事诉讼中因鉴定人拒不出庭作证而对鉴定人的处罚，主要体现为诉讼管理上的处罚和惩戒。根据2019年《民事诉讼证据规定》第81条和《委托鉴定审查工作规定》第14条的规定，这些处罚惩戒措施包括向有关主管部门或者组织发出对拒不出庭作证鉴定人予以处罚的司法建议；将鉴定人列入鉴定人黑名单，被列入黑名单期间，不得进入人民法院委托鉴定专业机构、专业人员备选名单和相关信息平台；将鉴定人从人民法院委托鉴定专业机构、专业人员备选名单中除名；向行政主管部门或者行业协会发出司法建议；等等。在2019年《民事诉讼证据规定》起草过程中，有人提出，《民事诉讼法》将不采纳鉴定意见和返还鉴定费用作为鉴定人拒不出庭的后果并不妥当，鉴定人拒不出庭作证是对公法义务的违反，应当处以拘留、罚款等公法上的制裁。由于《民事诉讼法》对于鉴定人拒不出庭作证后果的规定非常明确，不存在作进一步解释的空间，而罚款、拘留等涉及人身和财产强制措施须由法律明确规定，不宜由司法解释进行规定，故没有采纳这种意见。

审判实践中，鉴定人虽出席法庭审理但拒绝回答当事人或者法官就鉴定意见有关内容的询问，应如何处理？在理论上，鉴定人出庭作证义务包括出庭义务和陈述义务，鉴定人的出庭义务是其履行陈述义务的前提，出庭义务和陈述义务共同构成完整的鉴定人出庭作证义务。鉴定人虽出庭但拒绝接受当事人或者法官的询问，其并未完整履行出庭作证义务，属于拒不出庭作证的情形，应当承担拒不出庭作证的后果。当然，有关对鉴定人的询问必须与鉴定意见相关，超出鉴定意见范围的询问，鉴定人有权拒绝。

（八）重新鉴定

2019年《民事诉讼证据规定》

第40条　当事人申请重新鉴定，存在下列情形之一的，人民法院应当准许：

（一）鉴定人不具备相应资格的；

（二）鉴定程序严重违法的；

（三）鉴定意见明显依据不足的；

（四）鉴定意见不能作为证据使用的其他情形。

存在前款第一项至第三项情形的，鉴定人已经收取的鉴定费用应当退还。拒不退还的，依照本规定第八十一条第二款的规定处理。

对鉴定意见的瑕疵，可以通过补正、补充鉴定或者补充质证、重新质证等方法解决的，人民法院不予准许重新鉴定的申请。

重新鉴定的，原鉴定意见不得作为认定案件事实的根据。

第 81 条第 3 款　当事人因鉴定人拒不出庭作证申请重新鉴定的，人民法院应予准许。

当事人申请重新鉴定，是民事诉讼中经常发生情况。鉴定人向人民法院提交鉴定意见后，当事人对鉴定意见所提出的异议，经过书面异议和鉴定人出庭作证未能解决，或者经过双方当事人对鉴定意见质证后未能被人民法院采信的，可能会谋求重新鉴定来进行救济。就发生时点而言，当事人可能在人民法院采信鉴定意见之前提出申请，如出于对鉴定意见的不满在鉴定人出庭作证时申请重新鉴定，更多的是在人民法院采信鉴定意见作出判决后，在二审程序或者再审程序中提出。就原因而言，当事人申请重新鉴

定既可能基于鉴定程序问题，也可能基于鉴定本身的技术性问题，有时当事人也将重新鉴定作为诉讼策略，从纯粹诉讼利益出发提出申请。

审判实践中，有关重新鉴定的问题曾经一度十分混乱。在 2001 年《民事诉讼证据规定》公布实施之前，关于鉴定的程序操作和诉讼管理缺乏明确的法律依据，是否启动重新鉴定也没有明确的标准。一些当事人为了自身利益的需要，只要对鉴定结果不满意，就申请重新鉴定。一些人民法院为了避免当事人针对人民法院的对立情绪，无原则地准许当事人的重新鉴定申请，导致一个案件重复鉴定、反复鉴定的情况十分普遍，给人民法院认定案件事实带来极大困扰。在案件存在多个鉴定意见时，甚至出现有的法院根据多个鉴定意见中的多数意见认定案件事实的情况。事实表明，重复鉴定、反复鉴定不仅不利于解决当事人之间的争议，反而容易激化矛盾，给人民法院对案件事实的查明造成障碍，妨碍民事诉讼秩序的稳定。为此，2001 年《民事诉讼证据规定》第 27 条对于重新鉴定的条件以及有缺陷的鉴定意见的处理作出明确规定。从 2001 年《民事诉讼证据规定》实施 18 年的情况来看，这条规定对于规范人民法院重新鉴定行为，维护民事诉讼秩序发挥了十分积极的作用，取得了比较好的效果。因此，2019 年《民事诉讼证据规定》根据《民事诉讼法》的修改情况和民事审判实践的发展，在进行适当完善和补充的基础上，保留了该条规定的主要内容。总体而言，对于重新鉴定，2001 年《民事诉讼证据规定》和 2019 年《民事诉讼证据规定》都采取从严立场，尽量减少重新鉴定的情况，能够通过其他方式补救的，不组织重新鉴定。

1. 重新鉴定的条件

人民法院准许当事人重新鉴定的申请，组织重新鉴定，须存在鉴定有严重缺陷，无法采信为认定案件事实根据的情形。这种缺陷既可能体现为程序问题，也可能存在于鉴定本身的实体性问题。

其一，鉴定人不具备鉴定资格。鉴定人具有相应的鉴定资格是鉴定合法性基础。人民法院委托鉴定，无论是当事人协商确定鉴定人，还是人民法院通过一定程序指定鉴定人，均应在具有相应资格的鉴定人中选择。鉴定人没有相应鉴定资格的，其对于鉴定事项所出具的意见很难具有客观性、准确性、专业性，人民法院根据其出具的鉴定意见认定案件事实，也很难做到公正、准确、符合客观实际。因此，《民事诉讼法》《民事诉讼法解释》和《民事诉讼证据规定》都将鉴定资格置于很重要的位置。实践中，人民法院对于诉讼中的鉴定人实行鉴定人名册管理，凡接受人民法院委托从事鉴定工作的机构和个人，原则上均应进入鉴定人名册，无论当事人协商确定鉴定人，还是人民法院指定鉴定人，原则上均应在名册内的鉴定人中选定。特殊情况下，超出鉴定人名册范围选任鉴定人的，也需要人民法院进行审查和确认。“当事人协商一致选定的鉴定人未纳入鉴定人名册时，鉴定督办人应当对该鉴定人进行审查，发现重大问题的，应当主持当事人重新选定鉴定人。”“司法鉴定所涉及的专业未纳入鉴定人名册时，人民法院司法鉴定机构可以从社会相关专业中，择优选定受委托单位或专业人员进行鉴定。如果被选定的鉴定人需要进入鉴定人名册的，按本办法规定程序办理。”① 民事审判实践中，鉴定人资格问题是法官和人民法院司法辅助部门都很关注的问题，在委托鉴定之前他们会对鉴定资格问题进行必要审查，很少出现没有鉴定资格的鉴定人接受人民法院委托从事鉴定活动的情况。但有时，实践中会出现鉴定人的资格与其所从事的鉴定事项不匹配、不符合行政管理要求的情况。例如，对于建设工程施工合同纠纷案件中工程造价鉴定，委托不具有工程造价咨询资质证书，也没有取得造价工程师资格证书的工作人员的机构进行鉴定；对于水利工程造价鉴定，委托了没有水利工程造价咨询资质证书的鉴定机构；等等。这种相关专业领域行业管理规范，人民法院在审判实践中应当作为鉴定资格的强制性要求予以尊重。不符合行业管理要求的，应当认定为鉴定人不具有相应的鉴定资格。对于当事人协商一致选择不在鉴定人名册中的机构或者个人作为鉴定人，或者人民法院在鉴定名册专业领域之外选择鉴定人的，特别应当注意相关行业管理规范

① 《人民法院司法鉴定人名册制度实施办法》第 17 条、第 18 条。

的要求。

其二，鉴定程序严重违法。鉴定具有准司法行为的性质，因此应当严格遵守法律规定的程序。严重违反法定程序的鉴定，其鉴定活动和鉴定意见缺乏正当性基础，鉴定意见作为证据的合法性存在重大问题，采信这种鉴定意见作为裁判的基础，会严重影响人民法院裁判的正当性，因此不能作为认定案件事实的根据。审判实践中，鉴定严重违反法定程序的情形主要发生于鉴定人和鉴定材料相关事项存在违反法定程序的情形。

就鉴定人方面而言，除鉴定资格这种广义鉴定程序问题之外，鉴定人应当回避而没有回避，是鉴定程序严重违法的主要表现形式。基于鉴定人为人民法院辅助机关的性质和地位，鉴定人适用审判人员回避的规定。结合《民事诉讼法》第47条和《民事诉讼法解释》第43条、第44条的规定，鉴定人在下列情形下应当回避：为本案当事人或者当事人、诉讼代理人的近亲属；本人或者近亲属与本案有利害关系，或者持有非上市公司当事人股份或股权；与当事人或者诉讼代理人有其他利害关系可能影响案件公正审理，包括接受当事人及其受托人宴请、参加由其支付费用的活动，向当事人及其受托人借用款物，索取或接受当事人及其受托人财物或者其他利益；违反规定会见当事人或诉讼代理人，为当事人推荐、介绍诉讼代理人或者为律师、其他人员介绍代理本案等。此外，基于鉴定的特点，如果鉴定人与当事人或者其近亲属、利害关系人如公司的实际控制人等存在股权关系、隶属关系、劳动关系、重大利益关系等，在解释上也应当属于《民事诉讼法》第 47 条第 1 款第 3 项规定的其他关系的情形。鉴定人存在上述应当回避情形的，当事人可以在诉讼过程中的任何阶段申请其回避。由于鉴定意见是在鉴定人存在应当回避的事由而未回避情形下作出的，严重违反法定程序，人民法院应当准许当事人重新鉴定的申请。

就鉴定材料而言，严重违反法定程序的情形主要体现在两个方面：一是鉴定材料未经质证。根据 2019 年《民事诉讼证据规定》第 34 条的规定，未经质证的材料，不得作为鉴定的根据。鉴定人接收鉴定材料，应当是人民法院组织当事人质证过的材料，当事人直接向鉴定人提交材料的，鉴定人应当向人民法院报告有关情况并由人民法院组织质证后，才能作为鉴定的基础。人民法院组织对鉴定材料质证，可以通知鉴定人参加，以辅助法官对鉴定材料的审查认定。审判实践中，有的法院对于鉴定管理不重视，对于鉴定的程序监督不充分，有的法官在委托鉴定后即放手不管，对鉴定人的行为不闻不问，将鉴定材料提交、确认完全交由鉴定人处理；而一些鉴定人也逾越自身的职权，替代法官组织当事人对鉴定材料进行质证和认定。这些情形特别是在需要补充鉴定材料时，由于鉴定人的程序意识不足而经常发生。这种违反法定程序要求的情形，严重影响鉴定材料的质量，可能使不符合真实性、合法性要求的材料成为鉴定的基础，在此基础上形成的鉴定意见，其客观性和公正性无法保障。因此，鉴定材料未经质证的，作为鉴定程序严重违法的情形之一，属于2019年《民事诉讼证据规定》第40条人民法院应当准许当事人重新鉴定申请的法定情形。但如果未经质证的只是一部分鉴定材料，能够通过补充质证等方式救济的，则不应准许重新鉴定的申请。二是鉴定人在调取证据、勘验、询问等过程中违反法定程序。鉴定人作为人民法院的辅助机关，为鉴定的需要，可以部分行使人民法院的职权。但鉴定人行使属于法官的职权必须经过人民法院的准许，且必须在行使职权过程中遵守相应的法定程序要求。未经人民法院准许，鉴定人调取证据、勘验物证或者询问当事人、证人的行为，不具有合法性，鉴定人以调查、勘验或询问结果作为鉴定基础的，其鉴定活动严重违反法定程序，鉴定意见不能作为认定事实的根据。在人民法院准许后，鉴定人调取证据、勘验物证或者询问当事人、证人的行为未遵守相应的程序要求，是否构成严重违反法定程序，需要结合案件情况进行具体分析。对于未损害当事人的诉讼权利的程序瑕疵，能够通过其他方式补救的，不应重新鉴定。

其三，鉴定意见明显依据不足。鉴定意见依据不足，是重新鉴定申请审查中的实体内容，也是技术性内容。鉴定选择的原理不恰当，鉴定方法不科学，或者运用原理、方法所进行的推导不合逻辑等，都可能产生鉴定意见依据不足的情形。无论基于何种原因，鉴定意见依据不足都必须达到明显程度，才能符合重新鉴定的条件。通常，鉴定属于法官一般经验法则之外的领域，法官对于鉴定的专门性问题并不具备相应的知识经验和技能，对于鉴定意见是否依据不足难以作出判断。但如果鉴定意见明显违背一般常识、与一般公众普遍知晓的科学常识不相符，或者明显与人民法院已经查明的事实相悖，则鉴定意见通常属于明显依据不足的情形。例如，有关亲子鉴定问题，遗传学的理论和技术是判断亲子关系的基本依据和方法。按照遗传学的基本规律：（1）子女必定得到父母每方的一对遗传标记中的一个；（2）子女不可能带有父母都没有的遗传标记；（3）除非父母双方均有同一遗传标记，否则子女不会是纯合子；（4）父母之一若是纯合子，则子女必得其一。如果亲子鉴定的结论违反上述遗传学的基本规律，则鉴定意见属于明显的依据不足。[①] 2001 年《民事诉讼证据规定》第 27 条将“鉴定结论明显依据不足”作为人民法院准许重新鉴定申请的条件，其本义就是针对鉴定意见存在明显问题、不需要专业知识就能够作出判断的情形。明显依据不足的鉴定意见，不具有客观性，无法帮助法官对涉及专门性问题的待证事实形成心证，不能作为裁判的基础，

---

① 参见最高人民法院民事审判第一庭编著：《最高人民法院新民事诉讼证据规定理解与适用》，人民法院出版社 2020 年版，第 391 页。

也无法通过补充质证、补充鉴定等方法解决，故应当由人民法院重新组织鉴定。

其四，鉴定意见不能作为证据使用的其他情形。除上述三种典型的鉴定意见不能作为证据使用的情形外，司法解释规定了兜底性条款，由人民法院在审判实践中根据案件具体情况进行判断。这种鉴定意见不能作为证据使用的其他情形，至少包括以下两种情形：第一，鉴定人拒不出庭作证。根据《民事诉讼法》第 81 条规定，经人民法院通知，鉴定人拒不出庭作证的，鉴定意见不得作为认定案件事实的根据。因此，鉴定人拒不出庭作证的，鉴定意见不能作为证据使用，根据 2019 年《民事诉讼证据规定》第 81 条第 3 款规定，当事人因鉴定人拒不出庭作证申请重新鉴定的，人民法院应当准许。第二，鉴定人故意在鉴定书中进行自相矛盾的表述。例如，在某高级人民法院审理的第一审建设工程施工合同纠纷案件中，人民法院委托鉴定机构对案涉工程造价进行鉴定。由于对鉴定依据与人民法院认识存在分歧，鉴定人虽出具明确鉴定意见，但在鉴定书中声明鉴定意见系根据法院要求出具、不代表鉴定机构的意见、不对鉴定意见负责等内容。这种情形即属于鉴定人故意在鉴定书中作出与其鉴定人职责不相符的自相矛盾陈述的情形。这种鉴定意见不能作为证据使用。当事人申请重新鉴定的，人民法院应当准许。

2. 重新鉴定的后果

根据2019年《民事诉讼证据规定》第40条的规定，重新鉴定须符合鉴定存在严重缺陷、致使鉴定意见不能作为证据使用的情形。人民法院准许当事人申请、组织重新鉴定的，会产生两方面后果：其一，对鉴定人的后果为，其收取的鉴定费用应当退还。由于鉴定因重大缺陷导致鉴定意见不能作为证据使用，人民法院委托鉴定的目的不能实现，且鉴定缺陷主要系基于鉴定人的原因所致，鉴定人收取鉴定费用失去正当理由与合法性基础。而人民法院决定重新鉴定，应当按照委托鉴定的程序重新选任鉴定人，出具委托书，当事人应当重新预交鉴定费用。原鉴定人继续留存鉴定费用，也势必使当事人承受双重负担。因此，当事人可以向人民法院申请退还鉴定费用。人民法院应当在收到申请的3日内作出裁定，责令鉴定人退还；拒不退还的，由人民法院依法强制执行。其二，对鉴定意见而言，原鉴定意见不得作为认定案件事实的根据。重新鉴定是基于原鉴定存在重大缺陷致使鉴定意见不能作为证据使用的情形，从逻辑上，原鉴定意见当然不能作为认定案件事实的根据，这一结论是清晰、明确的。但审判实践中，存在人民法院重新委托鉴定后仍然根据原鉴定意见认定案件事实的情形，且这种情况并非个例。因此，2019年《民事诉讼证据规定》第40条第4款对此作出明确规定，以杜绝这种严重违反逻辑和证据采信规则的情形发生。此外，如果鉴定人存在违法违规情形，人民法院可以根据《委托鉴定审查工作规定》第14条的规定，对鉴定人处以从备选名单除名、向行政主管部门或者行业协会发司法建议、列入黑名单以及将有关线索移交公安机关、检察机关等处罚、惩戒措施。

就有关退还鉴定费用的后果而言，2019年《民事诉讼证据规定》第40条规定鉴定人不具备相应资格、鉴定程序严重违法和鉴定意见明显依据不足这三种情形下重新鉴定的，鉴定人应当退还鉴定费用，主要理由在于这三种情形均为鉴定人严重违反鉴定程序、鉴定规范等鉴定人的义务致使鉴定意见不能作为证据使用，鉴定人存在重大过错。对于“鉴定意见不能作为证据使用的其他情形”没有规定鉴定人退还鉴定费用的后果，并非意味着退还鉴定费用的后果在其他情形下不能适用，而是因为其他情形的范围不易界定，鉴定意见不能作为证据使用的原因可能比较复杂，不可一概而论，有时鉴定人未必在鉴定过程中具有重大过错，这种情况下责令鉴定人退还鉴定费用不尽合理。因此，除2019年《民事诉讼证据规定》第40条和第81条规定的情形外，其他鉴定意见不能作为证据使用的情形下鉴定人是否退还鉴定费用，由人民法院根据案件具体情况对鉴定人是否具有重大过错进行判断，在此基础上决定是否退还鉴定费用。

3. 瑕疵鉴定意见的处理

就重新鉴定而言，自 2001 年《民事诉讼证据规定》以来，司法解释一直坚持从严的立场，对于能够通过其他方式救济的，尽量不采取重新鉴定的方式。2019 年《民事诉讼证据规定》延续了此前司法解释的精神和 2001 年《民事诉讼证据规定》的基本内容，同时作了适当的补充和完善。

鉴定意见的瑕疵与鉴定意见存在不能作为证据使用的重大缺陷不同，是指鉴定意见虽存在一定问题，但尚未达到重大缺陷的程度，并未根本上影响其作为证据使用。因此，有瑕疵的鉴定意见在经过适当的补救后，仍然可以作为认定案件事实的根据。这种补救的方式有三种：其一，对鉴定意见的补正。补正主要是针对鉴定意见存在文字错误的情形，包括打印错误，单纯的数字计算、书写错误等。其二，补充鉴定。主要针对鉴定意见中有遗漏或者有瑕疵的事项，人民法院可以要求鉴定人通过补充鉴定进行弥补。其三，补充质证或者重新质证。对鉴定意见补充质证、重新质证主要针对鉴定意见没有根本性问题但存在不够清晰、明确之处，可以通过质证的方式弥补瑕疵。对于能够通过其他方式弥补、救济的鉴定意见，当事人申请重新鉴定的，人民法院不予准许。

（九）对鉴定人撤销鉴定意见的限制

2019年《民事诉讼证据规定》

第42条　鉴定意见被采信后，鉴定人无正当理由撤销鉴定意见的，人民法院应当责令其退还鉴定费用，并可以根据情节，依照民事诉讼法第一百一十一条的规定对鉴定人进行处罚。当事人主张鉴定人负担由此增加的合理费用的，人民法院应予支持。

人民法院采信鉴定意见后准许鉴定人撤销的，应当责令其退还鉴定费用。

民事诉讼中，鉴定人在完成鉴定工作，出具鉴定意见后，能否撤销，是审判实践中存在争议的问题。民事诉讼法上的鉴定基于人民法院委托而启动，鉴定人作为人民法院查明涉及专门性问题事实的辅助机关，其从事鉴定的行为具有准司法行为的性质。尽管涉及鉴定的实体内容强调鉴定人的独立判断，人民法院不作干预，但对于鉴定的过程，人民法院有监督管理的职权，对鉴定意见的效力也须人民法院在法定程序之中进行认定。鉴定人的鉴定行为实质上是人民法院证据调查权的延伸，在这个意义上，鉴定人的行为受人民法院司法权的监督和制约，除鉴定工作本身鉴定人具有自主性外，鉴定人的其他行为均应处于人民法院的规制之下。因此，民事诉讼中鉴定意见并不存在鉴定人“自我纠正”的机制，鉴定人完成鉴定、出具鉴定意见后，是否需要以及如何进行补充、更正，应当由人民法院审查决定。

2001 年《民事诉讼证据规定》对于鉴定人的诉讼管理没有特别关注，对于鉴定人出具鉴定意见后又撤销的情形没有规定。在 2019 年《民事诉讼证据规定》公布实施之前，审判实践中鉴定人出具鉴定意见后又撤销鉴定意见的情况时有发生。一些当事人在发现鉴定意见对其不利后，采取暴力、威胁、骚扰等不正当方式给鉴定人施加压力，甚至采取贿赂等违法方式唆使鉴定人撤销鉴定意见；一些鉴定人在发现鉴定存在违规违法或者其他问题后，出于回避法律责任等考虑，也会主动撤销鉴定意见。鉴定人撤销鉴定意见，给人民法院的审判工作带来很大困扰，特别是在人民法院采信鉴定意见作出判决后鉴定人撤销鉴定意见的，严重影响判决的稳定性，也对民事诉讼秩序造成很大干扰。

对于鉴定人撤销鉴定意见后如何处理，在 2019 年《民事诉讼证据规定》制定过程中存在两种观点：一种观点认为，民事诉讼中的鉴定并无“自我纠正”机制，鉴定人没有撤销鉴定的权利，其撤销鉴定的行为不发生法律效力。人民法院仍然应当在质证的基础上对鉴定意见进行综合认定。已经采信鉴定意见作出的判决，也没有再审的必要。另一种观点认为，鉴定意见是涉及专门性问题事实查明中的关键证据，鉴定人撤销鉴定意见的行为，势必对证据的认定带来影响，人民法院不理会鉴定人撤销鉴定意见的行为，会使采信鉴定意见的事实认定和裁判的公信力受到消极影响。故鉴定意见被鉴定人撤销后，不能再作为证据使用，人民法院应当重新组织鉴定。2019 年《民事诉讼证据规定》原则上采纳了第二种观点。民事诉讼中，鉴定是一种准司法行为，鉴定的委托、鉴定的过程、鉴定意见的出具和补充、更正等，均应处于人民法院监督和管理之下。鉴定人出具鉴定意见后，没有撤销鉴定的权利。从这个意义上讲，第一种观点是正确的。但鉴定意见作为专家证据，是以鉴定人的意见辅助法官认定案件事实。在案件事实涉及专门性问题时，作为关键证据的鉴定意见被出具意见的主体撤销，这种情况下人民法院采信鉴定意见作为认定事实的根据，势必会引起对人民法院裁判的正当性和公信力的质疑。而有时，作为鉴定人的鉴定机构在发现从事鉴定的工作人员存在虚假鉴定等情形时，或者根据行政主管部门、行业协会的意见建议撤销鉴定意见，也并非没有合理的理由。这种情况下，鉴定意见不能作为人民法院认定事实的根据，对于涉及专门性问题的事实，人民法院应当重新组织鉴定。但鉴定人撤销鉴定意见的行为，必须处于人民法院的监督管理之下。

2019 年《民事诉讼证据规定》第 42 条针对鉴定意见被人民法院采信后鉴定人撤销鉴定意见的情形，作出对鉴定人处罚的规定。据此，在鉴定意见被人民法院采信后，鉴定人撤销鉴定意见，必须符合下列条件：其一，必须具有正当理由。这种正当理由一般是指基于行政主管部门或者行业协会提出意见建议要求鉴定人撤销鉴定意见，或者鉴定机构发现从事鉴定的人员存在虚假鉴定、收受贿赂等违法违规行为的情形。我国对鉴定人的管理采取行政管理与行业管理相结合的方式，管理部门对于鉴定人不符合管理规范的行为可能会提出撤销鉴定意见的要求，尽管有时未必是因为鉴定本身存在问题，但这种要求非鉴定人自身所能控制，可以视为鉴定人有撤销鉴定意见的正当理由。在鉴定机构发现从事鉴定的人员存在虚假鉴定、收受贿赂等足以影响鉴定意见准确性的重大缺陷时，也可以认为鉴定人有撤销鉴定意见的正当理由。但如果鉴定人是基于当事人的压力而撤销鉴定意见，不能认为其理由正当。其二，撤销鉴定意见必须经人民法院准许。基于鉴定准司法行为的性质，鉴定人的行为必须处于人民法院监督管理之下。鉴定人确有正当理由需要撤销鉴定意见的，应当经过人民法院准许后，才能实施。人民法院准许，是判断鉴定意见撤销是否具有正当性的核心因素。即使鉴定人有正当理由，但未经人民法院准许，其撤销鉴定意见的行为也不具有正当性，仍然要面临人民法院的处罚。

在人民法院采信鉴定意见后，鉴定人无正当理由未经准许撤销鉴定意见，是一种扰乱诉讼秩序的行为，人民法院应当根据《民事诉讼法》第 114 条的规定，对鉴定人处以妨碍民事诉讼的强制措施，进行罚款或者拘留。而鉴定意见撤销后，鉴定人因进行鉴定、出具鉴定意见而收取的鉴定费用，不具有继续保有的正当性，人民法院应当以裁定方式责令其退还；拒不退还的，根据2019年《民事诉讼证据规定》第81条的规定处理。

对于鉴定意见被人民法院决定是否采信之前被鉴定人撤销的情形应如何处理，司法解释没有作出规定。从逻辑上，可以比照鉴定意见在人民法院采信后被鉴定人撤销的情形，减等处理。除人民法院责令鉴定人退还鉴定费用外，由于鉴定意见在人民法院决定是否采信之前撤销同样属于鉴定人干扰民事诉讼秩序的行为，只是程度上相比人民法院采信后通常要轻微，故有关罚款数额可以适当降低，一般不必处以司法拘留的强制措施。

人民法院准许鉴定人撤销鉴定意见的，无论鉴定意见是否已被人民法院采信，鉴定人的行为均不能认为是妨碍民事诉讼的行为，故不存在对鉴定人处罚的问题。但鉴定费用系鉴定人从事鉴定活动、出具鉴定意见而获取的费用，在鉴定人撤销鉴定意见后，鉴定费用仍然应当退还。

（十）诉讼外鉴定

2019年《民事诉讼证据规定》

第41条　对于一方当事人就专门性问题自行委托有关机构或者人员出具的意见，另一方当事人有证据或者理由足以反驳并申请鉴定的，人民法院应予准许。

民事诉讼中，当事人将其自行委托有关专业机构、人员出具的意见书、报告书等作为证据提交法庭的情形十分常见。有时在人民法院委托的鉴定人出具鉴定意见后，当事人也会自行委托专业机构、人员出具相对应的意见，用以作为挑战鉴定意见的根据。这种当事人在诉讼程序之外自行委托专业机构、人员就专门性问题出具意见的情形，可以被称为诉讼外鉴定。与民事诉讼法上的鉴定有着特定条件和指向不同，诉讼外鉴定并非严格的法律概念，凡当事人在诉讼程序之外自行委托有关机构、人员出具的专业意见，均属于诉讼外鉴定。诉讼外鉴定与诉讼上的鉴定，具有一定相似性，二者都属于具有专业知识的机构或人员就专门性问题出具的专业意见，出具意见的机构或者人员通常都符合相应资格要求，但二者委托主体、被委托方的选任程序、资料的调查收集、对方当事人的参与和程序保障等方面存在根本性差异。诉讼外鉴定由当事人自主选择专业机构或专业人员，自行负担费用，通常由其单方提供有关材料，对方当事人一般没有参与的机会和程序保障。在绝大多数情况下，诉讼外鉴定更多地体现了委托一方当事人的意志，所形成的意见不可避免地倾向于委托一方当事人的利益。这与民事诉讼程序中人民法院委托的鉴定具有准司法行为性质、注重平等保护双方当事人的权利、追求鉴定结果的客观、准确、公正，有着根本性区别。

在2001年《民事诉讼证据规定》公布实施之前，当事人在民事诉讼中作为证据提交基于诉讼外鉴定而形成的意见书、报告书或者“鉴定报告”的情形十分普遍。由于1982年《民事诉讼法（试行）》和1991年《民事诉讼法》对于鉴定的规定均未强调人民法院作为委托主体，审判实践中将“有关部门”或“法定鉴定部门”出具的意见一概视为鉴定结论的情形比较普遍。当事人将其自行委托专业机构或人员就专门性问题出具的报告作为证据提交时，人民法院如何对待，存在两种截然相反的意见。一种意见认为，基于当事人自行委托而形成的鉴定结论，也是由具有相应资格的专业机构或者专业人员运用其专业知识、经验和技能对专门性问题作出的专业判断，在实质内容上与人民法院委托鉴定部门出具的鉴定结论没有本质不同。而且，当事人自行委托鉴定，也是当事人积极对待诉讼、维护自身合法权益的手段，有利于减少诉讼成本、提高诉讼效率。因此，应当作为鉴定结论这种法定证据形式，由人民法院在当事人发表质证意见的基础上进行认定，作为裁判的基础。另一种意见认为，当事人自行委托的鉴定，鉴定机构由当事人自行选择，鉴定费用由当事人自行支付，鉴定材料一般也是当事人单方提供，难以保证鉴定结论的客观公正。当事人可能出于自身利益的需要，以高额报酬收买鉴定机构出具符合其要求的鉴定结论；一些鉴定机构可能出于逐利目的，迎合当事人的需要，为经济利益提供虚假、偏颇的鉴定结论。人民法院采信这种证据，会严重影响民事审判的公信力。因此，不应认可当事人自行委托的鉴定结论的证据效力。在需要通过鉴定结论认定案件事实的情况下，应当由人民法院委托鉴定机构出具鉴定结论。这两种意见均没有从民事诉讼法上鉴定的本来含义出发分析当事人自行委托的鉴定结论的性质，没有区分民事诉讼法上的鉴定与诉讼外鉴定的不同，从今天的角度来看有失偏颇。

2001 年《民事诉讼证据规定》在起草过程中，注意到审判实践中争论的这一问题。根据参与司法解释论证的学者的建议，综合上述两种意见，在第 28 条规定："一方当事人自行委托有关部门作出的鉴定结论，另一方当事人有证据足以反驳并申请重新鉴定的，人民法院应予准许"。作出这一规定的主要理由是，考虑到审判实践中基于当事人自行委托形成的鉴定结论，有时对于当事人积极应对诉讼，明确其请求范围是必要的，故对当事人自行委托而形成的鉴定结论，不能简单地一概否定，仍然承认其可以作为证据使用，但在对方当事人有证据足以反驳的情况下，人民法院应当准许其申请重新鉴定。从该条文内容上看，尽管认识到基于当事人自行委托的鉴定结论与基于人民法院委托的鉴定结论存在差异，但没有在区分诉讼外鉴定与诉讼上鉴定的基础上作出规定，仍然存在缺憾。

2019 年《民事诉讼证据规定》第 41 条在一定程度上弥补了 2001 年《民事诉讼证据规定》第 28 条的不足，将原条文中当事人自行委托的“鉴定结论”修改为“意见”，以区别于民事诉讼上的鉴定；将对方当事人“有证据足以反驳”修改为“有证据或者理由足以反驳”，降低对方当事人反驳的难度，即从诉讼外鉴定系单方委托、依据单方提供资料作出等方面进行反驳，通常即可被认为是有理由的反驳；将“申请重新鉴定”修改为“申请鉴定”，进一步将这种诉讼外鉴定与诉讼上鉴定相区别。这些修改对于正确理解诉讼上鉴定的性质，准确区分诉讼上鉴定与诉讼外鉴定在证据法上的效力，具有十分积极的意义，在用语上也更有科学性，更符合民事诉讼的逻辑。

然而，2001 年和 2019 年《民事诉讼证据规定》均是从对方当事人申请鉴定的角度作出的规定，没有对基于诉讼外鉴定所形成的书面意见的性质作出明确回应。审判实践中，当事人经由诉讼外鉴定所形成的书面意见提交法庭后，应当按照何种证据类型进行审查认定？2001 年《民事诉讼证据规定》公布实施后，在对第 28 条内容适用过程中，大多将当事人自行委托的“鉴定结论”理解为书证。由于 2019 年《民事诉讼证据规定》第 41 条总体延续了 2001 年《民事诉讼证据规定》第 28 条的内容，实践中对于当事人自行委托有关机构或人员出具的书面意见，也大多作为书证对待。

基于当事人自行委托有关机构或人员出具的书面意见，尽管符合书证的形式，但与一般书证则存在很大不同。通常的书证是在事实发生过程中形成的，其本身是事实的一部分，或者是事实过程的客观反映，而这种当事人自行委托有关机构或人员出具的书面意见是在事实发生后形成的对事实的认识。通常，书证如合同文本能够直接证明案件的待证事实，而这种以意见为内容的书面材料则无法直接证明涉及专门性问题的事实，而只能证明接受当事人委托的机构或人员发表过意见的事实，这种证明在案件事实查明中通常不具有实质意义。另外，根据《民事诉讼法解释》第 122 条第 2 款规定，由当事人申请出庭陈述意见的专家辅助人的意见性质为当事人的陈述，而性质近似但未出庭陈述的从事诉讼外鉴定的机构或人员出具的书面意见，反而作为书证对待，在逻辑上也存在明显问题。

有一种观点认为，当事人自行委托有关机构或人员出具的书面意见，可以作为书面证言对待，将在书面意见上署名的人员作为证人，在审查书面意见时，应当传唤制作书面意见的人出庭作证。但我国民事诉讼中，只有事实证人而无意见证人，2019 年《民事诉讼证据规定》第 72 条明确规定，证人应当客观陈述其亲身感知的事实，作证时不得使用猜测、推断或者评论性语言。将当事人自行委托有关机构或人员出具的书面意见作为书面证言，与我国民事诉讼制度中证人的定位不符。而且，根据《民事诉讼法》第 76 条的规定，证人在符合法定情形时，经人民法院许可才可以通过书面证言方式作证。证人未经法庭许可提交的书面证言，不符合程序要求，不具有证据资格。当事人先提交书面意见，再由人民法院传唤制作者出庭作证，这种操作也与《民事诉讼法》规定不相符。因此，这种观点并不可取。

事实上，将接受当事人自行委托的有关机构或人员理解为当事人的专家辅助人，诉讼外鉴定所形成的书面意见作为专家辅助人的意见，更符合民事诉讼的规律，符合《民事诉讼法解释》和《民事诉讼证据规定》的内在逻辑。出具专业意见的机构或者人员本身即为辅助当事人诉讼的目的接受当事人委托，性质上为当事人的辅助人，其出具的意见也是为使当事人对涉及专门性问题的陈述或者对鉴定意见的反驳更为明确、清楚，更有针对性。在大陆法系的德国，与我国民事诉讼中诉讼外鉴定相对应的为私鉴定，其功能在于“协助当事人理解案情和指出公鉴定的缺陷，原则上被视为书面记载的当事人陈述”①。尽管德国法上的当事人陈述仅在法院对当事人讯问之下才具有证据意义，与我国当事人的陈述作为法定证据类型不同，但对于诉讼外鉴定的功能和性质与我国《民事诉讼法》第 82 条所规定的专家辅助人的功能和专家辅助人陈述的性质非常近似，而且在我国的民事诉讼实践中，专家辅助人参与诉讼时，大多也会在出庭陈述之前向人民法院提交书面意见。将诉

① 曹志勋：《诉讼外鉴定的类型化及其司法审查》，载《法学研究》2022 年第 2 期。

讼外鉴定的书面意见作为专家辅助人的书面陈述，将制作书面意见的人作为当事人的专家辅助人，在我国有实践基础。

审判实践中，当事人提交其就专门性问题自行委托有关机构或者人员出具的意见的，人民法院应当向当事人释明可以申请制作书面意见的机构或人员出庭陈述意见，由人民法院通知其出庭接受询问。根据《民事诉讼法》第 82 条和《民事诉讼法解释》第 122 条的规定，出庭陈述意见是专家辅助人参与诉讼的方式。未经制作书面意见的人出庭陈述意见、接受询问的，有关书面意见不能作为认定案件事实的根据。2023 年 8 月 15 日发布的《最高人民法院关于生态环境侵权民事诉讼证据的若干规定》第 23 条规定，“当事人就环境污染、生态破坏的专门性问题自行委托有关机构、人员出具的意见，人民法院应当结合本案的其他证据，审查确定能否作为认定案件事实的根据。对方当事人对该意见有异议的，人民法院应当告知提供意见的当事人可以申请出具意见的机构或者人员出庭陈述意见；未出庭的，该意见不得作为认定案件事实的根据”，这是司法解释第一次对于诉讼外鉴定的审查规则作出的规定。虽然该项司法解释系针对生态环境侵权案件的审理，但由于诉讼外鉴定问题在其他民事案件中并无本质不同，对于其他民事案件也具有重要的参照作用。

二、专家辅助人

《民事诉讼法解释》

第122条　当事人可以依照民事诉讼法第八十二条的规定，在举证期限届满前申请一至二名具有专门知识的人出庭，代表当事人对鉴定意见进行质证，或者对案件事实所涉及的专业问题提出意见。

具有专门知识的人在法庭上就专业问题提出的意见，视为当事人的陈述。

人民法院准许当事人申请的，相关费用由提出申请的当事人负担。

第123条　人民法院可以对出庭的具有专门知识的人进行询问。经法庭准许，当事人可以对出庭的具有专门知识的人进行询问，当事人各自申请的具有专门知识的人可以就案件中的有关问题进行对质。

具有专门知识的人不得参与专业问题之外的法庭审理活动。

2019年《民事诉讼证据规定》

第83条　当事人依照民事诉讼法第七十九条和《最高人民法院关于适用〈中华人民共和国民事诉讼法〉的解释》第一百二十二条的规定，申请有专门知识的人出庭的，申请书中应当载明有专门知识的人的基本情况和申请的目的。

第 84 条　审判人员可以对有专门知识的人进行询问。经法庭准许，当事人可以对有专门知识的人进行询问，当事人各自申请的有专门知识的人可以就案件中的有关问题进行对质。

有专门知识的人不得参与对鉴定意见质证或者就专业问题发表意见之外的法庭审理活动。

专家辅助人是 2001 年《民事诉讼证据规定》创设的制度。在 2001 年《民事诉讼证据规定》起草过程中，一些审判一线的法官反映，在涉及专门性问题事实查明的案件审理中，尽管人民法院通常会委托鉴定人出具鉴定结论，但由于当事人一般并不具有专门性问题所涉及的知识、经验和技能，作为诉讼代理人的律师对于专业技术问题也缺乏足够专业能力，对鉴定结论的质证往往不够充分，影响人民法院事实查明的效果。对此，有的地方法院采取了允许当事人在诉讼代理人之外聘请其认为能够对鉴定结论的质证提供有效帮助的专家出席法庭审理，代表当事人对鉴定结论进行质证，取得了比较好的效果。还有的地方法院在一些当事人争议的专门性问题比较单一、鉴定成本过高或者不易找到符合要求的鉴定人的案件中，允许当事人各自聘请其信任专家出庭，代表当事人对案件涉及的专门性问题进行陈述、说明、解释，对于人民法院查明涉及专门性问题的事实，也具有十分积极的作用。为此，在对审判实践中存在的问题和一些地方法院的经验进行总结的基础

上，经过认真研究，2001年《民事诉讼证据规定》在第61条规定，“当事人可以向人民法院申请由一至二名具有专门知识的人员出庭就案件的专门性问题进行说明……”。在其后的解读中，这种“具有专门知识的人员”被称为专家辅助人。专家辅助人制度被2002年制定的《最高人民法院关于行政诉讼证据的若干规定》所借鉴，并对刑事诉讼也产生了影响。2012年《民事诉讼法》修改时，全国人大常委会法工委接受了最高人民法院的建议和建议稿的条文，在当时的《民事诉讼法》第79条规定，当事人可以申请人民法院通知有专门知识的人出庭，就鉴定人作出的鉴定意见或者专业问题提出意见。

2001年《民事诉讼证据规定》公布实施后，有关第61条“具有专门知识的人员”的性质和地位，以及其陈述的性质，在审判实务中和理论界均存在一些争论。有学者认为，这种“具有专门知识的人员”系专家证人，第61条内容意味着我国民事诉讼引入了专家证人制度。这种观点的提出，时间较早，影响较大，审判实务界至今仍然有人持这种观点。但这种观点自始不被《民事诉讼证据规定》的起草者所认可。专家辅助人的用语就是为与专家证人相区别而有意识选择的对“具有专门知识的人员”的专门称谓。近年来，特别是《刑事诉讼法》在2012年、2018年两次修改以来，随着参与讨论的主体更为多元，对于专家辅助人的讨论也更为复杂。有观点认为专家辅助人既是法院的辅助机关也是当事人的辅助人；有观点认为专家辅助人并非只是辅助当事人的地位而是独立的诉讼参与人；有观点认为专家辅助人既具有专家证人性质也是法院和当事人的辅助人；等等，不一而足。在论证过程中，有观点认为应当设置专家辅助人资格的规定，在实践操作中加强对专家辅助人的资格审查；有观点认为人民法院应当建立专家辅助人名录，由当事人在名录中选任专家辅助人；有观点认为人民法院应当建立专家库供人民法院选任专家辅助人；有观点认为专家辅助人意见是与鉴定意见并行的独立证据类型，《民事诉讼法解释》第 122 条关于专家辅助人意见视为当事人陈述的规定是对 2001 年《民事诉讼证据规定》和《民事诉讼法》中专家辅助人制度的曲解；等等。这些观点和争论对于民事审判实践产生了比较大的影响，特别是对于一些不熟悉 2001 年《民事诉讼证据规定》第 61 条的起草背景和目的的法官产生了明显的误导。实践中，一些人民法院在民事诉讼中审查专家辅助人的资格、依职权指定专家辅助人出庭陈述意见等做法，大多是受这种争论的误导所致。这种情况严重违背民事诉讼专家辅助人制度建立的初衷和其制度功能的发挥，影响了民事诉讼制度特别是证据制度的整体功能和体系化，也影响了人民法院事实查明过程和程序操作的规范化、合法性，实有澄清之必要。

1. 何为专家证人

专家证人是英美法系国家和地区专家证据的主要形式。在英美法系国家和地区，专家证人（Expert Witness）是与普通证人（Lay Witness）相对应的一种证人类型，归属于广义的证人的范畴；除适用特殊规则外，专家证人作证时仍应遵循证人作证的一般规则。按照英美普通法传统，一般而言，证人只能针对他自己所做过、听过、说过或者亲历过的事实提供证言。如果证人相信或推断的事实是案件中争议的事实或者和案件中争议的事实相关，那么证人的意见或推断对于证明该事实真相而言是不被准许的。[①] 然而，在涉及超出法庭的经验和知识范围的有关专业事项需要证明的场合，为帮助法庭得出正确的结论，“专家的意见对于法庭获得超出法官或陪审员经验和知识的科学信息而言是可准许的。如果法官或陪审员对于待证事实不需要额外的帮助就能得出他们自己的结论，那么专家的意见就是不必要的”。[②] 英国《1972 年民事证据法》第 3（1）条规定，“在任何民事程序中一个人被称为证人的场合，如果他有资格对相关事项给出专家意见，那么他的意见在证据上应当是可容许的”。在美国的司法实践中，许多法庭在需要专家证人对科学试验和发现提供证据时，适用“通

---

① Murphy, Peter, *Murphy on Evidence*, 8th edition, Oxford University Press (2003), p. 364.

② Regina v. Turner, [1975] Q. B. 834, at 841.

常认可”和“科学合理”的原则。“通常认可”原则要求专家所依赖的能够提供准确的信息和结论的技术和原则是科学团体所同意的；在“科学合理”原则下，“通常认可”仍然是一项重要的考量因素，但法庭必须要考虑其他的因素，以决定专家的方法是否科学合理。①

在英美法系国家和地区，法庭对于专家证人的资格应当进行必要的审查。作为专家证人，专家必须在相关领域内具备帮助事实审理者发现真实的足够的知识和技能。这种知识和技能可以源于他在该领域内所受的教育或经验。判断专家证人的专业知识或技术的标准不是他是否“比该领域内的其他专家更能胜任，而是他是否比法官或陪审员更有能力作出意见性的结论”②。根据《美国联邦证据规则》第104条的要求，证人是否有作为专家证人的资格是法庭决定的事项。一个人能够成为专家证人是基于其知识、技能、经验、训练或者教育。只要他具备这些因素中的一个或者几个，就有可能成为《美国联邦证据规则》第702条项下的专家证人，而不必要求其满足如特定的学位、培训证书或某一职业团体的成员等条件。③ 传统上，专家证

① Strong, John W. etc., *McCormick on Evidence*, 5th edition, St. Paul, MINN., 1999, p. 727.

② Strong, John W. etc., *McCormick on Evidence*, 5th edition, St. Paul, MINN., 1999, pp. 59-61.

③ 参见［美］迈克尔·H. 格莱姆：《联邦证据法》，法律出版社1999年版，第254页。

人不必具有相应的职业资格，而专家证人是否具有独立性并不影响其作为专家证人的资格[①]。

专家证人与普通证人有很大的区别。在英美法系对抗制的法律制度之下，普通证人作为事实证人是被事件选择而不是被当事人选择，在这个意义上，他是“偶然出现在相关事件发生的场合，或者在通常行为的过程中偶然获知相关的信息”[②]。而提供意见证据的专家证人在传统上则是由当事人聘请辅助当事人的诉讼活动。因此，普通证人只有权请求给付其出席法庭审理所发生的费用或者提供有关文件的支出，而专家证人则通常能够从当事人处获得报酬。而且，普通证人只能陈述他观察到的事实，而专家证人则被要求承担与案件相联系的准备工作——他能够进行试验、检验、调查和其他的研究。与普通的事实证人相比，专家证人在很大程度上是在创造证据。[③]

在诉讼中，专家证人实际上承担双重职责。既然专家证人是当事人所“雇用”的，他不可避免地对聘请他并为他的专家意见支付报酬的当事人负责。另外，专家证人也对法庭负有责任，他应当在审判的过程中为法庭审理提供帮助。专家证人的职责“是为法官或陪审团提供检验专家结论准确性的必要的科学标准，其目的是使法官或者陪审

① See Field v. Leeds City Council, [2000]17 E. G. 165.

② Zuckerman, A. A. S., *Civil Procedure*, LexisNexis(2003), 630.

③ Zuckerman, A. A. S., *Civil Procedure*, LexisNexis(2003), 630.

团能够对于适用于已被证明的事实的这些科学标准进行独立判断"①。在 20 世纪末民事诉讼改革之后，英国在 1998 年《英国民事诉讼规则》中第一次明确了专家证人的责任应当表现为客观和公正。为抵销专家证人党派性的倾向，1998 年《英国民事诉讼规则》第 35.3 条规定专家证人对法庭负有优先职责："（1）专家的职责是就其专业知识范围内的事项为法庭提供帮助；（2）这种职责优先于其对聘请他或向他支付报酬的人的责任。"第 35.10 条进一步要求，专家证人必须在他的报告的结尾声明"（1）专家理解他对法庭所负的责任，（2）他已经遵守了该项责任"。专家证人以客观的、无倾向性意见的方式就他专业知识范围内的有关事项，向法庭和当事人提供独立的帮助，而并非承担一个代理人的角色。因此，专家证人的职责可以分为两类：公正和透明。所谓公正，是指应当要求专家证人按照事实证据和规范其学科的科学规则和资料作出结论性意见，而不考虑他的结论是否令聘请他的客户满意；所谓透明，是指专家的报告应当全面，应当清楚地表明结论所依赖为基础的假设，结论得出的理由，以及任何存在于专家脑海中的怀疑。② 从这个意义上，英美法系的专家证人在一定程度上已接近大陆法系的鉴定人，既为法院辅助机关也是当事人的证据方法的双重功能。

---

① Davie v. Magistrate of Edinburgh，［1953］S. C. 34，at 40.

② Zuckerman, A. A. S., *Civil Procedure*, LexisNexis(2003), 660.

2. 专家证人与专家辅助人的比较

从外在形式上，专家证人与专家辅助人存在一定相似之处。其一，二者都是基于当事人自主选择而进入民事诉讼之中。无论是专家证人还是专家辅助人，都由当事人聘请并由当事人承担其相关费用，或支付报酬。其二，二者能否进入法庭审理，都需要由当事人提出申请，最终依赖法庭的决定。其三，二者都在涉及专门性问题的事实查明中，通过专家的知识、经验和技能，辅助当事人的诉讼活动。其四，二者在法庭的证据调查中都遵循人证的规则，与普通证人的作证活动相同或类似。

然而，专家证人与专家辅助人之间的相似仅体现在形式上，二者在功能上存在实质性差别。专家辅助人在诉讼中的功能只是单一地协助当事人就有关专门性问题提出意见或者对鉴定意见进行质证，并在这一前提之下回答审判人员和当事人的询问、与对方当事人申请的“有专门知识的人”对质等，其功能和目的只是辅助当事人充分有效地完成诉讼活动，他并不具有法官的“专业助手”的功能。而专家证人的功能则是双重的。专家辅助人在诉讼中，他既要在事实发现上为法庭提供帮助，也要辅助当事人进行诉讼。而辅助法庭事实发现的功能是其最主要和优先的功能。正如《英国民事诉讼规则》第35.3条中所规定的：“（1）专家的职责是就其专业知识范围内的事项为法庭提供帮助；（2）这种职责优先于其对聘请他或向他支付报酬的人的责任”。专家证人的这种功能与大陆法上鉴定人的功能非常接近，即在法官面对因不具备专业知识而无法作出判断的事项时，由专家提供中立的意见以弥补其能力的不足，以达到对有关事项正确判断的目的。[①] 也正是基于这种功能上的差异，法庭并不对专家辅助人的资格作要求，一个“专家”是否有资格作专家辅助人完全由当事人自主决定；而专家证人的资格，应当符合法庭的要求，由法庭审查决定。

3. 专家辅助人性质为诉讼辅助人

专家证人与专家辅助人功能上的差异，决定了我国《民事诉讼法》中“有专门知识的人”的性质和诉讼地位并非专家证人。由于专家证人制度与鉴定制度同样具有在事实发现过程中辅助法官对专门性问题作出判断的功能，在我国民事诉讼已经确立了鉴定制度的同时，再设置专家证人制度，欠缺必要性与合理性，不符合法律规则创设的内在逻辑。另外，英美法系国家和地区的专家证人尽管与普通证人相比存在特殊性，但其诉讼地位仍然归属于证人范畴，遵循证人作证的规则。根据《民事诉讼法》和司法解释中有关证人作证规则的规定，我国的证人制度并不允许证人表达意见证言，证人只能进行“体验性”陈述。这些规则与英美法系国家和地区对事实证人的要求是一致的。

---

① 参见［日］三月章：《日本民事诉讼法》，汪一凡译，我国台湾地区五南出版公司1997年版，第466页。

这种对证人的要求显然与专家辅助人的性质是不相容的。因此，将专家辅助人理解为专家证人的观点是不正确的，势必导致“概念称谓上的混乱，理解上的不统一”。[①]

专家辅助人在性质上是诉讼辅助人。在大陆法系国家和地区民事诉讼法上，诉讼辅助人是指“随同当事人、法定代理人或诉讼代理人在期日里一起出庭，进行口头陈述的人”[②]。其口头陈述的内容即是对当事人及代理人的陈述进行补充。由于诉讼辅助人只是法庭审理过程中的“附加人员”，因此他不能在法庭审理之外从事有关的诉讼行为。[③] 对于这种诉讼辅助人的资格，法律通常没有特别的限制，但一个人能否成为诉讼辅助人，仍需得到法庭的许可。[④] 而根据《民事诉讼法》第 82 条，《民事诉讼法解释》第 122 条、第 123 条和 2019 年《民事诉讼证据规定》第 83 条、第 84 条的规定，专家辅助人在法庭上的活动，同样是以对有关专门性问题进行说明陈述的方式，弥补当事人及代理人在能力上的不足；其活动范围也仅限于法庭审理中与专门性问题有关的活动；对于这种“有专门知识的人”

---

① 常廷彬：《试论民事诉讼中的专家证人》，载《青岛大学学报（社会科学版）》2002 年第 4 期。

② ［日］中村英郎：《新民事诉讼法讲义》，陈刚、林剑锋、郭美松译，常怡审校，法律出版社 2001 年版，第 72 页。

③ 参见［日］中村英郎：《新民事诉讼法讲义》，陈刚、林剑锋、郭美松译，常怡审校，法律出版社 2001 年版，第 72 页。

④ 参见［日］中村英郎：《新民事诉讼法讲义》，陈刚、林剑锋、郭美松译，常怡审校，法律出版社 2001 年版，第 72 页。

的资格，法律和司法解释没有提出特别的要求，其是否具有满足协助当事人就专门性问题发表意见、进行质证的资格，是当事人考虑的问题，但其出席法庭审理，仍然需要当事人的申请和法庭的许可。可见，将专家辅助人理解为诉讼辅助人是恰当的，符合立法和司法解释的本意和“有专门知识的人”的特点。而专家辅助人这一称谓，也能够准确反映“有专门知识的人”的本质。随着现代社会科学技术的发展，民事诉讼中涉及专门性问题事实查明的情形日益增多，大陆法系国家和地区的诉讼辅助人也越来越多地被运用到这些情形下辅助当事人进行诉讼。“随着纠纷中专业化、技术化因素的增多，对于一些事项，即使是一些具有律师身份的诉讼代理人，也不具备这种专业知识，因此让这种问题的专家及技术者成为当事人或诉讼代理人的助手就显得极为必要。有鉴于此，近来也有观点倡导应当积极灵活地运用辅助人制度”。①

2012 年《民事诉讼法》修改在总结 2001 年《民事诉讼证据规定》经验的基础上增加的专家辅助人的规定，建立了我国民事诉讼法上极具特色的鉴定人与专家辅助人并存的“双层”专家证据制度，在制度设计上能够有效地克服专家证人制度和鉴定人制度的不足。一方面，这种“双层”专家证据制度以鉴定制度为基础和主干，能够保持鉴

① ［日］高桥宏志：《民事诉讼法制度与理论的深层分析》，林剑锋译，法律出版社 2003 年版，第 201 页。

定制度的优势，充分体现专家（鉴定人）在专业问题上的中立立场，有效地消除专家证人“党派性”因素；另一方面，作为鉴定制度补充的专家辅助人制度为当事人提供了鉴定制度之外的证据手段，从而对鉴定人的行为和作用形成制约，防止鉴定人过度介入诉讼而成为实际的事实审理者，有利于法官综合各方面的因素对诉讼中的专门性问题作出更客观的判断。这种制度的确立，既是民事审判实践经验的总结，也是对法治发达国家制度和规则批判继受的成果，体现了立法机关对源于审判实践的智慧和创新精神的认可和尊重。

需要特别强调的是，民事诉讼中的专家辅助人与《刑事诉讼法》所规定的“有专门知识的人”存在很大不同。《刑事诉讼法》主要在两种情形下使用“有专门知识的人”的表述。其一，“有专门知识的人”是指包括鉴定人在内的具有专门知识、经验和技能的专家，如《刑事诉讼法》在第2编第2章第7节第146条中规定：“为了查明案情，需要解决案件中某些专门性问题的时候，应当指派、聘请有专门知识的人进行鉴定”。此处“有专门知识的人”显然包括鉴定人。而《最高人民法院关于适用〈中华人民共和国刑事诉讼法〉的解释》（以下简称《刑事诉讼法解释》）第100条关于“因无鉴定机构，或者根据法律、司法解释的规定，指派、聘请有专门知识的人就案件的专门性问题出具的报告，可以作为证据使用……经人民法院通知，出具报告的人拒不出庭作证的，有关报告不得作为定案的根据”的规定，也将“有专门知识的人”作为鉴定人。其二，将“有专门知识的人”作为公诉人、当事人和辩护人、诉讼代理人的诉讼辅助人。如《刑事诉讼法》关于第一审程序的规定中，第197条第2款、第3款规定，“公诉人、当事人和辩护人、诉讼代理人可以申请法庭通知有专门知识的人出庭，就鉴定人作出的鉴定意见提出意见。法庭对于上述申请，应当作出是否同意的决定”。《刑事诉讼法解释》第246条关于“公诉人可以提请法庭通知证人、鉴定人、有专门知识的人、调查人员、侦查人员或者其他人员出庭，或者出示证据。被害人及其法定代理人、诉讼代理人，附带民事诉讼原告人及其诉讼代理人也可以提出申请。在控诉方举证后，被告人及其法定代理人、辩护人可以提请法庭通知证人、鉴定人、有专门知识的人、调查人员、侦查人员或者其他人员出庭，或者出示证据”的规定，第250条关于“公诉人、当事人及其辩护人、诉讼代理人申请法庭通知有专门知识的人出庭，就鉴定意见提出意见的，应当说明理由。法庭认为有必要的，应当通知有专门知识的人出庭。申请有专门知识的人出庭，不得超过二人。有多种类鉴定意见的，可以相应增加人数”的规定，第251条关于“为查明案件事实、调查核实证据，人民法院可以依职权通知证人、鉴定人、有专门知识的人、调查人员、侦查人员或者其他人员出庭”的规定等，即属此类情形。从《刑事诉讼法》及《刑事诉讼法解释》的规定来看，刑事诉讼中“有专门知识的人”这一概念的使用范围极为宽泛，既可以指鉴定人，也可以指与鉴定人并列的其他在诉讼中提供专门性意见的人：“有专门知识的人”既可以由公诉人、当事人及其辩护人、诉讼代理人聘请，由其向法庭申请“有专门知识的人”参加诉讼，也可以由人民法院依职权通知而参加诉讼。这与民事诉讼将“有专门知识的人”明确定位为当事人的辅助人、专家辅助人的意见为当事人陈述、专家辅助人与鉴定人作明确区分的情形，存在明显的差异。因此，民事审判实践中应当特别注意，不能将刑事诉讼中“有专门知识的人”的逻辑适用于民事诉讼中，否则会造成观念的混乱和规则适用的混淆。

（一）专家辅助人的申请

《民事诉讼法解释》

第122条　当事人可以依照民事诉讼法第八十二条的规定，在举证期限届满前申请一至二名具有专门知识的人出庭，代表当事人对鉴定意见进行质证，或者对案件事实所涉及的专业问题提出意见。

具有专门知识的人在法庭上就专业问题提出的意见，视为当事人的陈述。

人民法院准许当事人申请的，相关费用由提出申请的当事人负担。

2019年《民事诉讼证据规定》

第83条　当事人依照民事诉讼法第七十九条和《最高人民法院关于适用〈中华人民共和国民事诉讼法〉的解释》第一百二十二条的规定，申请有专门知识的人出庭的，申请书中应当载明有专门知识的人的基本情况和申请的目的。

民事诉讼中专家辅助人是当事人的诉讼辅助人，发挥当事人的专家助手的作用。因此，专家辅助人参加诉讼须以当事人的申请为前提。民事诉讼中的专家辅助人并没有辅助人民法院的功能，故人民法院不能依职权通知专家辅助人出庭。即使在诉讼外鉴定的场合，人民法院认为接受当事人委托出具专业意见的人需要出庭陈述的，也应当释明当事人提出申请，而不能以职权取代当事人的申请行为。

1. 申请期间

当事人申请专家辅助人出庭，应当在举证期限届满前提出。《民事诉讼法解释》和2019年《民事诉讼证据规定》对于举证期限的规定比较灵活，人民法院可以根据案件审理进程和具体情况确定不同审理阶段的举证期限。举证期限既可以是人民法院指定当事人提供一般性证据的期限，也可以是人民法院指定的当事人针对特定事实或者某些特定证据提供反证的期限。在当事人经过鉴定的书面异议程序后仍然对鉴定意见有异议的，人民法院可以指定当事人提供证据的期限，为当事人在鉴定人出庭作证时进行质证做好准备。当事人可以在此期间内申请有专门知识的人出庭协助其质证。由于当事人申请行为适用当事人举证的要求，逾期提出申请的，人民法院应当按照逾期提供证据的规则处理。而当事人未经申请即偕同专家辅助人到庭的，除对方当事人同意外，人民法院原则上不应准许专家辅助人参加庭审活动。

2. 书面申请

当事人申请专家辅助人出庭的，应当以书面方式提出，向人民法院提交申请书。之所以要求以书面方式提出，固然基于严肃性和规范性的考虑，更重要的是需要明确专家辅助人的基本情况和当事人申请其出庭的目的。明确专家辅助人的基本情况，并非出于对专家辅助人是否具备相应资格的要求，事实上，《民事诉讼法》及司法解释对于专家辅助人不作任何资格上的要求，只要当事人信任专家辅助人有相应的能力即可以申请其作为当事人在专业领域的代表，以专家辅助人身份出席庭审活动。要求当事人明确专家辅助人的基本情况，目的是便于人民法院掌握专家辅助人的信息用以在庭审时核对，并将有关信息告知对方当事人，以保障对方当事人的知情权，使对方当事人做好参加庭审的准备。要求当事人在申请书中载明其申请专家辅助人的目的是使人民法院能够根据当事人申请的目的，确定专家辅助人在庭审中的活动范围，确定其参与庭审活动的行为边界，同时能够使对方当事人做好相应准备。

审判实践中，有的当事人或者诉讼代理人没有正确理解《民事诉讼法》及司法解释中“有专门知识的人”的性质，在申请书中提出申请“专家证人”出庭作证。此时人民法院应当向当事人释明，询问其是否系申请专家辅助人出庭。

当事人申请专家辅助人的数量不能超过两名，这是自2001年《民事诉讼证据规定》开始延续下来的规则。专家辅助人只是当事人的附属人员，是辅助当事人诉讼能力不足而提供帮助的人。即使鉴定意见所涉及的鉴定事项较多，由于专家辅助人参加庭审之前需要进行特定的准备，多数在庭审前提交书面意见，通常并不需要每个鉴定事项均有单独的专家辅助人对当事人提供帮助。而且，专家辅助人数量过多会增加庭审的复杂性，容易产生专家辅助人引导庭审进程的局面，甚至使庭审中当事人之间的对抗转变为专家辅助人数量的竞争。因此，适当限制专家辅助人的数量对于民事诉讼秩序的稳定和庭审秩序的维护、人民法院事实查明过程的效率和质量，是必要的。

3. 专家辅助人的费用

由于专家辅助人并不具有辅助人民法院的功能，其仅为当事人的证据方法，是当事人为弥补自己诉讼能力不足而采取的寻求专业帮助的一种方式。因此，与专家辅助人的工作成本、报酬、出庭的必要支出等相关的费用，不属于诉讼费用的范畴，而是当事人获取帮助的必要支出。诉讼辅助人不能像鉴定人一样，寻求公法上的费用支持和补偿，而只能由其辅助的当事人承担、支付相应的费用。这是由专家辅助人自身的特点和功能所决定的。人民法院在决定是否准许当事人申请时，也无须考虑专家辅助人的费用问题。

4. 专家辅助人的通知

人民法院准许当事人申请后，是否应当通知以及通知何人，或者当事人和专家辅助人二者均需要通知，《民事诉讼法解释》、2001 年和 2019 年《民事诉讼证据规定》均未作出规定。2003 年 1 月 9 日印发的《证据规定文书样式（试行）》中，对于准许或者不予准许具有专门知识人员出庭协助质证申请，均有相应的通知书样式。由于文书样式本身即为贯彻 2001 年《民事诉讼证据规定》的内容、解决审判实践中司法解释的可操作性问题而设计，从文书样式内容可知，人民法院在准许或者不予准许当事人的申请后，均需要向申请人送达通知书。对于准许当事人申请的，则同时应当向对方当事人送达通知书。送达对方当事人的通知书中，应当写明专家辅助人的基本情况，以使对方当事人知晓人民法院准许的情况并做好必要的准备。对于不予准许当事人申请的，则不必再通知对方当事人。

司法解释未明确规定人民法院是否应当向专家辅助人送达出庭通知书，司法解释均无明确规定。由于专家辅助人是当事人的附属人员，应当与当事人视为一体，人民法院不必另行对专家辅助人进行通知，只需要通知提出申请的当事人，由其偕专家辅助人一同出庭即可。

5. 专家辅助人陈述的证据性质

专家辅助人在法庭上的陈述，究竟为何种性质，与对专家辅助人的性质和地位的理解密切相关。《民事诉讼法解释》第122条第3款将专家辅助人的陈述确定为当事人的陈述，与其诉讼辅助人的性质是相符的。专家辅助人作为当事人的辅助人，为弥补当事人在专门性问题上诉讼能力的不足提供帮助，本身并不具有独立性，其诉讼地位从属于当事人，其诉讼行为也是当事人诉讼行为的一部分。专家辅助人陈述的内容为当事人的陈述，是这种从属性的体现。

（二）专家辅助人在诉讼中的活动

《民事诉讼法解释》

第123条　人民法院可以对出庭的具有专门知识的人进行询问。经法庭准许，当事人可以对出庭的具有专门知识的人进行询问，当事人各自申请的具有专门知识的人可以就案件中的有关问题进行对质。

具有专门知识的人不得参与专业问题之外的法庭审理活动。

2019年《民事诉讼证据规定》

第84条　审判人员可以对有专门知识的人进行询问。经法庭准许，当事人可以对有专门知识的人进行询问，当事人各自申请的具有专门知识的人可以就案件中的有关问题进行对质。

有专门知识的人不得参与对鉴定意见质证或者就专业问题发表意见之外的法庭审理活动。

---

1. 专家辅助人在法庭上的活动范围

由于专家辅助人是辅助当事人对专门性问题诉讼能力不足而参加到庭审之中，其参加诉讼活动有其特定的目的和指向，即《民事诉讼法》第82条所规定的对鉴定意见进行质证和对专门性问题发表意见才是其在法庭审理之中的活动范围。专家辅助人并非诉讼代理人，其不能就案件审理中涉及的一般性事实问题和法律适用问题代表当事人发表意见，而只能在专门性问题的事实查明上发挥作用。专家辅助人在法庭上超出专业问题的范围发表意见、进行陈述的，与其功能和性质不相符，人民法院应当及时制止，对方当事人也可以提出异议；其所发表的涉及专门性问题事实之外的意见也不能在人民法院认定案件事实或者适用法律时作为考量的因素。审判实践中，人民法院在对涉及专门性问题的事实调查结束后，可以要求专家辅助人退出法庭，或者告知其不得在未经法庭准许情况下再陈述意见。

2. 专家辅助人庭审中的活动方式

基于专家辅助人的诉讼辅助人性质，其在庭审中应当与其辅助的当事人一样，居于当事人席而非证人席参与庭审活动。根据《民事诉讼法》《民事诉讼法解释》和2019年《民事诉讼证据规定》的规定，专家辅助人参加庭审的方式首先为陈述，即代表当事人陈述其对于鉴定意见或者在没有鉴定意见的情况下陈述其对专门性问题的意见。陈述是专家辅助人参与庭审活动的基本方式。其他诉讼主体对专家辅助人的询问，是以其陈述为前提的。通常，在专家辅助人陈述后，才涉及对其询问的问题。当然，由于通常当事人会事先提交专家辅助人的书面意见，有关陈述的内容是否可以简化，由人民法院根据具体情况决定。其次是接受询问和询问、对质。即由人民法院或者经人民法院准许的对方当事人对于专家辅助人陈述中的一些内容以发问方式澄清其疑点，或者攻击其中的漏洞、缺陷，以实现对其意见的客观性的检验。对方当事人对专家辅助人的询问，应当在人民法院准许后进行。双方当事人均申请专家辅助人的，可以由专家辅助人其进行对质。专家辅助人可以代表当事人对鉴定人就鉴定意见所涉及的问题进行询问，以在实质上体现其作为当事人专业助手的作用。根据2019年《民事诉讼证据规定》第99条的规定，“除法律、司法解释另有规定外，对当事人、鉴定人、有专门知识的人的询问参照适用本规定中关于询问证人的规定”，询问有专门知识的人的规则与询问证人的规则也基本一致。

第二节　证人与证人证言

《民事诉讼法解释》

第115条　单位向人民法院提出的证明材料，应当由单位负责人及制作证明材料的人员签名或者盖章，并加盖单位印章。人民法院就单位出具的证明材料，可以向单位及制作证明材料的人员进行调查核实。必要时，可以要求制作证明材料的人员出庭作证。

单位及制作证明材料的人员拒绝人民法院调查核实，或者制作证明材料的人员无正当理由拒绝出庭作证的，该证明材料不得作为认定案件事实的根据。

第117条　当事人申请证人出庭作证的，应当在举证期限届满前提出。

符合本解释第九十六条第一款规定情形的，人民法院可以依职权通知证人出庭作证。

未经人民法院通知，证人不得出庭作证，但双方当事人同意并经人民法院准许的除外。

第118条　民事诉讼法第七十七条规定的证人因履行出庭作证义务而支出的交通、住宿、就餐等必要费用，按照机关事业单位工作人员差旅费用和补贴标准计算；误工损失按照国家上年度职工日平均工资标准计算。

人民法院准许证人出庭作证申请的，应当通知申请人预缴证人出庭作证费用。

第119条　人民法院在证人出庭作证前应当告知其如实作证的义务以及作伪证的法律后果，并责令其签署保证书，但无民事行为能力人和限制民事行为能力人除外。

证人签署保证书适用本解释关于当事人签署保证书的规定。

第120条　证人拒绝签署保证书的，不得作证，并自行承担相关费用。

2019年《民事诉讼证据规定》

第67条　不能正确表达意思的人，不能作为证人。

待证事实与其年龄、智力状况或者精神健康状况相适应的无民事行为能力人和限制民事行为能力人，可以作为证人。

第68条　人民法院应当要求证人出庭作证，接受审判人员和当事人的询问。证人在审理前的准备阶段或者人民法院调查、询问等双方当事人在场时陈述证言的，视为出庭作证。

双方当事人同意证人以其他方式作证并经人民法院准许的，证人可以不出庭作证。

无正当理由未出庭的证人以书面等方式提供的证言，不得作为认定案件事实的根据。

第69条　当事人申请证人出庭作证的，应当在举证期限届满前向人民法院提交申请书。

申请书应当载明证人的姓名、职业、住所、联系方式，作证的主要内容，作证内容与待证事实的关联性，以及证人出庭作证的必要性。

符合《最高人民法院关于适用〈中华人民共和国民事诉讼法〉的解释》第九十六条第一款规定情形的，人民法院应当依职权通知证人出庭作证。

第 70 条　人民法院准许证人出庭作证申请的，应当向证人送达通知书并告知双方当事人。通知书中应当载明证人作证的时间、地点，作证的事项、要求以及作伪证的法律后果等内容。

当事人申请证人出庭作证的事项与待证事实无关，或者没有通知证人出庭作证必要的，人民法院不予准许当事人的申请。

第 71 条　人民法院应当要求证人在作证之前签署保证书，并在法庭上宣读保证书的内容。但无民事行为能力人和限制民事行为能力人作为证人的除外。

证人确有正当理由不能宣读保证书的，由书记员代为宣读并进行说明。

证人拒绝签署或者宣读保证书的，不得作证，并自行承担相关费用。

证人保证书的内容适用当事人保证书的规定。

第 72 条　证人应当客观陈述其亲身感知的事实，作证时不得使用猜测、推断或者评论性语言。

证人作证前不得旁听法庭审理，作证时不得以宣读事先准备的书面材料的方式陈述证言。

证人言辞表达有障碍的，可以通过其他表达方式作证。

第73条　证人应当就其作证的事项进行连续陈述。

当事人及其法定代理人、诉讼代理人或者旁听人员干扰证人陈述的，人民法院应当及时制止，必要时可以依照民事诉讼法第一百一十条的规定进行处罚。

第74条　审判人员可以对证人进行询问。当事人及其诉讼代理人经审判人员许可后可以询问证人。

询问证人时其他证人不得在场。

人民法院认为有必要的，可以要求证人之间进行对质。

第75条　证人出庭作证后，可以向人民法院申请支付证人出庭作证费用。证人有困难需要预先支取出庭作证费用的，人民法院可以根据证人的申请在出庭作证前支付。

第76条　证人确有困难不能出庭作证，申请以书面证言、视听传输技术或者视听资料等方式作证的，应当向人民法院提交申请书。申请书中应当载明不能出庭的具体原因。

符合民事诉讼法第七十三条规定情形的，人民法院应当准许。

第77条　证人经人民法院准许，以书面证言方式作证的，应当签署保证书；以视听传输技术或者视听资料方式作证的，应当签署保证书并宣读保证书的内容。

第78条　当事人及其诉讼代理人对证人的询问与待证事实无关，或者存在威胁、侮辱证人或不适当引导等情形的，审判人员应当及时制止。必要时可以依照民事诉讼法第一百一十条、第一百一十一条的规定进行处罚。

证人故意作虚假陈述，诉讼参与人或者其他人以暴力、威胁、贿买等方法妨碍证人作证，或者在证人作证后以侮辱、诽谤、诬陷、恐吓、殴打等方式对证人打击报复的，人民法院应当根据情节，依照民事诉讼法第一百一十一条的规定，对行为人进行处罚。

第96条　人民法院认定证人证言，可以通过对证人的智力状况、品德、知识、经验、法律意识和专业技能等的综合分析作出判断。

证人是民事诉讼中重要的证据方法，证人证言是民事诉讼中重要的证据形式。《民事诉讼法》第66条将证人证言作为八种法定的证据形式之一，审判实践中证人证言也在人民法院事实查明过程中发挥着重要作用。

一般认为，英美法系证据制度遵循证人中心主义，证人证言在诉讼中发挥着举足轻重的作用。在英美法系国家和地区，即使对于书证这种大陆法系普遍认为最可靠的证据形式，也经常通过证人证言来检验其真实性。英美法系上的证人范围很广，由于并不将当事人陈述作为证据形式，当事人如果需要对案件事实进行证据意义上的陈述，也需要作为证人陈述证言。在传统上，英美法系的证人只能针对他自己所做过、听过、说过或者亲历过的事实提供证言。证人主观上认为或推断的事实如果是案件中争议的事实或者和争议的事实相关，法庭不会准许以证人的意见或推断来证明该事实。① 按照英美法系传统，意见证据不仅无助于事实的发现，反而会误导法庭的事实审理。② 直到 18 世纪，在法院承认意见证据和事实证据的区别之后，在涉及超出法庭的经验和知识范围的有关专业事项需要证明的场合，专家证人作为专家证据的主要形式才被法律所允许，以帮助法庭在涉及专门性问题事实查明时得出正确的结论。③ 因此，在英美法系国家和地区，证人既包括以证人感知能力获得的记忆来提供所谓感知证言的普通证人，也包括基于证人特定的知识、经验和技能提供意见证言的专家证人。在大陆法系国家和地区，证人的范围相对比较窄，仅指当事人之外向法庭陈述亲身感知到的事实的第三人。当事人可以在事实主张意义上向法庭陈述，法庭也可以询问（讯问）证人以此作为获得自由心证的途径，但此时当事人对事实的陈述或者接受询问（讯问）并非以证人的身份进行，其陈述的内容也并非证人证言。而且，大陆法系

---

① Murphy, Peter, *Murphy on Evidence*, 8th edition, Oxford University Press (2003), p. 364.

② Tapper, Colin, *Cross And Tapper on Evidence*, Butterworths (1999), p. 512.

③ Murphy, Peter, *Murphy on Evidence*, 8th edition, Oxford University Press (2003), p. 365.

国家和地区的证人仅为事实证人，并非意见证人，鉴定人也不属于证人的范畴。尽管鉴定人通常也需要出席法庭审理进行言词陈述，但其仅是基于对人证证据方法调查的直接原则和言词原则在庭审中适用证人作证规则，本身并非证人的地位。由于证人是以重现其亲身感知事实的方式作为作证的内容，从本质上来讲，证人是由事实选择而非由当事人选择，本身具有不可替代性。而且证人作证的过程也是主观对客观反映的过程，容易受到各种因素的干扰。因此，无论英美法系还是大陆法系国家和地区，都在证人资格、证人具结（宣誓）、证人作证程序、证人权利保障、伪证制裁等方面，对证人作证作出比较明确的规定，以保障证人证言的真实性、可靠性。

我国 1991 年《民事诉讼法》对证人的规定较为原则，仅在第 70 条规定："凡是知道案件情况的单位和个人，都有义务出庭作证。有关单位的负责人应当支持证人作证。证人确有困难不能出庭的，经人民法院许可，可以提交书面证言。不能正确表达意志的人，不能作证"。在 2001 年《民事诉讼证据规定》公布实施之前，有关证人的资格审查、作证程序、证人证言采信标准、伪证制裁等重要问题由于缺乏可操作性规则，在审判实践中较为混乱，证人证言非常不稳定，操纵证人、收买或者威胁证人的情况较普遍，严重影响证人证言在事实证明中作用的发挥，也影响民事诉讼秩序的稳定和人民法院事实认定的公信力。为解决审判实践中证人作证的可操作性问题，以及为规范民事诉讼秩序的需要，2001 年《民事诉讼证据规定》对证人资格、证人提出、证人作证要求和作证程序、审查判断证人证言的规则等方面作出较为详细的规定，建立了我国民事诉讼证人规则的基本框架。2012 年《民事诉讼法》修改时，吸收了 2001 年《民事诉讼证据规定》的部分内容，在 1991 年《民事诉讼法》的基础上，增加了证人以其他方式作证的规定和证人费用的规定，这些规定被其后的《民事诉讼法》修改所延续。《民事诉讼司法解释》和 2019 年《民事诉讼证据规定》根据 2001 年《民事诉讼证据规定》在审判实践适用中的经验，在 2012 年《民事诉讼法》的基础上，补充了证人的具结规则，进一步完善了证人作证程序和权利保障的规定，以使证人规则更好地满足民事诉讼实践的要求，真正发挥其在案件事实查明中的作用。

一、证人资格

2019 年《民事诉讼证据规定》

第 67 条　不能正确表达意思的人，不能作为证人。

待证事实与其年龄、智力状况或者精神健康状况相适应的无民事行为能力人和限制民事行为能力人，可以作为证人。

证人资格即证人能力，亦有人称为证人的适格性，它

解决什么样的人可以在诉讼中作为证人的问题，用以一般性地确定证人的范围。由于证人作证的过程是人主观对客观反映的过程，基于其本身的特点，证人资格与人的自然属性密切相关。法律对证人资格提出要求，其目的在于保障证人证言的可靠性。从法律发展的历史来看，早期主要通过对证人资格的限制保证证人证言的可信性，品行、年龄、身份、种族、宗教信仰等因素都可能使行为人不具有证人资格。随着社会的发展，对证人资格的限制逐渐弱化，品行、年龄、身份、种族、宗教信仰等因素不再是影响证人资格的因素，其中品行、年龄、身份等因素转化为判断证人证言证明力的因素。而与证人作证行为本身的特点密切相关的证人的表达能力、判断能力、感知能力、记忆能力等，成为确定证人资格的标准。现今，世界各国对于证人资格大多不作过多限制，除法律特别作出规定的情形外，通常假定所有人都具有作证的能力，即证人资格。在英美法系国家和地区，一般认为，不能以生理上、精神上的缺陷或者年幼来剥夺证人资格，证人的资格或者能力完全取决于其是否具有辨别是非和正确表达能力，对于这些能力的判断也必须经过法庭的审查。在大陆法系国家和地区，对证人的精神状态和年龄也没有严格限制，不能仅以年幼或者精神缺陷等原因限制证人的作证能力。[①] 我国《民事

① 参见张卫平主编：《民事诉讼法新制度讲义》，人民法院出版社 2012 年版，第 96 页。

诉讼法》第75条关于“凡是知道案件情况的单位和个人，都有义务出庭作证……不能正确表达意思的人，不能作证”的规定，包含了我国立法上对于民事诉讼证人资格的理解，与其他国家的逻辑基本一致。

2019年《民事诉讼证据规定》第67条对2001年《民事诉讼证据规定》第54条的个别文字进行了修改，内容并无变化，都是在《民事诉讼法》第75条（即2012年《民事诉讼法》第72条、2007年《民事诉讼法》第70条）基础上作出的进一步解释。对于我国法律、司法解释关于民事诉讼证人资格的规定，可以作如下理解。

（一）证人须为知道案件情况的人

证人需要就其感知的事实向法庭陈述证言，因此，了解案件所涉及的事实过程是其能够作为证人的基础，也是《民事诉讼法》第75条所规定的具备证人资格的基本条件。但何为知道案件情况，在理论界和审判实务界存在一定争议。一种观点认为，证人提供证言只能陈述自己耳闻目睹的过去发生的案件情况；另一种观点认为，证人所陈述的客观事实，一般应是证人亲自所见所闻的，有时也可以是从其他人那里听来的事实，而对于道听途说的事实，证人必须说明来源，否则不能作为证人证言的内容；还有学者在这些争论的基础上提出，我国应当建立反传闻证据规则，以促使证人出庭作证，直接接受法庭调查。①

在英美法系国家和地区，基于证据法上的传闻证据规则，证人在法庭之外就案件事实所作的陈述内容被他人以书面方式提交给法庭，或者被其他证人向法庭转述或复述，这种书面证言和转述的证言均为传闻证据。传闻证据源于不在法庭审理现场的证人，该证人既不能对其作证行为宣誓，也不会受到对方当事人的质询，因而其可信程度得不到检验。而且由于传播过程中的错误以及人为的欺骗，传闻证据很容易被歪曲，采纳传闻证据容易拖延诉讼进程。因此，这种传闻证据既不能在法庭上提出，也不能作为认定案件事实的依据。但在大陆法系国家和地区，所谓传闻证据是否可以采信，并非证据资格问题，而属于由法官依自由心证进行判断的范畴。

我国《民事诉讼法》及相关司法解释、民事审判实践中，并不对“知道案件情况”指向何种内容作进一步细分，证人感知的事实系直接源于事实发生过程，抑或对其他人转述事实过程的感知，均不影响人民法院对证人资格的认定，而是在判断证人证言证明力时考量的因素。证人“知道案件情况”直接源于其对事实过程的感知，证人证言与事实过程的关联程度更强、更直接。而源于他人的转述则证人证言与事实过程关联程度更弱、更间接，甚至不

① 参见相启俊：《论证人资格及其限制条件》，载《政法论丛》2003年第2期。

具有关联性。

（二）证人须能够正确表达意思

证人能够正确表达意思，是指证人能够明辨是非，准确认识事物并将其认识到的事物如实表达出来。由于证人作证本身是主观对客观反映的过程，这一过程中，需要证人具有认识能力，清楚、准确地认识现实之中发生过的事实；需要证人具有记忆能力，能够记忆其所感知到的事实；需要证人具有表达能力，能够将其记忆的事实重现，并以适当的方式表达、传递出来。这些能力是一般人所具备的认知能力，是人的自然属性所决定的。“一般人所具备”也是对证人“能够正确表达意思”的基本判断标准。而无法正确认识事物、准确记忆、如实表达的人，无法为案件事实查明提供有意义的帮助，反而可能造成误导，因此不具有证人资格。

根据《民事诉讼法》第75条的规定，单位与自然人一样具有证人资格。然而，单位无论采取何种组织形式，只是自然人的集合体而非自然人本身，其本身只在符合法律规定的情况下具有拟制人格，并无实在人格。单位的这种特点与证人依赖感知器官认识事物的属性并不相符，单位“知道案件情况”实质上也只是从属于单位的自然人感知到的案件事实。而这种情况下，能够成为证人的仍然是从属于单位的自然人。因此，《民事诉讼法解释》第115条关于单位证明材料的规定，属于书证的规定。这一点，在书证部分再作进一步讨论。

无民事行为能力人和限制行为能力人能否作为证人，曾经是审判实践中存在争议的问题。在2001年《民事诉讼证据规定》公布实施之前，审判实践中多数法院不认可无民事行为能力人和限制民事行为能力人的证人资格。在大陆法系国家和地区，立法上一般并不对智力、精神状况是否影响证人资格作明确规定。通常，自然人均具有作证能力，只要能够正确理解事实，一般并不剥夺其证人资格。年龄因素也并非其证人资格的障碍。在英美法系国家和地区，一般只要能够理解宣誓的意义和伪证后果，以及对其感知的事实作出理智的陈述，并不排除智力、精神状况不健全的人的证人资格。而对于未成年人而言，是否宣誓并不是其作为证人的障碍，只要其能够理解讲真话的义务，就可以成为证人。在2001年《民事诉讼证据规定》起草过程中，通过对无民事行为能力人和限制民事行为能力人证人资格问题的研究和审判实践的研判，我们认为，一个人能否具有证人资格应当结合其行为能力的具体情况与待证事实的匹配度进行判断。即使是无民事行为能力人，如智力状况、精神健康状况有缺陷的残障人员，只要其能够分清黑与白、昼与夜，在这些现象作为待证事实时，其仍然具有证人资格。因此，不应当一般性否定无民事行为能力人和限制民事行为能力人的证人资格，而应当结合待证事实的具体情况以及无民事行为能力人和限制民事行为能力人的认知能力作综合判断。

此外，对于证人的表达能力不宜仅理解为言词表达能力，不能将言词表达有障碍的人理解为不具备证人资格。对于言词表达存在障碍的人，如聋哑人，只要其认知能力正常，能通过手语等适当方式表达其意思，仍然属于能够正确表达意思。所谓不能正确表达意思，所指的是无法清晰、明确地将其内心意思传递出来，而不应仅限于言词表达。

二、证人出庭作证的实现方式

2019 年《民事诉讼证据规定》

第 68 条　人民法院应当要求证人出庭作证，接受审判人员和当事人的询问。证人在审理前的准备阶段或者人民法院调查、询问等双方当事人在场时陈述证言的，视为出庭作证。

双方当事人同意证人以其他方式作证并经人民法院准许的，证人可以不出庭作证。

无正当理由未出庭的证人以书面等方式提供的证言，不得作为认定案件事实的根据。

（一）证人出庭作证

根据《民事诉讼法》第 75 条的规定，“凡是知道案件情况的单位和个人，都有义务出庭作证……”这意味着证人提供证言，以出庭作证为原则。出庭作证是证人作证的基本方式，也是大陆法系和英美法系国家和地区普遍的做法。证人以何种方式作证，应当以是否更有利于发现案件真实为基本考量因素。在立法上要求证人出庭作证，既是民事诉讼发现真实的需要，也是正当程序的要求。民事诉讼中，证人作证的过程是证人将其亲身经历和感知的事实进行客观陈述的过程。由案件事实本身所决定，证人系由事实选择而非由当事人或法院选择的，具有不可选择性和不可替代性的特点。由于证人证言是人主观意识对客观事物的反映，而人的主观意识又受到主客观环境、条件等多方面的制约，证人证言容易受到各种干扰，影响其内容的可靠性，因此对证人证言的审查确认尤其应当审慎进行。

在英美法系国家和地区，要求证人出庭作证既是传闻证据规则的要求，也是保障对方当事人对质权的需要。对证人的对质权是以交叉询问的方式体现出来的，英美法系传统上将交叉询问视为发现真实的发动机，“对质权的唯一功能在于发现真实，利用对证人的对质，确保其陈述的真实性，是证据法的目的”①。证人不出庭作证，交叉询问无从展开，当事人的对质权亦无法保障，通过证人证言发现案件真实也无从谈起。在以证人为中心的英美法系证据法上，证人出庭具有举足轻重的作用。同时，证人出席法

---

① 熊秋红：《刑事证人作证制度之反思——以对质权为中心的分析》，载《中国政法大学学报》2009 年第 5 期。

庭审理，经宣誓在当事人和法官或者陪审团等事实审理者面前陈述证言，接受当事人的交叉询问，本身也是正当程序的体现。

在大陆法系国家和地区，证人出庭作证是民事诉讼直接言词原则的应有之义。直接言词原则是直接原则和言词原则的合并称谓。所谓直接原则即直接审理原则，是间接审理原则的对称，是指法官、陪审员必须亲自接触案件的所有材料，在法庭上审查证据，检验物证，让当事人、证人、鉴定人出庭并亲自听取他们的口头陈述，进行法庭辩论，据以对案件的实质问题作出裁判的审理原则。所谓言词原则又称言词审理原则，与书面审理原则相对，是指对于诉讼程序的进行，法院、当事人及其他诉讼参与人应当以言词方式进行，也即在证据调查程序和辩论程序中，法院、当事人以及其他诉讼参与人的诉讼行为，应当以言词方式为之。① 根据直接言词原则，法院审理案件时，法官、当事人以及其他诉讼参与人必须出席庭审活动；审理案件的法官必须亲自听取当事人的辩论，亲自接触证据、调查证据，以便形成心证；判决应当由亲自进行证据调查和听取当事人辩论的法官作出；在法庭审理过程中，包括法官、当事人、证人等所有出庭主体的诉讼行为，应当以言词（口头）形式进行，否则不产生诉讼法上的法律效力，即

① 参见刘学在：《论民事诉讼中的直接言词原则》，载《中南民族大学学报（人文社会科学版）》2011 年第 6 期。

不经过言词辩论，原则上不允许作出裁判；只有经过言词辩论的资料，才能作为判决的基础。在直接言词原则下，证人必须亲自出庭，在法庭上，证人接受法官、双方当事人的询问，通过这种对抗性较强的询问，力图最大限度地再现案发当时的状况，提示和纠正证言中的错误。同时，法官通过自己对证人的直接询问和听取双方当事人对证人的询问，观察证人表情姿态、语速语调、呼吸频率，甚至听觉灵敏度等微妙的信息，结合证人的智力状况、品德、知识、经验、法律意识和专业技能等综合因素，由法官根据其专业素养和经验法则决定是否对证人证言予以确认。

我国《民事诉讼法》受到大陆法系传统的影响。在2001年《民事诉讼证据规定》公布实施之前，民事诉讼中证人不出庭作证而以书面证言方式替代出庭作证的现象十分普遍。这种状况不符合《民事诉讼法》关于证人作证方式的基本要求，也导致对方当事人无法就证人证言即时进行质证，法院也无法根据证人作证的状态进行现场观察和判断，对于证人是否受胁迫、干扰等情况无从了解，证人证言的真实性无法得到保障，严重影响了证人证言在案件事实查明中所应当发挥的作用。随着我国民事审判方式改革的发展和深化，大陆法系国家和地区普遍承认的直接言词原则在审判实践中得到广泛的认同，相应地，强调证人出庭作证也成为理论界和实务界的共识。2001年《民事诉讼证据规定》第55条第1款明确规定了“证人应当出庭作证，接受当事人的质询”，2019 年《民事诉讼证据规定》第 68 条在延续原有规定基本内容的基础上，补充了无正当理由不出庭的证人证言的效力规定，以此强化证人出庭作证的意义。

强调证人出庭作证并非要求证人必须在法庭审理过程中陈述证言，接受人民法院和当事人的询问，而是要求证人须在法院主持、双方当事人到场、对证人的询问和对证人证言的质证能够及时展开的情况下进行陈述。事实上，民事审判实践中，审理前的准备阶段的证据交换、庭前会议，或者由人民法院主持、双方当事人参加的调查、对事实询问等过程，基本场景要求与庭审并无实质性差别，这种情况下证人出席陈述证言，不影响对证人的询问和对证人证言的质证，能在程序上保障双方当事人的诉讼权利和对证人证言真实性检验的基本要求，也更有利于提高证人出庭作证的积极性。

（二）证人出庭作证之外的作证方式

1. 证人可以通过其他方式作证的情形

出庭作证是证人提供证言的基本方式。但在一些特定的情况下，对于证人确实存在不能出席法庭审理的客观障碍的，各国普遍于证人出庭作证的原则之外，设有例外规定。2001 年《民事诉讼证据规定》第 56 条第 1 款对于证人确有正当理由不能出庭规定了五种情形，即“（一）年迈体弱或者行动不便无法出庭的；（二）特殊岗位确实无法离开的；（三）路途特别遥远，交通不便难以出庭的；（四）因自然灾害等不可抗力的原因无法出庭的；（五）其他无法出庭的特殊情况”，其内容被2012年《民事诉讼法》修改时吸收，整理归纳为四种情形。有鉴于此，2019年《民事诉讼证据规定》未保留2001年《民事诉讼证据规定》第56条内容。

根据《民事诉讼法》第76条的规定，在四种情形下，证人可以不出庭而以其他方式作证：第一，因健康原因不能出庭的。证人因健康原因无法出庭作证，属于存在客观上不能出庭的正当理由。2001年《民事诉讼证据规定》第56条规定的因健康原因不能出庭的情形，只限于年迈体弱或者行动不便，对于证人患有不宜出席法庭审理的疾病等其他健康原因没有涉及。《民事诉讼法》第76条“以因健康原因不能出庭”进行概括，范围上进行了扩展，能够更好地适应审判实践的需要。第二，因路途遥远，交通不便不能出庭的。法庭审理具有时限性，在证人路途遥远、交通不便的情况下，要求证人出庭作证，难以满足时限性的要求，增加当事人的诉讼成本和证人作证的成本。这种情况下，准许证人以其他方式作证是适当的。这里的路途遥远和交通不便应当理解为证人以其他方式作证的必要条件，即须同时满足路途遥远且交通不便的条件。现代社会，交通发达，单纯的路途遥远不能成为证人不出庭的理由；而交通虽不便但路途较近的情况，也不能成为证人不出庭的正当理由。第三，因自然灾害等不可抗力不能出庭的。不可抗力是不能预见、不能避免且不能克服的客观情况，证人因不可抗力不能出庭，是证人可以通过其他方式作证的当然理由。第四，其他有正当理由不能出庭的。属于兜底性条款，由人民法院的审判人员在审判实践中根据具体情况判断证人是否存在可以不出庭作证的正当理由。对于2001年《民事诉讼证据规定》中规定的“特殊岗位确实无法离开的”，2012年《民事诉讼法》修改中没有采纳为单独一项，审判实践中如果确实存在证人基于特殊岗位原因无法出庭的情形，可以解释为“其他有正当理由不能出庭”。上述四种情形均为证人存在无法出庭的客观状况，除此之外，根据2019年《民事诉讼证据规定》第68条的规定，当事人双方均同意证人不出庭作证而以其他方式作证并经人民法院经审查同意的，证人也可以不出庭作证。

2. 证人的其他作证方式

根据《民事诉讼法》第76条的规定，证人除出庭作证外，可以通过书面证言、视听传输技术或者视听资料等方式作证。1991年《民事诉讼法》对于证人确有困难不能出庭的，只规定了以提交书面证言的方式作证。随着现代科学技术的进步和审判实践的发展，视听资料、视听传输技术手段开始进入民事诉讼之中。为适应实践发展的需要，2001年《民事诉讼证据规定》第56条第2款规定证人除出庭作证外，可以提交书面证言、视听资料或者通过双向视听传输技术手段作证。这一规定被 2012 年《民事诉讼法》修改所吸收。

书面证言是证人在出庭作证之外最为便捷和常见的作证方式。证人经法庭许可不出庭作证的，可以提交其本人亲笔书写、签名的书面证言，也可以通过他人记录证言的笔录方式作证。由他人记录的笔录，应当有证人和记录人的签名、捺印。证人还可以通过视听资料的方式陈述证言。与书面证言相比，视听资料能够比较全面地反映证人作证的环境，较好地保证证人证言的可信性。视听传输技术是现代科技发展的产物，与书面证言和视听资料相比，视听传输技术具有即时性、互动性的优点，能够全面反映证人作证时的现场情况，使询问证人的程序及时展开，更好地保障证人证言的真实性。

证人以出庭作证之外的其他方式作证的，应当由证人向人民法院提出申请，由人民法院对于证人是否存在《民事诉讼法》第 76 条规定的四种情形之一进行审查。人民法院在审查过程中，应当保障对方当事人有发表意见的机会。人民法院准许的，也应当以适当的方式通知证人及双方当事人。

（三）证人无正当理由以其他方式作证的效力

证人出庭作证陈述证言，既是法律的明确规定，也是保证证人证言真实性的要求。作为人证证据方法，对证人的审查应当遵循直接原则和言词原则，只有在庭审或者类似于庭审的场合，由证人进行言词陈述，由双方当事人在法庭准许之下对证人进行直接询问，才能更好地检验证人证言的真实性。审判实践经验表明，证人无正当理由不出庭作证，而以书面证言等方式提供的证言，内容的真实性无法保证，特别是当事人直接向人民法院提交的书面证言更是如此。实践中，同一证人分别向双方当事人提供内容完全相反的书面证言的情况并不少见。这种基于证人作证方式不合法、不规范而产生的证人证言矛盾、反复、虚假的情况，严重影响民事诉讼事实查明的质量和效果，也严重削弱证人证言在我国民事诉讼证据制度中的地位和作用。另外，无正当理由未出庭的证人提供的证言，无论是书面证言、视听资料证言还是以视听传输技术提供的证言，均不符合《民事诉讼法》关于证人作证方式的程序要求，这种证人证言因其违反法律的规定而不具有证据资格，不能作为证据使用，不能作为认定案件事实的根据。

2001 年《民事诉讼证据规定》第 69 条规定，无正当理由未出庭作证的证人证言，不能单独作为认定案件事实的依据，而是可以作为补强证据使用。这种理解不准确，也不足以解决审判实践中存在的证人作证不规范、不合法的问题。为此，2019 年《民事诉讼证据规定》删除了该项内容。

三、证人的提出

《民事诉讼法解释》

第117条　当事人申请证人出庭作证的，应当在举证期限届满前提出。

符合本解释第九十六条第一款规定情形的，人民法院可以依职权通知证人出庭作证。

未经人民法院通知，证人不得出庭作证，但双方当事人同意并经人民法院准许的除外。

2019年《民事诉讼证据规定》

第69条　当事人申请证人出庭作证的，应当在举证期限届满前向人民法院提交申请书。

申请书应当载明证人的姓名、职业、住所、联系方式，作证的主要内容，作证内容与待证事实的关联性，以及证人出庭作证的必要性。

符合《最高人民法院关于适用〈中华人民共和国民事诉讼法〉的解释》第九十六条第一款规定情形的，人民法院应当依职权通知证人出庭作证。

第70条　人民法院准许证人出庭作证申请的，应当向证人送达通知书并告知双方当事人。通知书中应当载明证人作证的时间、地点，作证的事项、要求以及作伪证的法律后果等内容。

当事人申请证人出庭作证的事项与待证事实无关，或者没有通知证人出庭作证必要的，人民法院不予准许当事人的申请。

从当事人的角度出发，证人是一种证据方法，提出证人意味着请求法院对证人这种证据方法进行调查，从而获得证人证言，用以支持其在事实上的主张。因此，证人的提出系证据方法的提出，在我国民事诉讼制度中与证据的提出意义相同。按照《民事诉讼法》《民事诉讼法解释》《民事诉讼证据规定》的逻辑，证据的提出有两种途径，一是当事人提出证据，二是人民法院依职权调查收集证据。证人的提出也适用同样的逻辑，既可以由当事人提出，也可以由人民法院依职权提出。在英美法系国家和地区，由于实行比较彻底的当事人主义，当事人不仅在诉讼的实体内容上居于主导地位，在诉讼程序的推进方面也承担重要角色。法庭、当事人都可以传唤证人到庭，但证人不服从法庭传唤的将会受到藐视法庭的制裁。在大陆法系国家和地区，当事人可以提出证人作为证据方法，申请在开庭时对证人进行询问，但传唤证人是法庭的职权，只有法庭才能够传唤证人出庭作证。我国《民事诉讼法》第76条规定："经人民法院通知，证人应当出庭作证……"通知（传唤）证人属于人民法院的职权，而当事人提出证人体现为向人民法院提出有关证人出庭作证的申请。这一点与大陆法系国家和地区基本一致。

（一）当事人关于证人出庭作证的申请

1. 申请时间

按照《民事诉讼法解释》和《民事诉讼证据规定》所确立的原则，当事人申请行为与当事人举证作同样处理，适用相同的规则。因此，当事人申请证人出庭作证，应当符合举证期限的要求，即在举证期限届满前提出申请。2001 年《民事诉讼证据规定》第 54 条第 1 款规定："当事人申请证人出庭作证，应当在举证期限届满十日前提出，并经人民法院许可"。之所以规定申请时间在举证期限届满 10 日前，是因为 2001 年《民事诉讼证据规定》所规定的人民法院指定的举证期限是在送达案件受理通知书和应诉通知书时确定的不少于 30 日的期限，人民法院在举证期限届满后组织开庭，故需要为人民法院审查当事人的申请、通知证人留有必要的时间。但从 2001 年《民事诉讼证据规定》实施十几年的情况看，要求举证期限届满 10 日前提出申请，对于当事人过于严苛且必要性不大，事实上即使超出这一期限，只要有必要，人民法院从发现事实的目的出发通常也会准许当事人的申请。在 2012 年《民事诉讼法》修改后，《民事诉讼法解释》对于举证期限的确定采取更为灵活的处理方式，更多地交由法官根据具体的程序进程酌情确定。故《民事诉讼法解释》第 117 条删除了"十日"的表述，2019 年《民事诉讼证据规定》延续了《民事诉讼法解释》的规定。

司法解释规定当事人申请证人出庭作证的时间要求，并非禁止当事人在举证期限届满后提出申请，而是意味着当事人在举证期限届满后申请证人出庭作证的，构成逾期举证，人民法院可以视情况适用逾期举证的失权或者训诫、罚款后果。

2. 申请方式

当事人申请证人出庭作证，应当以书面方式提出，即向人民法院提交申请书。2019 年《民事诉讼证据规定》之前，对于当事人申请证人出庭作证的形式，法律和司法解释均未作要求。审判实践中对于当事人有关证人出庭作证的申请本身并不重视，对于当事人申请的证人的身份、作证事项及与待证事实的关联性的审查大多缺乏必要的关注，甚至当事人不事先申请而直接偕证人出席庭审的情况也经常发生，不仅影响证人作证程序的严肃性、权威性，也影响证人证言的可靠性和对方当事人诉讼权利的保障。而从人民法院的角度，当事人申请内容的明确性、稳定性对于人民法院的审查十分重要。要求当事人提出书面申请，有利于当事人将证人情况、申请证人作证的事项、申请的理由等表达得更为清晰明确，便于人民法院作出正确的决定。为此，2019 年《民事诉讼证据规定》明确规定了当事人申请证人出庭作证应当提交申请书。在 2019 年《民事诉讼证据规定》论证过程中，有观点认为，对于适用简易程序审理的案件，不宜要求当事人一律书面申请，应当允许其以口头方式申请。2019 年《民事诉讼证据规定》没有采纳这种观点。审判实践中，民事案件 70%以上适用简易程序审理，在我国文盲率仅为 2.67%的情况下，简易程序的当事人不具备书写能力的情况极为少见。即使出现当事人不具备书写能力的情形，也可以通过他人代书等方式变通解决。人民法院适用简易程序审理案件固然可以通过简便方式传唤当事人和证人，但在申请证人出庭作证时仍然应当符合程序上的一般性要求。

当事人申请证人出庭作证的申请书应当具备下列必要记载事项：第一，证人的基本情况。包括证人的姓名、职业、住所、联系方式等信息，便于人民法院核实证人的身份及通知证人，也便于对方当事人了解证人的智力状况、精神健康状况、品行等情况。第二，作证的主要内容。即当事人申请证人出庭，就哪方面事实进行陈述。第三，作证内容与待证事实的关联性。即需要证人出庭陈述的事实，与当事人主张的何种待证事实具有关联。第四，证人出庭作证的必要性。这种必要性实质上也是人民法院传唤证人必要性，一般可以通过证人作证的内容与待证事实的关联程度进行判断。

一方当事人提出证人出庭作证的申请，是否应当赋予另一方当事人对申请本身进行争执的机会？在大陆法系国家和地区，如日本，允许对方当事人以口头或者书面方式对申请是否符合法律规定、证人作证内容与待证事实的关联性等问题提出异议。在我国，《民事诉讼法解释》和2019年《民事诉讼证据规定》并未对此作单独的规定，对方当事人对于申请证人出庭作证的异议，可以在对证人证言的质证中一并解决。

（二）人民法院对申请的审查

人民法院对于当事人就证人出庭作证申请的审查，包括两个方面：一方面是形式审查，即审查当事人申请是否符合法定的期限要求，申请书的必要记载事项是否完整、清楚；另一方面是实质审查，主要体现为证人作证内容与待证事实的关联性、是否有出庭作证必要。由于当事人申请证人出庭作证，与当事人申请人民法院传唤证人是同一含义，而申请人民法院传唤证人与申请人民法院调查收集证据在实质上并无不同。故就实质审查的内容而言，如果证人作证的内容与待证事实无关，或者待证事实本身并非本案审理所需要查明的事实，事实已经由对方当事人作出符合法律规定的自认等情形下，由于缺乏证人出庭作证的必要性，人民法院不予准许当事人的申请。这一点，与人民法院不予准许当事人调查收集证据申请的理由一致。

（三）对证人的通知

传唤证人是证人出庭作证的前提，也是证人出庭作证的必要程序。传唤证人对于证人出庭义务的履行具有重要意义。一般认为，证人作证的义务包括三个层次，即到场（出庭）义务、证言义务和宣誓（具结）义务。到场（出庭）义务是其他两项义务得以履行的基础和前提。无论证人是否认为其负有对案件事实作证的义务，在收到法庭传唤后，都必须到庭，无正当理由不到庭的，则可能导致相应的法律后果。以强制措施保障证人履行出庭义务，正是基于法庭传唤所具有的强制命令的性质。在英美法系国家和地区，由于采取当事人进行主义的诉讼模式，当事人和法院均可以传唤证人出庭。但如果证人不遵守法庭的传唤命令，拒绝出庭的，将面临藐视法庭罪的制裁。在大陆法系国家和地区，经合法传唤证人拒不到庭的，一般可以处以罚款、拘留等制裁措施。因此，对不遵守传唤的证人处以强制措施与传唤证人是相对应的，没有强制措施的威慑，证人出庭义务无从保障，法庭传唤的严肃性和权威也无从谈起。在2012年《民事诉讼法》修改过程中，最高人民法院曾经建议增加对证人三个层面义务的规定，特别是由于证人出庭对于发挥证人证言应有的证据作用、查明案件真实意义重大，应当明确以相应的强制措施为保障，但立法机关未采纳这种意见。证人出庭作证的义务仍然仅限于倡导性的规范。

根据《民事诉讼法》第76条的规定，证人出庭以人民法院通知为前提。2001年《民事诉讼证据规定》对于证人出庭规定了采取人民法院通知的方式，被2012年《民事诉讼法》所吸收。在我国的民事诉讼制度中，通知在理解上即为对证人的传唤。

人民法院通知证人出庭作证的，应当向证人送达通知书。尽管证人是由当事人申请出庭作证，但人民法院准许后，通知书仍然需要向证人送达而并非向当事人送达，这是传唤证人的应有之义，也是人民法院在证人出庭作证程序中职权的体现。但人民法院应当将准许证人出庭作证申请的情况告知申请人和对方当事人，以便当事人做好相应的准备。特别是于对方当事人而言，更需要就庭审中对申请证人出庭作证行为本身的合法性和证人内容的质证以及是否需要反证等做好准备工作。就通知书内容而言，应当包括 2019 年《民事诉讼证据规定》第 70 条规定的内容，即证人作证的时间、地点，作证的事项、要求，以及作伪证的法律后果等内容。这些内容属于通知书的必要记载事项，其目的在于保证证人能够按时出席法庭审理，以及其陈述证言的可靠性。其中，作证要求不仅包括 2019 年《民事诉讼证据规定》第 72 条、第 73 条第 1 款、第 74 条第 2 款关于证人客观陈述、连续陈述、隔离作证等有关证人陈述本身的内容，还应当包括证人具结的要求。通知书中在告知证人作伪证的制裁措施的同时，也应当告知其有关证人权利保障的内容。

由于人民法院通知证人出庭作证的职权行为与人民法院调查收集证据的行为遵循同一逻辑，在符合《民事诉讼法解释》第 96 条人民法院依职权调查收集证据条件的场合，人民法院应当依职权通知证人出庭作证。这种情况下，人民法院也应当以通知书的方式传唤证人，并以适当方式告知双方当事人。通知书的内容与当事人申请证人出庭作证的通知书相同。

四、证人出庭作证费用

《民事诉讼法解释》

第118条　民事诉讼法第七十七条规定的证人因履行出庭作证义务而支出的交通、住宿、就餐等必要费用，按照机关事业单位工作人员差旅费用和补贴标准计算；误工损失按照国家上年度职工日平均工资标准计算。

人民法院准许证人出庭作证申请的，应当通知申请人预缴证人出庭作证费用。

2019年《民事诉讼证据规定》

第75条　证人出庭作证后，可以向人民法院申请支付证人出庭作证费用。证人有困难需要预先支取出庭作证费用的，人民法院可以根据证人的申请在出庭作证前支付。

证人出庭作证是履行其对于国家所应尽的义务。但证人出席法庭审理陈述证言，势必会耗费精力、时间和财力，影响证人的职业收入；如果证人不在法院所在地，势必要花费差旅费等费用。证人出庭作证的过程，从某种意义上讲也是证人不断支出各种费用的过程。证人因履行出庭作证的义务而遭受的经济损失，如果不加以补偿，势必使证人处于权利义务失衡的不公平状态，影响证人出庭作证的积极性。因此，各个国家和地区普遍设置了证人作证所支出费用的补偿制度，对证人作证的费用请求权作出规定。《英国民事诉讼规则》中规定了证人的经济补偿费用，包括证人往返法院的差旅费和因时间损失而获得的补偿费用，并规定此费用由负有举证责任的当事人预交法院，在向证人送达传唤令状时，向证人支付。美国的《加利福尼亚州证据法典》也同样规定证人补偿费用由负有举证责任的当事人支付。《德国民事诉讼法》规定，证人的补偿费用由负有举证责任的当事人预先垫付，否则法院不予传唤证人。同时，德国法律还规定由败诉方承担另一方当事人预付的证人费用。《法国民事诉讼法》第221条规定，证人可向法官申请并经法官批准领取补偿金。同样，我国澳门特别行政区民事诉讼相关规定也明确了证人的费用补偿问题，且此费用在法院作出判决前依证人申请而支付。①

《民事诉讼法》在2012年修改之前，对于证人出庭作证费用没有规定。2001年《民事诉讼证据规定》第54条第3款规定"证人因出庭作证而支出的合理费用，由提供证人的一方当事人先行垫付，由败诉一方当事人承担"，确定了证人出庭作证费用负担的原则。2006年国务院颁布的《诉讼费用交纳办法》第6条第3项规定，当事人应当

① 参见张嘉军：《证人拒证与证人作证制度的改革》，载《河南大学学报（社会科学版）》2002年第4期。

向人民法院交纳的诉讼费用包括证人在人民法院指定日期出庭发生的交通费、住宿费、生活费和误工补贴。《民事诉讼法》修改吸收了前述司法解释和行政法规的内容，在第 77 条规定，“证人因履行出庭作证义务而支出的交通、住宿、就餐等必要费用以及误工损失，由败诉一方当事人负担。当事人申请证人作证的，由该当事人先行垫付；当事人没有申请，人民法院通知证人作证的，由人民法院先行垫付”，以立法形式确立了证人出庭作证费用的项目和负担原则。在此基础上，《民事诉讼法解释》第 118 条进一步规定了证人出庭作证费用的计算标准和交纳方式，2019 年《民事诉讼证据规定》补充了证人出庭作证费用的支付方式，与《民事诉讼法》第 77 条共同构成证人出庭作证费用的制度体系。

（一）证人出庭作证费用的预交

证人作证的费用是因履行作证义务而发生，而出庭作证的义务是证人对代表国家司法权的人民法院所尽的公法上的义务。证人出庭作证费用性质为公法费用，证人关于其作证费用的请求权亦属于公法上的请求权。现代民事诉讼实行辩论主义原则，除法律特别规定的显著的事实和当事人自认的事实之外，人民法院认定案件事实均需要以证据调查的结果为依据。而人民法院证据调查的过程是司法权行使的过程，在证人出庭作证的场合，证人是证据调查和人民法院司法权行使的对象，人民法院通过询问证人获得有助于事实认定的证人证言。因此，证人出庭作证的义务并非其对当事人的私法上的义务，而是对代表国家司法权的人民法院所尽的公法上的协力义务。既然证人作证费用请求权是证人对人民法院的公法上的请求权，逻辑上人民法院应当代表国家承担给付义务。但民事诉讼是当事人为了自己的利益请求国家司法机关确定私权的程序，属于国家对于发生私权争执的当事人之特别服务，与国家利益无涉，为此所支出的费用，自然不能由全国纳税人负担。民事诉讼采有偿主义，由当事人自己负担诉讼费用，以防止当事人滥用诉权而提起无益的诉讼，同时也能减少国库的支付。① 证人作证费用最终在裁判中确定，由败诉的一方当事人负担。

《民事诉讼法》第 77 条规定的“当事人申请证人作证的，由该当事人先行垫付”，并非意味着由当事人直接向证人预先支付出庭费用，而是指当事人应当按照《诉讼费用交纳办法》第 6 条和第 11 条的规定向人民法院预先交纳该笔费用。针对审判实践中，一些人民法院在准许当事人关于证人出庭作证的申请后，或者对于证人出庭作证费用不闻不问，或者要求当事人直接向证人支付费用等不规范、不合法的做法，《民事诉讼法解释》第 118 条对于证人出庭作证费用的预缴作出明确规定。在当事人申请证人出庭

① 参见占善刚：《民事诉讼中的证人作证费用请求权简论》，载《求索》2010 年第 6 期。

作证的情况下，当事人应当向人民法院预缴证人作证费用。具体而言，人民法院在准许当事人关于证人出庭作证的申请后，应当通知当事人预缴证人出庭作证费用，这是人民法院通知证人出庭作证的前提。当事人未预缴该费用的，应当视为其未完成申请行为，人民法院不得通知证人出庭作证。

（二）证人出庭作证费用的标准

根据《民事诉讼法》第 77 条的规定，证人作证的费用包括证人因出庭作证而支出的交通、住宿、就餐等必要费用和误工损失。所谓必要费用，是指维持证人正常生活状态和履行出庭作证义务所应当支出的费用。证人因作证而支出的交通费、住宿费、就餐费，应当按照普通公民的住、行、食为基础的差旅费标准，根据证人的住所远近、交通状况等决定，不能过高也不能过低。具体而言，证人的交通补偿费应当是从证人住所到要求出庭的法院之间最直接路径乘坐公共交通工具所花费的费用。住宿费和伙食补贴应当符合法院所在地的一般旅馆及餐饮消费标准。有关证人的误工损失，虽然法律规定证人所在单位应当支持公民出庭作证，但证人出庭作证可能会给证人造成收入上的减少，因此证人作证费用包括误工损失是必要的。对证人作证费用的给付本质上属于补偿性质，对于间接损失，则不在考虑之列。

在《民事诉讼法解释》起草过程中，关于证人出庭作证费用的按照何种标准计算，存在一定争议。有观点认为，由于证人职业、身份等具体情况存在差异，应当根据证人的具体情况确定，特别是有关误工损失更是如此，否则对于职业特殊、收入较高的证人不公平，不利于促进其出庭作证的积极性。《民事诉讼法解释》没有采纳这种观点，主要理由在于，证人出庭作证费用标准的确定，不仅要考虑满足证人出庭作证的必要开支，也要考虑其标准的确定性和可操性作，考虑证人出庭作证费用的补偿性质。故不宜采取根据个案情况由人民法院酌定的方式，而应当确定统一的标准。交通、住宿、就餐等必要费用按照机关事业单位工作人员差旅费用和补贴标准计算，主要考虑到机关事业单位对工作人员的差旅费用和补贴标准有明确规定，依这种标准计算简便易行，且该标准在社会中处于中游，不存在畸高畸低的情况。有观点认为，机关事业单位工作人员的差旅费用和补贴是按照行政级别确定的，而证人出庭作证的费用按照行政级别支付没有合理性，特别是多数证人并没有行政级别，故这种标准仍然不具有确定性。这种观点可能是对我国机关事业单位运行情况不了解所致。在未作特别规定的情况下，机关事业单位对工作人员的差旅费用和补贴标准是指一般工作人员所适用的标准，这一点在审判实践中并无异议。关于证人的误工损失，按照国家上年度职工日平均工资的标准来计算，具有相对合理性，也简便易行。

（三）证人出庭作证费用的支付

基于证人出庭作证费用为公法费用、费用请求权为公法上请求权的性质，证人只能向人民法院提出支付出庭作证费用的请求，而不能向当事人主张。关于证人作证费用请求权的实现方式，曾经有观点认为，2001 年《民事诉讼证据规定》第 54 条第 3 款的规定和国务院《诉讼费用交纳办法》第 11 条第 1 款关于“证人……在人民法院指定日期出庭发生的交通费、住宿费、生活费和误工补贴，由人民法院按照国家规定标准代为收取”的规定，“其乃认为证人作证费用请求权的相对人为提供证人的当事人，也就是说证人可以而且只能直接请求该当事人给付作证费用……二者均是以承认证人作证费用请求权乃证人对当事人所享有的私法上的请求权为前提……因此，无论是最高人民法院发布的《关于民事诉讼证据的若干规定》，还是国务院颁布的《诉讼费用交纳办法》，其所规定的证人行使作证费用请求权方式均不仅不符合诉讼法理，并且有违现行民诉立法的本旨”。[①] 这种观点是对司法解释和行政法规规定的误读。前述司法解释和行政法规中只规定了证人作证费用负担的原则和证人作证费用的收取，二者并未涉及证人作证费用请求权的实现方式。为澄清误读，避免审判实践中的困扰，2019 年《民事诉讼证据规定》第 75 条明确规

① 占善刚：《民事诉讼中的证人作证费用请求权简论》，载《求索》2010 年第 6 期。

定了证人须向人民法院申请支付出庭作证费用。

证人作证费用请求权一般应当在证人作证结束之后行使，是大陆法系国家和地区的通常做法。2019年《民事诉讼证据规定》第75条规定："证人出庭作证后，可以向人民法院申请支付证人出庭作证费用。证人有困难需要预先支取出庭作证费用的，人民法院可以根据证人的申请在出庭作证前支付"。据此，证人出庭作证费用的支付时间，一般在证人出庭作证之后。只有在证人存在经济困难需要预先支付出庭作证费用，且向人民法院提出申请的情况下，人民法院才能在其出庭作证之前支付该项费用。关于证人行使出庭作证费用请求权的具体时点，法律、司法解释均无明确规定，在理解上应当由证人在作证结束后尽快主张。

五、证人具结

《民事诉讼法解释》

第119条　人民法院在证人出庭作证前应当告知其如实作证的义务以及作伪证的法律后果，并责令其签署保证书，但无民事行为能力人和限制民事行为能力人除外。

证人签署保证书适用本解释关于当事人签署保证书的规定。

第120条　证人拒绝签署保证书的，不得作证，并自行承担相关费用。

2019年《民事诉讼证据规定》

第71条　人民法院应当要求证人在作证之前签署保证书，并在法庭上宣读保证书的内容。但无民事行为能力人和限制民事行为能力人作为证人的除外。

证人确有正当理由不能宣读保证书的，由书记员代为宣读并进行说明。

证人拒绝签署或者宣读保证书的，不得作证，并自行承担相关费用。

证人保证书的内容适用当事人保证书的规定。

第77条　证人经人民法院准许，以书面证言方式作证的，应当签署保证书；以视听传输技术或者视听资料方式作证的，应当签署保证书并宣读保证书的内容。

证人作证的过程，是将其所记忆的曾经感知到的事实以言词方式再现的过程。由于这一过程主要是证人的主观因素在发挥作用，容易受到各种因素的干扰且不易被他人发现，甚至不易为证人自身所察觉，因此，需要法律设置证人作证的特定程序和要求，尽量使证人陈述的内容接近案件事实的客观情况。具结本身即为作出具结的人保证受到具结内容约束、对具结内容负责的含义。在证人作证的场合，具结是指证人在陈述前（有时也可以在陈述之后），“应为确切担保其陈述均属真实之表示，此项表示，谓之

具结”①。要求证人具结，其目的一方面在于体现证人作证的严肃性和仪式感，唤起证人内心的良知、神圣感和责任感，使其从内心深处自发摒弃说谎的意识；另一方面也通过具结过程中证人关于虚假陈述承担伪证制裁的承诺、保证，对其形成威慑，使其放弃说谎的念头。究其实质，具结是从证人主观状态着手设置的保障证人证言真实性的措施，与证人作证规则和询问证人规则共同构成证人规则体系的核心内容。

为最大限度地减少证人虚假陈述的危险，保证证人陈述的真实性，世界各个国家和地区民事诉讼制度中大多有关于证人宣誓或具结的规定。在英美法系以及多数大陆法系国家和地区，证人作证之前或者作证之后应当进行宣誓。在证人作证问题上，宣誓最初的目的是排除不适格的证人，不能宣誓或者不理解宣誓意义的人没有证人资格。随着时代的发展，到19世纪之后，宣誓逐渐演变为判断证人证言真实性的要求，即从心灵深处唤起证人的良知和道义上的责任，以减少虚假陈述的风险。② 宣誓的基础是证人的宗教信仰，但没有宗教信仰的人也可以根据其意见以最影响其良心的方式宣誓，而宣誓的形式也因证人而异。如我国台湾地区，未采取宣誓方式，而是以证人具结方式来作为

① 姜世明：《民事诉讼法》（下册），我国台湾地区新学林出版股份有限公司2013年版，第167页。

② 参见张永泉：《民事证据采信制度研究》，中国人民大学出版社2003年版，第167～168页。

主观预防规则，促使证人如实陈述。宣誓与具结一样，是保障证人证言真实性的重要制度，是针对人的心理特点及证人证言存在虚假的危险而设置的预防法则，但与具结不同的是，宣誓更多地强调信仰的作用及唤起证人良知，而具结侧重于强调如果不如实陈述将受到法律制裁的后果。

我国《民事诉讼法》中没有证人宣誓或者具结的规定，只在第141条规定了法庭调查中告知证人权利义务。《最高人民法院关于第一审经济纠纷案件适用普通程序开庭审理的若干规定》第25条规定："……证人出庭作证，法庭应查明证人身份，告知证人出庭作证的义务以及作伪证应负的法律责任。"2001年《民事诉讼证据规定》第54条第2款规定："人民法院对当事人的申请予以准许的，应当在开庭审理前通知证人出庭作证，并告知其应当如实作证及作伪证的法律后果。"这些司法解释的规定同样也只是对证人作证义务和作伪证后果的告知，并没有宣誓或者具结的意义。在2012年《民事诉讼法》修改的过程中，最高人民法院曾经向立法机关建议增加证人具结或者宣誓的规定，但未获采纳。

长期以来，我国民事诉讼中证人出庭作证率低、证人证言不稳定的状况十分普遍，证人虚假陈述、证言前后反复的情况严重影响当事人和人民法院对于证人证言的信赖，证人证言无法发挥其在案件事实查明中的应有作用。证人作证程序不完整，缺乏证人宣誓或者具结的制度，无疑是其中十分重要的原因。证人出庭作证无须宣誓或者具结，使证人作证程序缺少应有的仪式感和庄重感，无法对证人的心理产生威慑，从而在主观上消除其作虚假陈述的意图。尽管证人虚假陈述可能面临妨碍民事诉讼强制措施的制裁，但这种事后的处罚制度没有宣誓或者具结这种事前预防规则相呼应，其威慑效果并不明显。为此，在对宣誓和具结进行研究的基础上，结合我国民事审判实际情况，《民事诉讼法解释》第 118 条、第 119 条以规定证人签署保证书以及拒绝签署保证书不得作证的方式，作出有关证人具结的规定。2019 年《民事诉讼证据规定》第 71 条在《民事诉讼法解释》的基础上，进一步规定了证人应当在法庭上宣读保证书即口头具结的内容，使得证人具结制度更为完整。

在 2019 年《民事诉讼证据规定》起草过程中，一种意见认为，《民事诉讼法解释》规定的以签署保证书为形式的具结制度，在审判实践中效果并不理想，应当采取证人宣誓的方式，唤起证人良知和道义感，使其内心产生触动，从而自发进行真实陈述。另一种意见认为，《民事诉讼法解释》关于具结的规定实施效果不理想，其原因在于仅以签署保证书的方式进行具结，不足以对证人产生足够的心理威慑，应当从具结方式进行调整，改书面具结为口头具结。2019 年《民事诉讼证据规定》原则上采纳了第二种意见，其理由在于：第一，宣誓的方式在我国的审判实践中缺乏社会基础，规定证人宣誓的条件不成熟。宣誓并非我国的社会传统。宣誓本身与宗教信仰和宗教传统密切相关，英美法系和大陆法系国家和地区，大多处于基督教文明影响之下，证人宣誓与其文化相吻合。而我国历史上从来不是宗教国家，宣誓并非我国的文化传统。以宣誓取代具结，需要深入研究，慎重考虑。贸然以宣誓方式取代具结，不仅无法达到从主观上促使证人如实陈述的作用，反而可能对诉讼秩序产生不利影响。第二，审判实践中书面具结方式效果不理想，其原因在于具结方式不妥当。事实表明，将保证书中如实陈述、如作伪证将受到法律制裁等内容，以口头方式表达，会增强对证人的心理威慑，更好地发挥事前预防的功能。为此，2019 年《民事诉讼证据规定》第 71 条在保留《民事诉讼法解释》第 118 条规定的签署保证书这一书面具结内容的基础上，增加了宣读保证书的口头具结方式，由此，我国证人具结是采取书面与口头相结合的方式。需要注意的是，证人具结需单独进行，存在多个证人时，应当每个证人在陈述证言之前分别具结，不能一并具结后分别陈述。

证人出庭作证，应当在作证之前进行具结。具结是证人作证的必经程序，证人必须在签署保证书并且宣读保证书内容之后，才能陈述证言。具结不完整，如只签署保证书而不宣读保证书，视为未进行具结，与拒绝签署保证书无异。证人拒绝具结，意味着其并不保证所陈述证言内容的真实性，即使陈述证言，其可靠性也值得怀疑。因此不应被允许作证。证人虽然按照人民法院通知到场，但因其自身的原因导致无法陈述证言，不能向人民法院请求支付证人出庭作证费用，其支出的费用和误工损失等由其自行负担。

证人为无民事行为能力人或者限制民事行为能力人，是证人具结的例外情形。无民事行为能力人和限制民事行为能力人可以在待证事实与其年龄、智力或者精神健康状况相适应的事实查明中，作为证人出庭作证。但无民事行为能力人和限制民事行为能力人不能完全理解具结的内容和后果，也无法承担相应的法律责任，因此，其作为证人时无须具结。在《民事诉讼法解释》论证过程中，有人提出疑问，证人有正当理由不能宣读保证书的，如证人是聋哑人、文盲或者证人没有中文阅读或口头表达能力等情形，是否属于不能具结的例外情形？这些情况下，证人并非没有具结的能力，只是具结的形式与通常情形有所不同。证人为聋哑人的，不影响其在保证书上的签字，并可以手语方式表达具结内容；证人是文盲的，可以由法庭向其解释保证书内容，由其在保证书上捺印，并可以采取由书记员领读的方式口头表达具结内容；证人没有中文阅读或口头表达能力的，可以由翻译人员向其解释保证书内容，由证人以其能够使用的语言进行口头具结，并由翻译人员进行翻译。总之，除无民事行为能力人和限制民事行为能力人作为证人的情形外，证人均需履行具结义务。

典型的具结针对证人出庭作证的场景设计，在证人陈述证言之前以口头方式具结，随即开始陈述证言。但人民法院根据《民事诉讼法》第76条的规定，准许证人以书面证言等其他方式作证的，需要对证人具结的方式作出调整。证人以提供书面证言方式作证的，由于无法进行口头具结，故以书面具结即签署保证书的方式完成具结；以视听资料或者通过视听传输技术作证的，由于证人作证也是以言词方式进行，虽然并非现场作证但不影响其口头具结，故在证人陈述证言之前应当体现其口头具结的过程，即仍然需要采取签署保证书加宣读保证书的完整具结方式。

有关证人保证书的内容，与当事人接受询问前具结时保证书的内容一致，均应当载明保证据实陈述，绝无隐瞒、歪曲、增减，如做虚假陈述接受处罚等内容，并由证人在保证书上签名或者捺印。

六、证人作证要求

2019年《民事诉讼证据规定》

第72条　证人应当客观陈述其亲身感知的事实，作证时不得使用猜测、推断或者评论性语言。

证人作证前不得旁听法庭审理，作证时不得以宣读事先准备的书面材料的方式陈述证言。

证人言辞表达有障碍的，可以通过其他表达方式作证。

第73条　证人应当就其作证的事项进行连续陈述。

当事人及其法定代理人、诉讼代理人或者旁听人员干扰证人陈述的，人民法院应当及时制止，必要时可以依照民事诉讼法第一百一十条的规定进行处罚。

第 74 条第 2 款　询问证人时其他证人不得在场。

证人作证之前具结，是在主观上促使证人如实陈述证言的预防性措施。对证人作证本身提出要求，是在过程上保证证人陈述的内容满足案件事实查明需要的必要手段。基于证人证言的形成系证人主观对于客观的反映、证人证言的内容易受证人主观状态影响、外界环境干扰和误导等特点，2001 年《民事诉讼证据规定》第 57 条规定，“出庭作证的证人应当客观陈述其亲身感知的事实。证人为聋哑人的，可以其他表达方式作证。证人作证时，不得使用猜测、推断或者评论性的语言”。第 58 条规定，“证人不得旁听法庭审理”。2019 年《民事诉讼证据规定》对其中表述不准确、不周延之处进行了文字上的修改，在保留基本内容的基础上，增加了“作证时不得以宣读事先准备的书面材料的方式陈述证言”以及“证人应当就其作证的事项进行连续陈述”的规定。这些对证人作证要求的规定，可以概括为四项内容，即客观陈述、言词陈述、连续陈述和隔离作证。

（一）客观陈述

证人是以其亲身感知的事实向法庭提供证言的人，客观如实陈述其感知到的事实是对证人作证的基本要求。这是由证人不可选择性、不可替代性的特点所决定的，对事实的猜测、分析、评论，超出其感知的范畴，是对事实的加工和评价，不符合证人证言本身的性质和功能。

在英美法系国家和地区，客观陈述是对普通证人（事实证人）的基本要求。这是由证据的容许性（Admissibility）规则所决定的。所谓容许性，即证据的可接受性或可采性。在英美法上，争议的事实只能被可容许的证据证明；而证据的相关性是证据容许性的先决条件，只有相关的证据才是可容许的。① 然而，并非具有相关性的证据都是可容许的。相关性只是意味着证据具有表面的容许性，具有相关性的证据仍可能由于证据的排除规则而被否定其容许性。② 按照英美法系传统，一般而言，证人只能针对他自己所做过、听过、说过或者亲历过的事实提供证言。如果证人相信或推断的事实是案件中争议的事实或者和案件中争议的事实相关，那么证人的意见或推断对于证明该事实真相而言是不被准许的。③ 从另一个角度理解，意见证据不仅无助于事实的发现，反而会误导法庭的事实审理。④

---

① Zuckerman, A. A. S., *Civil Procedure*, LexisNexis(2003), p. 660.

② Dennis, I. H., *The Law of Evidence*, 2nd edition, Sweet & Maxwell (2002), 50.

③ Murphy, Peter, *Murphy on Evidence*, 8th edition, Oxford University Press (2003), 364.

④ Tapper, Colin, *Cross And Tapper on Evidence*, Butterworths (1999), p. 512.

“旁观者对于一起事故通常有着完整和彻底的观察。一个除外的问题是，在他可以告诉法庭他看到的每一件事的同时，他不能表达关于哪一方当事人有过失的意见。原因通常是过失问题由法庭决定，而他的意见实际上是不相关的。他能够证明的任何事实都是相关的，而他的意见不具有相关性”。[①] 此外，对意见证据的接受也会侵害法庭的功能。从证人陈述的事实中作出推断是法庭的职责，如果意见证据被准许，法庭的功能就会受到侵害。

在大陆法系国家和地区，只有普通证人而无意见证人。对于涉及专门性问题的事实提供意见是鉴定人的职能。证人仅限于对其亲身经历的事实客观如实陈述。按照证据裁判主义及自由心证原则的要求，证据证明力的判断是法官的职责。证人陈述证言的行为，仅用以提供证明客观事实的证据，而意见、评论等关于证据是否能够起到证明作用、证据证明力如何评价，系法官的职责而与证人无关。如果允许证人提供意见证言，无异于由证人对事实进行评价和认定，这超出了证人证言的功能，使证人具有法官的职责，实质上使证人行使了法官的职权。而且，意见本身也并非证人依赖感知器官感知到的事实，而是其主观上的认识，证人的意见对于事实证明没有价值，而且容易产生误导，对于法庭发现事实真相产生阻碍。因此，对于意见证言应当予以排除。可见，两大法系对于普通证人不得发表意见

① Hollington v. Hewthorn Co. Ltd., [1943] KB 587, at 595.

证言的逻辑是一致的。

我国《民事诉讼法》并无关于证人作证要求的规定，但在审判实践中，不允许证人在作证时发表评论、进行分析、推断和猜测，是长期以来的一贯做法，也是2001年和2019年《民事诉讼证据规定》实施以来的基本要求。2001年《民事诉讼证据规定》对于证人客观陈述要求和对意见证言排除的规定，其理由与大陆法系国家和地区基本一致。

（二）言词陈述

证人出庭作证，本身即为民事诉讼直接原则和言词原则的要求。按通常逻辑，证人已经到庭，其作证时当然是以言词陈述其亲身感知到的案件事实。但审判实践中，经常出现证人出庭作证时，宣读事先准备好的书面材料的情形。一方面，由于事先准备的书面材料不可避免地经过证人甚至其他人的加工整理或修饰，宣读书面材料的做法，难以保证其内容的真实性；另一方面，宣读事先准备的书面材料，本质上是以书面陈述的方式替代言词陈述，不符合证人证言的性质，也违背了案件审理的直接原则和言词原则。人民法院对于证人证言的审查和证明力的评价，往往从证人陈述的过程中获得必要的信息，证人陈述的语速、用词、表达是否清楚、表情、神态、肢体语言等，均能反映出证人陈述时的心理活动，对于法官判断证人证言是否真实可靠都有重要意义。宣读书面材料，证人很难暴露出这些必要的信息因素，不利于法官对证人证言作出正确评价。因此，2019年《民事诉讼证据规定》第72条第2款后段，对此明确作出禁止性规定。在案件审理过程中，如果证人以宣读书面材料方式进行陈述的，人民法院应当及时制止，暂扣其书面材料后，由证人进行言词陈述，并在其后对证人的询问过程中，加强对证人陈述中是否存在修饰、掩盖等疑点以及事实陈述的逻辑性的审查。

证人言词表达有障碍的，如聋哑人，可以通过其他表达方式，如手语，陈述证言。这里的其他表达方式不包括书面方式，而是在法庭审理之中，适合有表达障碍的证人现场表达的、替代言词的表达方式。

（三）连续陈述

证人陈述证言时，应当作连续陈述，不允许当事人、诉讼代理人或者旁听人员等其他人员对证人陈述进行干扰。证人作证时是否应当连续陈述，与询问证人的方式有直接关系。在英美法系国家和地区，询问证人由当事人主导，采取交叉询问的方式进行，这种对抗式的询问方式有时不可避免地打断证人的陈述。但在大陆法系国家和地区，询问证人是法官的职权，在证人陈述的过程中，当事人及其诉讼代理人不得打断证人陈述，其需要发问时应当经过法官的准许。如《法国民事诉讼法》第214条规定，当事人不应打断或者质问证人，不应对作证的证人施加影响，并且不应直接对证人说话，否则将被驱除法庭。法官如果认为必要时，在询问证人之后，可就当事人提交法官的问题向证人提问。[1]

我国的民事诉讼体制和审理方式与大陆法系国家和地区更为接近，在询问证人的方式上也是以法院为主导。在证人陈述证言的过程中，为排除当事人、诉讼代理人或者其他人员对证人的影响，强调证人连续陈述的作证要求。为此，2019年《民事诉讼证据规定》第73条对证人连续陈述作出了明确规定。案件审理过程中，当事人、诉讼代理人、旁听人员等在证人陈述时，以言语、表情、异响、肢体语言等干扰证人陈述、对证人陈述施加影响的，人民法院应当及时制止，并可以根据具体情节，依照《民事诉讼法》第114条规定，对行为人采取训诫、责令行为人退出法庭或者罚款、拘留的强制措施。

（四）隔离作证

案件审理中存在多个证人时采取隔离询问的方式，是英美法系与大陆法系国家和地区的普遍做法。之所以对证人进行分别询问，不允许未经询问的证人在场，其目的在于避免证人之间相互影响，确保证人不受干扰。证人为多人的情况下，证人的立场可能相同，也可能不同。对于立场相同的证人，隔离作证可以防止证人之间的串通或者附和，防止其在听到其他证人陈述后修正自己的证言；对于立场不同的证人而言，则可以防止其在听到其他证人陈述

① 参见张永泉：《民事证据采信制度研究》，中国人民大学出版社2003年版，第184页。

的内容后，为避免其自身证言被认为不真实而隐瞒、修饰、增减证言的内容，从而影响证人证言的真实性。

隔离作证是2001年《民事诉讼证据规定》所规定的证人作证的要求，被2019年《民事诉讼证据规定》所承继。审判实践中，人民法院应当安排证人分别进入法庭陈述证言，在证人作证时其他证人不得在场旁听；证人作证前，不能旁听法庭审理，以免其根据审理情况调整其证言内容或者表述方式；证人作证后，也不得旁听法庭审理，以免对后续作证的证人产生不必要的影响。在证人等候询问时，也应当注意尽量使证人隔离等候，避免其相互之间进行交流。需要证人对质的，由人民法院安排对质的证人依次进入法庭进行对质；证人对质时，其他证人也不应旁听对质的过程。在案件审理进行庭审直播时，应当特别注意，不应允许证人通过电视屏幕、手机等移动设备观看庭审过程。

七、询问证人

2019年《民事诉讼证据规定》

第74条　审判人员可以对证人进行询问。当事人及其诉讼代理人经审判人员许可后可以询问证人。

询问证人时其他证人不得在场。

人民法院认为有必要的，可以要求证人之间进行对质。

询问证人是检验证人证言真实性、可靠性最重要的方法。为保证证人如实陈述案件事实，法律规定了证人宣誓或具结的事先预防规则、伪证制裁的事后制裁规则以及证人陈述规则，但这些措施、规则仍然不能完全排除证人进行虚假陈述的可能。一方面，证人基于主客观原因，可能自觉或不自觉地对其记忆中的内容进行修饰或更改，证人证言不实之处在所难免；另一方面，证人的记忆能力、作证时的情绪、表达能力等因素也会影响证人陈述内容的完整性、准确性。而这些情形，并非预防规则、制裁规则和证人陈述规则本身所能够解决的。只有通过对证人询问，才能暴露证人证言中的不实或虚假部分、发现证人陈述中的漏洞，帮助作为事实审理者的法官对证人证言的证明力作出全面客观准确的评价。

在询问证人的规则上，英美法系与大陆法系国家和地区存在很大不同。在英美法系国家和地区，证人是最重要的证据方法，即实行所谓“证人中心主义”的证据制度，检验证人证言真实性和证明力的询问证人规则非常发达。由于证人通常由当事人传唤，属于当事人的证人，对证人的询问也是当事人的一项权利，询问证人的规则以当事人，主要是律师行使询问权为核心。英美法系国家和地区询问证人一般被称为交叉询问的方式，具体包括四个步骤和环节，即主询问，由提出证人的一方当事人进行询问；反询问，由对方当事人进行询问；再次主询问，由提出证人的当事人再次进行询问；再次反询问，由对方当事人再次询问。主询问是提出证人的一方对证人所进行的正面询问，其目的在于让证人陈述案件事实，询问的内容通常包括证人的基本情况，事件发生的地点和场景，以及对事件本身的描述。主询问过程中，对方可以提出异议，打断主询问，待法官裁决异议是否成立后，再确定证人是否回答询问。反询问由对方当事人进行，其目的在于对主询问中证人的陈述进行质证；暴露主询问中不真实、矛盾的陈述，从而降低证言的可信性；挖掘证人陈述中有利于己方的信息。与主询问不得诱导证人不同，反询问则允许提出诱导性问题。反询问之后，由双方当事人再次进行主询问和反询问，以对此前证人证言的内容和有关问题进一步澄清。通过交叉询问的方式，实现对证人证言真实性和可靠性的充分检验。

在大陆法系国家和地区，传统上对证人并不信任，证人证言在事实审理中的地位和作用远远不如英美法系国家和地区。就询问证人而言，由于证人是法庭的证人而非当事人的证人，由法庭传唤证人出庭作证，也由法官询问证人。询问规则相对简单，不存在英美法系国家和地区交叉询问的过程。证人在陈述证言、回答法官询问的过程中，当事人及其诉讼代理人不得干扰证人陈述；需要直接对证人询问时，应当获得法官许可后进行。“审判长对于证人为发问，目的在阐明不明了之事实关系，此项发问权属审判长之职责。故当事人不得自由对证人为发问，陪审推事如欲发问，尚须告明审判长后始得发问。”①

《民事诉讼法》第142条规定，当事人经法庭许可，可以向证人发问。2001年《民事诉讼证据规定》第58条规定“审判人员和当事人可以对证人进行询问”。2019年《民事诉讼证据规定》第74条第1款规定，“审判人员可以对证人进行询问。当事人及其诉讼代理人经审判人员许可后可以询问证人”。从这些规定的内容来看，表述越来越准确、清晰，但询问证人的规则没有发生变化，与大陆法系国家和地区询问证人的规则基本一致。在2012年《民事诉讼法》修改过程中，以及《民事诉讼法解释》和2019年《民事诉讼证据规定》起草过程中，甚至自2001年《民事诉讼证据规定》公布实施以来，一直有学者主张，我国应当参考英美法系国家和地区的做法，引入交叉询问作为我国询问证人的规则。审判实务界也有法官持有类似的观点。交叉询问作为英美法系最具特点的诉讼制度，对于检验证人证言的真实性、可靠性的确发挥了非常重要的作用，相较于大陆法系国家和地区比较简单、粗疏的询问证人规则，无疑在规则的技术性、实用性和实际效果上具有很大的优势。大陆法系的日本在第二次世界大战结束后，也改变了此前由法官主导的询问证人规则，引进了英美法

---

① 陈荣宗、林庆苗：《民事诉讼法》，我国台湾地区三民书局股份有限公司1996年版，第525页。

系交叉询问制度，赋予当事人直接询问证人的权利，将询问证人由法官主导改为当事人主导。但交叉询问制度顺利运行的前提是律师需要掌握熟练的诉讼技术和询问技巧，以及集中审理的彻底实行。“因日本未采英美法之集中审理主义及证据开示制度，无法于事先充分准备，于交互询问时形成不必要之询问证人，浪费询问时间而效果不高。又日本律师对于交互询问之技术不熟练，亦为原因”。[①] 交叉询问制度运行得当固然具有巨大优势，对于充分发挥当事人在事实发现过程中的积极性、主动性，尽其所能揭示案件事实真相、暴露证人陈述中虚假陈述和不实之词，保证证人证言的真实性和可靠性，具有十分积极的意义。但日本的经验也表明，询问证人的制度和规则，与一个国家的法律传统和诉讼制度密切相关，简单引入交叉询问规则而忽视其适用前提是以证据开示为核心的集中审理模式，以及律师执业的训练内容和培养体制的配合，不仅不能起到交叉询问规则在英美法系制度下的效果，反而会给诉讼秩序带来不必要的负面影响。事实上，日本在引入交叉询问规则后，由于实施效果不理想，不得不仍然由法官以补充询问的方式，对证人进行询问。有鉴于此，我国立法和司法解释均未采纳引入交叉询问规则的意见。

虽然我国民事诉讼制度并不认可以交叉询问替代现有

---

① 陈荣宗、林庆苗：《民事诉讼法》，我国台湾地区三民书局股份有限公司 1996 年版，第 526 页。

的询问证人的规则，但审判实践中，人民法院在询问证人时，可以适当借鉴一些交叉询问的方法。通常在开庭审理中有证人作证的，人民法院可以在证人到庭后，询问证人基本情况并要求证人具结，其后要求证人对其作证事项进行陈述。在证人陈述证言后，由提出证人出庭作证申请的当事人询问证人，再由对方当事人询问，并可以准许双方当事人以类似再主询问和再反询问的方式再次询问证人。在当事人询问完毕后，由人民法院对证人进行询问，以补充当事人询问中的遗漏和模糊之处。在必要时，人民法院可以要求多个证人进行对质。通过这种类似交叉询问的方式，尽量使当事人在询问证人中发挥积极性和主动性，引导当事人通过对抗的方式揭示证人证言中存在的不实、虚假和漏洞，最后通过人民法院的询问对当事人询问中未考虑到或者仍然不清楚的问题进行澄清，既能满足人民法院发现真实、保证证人证言真实性、可靠性的需要，也能比较好地实现人民法院职权行使与当事人的诉讼权利保障的平衡。

八、证人证言的审查判断

2019年《民事诉讼证据规定》

第96条　人民法院认定证人证言，可以通过对证人的智力状况、品德、知识、经验、法律意识和专业技能等的综合分析作出判断。

世界各国对于证据价值的评价普遍遵循自由心证原则，证据的取舍、证明力大小，由法官依自由心证进行判断。对于证人证言能否采信、证明力大小，同样由事实审理者依据自由心证进行评判。2001年《民事诉讼证据规定》第78条对于人民法院认定证人证言所需考量的因素作出规定，为人民法院依自由心证评判证人证言确立了标准。2019年《民事诉讼证据规定》在第96条原文保留了2001年《民事诉讼证据规定》第78条的内容。

人民法院对于证人证言的审查判断，可以综合考量如下因素。

其一，证人的智力状况。证人智力状况与证人的年龄、精神健康状况密切相关，与证人的行为能力相对应，是判断证人陈述内容与其行为能力是否相匹配的重要考量因素。对2019年《民事诉讼证据规定》中的"智力状况"应作广义理解，包括年龄、智力状况和精神健康状况。证人陈述的内容、言词表达的方式等，与其年龄、智力状况或者精神健康状况不相适应的，则证人很可能在开庭前被他人进行了相应的培训、练习，其证言虚假不实的可能性更大。此外，证人的年龄、智力状况和精神健康状况也是判断证人感知能力、记忆能力和表达能力的重要因素，存在不相匹配的情形的，也应当结合其他因素谨慎判断证人证言内容的真伪。2019年《民事诉讼证据规定》第90条第2项规定，无民事行为能力人或者限制民事行为能力人所作的与其年龄、智力状况或者精神健康状况不相当的证言，不能单独作为认定案件事实的根据，需要结合其他事实和证据综合判断其证明力。

其二，证人的品德。证人的品行和信用，对其作证行为会产生很大影响，因此也是判断证人证言真实性、可靠性的重要考量因素。品行不佳、信用很差的人，进行虚假陈述的概率更高。而品德高尚、诚实正直的人，其证言的可信度相对更高。对于证人品德的判断，可以结合证人过往的行为。但证人品德高尚并不容易证明，而品行、信用不佳则可以通过信用记录、违法记录等证据比较容易得到证明。因此，除非证人品行状况众所周知，否则在没有证据证明证人品行不佳的情况下，不宜轻易对证人品行因素下结论，也不宜过度考虑这一因素的影响。

其三，证人的知识、经验和专业技能。证人的知识、经验和专业技能，并非意味着需要证人作为某一领域的专业人士提供意见证据，而是在一些特定事实作为证明对象时，具有一定专业知识、经验和技能的人，具有更强的观察力，也更能准确地记忆和描述事实过程。比如，刑侦领域的专业人士目击犯罪过程，其对事实发生过程的描述，特别是对关键事实的观察、记忆和表达可能更加清晰、准确；有多年驾驶经验的人对于交通事故发生过程的观察和描述，可能比不会驾驶机动车的人更能够发现细节。当然，对于具有专业知识、经验和技能的证人的陈述，人民法院需要特别注意，避免其陈述时对事实进行评论、分析和推测，对法庭造成误导。

其四，证人的法律意识。证人是否具有足够法律意识，能否认识到作证行为本身的严肃性以及对于双方当事人的影响，是否能够认识到其虚假陈述将面临的法律后果等，对其行为也会产生一定影响。通常，具有较强法律意识的人，更可能慎重对待作证行为。而法律意识淡薄的人，陈述证言可能更为随意。

此外，还可以考虑的因素包括：（1）证人与当事人或者诉讼代理人的利害关系。证人是当事人的亲属、朋友、合作伙伴、利益相关方抑或竞争对手、敌对关系等，对于证人如实陈述的主观意愿、陈述的内容都会产生直接影响。2019 年《民事诉讼证据规定》第 90 条第 3 项规定，与一方当事人或者其代理人有利害关系的证人陈述的证言，不能单独作为认定案件事实的根据。故利害关系是判断证人证言证明力的重要因素。（2）证人陈述证言时的表情、神态、肢体语言，语言表达是否清晰、准确，语速的快慢等因素，对于判断证人作证时的心理状态具有积极意义，是判断证人作证时主观状态的重要依据。（3）证人作证的事项，是其亲身感知的事实，还是其从他人处听到的事实，对于判断证人陈述内容的真实性、可靠性也有较大影响。

总之，对于证人证言的评价，是在自由心证原则之下，结合各种因素进行综合判断的过程。人民法院在判断证人证言证明力时，应当根据具体案件情况和证人情况，对证人证言的证明价值进行综合评价。

九、与证人作证有关的制裁

2019 年《民事诉讼证据规定》

第 78 条　当事人及其诉讼代理人对证人的询问与待证事实无关，或者存在威胁、侮辱证人或不适当引导等情形的，审判人员应当及时制止。必要时可以依照民事诉讼法第一百一十条、第一百一十一条的规定进行处罚。

证人故意作虚假陈述，诉讼参与人或者其他人以暴力、威胁、贿买等方法妨碍证人作证，或者在证人作证后以侮辱、诽谤、诬陷、恐吓、殴打等方式对证人打击报复的，人民法院应当根据情节，依照民事诉讼法第一百一十一条的规定，对行为人进行处罚。

与证人作证有关的制裁，也是避免证人进行虚假陈述的预防性措施。通过制裁的威慑，增强证人如实陈述的自觉性，促使证人趋利避害，以保证证人证言的真实性、可靠性。2001 年《民事诉讼证据规定》对于证人作证有关的制裁措施并未单独规定，只在第 80 条归纳了 1991 年《民事诉讼法》第 102 条中与证据有关的妨害民事诉讼应当处以制裁的情形。2019 年《民事诉讼证据规定》起草过程中，加强对证人虚假陈述和妨碍证人作证的制裁是一个的重点问题。为此，在第 78 条增加了与证人作证有关的制裁的专门规定。

证人故意进行虚假陈述的情形，一度在民事审判实践中比较普遍。由于缺乏相应制裁措施的规定，这种情况在民事诉讼中屡禁不止，严重影响民事诉讼秩序的稳定、人民法院的公信力，以及证人证言作用和功能的发挥，甚至影响我国民事诉讼制度的声誉，社会各界对此反映强烈。为解决审判实践中存在的这一顽疾，2019 年《民事诉讼证据规定》将证人故意作虚假陈述的行为视同伪造证据的行为，根据 2012 年《民事诉讼法》第 111 条第 1 款（现行《民事诉讼法》第 114 条第 1 款）关于“伪造、毁灭重要证据，妨碍人民法院审理案件的”，人民法院可以根据情节轻重予以罚款、拘留；构成犯罪的，依法追究刑事责任的规定，对故意作虚假陈述的证人予以处罚。需要注意的是，证人虚假陈述有时并非故意为之，而可能是受主客观因素的影响引起记忆偏差、表达不准确造成的。只有存在主观故意的，才能按照伪造证据进行制裁。

对于妨碍证人作证的制裁，区分两种情形：其一，在证人作证过程中实施的妨碍行为。证人作证过程中，妨碍、干扰证人作证的主体是当事人及其诉讼代理人，其妨碍行为大多以不当询问或者威胁、侮辱等方式表现出来。故人民法院应当根据情节的轻重程度，选择相应的处置措施。对于一般性的妨碍作证行为，如询问内容与待证事实无关，或者采取不适当引导证人的方式询问的，人民法院应当及时制止。这种妨碍行为，不会对证人如实陈述产生太大影响，不必采取强制措施对行为人进行惩戒。但当事人及其诉讼代理人或者旁听人员通过侮辱、威胁等语言、行为对证人作证进行妨碍和干扰，既违反法庭规则，也是对民事诉讼秩序的挑战和妨害，人民法院应当根据《民事诉讼法》第114条的规定，对行为人进行罚款、拘留的制裁。其二，在证人作证之前或者作证之后实施的妨碍行为。在证人作证之前或者作证之后，实施妨碍行为的主体可能是当事人、诉讼代理人也可能是其他诉讼参与人或者受前述人员指使的人。这些主体如果以暴力、胁迫、贿赂、收买等方法妨碍证人作证，或者在证人作证之后采取侮辱、诽谤、诬陷、恐吓、殴打等暴力或者软暴力手段对证人进行打击报复的，均属于严重妨害民事诉讼秩序、侵害证人合法权益的行为。人民法院应当根据《民事诉讼法》第114条第1款第2项、第4项的规定，对行为人处以罚款、拘留的处罚；对于情节严重构成犯罪的，应当依法追究其刑事责任。

第三节　当事人的陈述与询问当事人

《民事诉讼法解释》

第110条　人民法院认为有必要的，可以要求当事人本人到庭，就案件有关事实接受询问。在询问当事人之前，可以要求其签署保证书。

保证书应当载明据实陈述、如有虚假陈述愿意接受处罚等内容。当事人应当在保证书上签名或者捺印。

负有举证证明责任的当事人拒绝到庭、拒绝接受询问或者拒绝签署保证书，待证事实又欠缺其他证据证明的，人民法院对其主张的事实不予认定。

2019 年《民事诉讼证据规定》

第 63 条　当事人应当就案件事实作真实、完整的陈述。

当事人的陈述与此前陈述不一致的，人民法院应当责令其说明理由，并结合当事人的诉讼能力、证据和案件具体情况进行审查认定。

当事人故意作虚假陈述妨碍人民法院审理的，人民法院应当根据情节，依照民事诉讼法第一百一十一条的规定进行处罚。

第 64 条　人民法院认为有必要的，可以要求当事人本人到场，就案件的有关事实接受询问。

人民法院要求当事人到场接受询问的，应当通知当事人询问的时间、地点、拒不到场的后果等内容。

第 65 条　人民法院应当在询问前责令当事人签署保证书并宣读保证书的内容。

保证书应当载明保证据实陈述，绝无隐瞒、歪曲、增减，如有虚假陈述应当接受处罚等内容。当事人应当在保证书上签名、捺印。

当事人有正当理由不能宣读保证书的，由书记员宣读并进行说明。

第66条 当事人无正当理由拒不到场、拒不签署或宣读保证书或者拒不接受询问的，人民法院应当综合案件情况，判断待证事实的真伪。待证事实无其他证据证明的，人民法院应当作出不利于该当事人的认定。

当事人陈述是民事诉讼中最为常见的现象。由民事诉讼的言词审理所决定，当事人在民事诉讼开庭审理、询问、调查中主要以言词陈述方式参与诉讼活动。当事人作为民事诉讼的主体，在民事诉讼中享有广泛的程序参与权，并受到相应的程序保障，其在诉讼中提出诉讼请求、法律和事实根据以及证据，都应当以言词的方式完成。因此，当事人的陈述是在任何一个民事案件审理过程中都存在的一种诉讼资料。

在我国，当事人的陈述在最广泛意义上包括关于诉讼请求的陈述，关于支持或者反对诉讼请求的法律与事实根据的陈述，关于与案件有关的其他事实的陈述，关于证据分析的陈述，关于案件的性质和法律问题的陈述，等等。① 而狭义上的当事人的陈述一般指当事人就案件事实向法院

① 参见江伟主编：《民事诉讼法》，高等教育出版社2000年版，第142页。

所作的陈述。从功能上，当事人的陈述可以区分为三个层次：一是当事人为了支持其诉讼请求而向法院陈述的事实根据，即关于主要事实的主张。当事人关于主要事实的主张也就是诉讼中的证明对象，具有确定法院事实审理的范围和证明活动对象的功能。二是当事人对于不利于自己的事实的真实性的认可，即自认。自认具有排除事实争议、限缩证明对象的功能。三是当事人作为证据方法而就其亲历所知向法院陈述有关案件事实，以作为证据资料供法院参考。这个意义上的当事人的陈述的功能是作为证明的手段，亦即证据功能。[①] 我国民事诉讼立法是在证据功能上规定当事人的陈述，也被称为当事人的陈述功能的一元定位。

在英美法系国家和地区，当事人的陈述并不是一种独立的证据形式，立法上也没有对询问当事人单独作出规定。作为证据方法的当事人被视为证人，是证人的一部分。当事人既可以自己就涉讼案件提供证言，也可以要求对方当事人就案件的相关事实提供证言。当事人需要就案件事实向法院陈述时，应当作为证人，适用证人规则。在大陆法系国家和地区，案件事实的阐明以当事人的陈述为基础。当事人不具有证人资格，不能像英美法系一样以证人身份提供证言。当事人的陈述可以区分为事实主张意义的当事

---

① 参见翁晓斌、宋小海：《论民事诉讼当事人陈述的功能》，载《现代法学》2007 年第 6 期。

人陈述和证据意义的当事人陈述。作为事实主张的当事人陈述不具有证据意义，但法官对当事人的询问可以作为自由心证的基础，这种情况下的当事人陈述具有证据方法的功能。传统上，当事人的陈述或者询问当事人，作为证据方法，具有补充性或者辅助性的特点：其一，只有在法官依其他证据无法就案件事实的真伪形成内心确信时，才能就待证事实对当事人进行询问；其二，在程序上，必须待所有其他的证据都被呈交法庭并经法官审查过之后，最终才可以启动询问当事人的程序。[①]

《苏联民事诉讼法》将当事人的陈述作为独立的证据形式，但立法上并不是简单地把当事人的陈述作为证据来使用，而是要求法院把当事人的陈述与其他证据进行对照，用其他证据来审查当事人的陈述，在被其他证据证明为真实后才能把它作为证据。苏联解体后，在《苏联民事诉讼法》的基础上制定的《俄罗斯联邦民事诉讼法》仍然继承了《苏联民事诉讼法》的做法。

1991 年《民事诉讼法》参考了《苏联民事诉讼法》，有关证据意义的当事人的陈述采取与《苏联民事诉讼法》相同的立场，将当事人的陈述作为一种单独的证据形式。1991 年《民事诉讼法》第 71 条同时又规定："人民法院对当事人的陈述，应当结合本案的其他证据，审查确定能否

---

① 参见王亚新、陈杭平：《论作为证据的当事人陈述》，载《政法论坛》2006 年第 6 期。

作为认定事实的根据。当事人拒绝陈述的，不影响人民法院根据证据认定案件事实。”这种规定与苏联对待当事人陈述的立场相一致。这意味着，当事人的陈述尽管被立法规定为一种单独的证据形式，但其地位仍然是辅助性的，需要与其他证据结合起来进行综合判断才能确定是否作为认定案件事实的根据。《民事诉讼法》第78条的规定，也被学者认为“实际上又否定了当事人陈述的证据属性”。①

然而在民事审判实践中，当事人的陈述有时又是人民法院查明案件事实的重要基础。特别是基层人民法院审理的一些简单民事案件，如小额借贷案件，或者即时清结的买卖合同案件，有时缺乏书证等其他形式的证据，在仅有当事人的陈述而无其他事实和证据相结合时，法官对案件事实的认定遇到很大困难。这种情况既不利于人民法院发挥审判职能定分止争，也不利于当事人实体权利的保护。为此，《民事诉讼法解释》在制定过程中，对于如何发挥当事人的陈述作为独立证据形式的功能进行了认真研究，参考大陆法系国家和地区的做法，在第110条规定了询问当事人的程序和法律后果，赋予询问当事人过程中当事人的陈述以独立证明案件事实的功能。2019年《民事诉讼证据规定》在此基础上，对当事人的真实陈述义务作出明确规定；对于人民法院询问中，当事人陈述之前的具结方式

① 肖建华、王勇：《民事诉讼当事人陈述制度的正当化》，载《国家检察官学院学报》2017年第1期。

进行了修改、完善；进一步明确了当事人拒绝接受询问的后果。通过上述规定，基本确立了符合我国民事诉讼实践需要的询问当事人制度，为人民法院发现案件真实和当事人行使诉讼权利提供了更为充分的制度上的保障。

一、当事人的真实陈述义务

2019年《民事诉讼证据规定》

第63条　当事人应当就案件事实作真实、完整的陈述。

当事人的陈述与此前陈述不一致的，人民法院应当责令其说明理由，并结合当事人的诉讼能力、证据和案件具体情况进行审查认定。

当事人故意作虚假陈述妨碍人民法院审理的，人民法院应当根据情节，依照民事诉讼法第一百一十一条的规定进行处罚。

当事人既是案件所涉事实的亲历者，也是案件的直接利害关系人。这决定了当事人的陈述一方面能更好地反映案件事实，另一方面也可能会被当事人基于利害关系而取舍、剪辑，具有主观性、不稳定性的特点。诉讼谎言与诉讼制度相伴而生，因此，诉讼谎言历来为司法程序所禁止。在法制史上，要求诉讼当事人负有真实陈述的义务，可以追溯至罗马法时期的诉讼法，要求当事人应当秉持真诚参

与诉讼，不可以在诉讼中有恶意行为，尤其不得以伤害相对人利益或者陷害相对人为目的提起毫无根据的诉讼。日耳曼法时期实行先行宣誓制度，要求原告在起诉前先行宣誓，以保证其起诉系基于正当合理的怀疑，而非心怀恶意提起毫无根据的诉讼。① 1933 年，《德国民事诉讼法》参考 1895 年《奥地利民事诉讼法》，规定了当事人的真实义务，并为其后大陆法系国家和地区所效仿。

大陆法系国家和地区民事诉讼中当事人真实义务的确立，是个人主义、自由主义民事诉讼观念向社会民事诉讼观转化的体现，是对传统辩论主义进行修正和调和的结果，也是民事诉讼诚信原则的具体化和当事人协力促进诉讼义务的要求。一般认为，辩论主义包括三个核心命题：一是法院不能将当事人未主张的事实作为判决的基础；二是法院应当将当事人无争议的主要事实作为判决的基础；三是法院能够实施调查的证据只限于当事人提出申请的证据。②基于这一基本逻辑，法院不能将当事人作为发现事实的方法，无权要求当事人提出证据证明对方当事人权利存在，

---

① 参见丁启明：《域外民事诉讼当事人真实义务研究综述》，载齐树洁、张勤主编：《东南司法评论》2018 年卷，厦门大学出版社 2018 年版。

② 参见张卫平：《诉讼架构与程式——民事诉讼的法理分析》，清华大学出版社 2000 年版，第 154～155 页。

否则就与禁止“自我归错”之基本法理相悖。[①] 然而，辩论主义尽管对于充分发挥当事人诉讼的积极性、能动性具有良好效果，但如果过于严格贯彻辩论主义，不对当事人的对抗欲望加以规制，势必会产生当事人为自身利益而隐匿证据、虚假陈述、误导法庭调查方向等损害对方当事人利益和民事诉讼基本价值的情形。随着民事诉讼法的发展，辩论主义作为民事诉讼的基本原则也在不断修正，大陆法系国家和地区通过法院的阐明义务和当事人的真实义务来调和辩论主义产生的矛盾和问题。而民事诉讼中的诚信原则，被视为传统辩论主义的一项补充条款，其初始形态通常表现为对当事人真实义务的要求，即当事人所作的虚假陈述对法院不具有拘束力。[②]当事人诉讼促进义务，是指当事人在诉讼中应尽最大努力和善意推动诉讼程序的开展，不得为拖延诉讼或者其他非正当目的，故意实施虚假陈述或恶意掩盖事实行为，通常包括推动诉讼程序进行的义务及帮助法官查明案件事实并形成心证义务。[③] 诉讼促进义务是基于当事人对于对方当事人所负依诚信原则进行诉讼以及对于法院所负促进诉讼的公法上的义务，本身也是民事诉讼诚信原则的具体要求。

---

①② 参见陈贤贵：《论民事诉讼当事人的真实义务》，载《东南学术》2016 年第 4 期。

③ 参见陈贤贵：《民事诉讼真实义务研究》，载《民事程序法研究》2016 年第 1 期。

当事人的真实义务有广义和狭义之分。狭义的真实义务禁止当事人违反自己的主观性认识进行主张和抗辩，是指当事人负有不违反主观真实陈述的义务，即当事人知其为不真实或认为其不真实即不得主张，知对方之主张符合真实或认为其符合真实时即不得加以争执。① 广义的真实义务除狭义真实义务的内容外，还包括完全义务，即当事人就诉或抗辩基础之事实关系所知之事实，不问有利或不利应为完全之陈述，对于他造之事实关系之主张，亦应如此为陈述。② 当事人真实义务的核心，在于“当事人在民事诉讼中是否被容许说谎，以及当事人对于己不利的事实是否亦有据实陈述的义务”。我国台湾地区“民事诉讼法”受德国法影响，在第195条第1款规定，当事人就其提出之事实，应为真实及完全之陈述。规定当事人的真实义务，其目的在于促使当事人提出真实的权利主张，保护当事人的真正权利，维护国家法律秩序，“若许当事人在诉讼时任意虚伪或不完全之陈述，则是与上述民事诉讼之基本目的相抵触，显非合理”。就内容而言，德国法上当事人的真实义务系指主观真诚（诚实）的义务，有禁止故意错误陈述的意义。我国台湾地区将真实义务理解为禁止当事人故意作不真实的陈述，或故意对其他当事人所作的真实陈

① 参见姜世明：《民事诉讼法》（上册），我国台湾地区新学林出版股份有限公司2015年版，第479页。

② 参见姜世明：《民事诉讼法》（上册），我国台湾地区新学林出版股份有限公司2015年版，第480页。

述进行争执，而多数学说认为不完全陈述将歪曲对事实关系的描述，与积极地为不真实陈述发生相同的结果，故将完全义务解释为真实义务的一部分。①

德国和我国台湾地区是从当事人的主张而非当事人对事实的描述角度理解当事人真实义务。与之相比，2019年《民事诉讼证据规定》更多的是从当事人对事实的描述即证据意义上作出规定，所确立的当事人的真实陈述义务，是民事诉讼诚信原则发挥作用的结果。2012年《民事诉讼法》将诚信原则规定为民事诉讼的基本原则，成为全体民事诉讼主体的行为规范，当事人的真实陈述义务正是这一基本原则的具体体现，对于我国民事诉讼案件事实的查明和诉讼秩序的维护，具有积极意义。

2019年《民事诉讼证据规定》第63条的规定，包括三个方面的内容：其一，明确我国当事人真实义务的内涵是对案件事实所作的真实且完整的陈述。与大陆法系国家和地区一样，这种真实义务首先以主观真实为基础，并不强调当事人陈述的内容与客观真实完全一致，而是强调当事人的陈述符合诚实的要求，即将其感知到的事实如实陈述出来，不能恶意歪曲事实，编造谎言。其次，这种真实义务类似于大陆法系国家和地区广义的真实义务，包括完全义务，即当事人的陈述应当保持完整，不完全地、断章

---

① 参见姜世明：《民事诉讼法注释书》（二），我国台湾地区新学林出版股份有限公司2014年版，第152~153页。

取义地陈述，阻碍法庭发现真实，妨碍人民法院的事实查明。其二，当事人作矛盾陈述时，人民法院应当进行调查，并对调查情况进行综合判断。当事人作矛盾陈述，陈述的内容与此前陈述不一致，本身即违反诚信原则的行为，人民法院应当责令当事人对矛盾陈述的理由进行说明。在对理由进行审查时，应当结合当事人的诉讼能力，案件的证据和其他情况，进行综合判断。矛盾陈述的当事人拒绝说明理由，或者理由不能成立的，人民法院不予采信其在后的陈述。其三，当事人故意作虚假陈述妨害人民法院审理的，不仅应当承担证据上的不利后果，还应当承受公法上的制裁，人民法院可以根据妨害民事诉讼强制措施的规定，对行为人予以制裁。通过这种法律后果上的规定，使当事人真实义务成为真正的义务，而不仅是一种诉讼上的负担。

二、人民法院询问当事人的条件和程序

《民事诉讼法解释》

第110条第1款　人民法院认为有必要的，可以要求当事人本人到庭，就案件有关事实接受询问。在询问当事人之前，可以要求其签署保证书。

第110条第2款　保证书应当载明据实陈述、如有虚假陈述愿意接受处罚等内容。当事人应当在保证书上签名或者捺印。

2019年《民事诉讼证据规定》

第64条　人民法院认为有必要的，可以要求当事人本人到场，就案件的有关事实接受询问。

人民法院要求当事人到场接受询问的，应当通知当事人询问的时间、地点、拒不到场的后果等内容。

第65条　人民法院应当在询问前责令当事人签署保证书并宣读保证书的内容。

保证书应当载明保证据实陈述，绝无隐瞒、歪曲、增减，如有虚假陈述应当接受处罚等内容。当事人应当在保证书上签名、捺印。

当事人有正当理由不能宣读保证书的，由书记员宣读并进行说明。

（一）适用条件和内容

事实主张意义上的当事人陈述在大陆法系国家和地区不具有证据法上的意义，但询问当事人作为一种证据方法则被大陆法系国家和地区民事诉讼法广泛认可。当事人在法院询问过程中的陈述在大陆法系国家和地区是具有证据意义的当事人陈述，可以作为法官自由心证的基础。当事人询问又称本人询问，乃指当事人本人基于证据方法之地位，经由法院之询问而陈述其见闻、经历之事实，并以其陈述之内容作为证据资料之证据调查。① 传统上，当事人询问在大陆法系国家和地区仅作为补充性证据调查手段，即在法院基于证据调查不能获得心证时可依申请或者依职权询问当事人；必须待所有其他的证据都被呈交法庭并经法官审查过之后，最终才可以启动询问当事人的程序。但由于这种补充性原则事实上削减了法官自由心证的范围，不利于发现案件事实，实质上不合理地阻碍法院接近事实真相，违背发现真实及审慎裁判的基本要求。因此，自20世纪后叶开始，大陆法系国家和地区纷纷对当事人询问的补充性原则作出调整，如放弃补充性原则中程序性要求，缓和了当事人询问补充性的规定，扩大其适用范围，使其成为独立的证据方法，法官就询问的结果可依自由心证对事实作出认定。

我国《民事诉讼法》将当事人的陈述规定为一种证据形式，并没有关于当事人询问的规定。大陆法系国家和地区的当事人询问与我国民事诉讼法上的当事人的陈述存在很大不同。在大陆法系国家和地区，“在当事人询问中，当事人本人乃法院证据调查之对象，其乃基于对案件事实的了解而向法院作陈述，与证人基于对案件事实之了解而向法院作陈述并无分别。”② 当事人受询问义务与证人作证

① 参见占善刚：《当事人讯问之比较研究》，载《法学评论》2008年第6期。

② 占善刚：《当事人讯问之比较研究》，载《法学评论》2008年第6期。

义务都属于公法义务，当事人和证人都负有出庭、宣誓或具结、陈述的义务，只是违反义务的后果上有所差异。当事人拒绝到庭、宣誓或具结、拒绝陈述的，法官可以认定对方当事人所主张的有关受询问的事实为真实；而对于证人，则通常课以费用负担，或者罚款、拘留等强制措施。由于我国《民事诉讼法》对于当事人的陈述在程序、后果等方面并未与证人作证作同等考虑，当事人的陈述不能等同于当事人询问，也不能发挥大陆法系国家和地区的当事人询问作为证据方法的功能，而只能与其他证据相结合发挥事实证明作用。

为了使当事人的陈述能够更好地发挥在案件事实查明中的作用，《民事诉讼法解释》第 110 条参考大陆法系国家和地区当事人询问制度，对人民法院询问当事人的适用条件、程序和后果作出原则性规定。2019 年《民事诉讼证据规定》在此基础上，根据审判实践的需要，作出进一步完善和补充。

《民事诉讼法解释》第 110 条和 2019 年《民事诉讼证据规定》第 64 条均规定，人民法院认为有必要的，可以对当事人进行询问。故“人民法院认为有必要”，是询问当事人的适用条件。何种情形属于人民法院认为有必要，前述司法解释并未作出进一步规定，需要人民法院根据案件具体情况确定。一般而言，人民法院通过对当事人提供的证据的审查，不能形成确切的心证，或者当事人本就没有较为有力的证据时，人民法院有必要对作为事实亲历者的当事人进行询问，通过询问获得与案件事实有关的必要信息，以此作为自由心证的基础。作为询问当事人的适用条件，“人民法院认为有必要”，并不排斥当事人的申请。如果一方当事人无法收集、提供足够的证据，或者认为自己提供的证据不足以使法官形成对其有利的内心确信，也可以申请人民法院询问对方当事人。人民法院认为当事人申请的理由合理的，可以理解为属于人民法院认为有必要的情形。

人民法院询问当事人，其一，不限于当事人的诉讼地位为原告还是被告，也无论当事人对待证事实是否承担举证责任，所有当事人均可以作为询问对象。依传统辩论主义，基于禁止“自我归错”的原则，法院无权要求当事人提出证据证明自己非法行为的存在。但由此引发的当事人为自身利益需要，隐匿重要事实和证据、误导法庭调查的情形，严重损害诉讼程序的公正性和对方当事人特别是诉讼中处于弱势一方当事人的权益。大陆法系国家和地区询问当事人制度，正是为矫正辩论主义的弊端而发展起来的当事人真实义务的具体体现。限制法院询问当事人时的询问对象，特别是将询问对象限于承担举证责任的当事人，显然并不能实现修正和调和辩论主义的制度目的。就我国询问当事人制度而言，其目的是在现有证据不足以使人民法院形成确切心证的情况下，以当事人为证据方法和调查对象进行调查从而获取证据，使人民法院形成心证、查明案件事实，而限制当事人的地位、范围，无法实现询问当事人制度的功能。其二，尽管如此，作为询问对象的当事人，仍然应当符合一定条件。由于询问当事人是以当事人为证据调查对象，在逻辑上与对证人的调查并无不同，当事人也应当是案件事实的亲历者，以其亲身感知的案件事实作为陈述的内容，否则对当事人的询问无法为人民法院查明案件事实提供帮助。因此，并非案件事实亲历者的当事人，不宜作为人民法院询问当事人时的询问对象。这也意味着，人民法院在询问当事人时，应当围绕当事人亲身经历的案件事实展开，不属于当事人亲身经历的事实，不应当作为询问的内容。其三，人民法院询问当事人，是基于当事人因其亲身感知事实过程而能够成为法院事实调查对象，当事人的自然人属性是人民法院对当事人进行调查的基础，这一点与证人并无不同。因此，人民法院询问当事人的对象应为自然人。法人或者非法人组织由于仅具有拟制人格，无法依赖感知器官感知事实，无法作为询问对象。确有需要对法人或者非法人组织进行询问的，如法人的法定代表人或者非法人组织的负责人是事实的亲历者，应当询问法人的法定代表人或者非法人组织的负责人。

《民事诉讼法解释》第110条规定，人民法院询问当事人采取到庭的方式。2019年《民事诉讼证据规定》第64条将“到庭”修改为“到场”。到庭，意味着询问当事人应当在开庭审理中进行，而到场则并不要求在开庭审理中询问当事人，只要符合公开、对席、直接、言词的要求，是否开庭在所不问。这种修改的目的，在于方便人民法院在审判实践中的操作，节约成本。在人民法院开庭审理过程中，或者人民法院在进行调查询问的过程中，如果当事人在场，可以按照询问当事人的规定，在要求当事人具结后即时展开询问；也可以在开庭审理之外，以简便方式通知当事人到场进行询问。

（二）询问当事人的程序

1. 通知当事人

人民法院决定对当事人进行询问的，根据不同情形，作不同处理。人民法院在开庭审理中认为有询问当事人必要的，如果当事人本人出庭，可以按照询问当事人的程序，要求当事人具结后即时进行询问。如果当事人本人未出庭，或者庭审之后人民法院认为有必要询问当事人的，应当向当事人送达通知书，通知作为询问对象的当事人于指定时间到场接受询问，并告知当事人人民法院询问的时间、地点和当事人拒不到场的后果，以及人民法院认为有必要告知的其他事项。通知书应当送达对方当事人，以保证对方当事人知情参与的机会。对方当事人不出席的，不影响人民法院的询问。

2. 当事人具结

人民法院询问当事人，是将当事人作为证据方法和证据调查对象。与证人相似，当事人接受人民法院的询问，本身需要其将亲身感知的事实如实再现，是主观对客观反映的过程，这一过程本身容易受到各种因素的干扰。特别是当事人既是案件事实的亲历者，也是审判结果的承受者，受趋利避害本能的影响，其不如实陈述的可能性要远高于证人，更有必要设置相应的程序，形成威慑，唤起良知，以保证当事人如实进行陈述。大陆法系国家和地区询问当事人制度，均要求当事人在接受询问之前进行宣誓或者具结，作为保证当事人真实陈述的预防性措施。有关具结的意义等内容，在证人证言部分已有论述，此处不再赘述。

《民事诉讼法解释》第 110 条对于当事人在接受询问之前进行具结作出了规定，2019 年《民事诉讼证据规定》在其基础上进行了进一步完善、修改和补充。主要体现在三个方面：其一，将《民事诉讼法解释》第 110 条规定的“可以要求当事人签署保证书”中的“可以要求”修改为“应当”“责令”。其二，将《民事诉讼法解释》第 110 条“签署保证书”修改为“签署保证书并宣读保证书的内容”。作出这种修改主要基于如下考虑：第一，强调具结的义务性。具结是保证当事人如实陈述的预防性措施，对于促使当事人如实陈述十分必要。《民事诉讼法解释》第 110 条的规定采取“可以”的表述，没有体现具结的义务性。尽管审判实践中绝大多数人民法院在询问当事人之前都会要求当事人签署保证书，但由于这种非义务性的规定，在当事人拒绝具结时，如果人民法院令其承担不利后果，在逻辑上不周延。而且非义务性的规定，也不利于对当事人形成必要的心理威慑，削弱了具结的功能。第二，《民事诉讼法解释》第 110 条对于具结方式仅规定了签署保证书，即书面具结的方式。审判实践经验表明，仅签署保证书这种具结方式并不能使当事人产生足够的内心威慑，当事人以大声朗读的方式口头宣读保证书的内容，能够增强庄重感，更有效地唤起当事人内心的良知，更有利于形成足够的心理威慑，能够更好地起到具结效果。其三，补充了保证书的内容，在《民事诉讼法解释》第 110 条的基础上，增加了“绝无隐瞒、歪曲、增减”，使具结的内容更为具体，更具可操作性。为此，在对《民事诉讼法解释》施行情况调研的基础上，2019 年《民事诉讼证据规定》作出了上述修改。

根据 2019 年《民事诉讼证据规定》第 65 条的规定，有关当事人具结的适用包括以下内容：其一，具结的时点应当在询问当事人之前。大陆法系国家和地区对于当事人的宣誓或者具结，一般要求在询问当事人之前，但有时也允许当事人在接受询问后宣誓或者具结。我国询问当事人中的具结，一律应当在询问之前进行，不存在询问之后具结的例外情形。其二，具结是接受询问的当事人的义务，不存在诉讼代理人代当事人接受询问、代当事人进行具结的情形。当事人是未成年人等无民事行为能力人或者限制民事行为能力人时，如民事行为是由其法定代理人代为进行的，则法定代理人作为询问对象，履行具结手续；如果是由无民事行为能力人或者限制民事行为能力人本人实施的，则因其无法理解具结的意义及承担相应的后果，可以不具结。这一点与无民事行为能力人或者限制民事行为能力人作为证人时一致。其三，具结包括签署保证书及宣读保证书的内容，缺失其中任何环节，均非完整的具结，而不完整的具结视为未具结，人民法院应当责令当事人进行更正，否则应当承担相应的不利后果。其四，当事人有特殊情况不能宣读保证书的，不能免除其口头具结的义务，但可以变通具结的方式。所谓特殊情况是指当事人存在客观上不能宣读保证书的情形，如系不能言词表达的聋哑人。但存在特殊情形的当事人可以通过其他适当方式进行具结，如聋哑人需要以手语方式进行陈述，可以由手语翻译将其手语表达的内容代为宣读。除不能理解具结内容及后果的无民事行为能力人或者限制民事行为能力人，当事人接受人民法院询问时，均不能免除具结义务。

三、当事人拒绝接受询问的后果

《民事诉讼法解释》

第 110 条第 3 款　负有举证证明责任的当事人拒绝到庭、拒绝接受询问或者拒绝签署保证书，待证事实又欠缺其他证据证明的，人民法院对其主张的事实不予认定。

2019 年《民事诉讼证据规定》

第 66 条　当事人无正当理由拒不到场、拒不签署或宣读保证书或者拒不接受询问的，人民法院应当综合案件情况，判断待证事实的真伪。待证事实无其他证据证明的，人民法院应当作出不利于该当事人的认定。

当事人在人民法院询问时作真实完整的陈述，是当事人真实义务的应有之义。在大陆法系的语境之下，当事人的真实义务是对传统辩论主义的矫正和调和，也是在此基础上发展起来的民事诉讼诚信原则的具体化，以及当事人促进诉讼义务的重要内容。当事人接受人民法院调查，按照人民法院要求接受询问，特别是对待证事实不负举证责任的当事人作为人民法院调查对象，以其亲身感知的事实为人民法院查明案件事实提供资料，与证人作证性质相同，系履行其公法上义务的行为。尽管这种义务是由 2019 年《民事诉讼证据规定》所确定，但其法律上的依据是《民事诉讼法》第 13 条有关民事诉讼诚信原则的规定，是对法律原则的具体化解释。因此，人民法院通知当事人询问的，当事人负有到场、具结和如实陈述的义务。相应地，违反这种公法义务的，应当面临处罚后果。

《民事诉讼法解释》第 110 条第 3 款规定："负有举证证明责任的当事人拒绝到庭、拒绝接受询问或者拒绝签署保证书，待证事实又欠缺其他证据证明的，人民法院对其主张的事实不予认定。"这是当事人拒绝接受询问的法律后果的最初的规定。从内容来看，这一规定存在一定模糊和不周延之处。其一，仅就"负有举证证明责任"的当事人违反受询问义务的后果进行规定，未涉及对待证事实不负举证责任的当事人，在违反受询问义务的后果上不完整、不周延，且容易产生受询问的当事人只是对待证事实负有举证责任的一方当事人的误解。其二，负有举证责任的当事人违反受询问义务，而待证事实缺乏其他证据证明时，对负有举证责任的当事人主张的事实不予认定，是举证责任规则发生作用的当然结果。即使没有人民法院询问当事人制度，或者人民法院不对该当事人进行询问，也会发生同样的后果。这种规定并不能起到制裁“拒绝到庭、拒绝接受询问或者拒绝签署保证书”行为的效果，反而会使当事人产生是否履行受询问义务并无法律后果上的区别的错觉，削弱了人民法院询问当事人制度的功能。在《民事诉讼法解释》公布实施后，人民法院询问当事人制度并未在审判实践中得到重视和有效利用，与这种当事人违反受询问义务后果的规定存在一定关系。为此，2019 年《民事诉讼证据规定》对于《民事诉讼法解释》第 110 条第 3 款关于当事人违反受询问义务后果的规定进行了修改完善，对不遵从法庭询问要求的当事人课以直接、有效的制裁。其目的在于通过上述规定，使我国民事诉讼中人民法院对当事人的询问在实质上与大陆法系国家和地区当事人询问具有相同的功能。

2019 年《民事诉讼证据规定》第 66 条主要明确了以下几个方面。其一，当事人违反受询问义务，表现为拒不到场、拒绝具结和拒不接受询问三种情形。拒不到场，即对人民法院要求当事人到场接受询问的通知置之不理，是一种明确、公然拒绝履行受询问义务的情形。拒绝具结，是指当事人处于法庭审理的现场，或者按照人民法院通知到达询问场所，但拒绝签署保证书，或虽签署保证书但拒绝宣读保证书内容即拒绝完成具结的情形。拒不接受询问，则是指当事人虽然到场且完成具结，但在人民法院询问时，拒不回答问题，或者在询问过程中回避问题，顾左右而言他，在人民法院释明后仍然不明确回答的情形。是否构成拒不接受询问，需要人民法院在案件审理过程中根据具体情况确定，也需要在询问过程中注意释明权的行使，避免由于当事人不能理解人民法院询问的问题、无法清晰回答等产生误判的情形。其二，当事人违反受询问义务，没有正当理由。所谓正当理由，是指当事人自身之外的原因。违反受询问义务的法律后果，具有对违反义务当事人的制裁性质，针对的是当事人存在过错的情形。非因当事人自身原因，超出当事人自身控制范围，当事人不存在过错，不应成为制裁的对象。其三，当事人违反受询问义务的后果，体现为人民法院对待证事实作出不利于该当事人的认定。在当事人违反受询问义务时，人民法院应当将当事人违反义务的情形，与案件情况相结合，对待证事实的存在与否进行综合判断。根据现有证据无法对待证事实形成确切心证，是人民法院决定询问当事人的前提。当事人拒绝履行受询问义务本身，意味着当事人有意回避如实向法庭陈述其亲身感知的事实，不愿意揭示事实的真相，在没有其他证据能够对待证事实进行证明的情况下，也意味着人民法院对待证事实作出不利于该当事人的认定，具有合理性。

2019年《民事诉讼证据规定》对于人民法院询问当事人的结果如何发挥事实证明作用，没有作出明确规定。根据人民法院询问当事人制度的目的，参考大陆法系国家和地区询问当事人制度的功能，人民法院询问当事人的结果能够作为自由心证的基础，独立发挥事实证明作用。在待证事实没有其他证据证明的情况下，人民法院可以根据询问的结果，对待证事实作出认定。

第四节　书证

《民事诉讼法解释》

第112条　书证在对方当事人控制之下的，承担举证证明责任的当事人可以在举证期限届满前书面申请人民法院责令对方当事人提交。

申请理由成立的，人民法院应当责令对方当事人提交，因提交书证所产生的费用，由申请人负担。对方当事人无正当理由拒不提交的，人民法院可以认定申请人所主张的书证内容为真实。

第113条 持有书证的当事人以妨碍对方当事人使用为目的，毁灭有关书证或者实施其他致使书证不能使用行为的，人民法院可以依照民事诉讼法第一百一十四条规定，对其处以罚款、拘留。

第114条 国家机关或者其他依法具有社会管理职能的组织，在其职权范围内制作的文书所记载的事项推定为真实，但有相反证据足以推翻的除外。必要时，人民法院可以要求制作文书的机关或者组织对文书的真实性予以说明。

第115条 单位向人民法院提出的证明材料，应当由单位负责人及制作证明材料的人员签名或者盖章，并加盖单位印章。人民法院就单位出具的证明材料，可以向单位及制作证明材料的人员进行调查核实。必要时，可以要求制作证明材料的人员出庭作证。

单位及制作证明材料的人员拒绝人民法院调查核实，或者制作证明材料的人员无正当理由拒绝出庭作证的，该证明材料不得作为认定案件事实的根据。

2019年《民事诉讼证据规定》

第45条 当事人根据《最高人民法院关于适用〈中华人民共和国民事诉讼法〉的解释》第一百一十二条的规定申请人民法院责令对方当事人提交书证的，申请书应当载明所申请提交的书证名称或者内容、需要以该书证证明的事实及事实的重要性、对方当事人控制该书证的根据以及应当提交该书证的理由。

对方当事人否认控制书证的，人民法院应当根据法律规定、习惯等因素，结合案件的事实、证据，对于书证是否在对方当事人控制之下的事实作出综合判断。

第46条　人民法院对当事人提交书证的申请进行审查时，应当听取对方当事人的意见，必要时可以要求双方当事人提供证据、进行辩论。

当事人申请提交的书证不明确、书证对于待证事实的证明无必要、待证事实对于裁判结果无实质性影响、书证未在对方当事人控制之下或者不符合本规定第四十七条情形的，人民法院不予准许。

当事人申请理由成立的，人民法院应当作出裁定，责令对方当事人提交书证；理由不成立的，通知申请人。

第47条　下列情形，控制书证的当事人应当提交书证：

（一）控制书证的当事人在诉讼中曾经引用过的书证；

（二）为对方当事人的利益制作的书证；

（三）对方当事人依照法律规定有权查阅、获取的书证；

（四）账簿、记账原始凭证；

（五）人民法院认为应当提交书证的其他情形。

前款所列书证，涉及国家秘密、商业秘密、当事人或第三人的隐私，或者存在法律规定应当保密的情形的，提交后不得公开质证。

第48条　控制书证的当事人无正当理由拒不提交书证的，人民法院可以认定对方当事人所主张的书证内容为真实。

控制书证的当事人存在《最高人民法院关于适用〈中华人民共和国民事诉讼法〉的解释》第一百一十三条规定情形的，人民法院可以认定对方当事人主张以该书证证明的事实为真实。

第91条　公文书证的制作者根据文书原件制作的载有部分或者全部内容的副本，与正本具有相同的证明力。

在国家机关存档的文件，其复制件、副本、节录本经档案部门或者制作原本的机关证明其内容与原本一致的，该复制件、副本、节录本具有与原本相同的证明力。

第92条　私文书证的真实性，由主张以私文书证证明案件事实的当事人承担举证责任。

私文书证由制作者或者其代理人签名、盖章或捺印的，推定为真实。

私文书证上有删除、涂改、增添或者其他形式瑕疵的，人民法院应当综合案件的具体情况判断其证明力。

书证是以其记载的内容或者表达的思想证明案件事实的证据，是民事诉讼中十分重要的证据方法和证据类型。从广义上讲，书证不仅包括打印、书写于纸张上的文字记录，照片、录音录像资料、记载于计算机磁盘等电子介质

上的数据电文均可以归属于书证的范畴。我国《民事诉讼法》将照片、录音录像资料等作为视听资料，记载于电子介质上的数据电文作为电子数据，均为独立的证据类型。因此，我国民事诉讼中的书证系从狭义理解，一般指视听资料和电子数据之外以其记载的内容或者表达的思想来证明案件事实的证据。

书证大多以文书等物质载体的形式体现，但以文字、图形、符号等所记载的内容发挥事实证明作用是其本质属性。因此，书证既可能表现为纸质文书，也可能表现为木质、石头、金属制品、皮革等多种有形物形式；而用以表达思想内容的符号也并不限于文字，图形、符号等也属于这种符号的范畴。与之相对应，物证是以物体的自然属性、痕迹等证明案件事实，与书证这种以文字、符号等表达思想含义的有形物存在明显区别。即使同样以文书为证据，但如果是以文书的纸质、笔迹等物理状态证明案件事实，则文书并非书证而是物证。正如我国台湾学者所称："书证者以文书之内容供诉讼中争执之事实证明之用也。文书为人（自然人或法人）的意思表示或意思之记录，故其外形不限于纸质书面为限，举凡图案、碑石或竹木刻字等具有文书之作用均属之，但务以可获知制作人及具体内容为条件。"①

① 陈玮直：《民事证据法研究》，我国台湾地区新生印刷厂 1970 年版，第 68 页。

各国在民事诉讼中均将书证作为独立的证据形式。在英美法系国家和地区，书证既是当事人向法院提供的供法官和陪审团获悉案件事实的提供文书材料，也指法院通过查阅当事人通过提供的文书得悉有关事实的证据。就外延上，书证的含义非常广泛，除实物证据和言词证据外，基本上其他证据均可以纳入书证范围。在英国民事诉讼中，书证除书面形式外，还包括地图、图表、图纸、图画、照片、唱片、磁带、声迹等，以及收录有关可见图像加以复制的影片、底片、磁带或者其他装置。《美国联邦证据规则》第1001条也规定，手写、打字、印刷、雕刻、复制、照相、影片、磁化、机械或电子录音以及其他数据处理方法记录下来的字母、词汇、数据或其他同类物，都属于书证。

一般认为，大陆法系国家和地区实行书证中心主义，书证是民事诉讼中最重要的证据方法和证据类型。在大陆法系国家和地区，书证是以其记录的内容和表达的思想证明案件事实的文书或者物件。书证既是一种证据方法，也是一种证据资料。在民事诉讼中，以书面或者其他物质形式为证据方法，以其记载的内容来证明案件事实的资料，均为书证。图片、照片、录音磁带、录像带以及电子证据都归属为书证或者准书证。在《德国民事诉讼法》中，书证是对思想的任何书面表达，未用书面文字表现的思想或者无思想内容的书面文字不是文书。[①] 在这个意义上讲，电子证据也包含在书证之中。《日本民事诉讼法》区分了文书和书证：文书是指用文字或其他符号来表示某一事实或思想的物件；当文书的内容，即用文字或其他符号表示的东西成为证据资料时，便称为书证。图片、照片、录音磁带、录像带及为表示其他情报而制成的物件虽然不是文书，但援用《日本民事诉讼法》第231条书证的有关规定，称为准文书。日本的司法判例还认为计算机使用的磁盘也属于准文书。[②] 在我国台湾地区，图片、照片、录音录像、磁盘等可以表达思想的有形物，都可以视为准书证，作为证据方法时准用书证的规定；而以文书中有关签名、印鉴或者外观状态为证据方法时，则文书性质为勘验标的物而非书证。这种对于书证与物证区别的认识，与我国民事诉讼中的认识基本一致，也是《民事诉讼法解释》《民事诉讼证据规定》对于书证的基本认识。

《民事诉讼法》对于书证的规定十分简单，仅在第73条就书证的提交规定了原则性要求。这与书证在我国民事诉讼中的地位不相适应。2001年《民事诉讼证据规定》关于书证的规定主要集中于书证的调查收集和提交，总体上没有超出《民事诉讼法》第73条的范围。《民事诉讼法解

① 参见［德］奥特马·尧厄尼希：《德国民事诉讼法》，周翠译，法律出版社2003年版，第291页。

② 参见呼勇：《书证的比较研究》，载《宁夏社会科学》2005年第3期。

释》和2019年《民事诉讼证据规定》总结了自1991年《民事诉讼法》实施以来，特别是2001年《民事诉讼证据规定》实施以来的审判实践经验，结合我国民事诉讼实践的需求，对公文书证和私文书证规则作出补充，并创设了书证提出命令制度，以促进当事人对于书证调查收集的积极性和主动性，推动人民法院审查认定书证的规范化，更好地发挥书证在事实查明中的作用。

一、书证提出命令

《民事诉讼法解释》

第112条　书证在对方当事人控制之下的，承担举证证明责任的当事人可以在举证期限届满前书面申请人民法院责令对方当事人提交。

申请理由成立的，人民法院应当责令对方当事人提交，因提交书证所产生的费用，由申请人负担。对方当事人无正当理由拒不提交的，人民法院可以认定申请人所主张的书证内容为真实。

第113条　持有书证的当事人以妨碍对方当事人使用为目的，毁灭有关书证或者实施其他致使书证不能使用行为的，人民法院可以依照民事诉讼法第一百一十四条规定，对其处以罚款、拘留。

2019年《民事诉讼证据规定》

第45条　当事人根据《最高人民法院关于适用〈中

华人民共和国民事诉讼法〉的解释》第一百一十二条的规定申请人民法院责令对方当事人提交书证的，申请书应当载明所申请提交的书证名称或者内容、需要以该书证证明的事实及事实的重要性、对方当事人控制该书证的根据以及应当提交该书证的理由。

对方当事人否认控制书证的，人民法院应当根据法律规定、习惯等因素，结合案件的事实、证据，对于书证是否在对方当事人控制之下的事实作出综合判断。

第 46 条　人民法院对当事人提交书证的申请进行审查时，应当听取对方当事人的意见，必要时可以要求双方当事人提供证据、进行辩论。

当事人申请提交的书证不明确、书证对于待证事实的证明无必要、待证事实对于裁判结果无实质性影响、书证未在对方当事人控制之下或者不符合本规定第四十七条情形的，人民法院不予准许。

当事人申请理由成立的，人民法院应当作出裁定，责令对方当事人提交书证；理由不成立的，通知申请人。

第 47 条　下列情形，控制书证的当事人应当提交书证：

（一）控制书证的当事人在诉讼中曾经引用过的书证；

（二）为对方当事人的利益制作的书证；

（三）对方当事人依照法律规定有权查阅、获取的书证；

（四）账簿、记账原始凭证；

（五）人民法院认为应当提交书证的其他情形。

前款所列书证，涉及国家秘密、商业秘密、当事人或第三人的隐私，或者存在法律规定应当保密的情形的，提交后不得公开质证。

第 48 条　控制书证的当事人无正当理由拒不提交书证的，人民法院可以认定对方当事人所主张的书证内容为真实。

控制书证的当事人存在《最高人民法院关于适用〈中华人民共和国民事诉讼法〉的解释》第一百一十三条规定情形的，人民法院可以认定对方当事人主张以该书证证明的事实为真实。

书证提出命令在我国《民事诉讼法》中没有规定，是 2015 年《民事诉讼法解释》创设的制度。《民事诉讼法解释》第 112 条第 1 款关于“书证在对方当事人控制之下的，承担举证证明责任的当事人可以在举证期限届满前书面申请人民法院责令对方当事人提交”的规定，确立了书证提出命令的基本制度框架。在此基础上，2019 年《民事诉讼证据规定》对于书证提出命令的申请主体、适用条件、法律后果等进行完善，确立了比较完整的书证提出命令规则。

在《民事诉讼法解释》中规定书证提出命令，是最高人民法院为提高当事人举证能力、扩展当事人收集证据手段所采取的重要措施。2001 年《民事诉讼证据规定》公布实施后，在对其实施情况进行调研的过程中发现，由于《民事诉讼法》对当事人调查收集证据的权利保障规定不够充分，而法律规定的律师调查权亦未得到充分落实，致使当事人调查收集证据的手段十分有限，由此导致当事人的举证能力普遍不足，特别是证据偏在于一方当事人的场合更显得十分突出。这种情况严重影响了案件事实查明的准确性，影响当事人诉讼权利的保障和实体权利的实现，是民事诉讼实践中亟待解决的问题。为此，从审判实践的需要出发，在充分调研和论证的基础上，最高人民法院在2012年《民事诉讼法》修改过程中，提出了增加书证提出命令的立法建议，但未获立法机关采纳。于是在其后的《民事诉讼法解释》起草过程中，参考大陆法系国家和地区文书提出命令规则，结合司法解释的特点和审判实际，在《民事诉讼法解释》中确立了书证提出命令制度的框架，并通过2019年《民事诉讼证据规定》进一步完善了适用规则。书证提出命令制度的建立，能够在一定程度上起到扩展当事人收集证据手段、增强当事人的举证能力的作用，更有利于民事诉讼中查明真实的案件事实，促进当事人诉讼权利的保障和实体权利的实现。

（一）书证提出命令的申请主体

书证提出命令的主体范围，包括申请书证提出命令的主体及相对方，即申请人和被申请人。根据《民事诉讼法解释》第112条第1款关于“书证在对方当事人控制之下的，承担举证证明责任的当事人可以在举证期限届满前书面申请人民法院责令对方当事人提交”的规定，对待证事实负有举证责任的当事人为书证提出命令的申请人，而控制书证的对方当事人为被申请人。作为被申请人的当事人范围应当理解为广义的当事人，包括诉讼中的原告、被告，也包括有独立请求权第三人以及无独立请求权第三人。其中，无独立请求权第三人一般是指在实质上处于被告地位的无独立请求权第三人。

在大陆法系国家和地区的文书提出命令制度中，申请人的范围与我国相同，也是对待证事实负有举证责任的当事人；所不同的是被申请人的范围除当事人外，还包括诉讼之外与诉讼无关的第三人。在民事诉讼中，由于对待证事实的证明有重要意义的证据可能处于诉讼外第三人控制之下，从扩大法院裁判的证据基础，保障双方当事人的武器平等，以及发现真实、实现实体正义的角度出发，有必要将文书提出命令的被申请人范围扩展到诉讼外第三人。如《德国民事诉讼法》第 429 条规定，“第三人仅在有与举证人的对方当事人相同原因时，才负有提出证书的义务”。《日本民事诉讼法》第 219 条规定了申请人可以申请法院向与案件无关的第三人发出文书提出命令。我国台湾地区“民事诉讼法”第 342 条也有类似规定。

在《民事诉讼法解释》于 2015 年公布实施后，对于书证提出命令的主体范围，有观点认为，我国“文书提出命令制度的义务主体过于狭隘”①，《民事诉讼法解释》第112条“把第三人排除在文书提出义务主体之外，完全忽视了其在制度中的作用……这将极大地缩小法院所能达成的证据范围，不利于法院裁决之适正，也未能充分发挥文书提出命令之效果，因此，我国民事诉讼立法应当适当借鉴日本民事诉讼法中关于文书提出义务之适用主体的规定，将第三人纳入文书提出命令制度的范畴”②。对此，笔者认为，由于我国的书证提出命令制度是由司法解释所创设，而在没有上位法依据的情况下，司法解释通常不能为与诉讼无关的案外人设定义务，书证提出义务的主体只能限于控制书证的对方当事人。

（二）书证提出命令的申请条件

当事人申请书证提出命令的条件也是人民法院审查决定是否准许当事人申请的条件。2019年《民事诉讼证据规定》通过第45条第1款关于当事人申请书必须记载内容的规定和第46条第2款关于不予准许申请的情形的规定，明确了书证提出命令的申请条件。

人民法院对于书证提出命令申请的审查，包括形式审查和实质审查。相对地，当事人申请书证提出命令的条件，

① 郭成：《论我国文书提出命令制度及其完善——以德、日文书提出命令制度为比较视角》，载《法制与社会》2016年第2期。

② 吴静：《日本文书提出命令制度及其启示》，载湖北省法学会诉讼法学研究会2016年年会论文集。

也可以区分为形式条件和实质条件。当事人的申请书是否包括2019年《民事诉讼证据规定》第45条第1款规定的必要记载事项、是否存在第46条第2款不予准许申请的情形，属于人民法院形式审查的内容，是当事人申请的形式条件；对方当事人是否负有2019年《民事诉讼证据规定》第47条规定的书证提出义务，是人民法院实质审查的内容，也是当事人申请的实质条件。

1. 形式条件

其一，对象书证的特定化。书证的特定化是人民法院判断书证控制人是否负有书证提出义务的基础。因此，对待证事实负有举证责任的当事人向人民法院申请控制书证的对方当事人提出书证的，首先应当将作为提出对象的书证特定化，即书证提出命令所指向的书证应当明确，这是对于当事人申请书证提出命令的一项基本要求。否则，对方当事人作为义务主体势必因对象书证指向不明而增加不必要的负担，甚至承担遭受制裁的风险。因此，申请人负有特定化其申请的对象书证的义务。当事人在申请书证提出命令时，首先应当在申请书中载明所申请提出的书证名称或者内容，表明所申请的对象书证的外在特征，如书证的名称、性质、制作人、制作时间等信息，细节越丰富、越准确，特定化程度越高。一般而言，申请人能够明确书证的名称或标题或者主要内容的，基本上能够实现对象书证的特定化。申请人对于其亲身参与形成过程或者了解其内容的书证，如当事人之间的合同文本、会议纪要、结算文件等，通常比较容易做到特定化。但对于未参与形成过程的书证，特定化相对比较困难。《日本民事诉讼法》专门规定了文书特定程序，在申请人关于文书标识和内容要点的描述较为抽象和模糊时，通过这一程序解决文书特定化问题。我国《民事诉讼法》中并无类似程序，从人民法院审查的角度出发，对于申请人未亲身参与形成过程的书证，或者无从了解详细内容的书证，只要其对书证的描述能够达到明确对象书证的程度，即可视为完成对象书证的特定化，而不必对书证的名称或者内容的准确无误作过于严苛的要求。

其二，明确要证事实以及要证事实的重要性。要证事实即需要以对象书证证明的事实。建立书证提出命令制度的目的，在于扩展当事人调查收集证据的手段，排除其在证据调查收集过程中的障碍，提升当事人举证能力，因此，要求申请人明确其要证事实是必要的。人民法院作出书证提出命令，意味着以公权力对证据控制人施加义务和负担，同样也有必要审慎对待权力的行使，慎重考虑发出书证提出命令的必要性。只有在对象书证对于要证事实的查明能够起到积极作用的情况下，人民法院才有必要作出书证提出命令。而就要证事实而言，其本身应当具有重要性，即要证事实的证明结果对于案件基本事实的形成和人民法院裁判结果将产生比较重要影响。申言之，在对象书证对要证事实的证明有积极作用，且要证事实本身对于裁判有重要意义的情况下，人民法院才有作出书证提出命令的必要。因此，人民法院对于当事人的书证提出命令申请，应当从要证事实的重要性和对象书证的重要性两个方面进行审查，要证事实存在与否对裁判结果有重要影响，而对象书证能否提出对于要证事实的证明有重要意义的，则应当准许书证提出命令的申请。

其三，对象书证为对方当事人所控制。人民法院作出书证提出命令，是建立在对象书证存在，且为对方当事人所控制的基础上。如果对象书证不存在，或者虽然存在但未在对方当事人控制之下，书证提出命令无从谈起。因此，对待证事实负有举证责任的当事人向人民法院申请对方当事人提出书证的，应当提供证据证明书证存在且对方当事人控制对象书证的事实。关于对书证存在的证明，隐含于2019年《民事诉讼证据规定》第45条关于申请书必要记载事项中关于“对方当事人控制该书证的根据”的要求之中。这意味着书证提出命令的申请人，通常应当就对象书证存在且处于对方当事人控制之下的事实，承担相应的举证责任。

2019年《民事诉讼证据规定》第45条第2款规定了在对方当事人否认控制书证，人民法院进行审查判断时所需要考量的因素，包括法律规定、习惯等因素，以及具体案件的事实、证据，这些考量因素同样也是在对方当事人否认书证存在时人民法院审查判断应当考量的内容。具体而言，在对方当事人否认对象书证存在或者否认控制对象书证时，人民法院应当审查的内容包括：对象书证按照法律规定是否应当存在，对方当事人是否负有保管对象书证的法定义务，对象书证按照事物发展的规律是否在逻辑上属于对方当事人控制的范畴，在交易习惯上是否通常会形成该书证、是否由对方当事人所持有和支配等。控制对象书证不限于对书证的实际占有，能够支配的使用、转移、处分等情形亦属于控制书证的应有之义。在审查过程中，人民法院可以结合案件有关事实、其他证据的情况，就对象书证是否在对方当事人控制之下的事实作出综合判断。对方当事人如果主张书证灭失、毁损等情形的，应当就相应的书证灭失、毁损的事实承担举证责任。对于确有证据证明对象书证原件灭失、毁损的，如果当事人持有复制件的，也属于应当提交的范畴。

书证存在且在对方当事人控制该书证的事实，有时并非需要证据证明，申请人能够陈述充分理由、足以让法官确信前述事实的，人民法院也可以作出事实存在的认定。

2. 实质条件：对方当事人的书证提出义务

在2019年《民事诉讼证据规定》第45条第1款关于当事人申请书必须记载内容的规定中，对方当事人“应当提交该书证的理由”，系指对方当事人所负的书证提出义务，此即书证提出命令申请的实质条件。控制书证的当事人的书证提出义务，既包括实体法上的义务，也包括诉讼法上设定的义务。负有举证责任的当事人根据实体法的规定享有要求控制书证的对方当事人交付相应文书的请求权，或者查阅相应文书的请求权的，控制书证的当事人负有相应的提出义务。如根据我国《公司法》的规定，股东的知情权包括查阅、复制公司章程、股东名册、董事会会议记录、监事会会议记录、股东会会议记录、公司财务报告等。因此，在涉及股东权益的诉讼中，股东有权要求公司提出相应的书证，公司负有相应的提出书证的义务。如果诉讼法及司法解释中规定特定情形下控制书证的当事人负有提出书证的义务，则对待证事实负有举证责任的当事人亦有申请书证提出命令的法定理由。

根据“谁主张，谁举证”原则，当事人主张于己有利事实的，负有提供证据证明的义务；对于于己不利的证据没有提交的义务，也不负有协助对方当事人举证的义务。但民事诉讼中发现真实的案件事实，不仅涉及当事人之间私权的保护，也关系司法权的正确行使、社会公共利益的保护和公平正义的实现。特别是证据偏在于一方当事人的情况下，如果不能采取适当的措施进行干预，所谓武器平等、诉讼权利保护和实质正义的实现势必遭受损害，影响司法的公信力。因此，各个国家和地区普遍对不负举证责任的当事人课以在一定条件下，提交其控制的书证的义务。这种义务，即为书证提出义务。这种义务并非当事人之间基于私法关系而产生，是当事人对代表国家行使审判权的法院所负有的证据协力义务，是诉讼法上的义务，性质为公法上的义务。

当事人的文书提出义务从历史沿革上可以追溯至罗马法。“在罗马法，为期诉讼之正当进行，无论何人执有文书，以其不受损害为限，皆有将其所执文书提出于法院的义务”至“德国普通法时代……执有文书之当事人对举证人仅负私法上的文书返还义务，也即举证人只有在基于所有权或债权对执有文书之当事人享有文书返还请求权之情形下，始可利用该文书为证据方法”。[①] 现代社会，大陆法系国家和地区基于不同的历史传统和价值观念，对于当事人的文书提出义务也作出不同的制度安排。德国民事诉讼中的文书提出义务明确限制在民法、商法等法律有明确规定的情形。文书提出义务在诉讼法上仅适用于该文书为不负证明责任的当事人曾经在诉讼中引用过的情形。随着现代型诉讼数量的增加，德国对于当事人文书提出义务的范围虽有所扩大，但主要是通过对实体法请求权适用的扩张解释来实现的，而非诉讼法上抽象地授权举证人请求文书持有人提出其持有的文书。而日本和我国台湾地区则在德国法的基础上，对于文书提出义务作了一般化的扩张。在日本，除了依据实体法的规定应当提出的文书以及引用过的文书之外，没有明确规定不得提出的情形即属于可以提

① 占善刚：《论民事诉讼中的当事人之文书提出义务》，载《求索》2008 年第 3 期。

出文书的范围。我国台湾地区“民事诉讼法”则将文书提出义务进行扩张，“与本案诉讼有关的事项所制作的文书”都包含在提出义务的范围内。①

传统上各国对于书证提出义务的范围，采取限定主义，即将书证提出义务限制在特定范围之内，以寻求书证控制人的利益保护与发现真实之间的平衡，在不损害书证控制人利益的前提下，使负有举证责任的当事人能够获得、使用对方控制的书证。2019 年《民事诉讼证据规定》第 47 条第 1 款关于书证提出义务范围的规定，根据我国民事诉讼的实际情况进行适当调整，以期能够更好地适应我国民事诉讼实践。

根据 2019 年《民事诉讼证据规定》第 47 条第 1 款规定，控制书证的当事人有义务提交的书证，包括如下情形。

其一，控制书证的当事人在诉讼中曾经引用过的书证，即引用文书。控制书证的当事人在诉讼中引用过书证，意味着其愿意将该书证公开，且其引用书证本身意味着有利用、公开该书证的积极意愿，因此，负有举证责任的当事人有权要求控制人提交该书证。即使书证控制人在引用该书证后撤销或者放弃引用，其书证提出义务也不能免除。如果控制书证的当事人只引用书证的一部分，其是否应当提交书证的全部内容？有观点认为，应当提出的仅指引用

① 参见张卫平：《当事人文书提出义务的制度建构》，载《法学家》2017 年第 3 期。

的部分，没有具体引用的部分应当除外。[①] 笔者不赞同这种观点，理由在于，对书证的审查应当考虑书证的完整性，仅抽取其中部分内容，无法判断该部分书证内容的真实性。故当事人引用书证部分内容的，仍然有义务将完整的书证提出。就引用书证的主体而言，系指控制书证的当事人，既包括原告、被告，也包括具有原告地位的有独立请求权第三人以及实质上处于被告地位的无独立请求权第三人。

其二，为对方当事人的利益制作的书证，即利益文书。此处的对方当事人是指负有举证责任的当事人，即书证提出命令的申请人。为负有举证责任的当事人利益制作的书证，未必留存在该当事人之手，由对方当事人控制时，则属于对方当事人有义务提出的书证。此处的利益不仅指负有举证责任的当事人的利益，也包括负有举证责任的当事人与其他人拥有共同利益的情形，即只要包括负有举证责任的当事人的利益即可。书证是否属于为负有举证责任的当事人利益而制作，可以从主客观两个方面考虑。如果该书证能够在客观上直接证明负有举证责任当事人的法律地位、权利，或者该书证本身即为证明负有举证责任当事人的法律地位、权利而制作，则该书证即属于所谓利益文书的范畴。如还款承诺，遗嘱，均属于此类书证。在主观方面，可以从制作书证的目的、动机等主观因素出发，结合

① 参见张卫平：《当事人文书提出义务的制度建构》，载《法学家》2017 年第 3 期。

当事人诉讼请求所需保护的利益进行综合判断。

其三，对方当事人依照法律规定有权查阅、获取的书证，即权利文书，是指负有举证责任当事人依照实体法的规定有权要求书证控制人交出或者供查阅的书证。权利文书作为书证提出义务的范围，源于实体法上的理由。其既可以基于实体法的规定，如《公司法》关于股东知情权的规定作出判断，也可以基于实体法上的请求权而发生，如委托人要求受托人交付其保管的文书。

其四，账簿、记账原始凭证。在正常的经济往来中，商业账簿、记账凭证等财务资料能够比较准确地反映出交易的主要过程，或者能够从中推定交易情况，具有较强的证明作用。我国台湾地区"民事诉讼法"第344条即将商业账簿纳入文书提出义务的范畴。就账簿及记账原始凭证在书证提出命令客体范围中的类型，笔者倾向于其属于法律关系文书。法律关系文书是指基于负有举证责任当事人与证据控制人之间的法律关系而制作的文书，这种文书作为证据与争议的法律关系事实具有直接关联，对于证明案件事实具有重要意义。从书证内容来看，法律关系文书记载负有举证责任当事人与证据控制人之间的法律关系及相关事项；从证明作用角度考察，该书证能够直接或者间接证明法律关系存在与否。① 民事诉讼实践中，法律关系文

① 参见张卫平：《当事人文书提出义务的制度建构》，载《法学家》2017年第3期。

书与利益文书往往存在交叉。《日本民事诉讼法》第220条对于文书提出义务的范围就将利益文书和法律关系文书置于同一条款，在第3项作出“文书基于举证人的利益或举证人与文书持有人之间的法律关系作成”的规定。就账簿及记账原始凭证而言，多数情况下，归于法律关系文书更为适当。

其五，人民法院认为应当提交书证的其他情形，其属于兜底性条款，由人民法院在具体的案件审理中根据情况确定。

2019年《民事诉讼证据规定》第47条关于书证提出义务的范围，与大陆法系国家和地区的规定存在一定差异。这种差异体现在，2019年《民事诉讼证据规定》对于书证提出义务并未遵循严格的限定主义，而是设置了兜底性条款，由人民法院酌定情形适用。但同时未采取书证提出义务一般化的立场。所谓书证提出义务的一般化，是将书证控制人提出书证的义务扩展到如同任何人都有出庭作证义务一样，① 只要该书证与案件有关联，书证控制人即有向法院提出的义务。例如，《日本民事诉讼法》在第220条第4项规定了五种例外情形，明确规定不属于例外情形的均属于文书提出义务范围。我国台湾地区“民事诉讼法”第344条第1款第5项规定了“就与本件诉讼有关之事项

① 参见陶婷：《文书提出命令的适用范围探讨》，载《西南政法大学学报》2008年第2期。

所作者”。书证提出义务的一般化，对于贯彻当事人诉讼资料的平等使用、揭示案件事实真相，解决现代型诉讼、危险领域中证据偏在的问题具有积极作用。但同时应当看到，书证提出义务一般化在大陆法系国家和地区有其特定的制度背景和社会背景，亦与其诉讼体制和诉讼模式密切相关。大陆法系国家和地区采取当事人主义诉讼模式，实行较为彻底的辩论原则，法院在诉讼中处于消极、中立地位，将提出证据的责任尽量归于当事人是合理且公平的。在这种情况下，文书提出义务的一般化只是在解决现代型诉讼中证据偏在、武器不平等的特殊情况所采取的措施。但“即使是日本法上文书提出义务的一般化，也同样有明确的条件限制”①。

在 2019 年《民事诉讼证据规定》起草过程中，关于书证提出义务的范围，曾有设置书证提出义务一般化规则的方案，即在第 47 条第 1 款第 5 项规定“就与本案争议有关的事项所制作的书证”。但经慎重考虑，最终删除该项内容，改为“人民法院认为应当提交书证的其他情形”。主要理由在于：第一，我国诉讼体制和诉讼模式与大陆法系国家和地区存在很大不同。尽管我国民事诉讼从 20 世纪 80 年代就开始从职权主义诉讼体制向当事人主义诉讼体制转型，但至今这种转型尚不彻底，作为当事人主义诉讼模

① 张卫平：《当事人文书提出义务的制度建构》，载《法学家》2017 年第 3 期。

式基础的辩论原则和处分原则在立法上和实践中并未得到充分贯彻，民事诉讼实践中对于举证责任承担以及后果的认识不够充分、坚决。这种情况下采取书证提出义务一般化的做法，可能使“诉讼沦为相互纠举相对人违反文书义务之证明”，妨碍民事诉讼审理的集中化；更可能使负有举证责任的当事人基于对书证提出义务的依赖而放弃对书证的积极收集，从而“回归到义务泛化的职权主义老路”。第二，基于书证提出义务，由人民法院命令控制书证的当事人提出书证，在民事诉讼中属于极为例外的情形，需要严格限制其适用，特别是对于2019年《民事诉讼证据规定》第47条第1款前四项之外的情形，更需要在审判实践中逐步探索。以公权力要求不负有举证责任的当事人提供证据，属于举证责任制度中的例外情形，如不作严格限制，势必动摇举证责任分配规则和举证责任制度的基础。因此，人民法院对于第47条第1款第5项规定的适用应当慎重，应当充分考虑当事人举证责任的贯彻，结合负有举证责任的当事人是否处于事件发生或者证据形成过程之外、是否确实存在不能获得有关证据的情形，以及对方当事人是否能够较为容易获取证据等因素，根据诚信原则和公平原则进行综合判断。

书证提出义务的履行，实质上是个人利益对公法利益的让步，因此，应当设置必要的措施平衡这种冲突的利益关系，特别是在书证提出义务的履行可能导致公共利益、个人隐私、特殊信赖关系等方面利益上的损害时更是如此。这种利益上的损害多体现为特定保密义务的违反，因此，大陆法系国家和地区普遍对文书提出命令中有关秘密的保护作出规定。例如，《日本民事诉讼法》第 220 条规定的除外情形，即属于基于亲属关系、监护关系、职业关系、职务行为等获知的涉及秘密及个人隐私的文书，文书持有人有拒绝提出的权利。我国台湾地区“民事诉讼法”第 344 条第 2 款也规定，“前项第五款之文书内容，涉及当事人或第三人之隐私或业务秘密，如予公开，有致该当事人或第三人受重大损害之虞者，当事人得拒绝提出。但法院为判断其有无拒绝提出之正当理由，必要时，得命其提出，并以不公开方式行之”。与证人拒绝作证的权利相似，大陆法系国家和地区对于涉及秘密的证据，文书持有人有拒绝提出的权利。当然，法院只有在阅读有关文书后才能判断其是否属于涉及秘密、可以不提出的文书，因此，有关文书仍然应当提交给法院审查判断。

2019 年《民事诉讼证据规定》第 47 条第 2 款关于涉及秘密证据的处理，与大陆法系国家和地区的做法不同，并未规定书证控制人有拒绝提出的权利。在司法解释起草过程中，多数人认为，我国立法上并未承认证人拒绝作证的权利，证据涉及秘密不能成为拒绝提供的理由；涉及秘密的证据在质证时以不公开方式进行，《民事诉讼法》对此有明确规定，可以保障当事人在质证过程中秘密不被诉讼外他人获知；法律关于保密的规定，能够约束当事人不将秘密泄露，诉讼中人民法院也应当要求当事人遵守保密的义务；关于秘密证据质证，《民事诉讼法》有明确规定，《民事诉讼证据规定》应当与其保持一致。2019 年《民事诉讼证据规定》最终采纳了这种意见。

（三）违反书证提出命令的后果

不遵守书证提出命令，适用证明妨害法理确定行为的法律后果。证明妨害也称举证妨害，是指因不负有举证责任的当事人一方的行为致使其持有的对证明待证事实具有相当证明意义的证据未能在诉讼中提供、损毁灭失或者丧失证明价值，使待证事实缺乏能够用以证明的证据，导致待证事实处于真伪不明状态时，在事实认定上，法律就负有举证责任当事人的事实主张，作出对其有利的调整。一般而言，在待证事实处于真伪不明状态时，法官依据证明责任规范的指引，判决由对待证事实承担举证责任的当事人承担相应的不利后果。但是，如果造成待证事实真伪不明的原因，并不是负有举证责任的当事人未尽到努力收集、提供证据，而是由于不负有举证责任的当事人实施了妨害对方当事人举证的行为，使负有举证责任的当事人陷于无证据提供等证据缺失的境地，此时如果适用证明责任规则作出对负有举证责任的当事人不利的判决，有失公平。这种情况下，有必要通过证明妨害规则来“避免通过证明责任规范作出裁判”。①

对于违反书证提出命令的法律后果，应当结合《民事诉讼法解释》第 112 条第 2 款、第 113 条，以及 2019 年《民事诉讼证据规定》第 48 条理解。《民事诉讼法解释》第 112 条第 2 款对于一般情形下违反书证提出命令的法律后果作出规定，2019 年《民事诉讼证据规定》第 48 条第 1 款延续了相关内容；《民事诉讼法解释》第 113 条规定了违反书证提出命令情节严重、构成妨害诉讼的制裁，2019 年《民事诉讼证据规定》第 48 条第 2 款在此基础上补充完善了相应的证据法上的后果。

一般情形下，不遵守人民法院作出的书证提出命令性质的裁定，人民法院可以认定书证提出命令的申请人所主张的书证内容为真实。由于书证是记载特定内容的文书，无法以其他物品替代，在书证控制人不遵守书证提出命令时，无法以直接强制的方法使其提出书证。这种情况下，采取间接强制的方法，对书证控制人课以诉讼法上的后果，以促使其尽可能提出书证。“认定对方当事人所主张的书证内容为真实”这种法律后果的适用，意味着对待证事实负有举证责任的申请人在申请书证提出命令时，应当尽量明确书证的内容。在一些特殊情形下，申请人对于书证的具体内容无法掌握得十分清楚，如环境侵权诉讼中加害工

① ［日］高桥宏志：《民事诉讼法——制度与理论的深层分析》，林剑锋译，法律出版社 2004 年版，第 466 页。

厂的生产规模、工艺流程方面的记录等，只能说明其大致的内容及该书证所能够证明的事实，此时如果要求申请人说明书证的准确内容，显然过于严苛，人民法院可以酌情减轻申请人的说明义务。

不遵守人民法院作出的书证提出命令性质的裁定，情节严重构成妨害民事诉讼的，行为人既要面临公法上的制裁，也可能承担证据法上更为不利的后果。《民事诉讼法解释》第113条规定，“持有书证的当事人以妨碍对方当事人使用为目的，毁灭有关书证或者实施其他致使书证不能使用行为的，人民法院可以依照民事诉讼法第一百一十四条规定，对其处以罚款、拘留”，是因妨害证明行为构成妨害民事诉讼所导致司法制裁措施适用的规定，属于公法上的制裁措施。妨害证明的行为损害诉讼秩序的正常进行，破坏民事诉讼的结构平衡，有悖于民事诉讼的基本理念和价值取向，很多国家将妨害证明行为中的一些特定情形归于妨碍民事诉讼的行为，课以一定的公法上的后果。例如，《美国联邦地区法院民事诉讼规则》第37条规定，对于任何不遵守证据开示命令的行为，法院可以发布代替上述任何命令的命令或附加命令，该命令将不遵守命令的行为作为藐视法庭的行为对待。《日本民事诉讼法》第225条、第229条规定，对不服从相关文书提出命令的人员，法院可以裁定处以罚款。我国《民事诉讼法》第114条规定，伪造、毁灭重要证据，妨碍人民法院审理案件的，人民法院对于诉讼参与人根据情节处以罚款、拘留。该条规定实质上已经包含了证明妨害的情形。《民事诉讼法解释》第 113 条对毁灭书证作出了进一步的解释，即《民事诉讼法》第 114 条规定毁灭证据不仅指书证本身的灭失，造成书证不能在诉讼证明中使用的，在效果上与证据灭失无异，也可以归入毁灭证据的情形，适用相同的罚则。2019 年《民事诉讼证据规定》第 48 条第 2 款则是对这种妨碍民事诉讼行为证据法上后果的规定。对于恶意损毁书证或者实施其他使书证不能使用行为的人而言，有时这种罚款、拘留的强制措施不足以对其产生震慑。如果诉讼所涉及的利益巨大，而当事人控制的书证又十分关键，行为人可能存在宁愿被罚款、拘留也要毁灭证据的情况。因此，对恶意损毁书证的当事人课以证据法上的后果十分必要。由于这种恶意损毁书证、妨害书证使用的行为性质十分恶劣，其在证据法上也应当承担更为严重的后果，人民法院可以认定对方当事人主张以该书证证明的事实为真实，即直接认定要证事实为真实。由于这种后果对当事人利益影响重大，在适用中应当慎重，对于行为人毁损证据等行为是否系“以妨碍对方当事人使用为目的”、是否具有这种主观故意，应当严格审查。不能确定行为人具有“以妨碍对方当事人使用为目的”的，不能直接认定要证事实为真实，可以适用违反书证提出命令的一般情形的规定，认定书证提出命令的申请人所主张的书证内容为真实。

二、公文书证与私文书证

《民事诉讼法解释》

第114条　国家机关或者其他依法具有社会管理职能的组织，在其职权范围内制作的文书所记载的事项推定为真实，但有相反证据足以推翻的除外。必要时，人民法院可以要求制作文书的机关或者组织对文书的真实性予以说明。

2019年《民事诉讼证据规定》

第91条　公文书证的制作者根据文书原件制作的载有部分或者全部内容的副本，与正本具有相同的证明力。

在国家机关存档的文件，其复制件、副本、节录本经档案部门或者制作原本的机关证明其内容与原本一致的，该复制件、副本、节录本具有与原本相同的证明力。

第92条　私文书证的真实性，由主张以私文书证证明案件事实的当事人承担举证责任。

私文书证由制作者或者其代理人签名、盖章或捺印的，推定为真实。

私文书证上有删除、涂改、增添或者其他形式瑕疵的，人民法院应当综合案件的具体情况判断其证明力。

（一）公文书证和私文书证的证明力规则

1. 公文书证和私文书证的含义

根据书证是否系依据公共职权制作，可以将书证分为公文书证和私文书证。公文书证与私文书证是书证最重要的分类，这种分类源于文书性质为公文书还是私文书。公文书是指具有公共管理职能的机构在行使公权力的过程中基于职权所制作的文书，如裁判文书、结婚证等。这种具有公共管理职能的机构既可以是拥有公权力的国家机关，也可以是被赋予一定公共管理职能的组织、社团。这些国家机关或者组织、社团在行使公权力或者公共管理职能过程中所制作的文书是公文书，作为证据时是公文书证。在我国，国家机关和按照国家机关管理或者行使社会管理职能的社会团体、组织等，均为具有公共信用或者社会公信力的机构，可以成为公文书证的制作主体。与之相对，不具有公共管理职能的机构或者人员制作的，或者虽然是具有公共管理职能的机构制作但与行使职权无关的文书，作为证据时均属于私文书证。如国家机关在民事活动中形成的合同、函件，或者为诉讼活动出具的证明材料，并非公文书证，而是私文书证。

书证根据其记载的内容和产生的法律效果，可以分为处分性书证和报道（报告）性书证。“所谓的处分性书证，是指通过书面方式来实施法律上行为而形成的书证（例如判决书、票据、遗书）；所谓的报道性书证，是指记载有文书制作人见闻、意见、感想等内容的其他文书（例如各种笔录、户籍簿、商业账簿、诊断书、日记等）”。[①] 处分性书证的证明对象是意思表示的存在本身或者意思表示的真实作出，报道性书证仅是对客观事实的报告，其证明对象是所报告的事件的发生过程。[②] 就公文书证而言，处分性公文书证是记载公共管理机关意思表示的公文书证，如裁决书或处罚决定书、征收决定书等；报告性公文书证是记载公共管理机关观念表示或认识的公文书证，如登记簿、户籍簿等。

2. 公文书证与私文书证的证明力规则

理论上对书证证明力的讨论，通常围绕形式证明力（证据力）和实质证明力（证据力）展开。书证的形式证明力，是指文书记载的内容被认为是举证人所主张的特定人之思想的表达，即当文书是基于举证者所主张的特定人思想而作成时，在诉讼上才可以说该文书的成立是真实的；而书证的实质证明力，是指作为特定人思想表现的文书记载内容对于证明待证事实所起的效果。[③] 形式证明力针对的是书证的形式真实性，在有制作书证的名义人时（如自

---

① ［日］新堂幸司：《新民事诉讼法》，林剑锋译，法律出版社 2008 年版，第 447 页。

② 参见肖建华等：《民事证据规则与法律适用》，人民法院出版社 2005 年版，第 252 页。

③ 参见高星阁：《民事诉讼中公文书证之证据效力研究》，载《证据科学》2016 年第 5 期。

然人签名或者公司盖章的承诺书、借据)，书证应当是名义人意思的体现；没有名义人时，书证应当是举证人所主张的特定人意思的体现。而实质证明力主要是针对书证内容的真实性而言，关注书证的证明价值，即书证能否以及在何种程度上对待证事实起到证明作用。因此，就二者关系而言，书证首先应当具备形式证明力才有进一步讨论实质证明力的必要，没有形式证明力即不具备真实性的书证，当然没有实质证明力；具备形式证明力的书证未必有实质证明力，其所记载的内容未必能够对待证事实起到证明作用。故书证证明力的判断要经历两个阶段，即书证所表达的思想是不是某人的思想（形式证据力)；如果是某人的，该陈述具有什么样的证明力（实质证据力)。①

就公文书证和私文书证的证明力规则，大陆法系国家和地区主要存在三种处理模式。第一种是法国模式。法国实行书证优先原则，书证在诉讼中的证明力大于其他证据形式，并在作为定案证据时被优先考虑。② 法官在评价书证的证明力时，自由心证受到很大限制。根据《法国民法典》和《法国民事诉讼法》的规定，公文书证被推定具有形式证明力和实质证明力，当事人必须通过提起“伪造之诉”才能推翻该推定。而对于私文书证则并不推定具有形

---

① 参见［日］兼子一、竹下守夫：《民事诉讼法》，白绿铉译，法律出版社1995年版，第125页。

② 参见张卫平、陈刚：《法国民事诉讼法导论》，中国政法大学出版社1997年版，第83页。

式证明力，对方当事人简单否认私文书证制作真实，提出私文书证的当事人就必须证明书证制作真实即具有形式证明力；而私文书证一旦被确认为真实制作的，法律推定其具有实质证明力，从而排除法官的自由心证。① 第二种是德国模式。就书证的形式证明力而言，公文书证推定具有形式证明力，法官对公文书证形式真实性有疑问时可以通过询问公文书证的制作者来进行确认；而私文书证除制作人署名，或者经公证人认证以及对方当事人承认的以外，不能推定具有形式证明力，援引私文书证的当事人需要对私文书证的形式证明力举证证明。在实质证明力方面，公文书证推定具有实质证明力，但处分性公文书证不允许以反证推翻，报道性公文书证则允许提出反证来推翻这种推定。而对于私文书证的实质证明力，则由法官依自由心证进行评价。② 第三种模式是日本模式。在《日本民事诉讼法》中，公文书证推定具有形式证明力，法官对于公文书证形式证明力有疑问的，可以询问公文书证的制作机关以确定其真实性；除本人或者代理人签名、盖章的私文书证推定具有形式证明力之外，其他私文书证的形式证明力由举证人进行证明。而无论是公文书证还是私文书证，其实

① 参见刘玫、刘中欣：《论区分公文书证与私文书证的意义》，载《证据学论坛》2007 年第 1 期。

② 参见高星阁：《民事诉讼中公文书证之证据效力研究》，载《证据科学》2016 年第 5 期；刘玫、刘中欣：《论区分公文书证与私文书证的意义》，载《证据学论坛》2007 年第 1 期。

质证明力都不存在如形式证明力那样的推定，均须由法官依自由心证进行判断。

我国《民事诉讼法解释》第114条和2019年《民事诉讼证据规定》第92条关于公文书证与私文书证证明力规则的规定，与大陆法系国家和地区的这三种模式均有所不同。就书证的形式证明力而言，公文书证推定具有形式证明力，人民法院对于公文书证的形式证明力即书证的真实性有疑问的，可以要求公文书证的制作者进行说明；而私文书证由制作者或者其代理人签名、盖章或捺印的，推定具有形式证明力①，对私文书证的形式证明力即真实性有疑问的，由援引私文书证证明案件事实的当事人举证证明。在实质证明力上，公文书证推定具有实质证明力，而私文书证则不存在实质证明力的推定，由法官根据自由心证进行评价。对公文书证，无论是形式证明力还是实质证明力，均可由当事人以相反证据推翻。我国关于书证证明力规则的规定，在私文书证规则和公文书证的形式证明力规则方面与大陆法系的日本大致相同，但在公文书证的实质证明力上，与大陆法系国家和地区的规则均不完全相同。

关于《民事诉讼法解释》第114条公文书证证明力规则，应当作如下理解：公文书证推定真实，这是公文书证

---

①　2019年《民事诉讼证据规定》第91条第2款关于“私文书证由制作者或者其代理人签名、盖章或捺印的，推定为真实”的规定，是针对私文书证的形式证明力而言的。审判实践中，有人将其理解为包含私文书证内容真实的推定是不准确的。

证明力规则的核心。推定真实不仅是指公文书证在形式上的真实性（形式证明力），也包括公文书证内容上的真实性（实质证明力）。其一，就公文书证形式上的真实性而言，只要公文书系制作机关所作出的，反映制作机关的意思，则具有形式真实性和形式证据力。“有关形式上的证据力的认定，或多或少都存有推定。亦即，如根据文书的方式即内容认定为公文时，则推定为真实成立”。[①] 根据文书的内容和格式、用语、印章等外在特征能够确认其为公文书，则推定其具有形式上的真实性。援引公文书证、主张以公文书证证明自己事实主张的当事人，无须证明公文书证形式上的真实性。人民法院法院认为有必要的，如认为公文书证的真伪存疑，可以要求制作公文书的机关、组织对公文书证的真实性进行说明和确认。对方当事人如果对公文书证形式的真实性有异议，认为其不真实的，应当提供相反证据予以推翻，即对方当事人所承担的并不是一般意义上的反证责任，其反证证明应当达到推翻本证的程度，这意味着需要对相反的事实承担本证证明责任。其二，就内容真实性而言，公文书证推定其内容即其所记载的事项为真实。“公文书证推定具有实质证据力，依文书的程式和意旨认定为公文书的，推定其内容为真实”。[②] 这意味

① ［日］三月章：《日本民事诉讼法》，我国台湾地区五南图书出版公司 1997 年版，第 470 页。

② 张永泉：《民事诉讼证据原理研究》，厦门大学出版社 2005 年版，第 63 页。

着，只要确定文书属于公文书，则推定其记载的事项系客观事实的反映，与客观事实一致。对方当事人对于公文书证内容的真实性即对其实质证据力有异议的，应当通过相反证据推翻。与公文书证的形式真实性一样，有争执的当事人要承担公文书证不真实的本证证明责任，即证明相反事实的存在。

根据 2019 年《民事诉讼证据规定》第 92 条的规定，私文书证与公文书证不同，在法律上并没有直接推定真实的规则。私文书证并不具有当然的形式证明力，不能仅根据私文书证的文本推定私文书证形式真实。对方当事人对私文书证的真实性提出质疑的，援引私文书证证明其事实主张的当事人，负有对私文书证真实性的举证责任。私文书证的真实包括名义人真实和形式真实两个方面。私文书证的名义人是在私文书上签名、盖章或者捺印的人。名义人是书证的构成要件之一，名义人不能确定的文书不具有作为书证的资格。名义人真实是指私文书上签名、盖章或者捺印是真实的，签名、盖章或者捺印本身是名义人的意思表示。而形式真实是指私文书所记载的内容与名义人的意思表示一致，不存在欺诈、胁迫、重大误解等违背其真实意思表示的情形，也不存在不符合其真实意思的添加、删除、涂改等情形。私文书名义人真实并不意味着意思表示真实，只有名义人真实且意思表示真实，私文书证才符合形式真实的要求。

私文书证上名义人的签名、盖章或者捺印真实，推定签名、盖章或者捺印行为是名义人真实意思表示。审判实践中，对于私文书证的质疑多体现为对于私文书证上的签名、盖章或者捺印真实性的质疑，以及否认签名、盖章、捺印行为代表名义人本人的意思。对于签名、盖章或者捺印的真实性，通常需要委托鉴定解决，这种情况下，按照私文书证的规则，由援引私文书证证明其事实主张的当事人承担申请鉴定的责任；对于主张签名、盖章或者捺印并非其本人意思表示的，通常表现为主张他人偷盖印章、印章遗失被盗等理由，此时，应当由主张一方对于签名、盖章或者捺印违背其真实意思的事实承担举证责任。而在私文书证签名、盖章或者捺印真实的前提下，推定私文书证所记载的内容是名义人真实意思表示，具有形式真实。对方当事人承认签名、盖章或者捺印真实，但主张文书记载内容并非其本人意思表示，需要对如签名、盖章或者捺印的空白文书遗失、被盗，记载内容与其交易目的不符等事实承担举证责任。私文书证中的瑕疵，如删除、涂改、添加或者文本破损等瑕疵，对其形式真实的认定会产生影响。通常，应当由人民法院结合案件具体情况和其他事实，如涂改、删除、添加的内容是否注明何人所为，是否有签名、盖章或者捺印，瑕疵部分是否对于举证人有利，是否与对方当事人持有的文本一致等，进行综合判断。而私文书证是否具有实质证明力，需要法官依自由心证进行判断。

在我国的理论界和实务界，公文书证和私文书证证明力规则的差异长期没有得到应有的重视。在2001年《民事诉讼证据规定》第77条中虽然有“人民法院就数个证据对同一事实的证明力，可以依照下列原则认定：（一）国家机关、社会团体依职权制作的公文书证的证明力一般大于其他书证……”的规定，但这一规定一方面只是指引性规范，未准确揭示二者本质的区别；另一方面，抽象地规定某种证据证明力大于另一种，是法定证据制度的特征，不符合自由心证原则。证据的证明力只能在具体的诉讼中进行衡量，抽象地讨论证据的证明力与诉讼规律是不相符的。为此，《民事诉讼法解释》在借鉴理论研究成果和总结审判实际的基础上，对公文书证的基本规则作出规定，2019年《民事诉讼证据规定》在此基础上，删除了2001年《民事诉讼证据规定》第77条的内容，补充了私文书证规则和公文书证的副本、缮本规则，建立、完善了我国民事诉讼书证规则。

（二）书证的副本与缮本

副本是与正本对应的概念，是指文书的制作者根据正本所制作的，载有正本全部或者部分内容的文本。副本既可以由文书制作者由正本复制、扫描，也可以誊录。2019年《民事诉讼证据规定》虽然在第91条第1款仅就公文书证的副本作了规定，即副本与正本具有相同的证明力，但这一规则并不限于公文书证，私文书证也同样适用该规则。

只要是文书制作者所制作的副本，在其所记载的范围内，与正本的证明力相同。

缮本指经校勘无文字讹误的文本，在证据法的语境下是指照录原件的书证文本。对于书证而言，缮本与原件的区别在于缮本没有原本的制作者签名或者制作单位加盖印章，如果经由制作者签名或者盖章，则为书证原件。缮本经书证原件的制作者确认的，与原件具有相同的证明力。在公文书证场合，由于普通人多数情况下并非公权力行使行为的相对人，不易获得公文书正本，但通常可以在国家档案部门或者国家机关存档部门查阅、摘抄、复制相应的文件，这种源于存档文件的复制件、副本、节录本，经档案部门确认，或者文件制作机关证明其内容与原本一致的，如加盖与原本无异的印章并签名，则与原本具有相同证明力。

三、书面证言

《民事诉讼法解释》

第115条　单位向人民法院提出的证明材料，应当由单位负责人及制作证明材料的人员签名或者盖章，并加盖单位印章。人民法院就单位出具的证明材料，可以向单位及制作证明材料的人员进行调查核实。必要时，可以要求制作证明材料的人员出庭作证。

单位及制作证明材料的人员拒绝人民法院调查核实，

或者制作证明材料的人员无正当理由拒绝出庭作证的，该证明材料不得作为认定案件事实的根据。

（一）书面证言性质为书证

有关书面证言的证据性质，理论界存在争论。早期的观点多认为，书面证言也是证人证言的一种形式，不能认定为书证。近年来，随着研究的深入，有观点认为，书面证言在证据属性上并非证人证言，其具有书证特征，性质上应为书证。我国民事诉讼实践中，证人出庭作证率低是长期以来存在的问题。自 2001 年《民事诉讼证据规定》实施以来，特别是《民事诉讼法解释》实施以来，证人出庭作证的情况有所改观，但提交书面证言的情形仍然十分常见。特别是《民事诉讼法》第 76 条明确规定了证人可以提交书面证言的情形和条件，审判实践中如何认识书面证言的性质，就显得尤为重要。

证人证言是言词证据，这是由人证的证据方法所决定的。证人证言是法院对人证的证据方法调查所形成的证据资料，而对于人证的证据方法的调查，根据其性质，应当符合直接原则和言词原则的要求。因此，无论是英美法系还是大陆法系国家和地区，对于证人证言的基本程序要求，均为证人出庭作证，须宣誓或者具结，由法官或者当事人对证人进行询问。书面证言显然并不满足这种程序上的要求。而且，证人证言是以言词方式表达证人亲身感知的事实来发挥证明作用，其言词表达的内容、表达方式、神态表情、肢体语言等都会对法官心证产生影响。而书面证言是以书面文本记载的内容即以文字表达的思想和内容来发挥事实证明作用。书面证言与证人证言的性质不符而符合书证的特征，应当根据书证规则进行审查判断。

根据《民事诉讼法》第 76 条的规定，书面证言不仅需要证人至少符合该条规定的四种情形之一，而且需要经过人民法院的许可，才可以提交。这意味着，证人在收到人民法院出庭作证通知后，如存在《民事诉讼法》第 76 条规定的不能出庭的正当理由的，应当向人民法院申请以书面证言的方式作证。在人民法院许可后，方可提交书面证言。证人未按照《民事诉讼法》第 76 条规定的条件、程序提交书面证言，或者书面证言由当事人直接提交而未经前述程序的，因书面证言的提交不符合法律规定的条件和程序，不具有证据资格，不得作为认定案件事实的根据。2019 年《民事诉讼证据规定》第 68 条第 3 款对此亦作了明确规定。

（二）单位证明材料

虽然《民事诉讼法》第 75 条规定，单位具有作为证人的资格，但由于证人证言形成的过程依赖于自然人的感知能力、记忆能力和表达能力这些自然的属性，单位本身并无实在人格而只有在符合法律规定的情况下具有拟制人格，无论采取何种组织形式，只是自然人的集合体而非自然人本身。所谓“知道案件情况”的单位，实质上也只是

"知道案件情况"的单位工作人员。因此，单位无法以言词方式作证，而只能出具书面证明文书。

单位出具证明文书，在审判实践中十分常见。尽管形式上类似于证人作证的行为，但由于是以记载的内容发挥事实证明作用，其性质上属于书证。无论制作主体是否具有社会管理职能，这种书证均与公文书证无关，类别上属于私文书证应无异议。就其内容而言，单位证明文书一般记载的是描述性的内容，故可以将其理解为报道性文书。《民事诉讼法意见》第77条规定，"由有关单位向人民法院提出的证明文书，应由单位负责人签名或盖章，并加盖单位印章"，对单位证明文书所提出形式上的要求。《民事诉讼法解释》第115条沿袭了《民事诉讼法意见》第77条的规定，要求单位证明文书应当同时具有单位负责人签名或者盖章以及单位印章，同时增加了制作证明材料的人员签名或者盖章的规定。三类主体的签名、盖章是单位证明文书具备证据效力的基础。缺少其中任何一项，单位证明文书不具有证据效力，不能作为认定案件事实的根据。《民事诉讼法解释》第115条的规定，主要是考虑到单位作为拟制人格的民事主体，其真实的意思与其制作证明材料的人员和负责人意思不易区分，在以单位的名义出具证明文书对某一事实进行描述时，为保证基本的真实性，需要规定这种必要的形式上的要求。而且，要求证明文书上有负责人和制作证明材料的人员签名盖章，也便于人民法院在必要时核实证明文书的真实性。

《民事诉讼法解释》第115条对人民法院审核证明文书的规则作了规定。人民法院对于单位证明文书有疑义时，可以对单位以及负责人和制作证明材料的人员进行调查核实。这种调查核实证据与调查收集证据不同，是法院审核证据的内容，与人民法院调查收集证据不同，不适用人民法院调查收集证据的条件限制。人民法院可以根据案件审理的需要，在认为必要时要求制作证明材料的人员出庭作证。审理案件的法官对证明材料的真实性不能形成内心确信时，可以理解为有传唤制作证明材料的人员出庭作证的必要性。这里的传唤制作证明材料的人员出庭作证，属于人民法院依职权传唤，但仍然是调查核实证据的性质。出具证明文书的单位以及制作证明材料的人员拒绝人民法院调查核实，或者制作证明材料的人员无正当理由拒绝出庭作证的，其行为本身既隐含对单位证明文书真实性的否定，也使人民法院对于证明材料的真实性不能形成有效的心证，因此证明材料无法作为认定案件事实的根据。

第五节　物证与勘验笔录

《民事诉讼法解释》

第124条　人民法院认为有必要的，可以根据当事人的申请或者依职权对物证或者现场进行勘验。勘验时应当保护他人的隐私和尊严。

人民法院可以要求鉴定人参与勘验。必要时，可以要求鉴定人在勘验中进行鉴定。

2019 年《民事诉讼证据规定》

第 43 条 人民法院应当在勘验前将勘验的时间和地点通知当事人。当事人不参加的，不影响勘验进行。

当事人可以就勘验事项向人民法院进行解释和说明，可以请求人民法院注意勘验中的重要事项。

人民法院勘验物证或者现场，应当制作笔录，记录勘验的时间、地点、勘验人、在场人、勘验的经过、结果，由勘验人、在场人签名或者盖章。对于绘制的现场图应当注明绘制的时间、方位、测绘人姓名、身份等内容。

一、物证

物证是以物品的自然属性、外部特征和存在状况等证明案件事实的证据。在英美法系国家和地区，物证属于实物证据，但实物证据在理解上其范围相当宽泛，不仅包括一般意义上的物证，视听资料、书证也包括在实物证据的范围之内。总体而言，英美法上的实物证据是与言词证据相对应的用语。大陆法系国家和地区普遍没有将物证作为一种单独的证据形式，而是作为勘验的对象加以规定。日本、德国等国家的民事诉讼法都是在规定勘验这种证据方法时，对作为勘验对象的物体或场所进行规定。在大陆法系国家和地区，诉讼中的物只有在其成为勘验（或鉴定）对象时才具有证据法上的意义，其本身不能成为一种独立的证据形式。[1] 我国系将物证作为独立的证据形式在立法中作出规定。系参考《苏联民事诉讼法》的做法，苏联解体后俄罗斯重新制定的民事诉讼法仍然将物证作为独立的证据形式。

与其他证据形式相比，物证具有较强的客观性。物证以其存在形式来证明案件事实，其本身是实体物品或痕迹，物证与待证事实之间存在不受人的主观意志影响的客观联系。而当事人陈述、证人证言、书证、鉴定意见和勘验笔录这些证据都会不同程度掺杂人的主观因素，与之相比，物证的客观性更强。物证具有独立性和稳定性的特点，与书证通过记载的内容证明案件事实不同，物证客观存在的性状、特征本身即能证明待证事实的存在与否。在诉讼中，物证的固定、收集和提供，有时可能存在证据形式转化的情形，如涉及的证物不易保存或者物证本身为不动产现状的，通过视听资料、勘验等方式固定和提供。这种情况下，证据在形式上已经转化为视听资料、勘验笔录等其他类型。物证具有间接性，一般只能作为间接证据使用，很少作为直接证据使用。一方面，物证所能直接证明的只是案件事实的某些片段或者某个方面的情况，只有与其他证据相结

① 参见田平安：《民事诉讼证据初论》，中国检察出版社 2002 年版，第 207~208 页。

合，才能证明案件的主要事实；另一方面，物证往往要辅之以鉴定意见、勘验笔录等才能发挥完整的证明作用。①

对物证的认定和采信，遵循提交原物的原则，有人称之为最佳物证原则。我国《民事诉讼法》第73条规定的“物证应当提交原物。提交……原物有困难的，可以提交复制品、照片……”，正是这一原则的体现。

二、勘验

在大陆法系国家和地区，勘验在理论上系指法官以其五官之感觉作用，直接亲自体验物体之性状，从而认识一定的人、物、事状况的事实之存否而为证据之调查证据行为。② 勘验本身并不是证据，而只是一种调查证据的方法，勘验的结果才是证据。在英美法上，勘验通常是指对于不能移动或不易移动的物品或场地，必要时，就其所在之处，由调查事实或事实审理者前往观察实况。有时对于行动不便之人，也可以前往其住所，观察身体状况，即属勘验。③ 与大陆法系国家和地区相同，英美法上的勘验也不是一种证据，但勘验结果可以作为认定案件事实的根据；而勘验

① 参见廖永安主编：《证据法学》，清华大学出版社2008年版，第32页。

② 参见姜世明：《民事诉讼法》（下册），我国台湾地区新学林出版股份有限公司2013年版，第200页。

③ 参见周叔厚：《证据法论》，我国台湾地区三民书局出版有限公司1995年版，第1052页。

的结果不仅包括通过勘验制作的笔录，还包括通过勘验留在事实审理者大脑中的印象。勘验的实质在于，法官通过五官的作用直接感知、体验有关现场、物品或物件，从而直接对事实作出认定。它与通过询问证人、评判书证内容等证据资料，依自由心证主义原则来认定事实具有本质上的区别。①

勘验笔录是诉讼中，法院为查明案件事实的需要，对与案件事实有关的物证和现场进行勘察检验所作的记录。勘验笔录是法院及其工作人员依据法定权力所实施的证据调查行为的结果。勘验结果作为证据，是各国诉讼法上的普遍做法。但多数国家并不将勘验笔录作为独立的证据形式对待，以勘验的证据方法得出的笔录，一般是作为书证适用书证的规则。我国《民事诉讼法》将勘验笔录作为独立的证据形式，是借鉴《苏联民事诉讼法》理论和立法的结果。苏联的民事诉讼法对证据种类的规定中并没有勘验笔录，但对于勘验则有专门的规定。对此，苏联著名法学家克列曼认为民事诉讼法规定审查证据不仅可以借助现场勘验，而且也可以采用询问证人、对质和审查书证等方法。当然，询问证人，审查文件和书证，进行勘验本身不仅是调查、接收和审查证据的方法，而且也是能使法院确信对案件有意义的一定的法律真实存在或不存在的资料，是调

① 参见张永泉：《民事诉讼证据原理研究》，厦门大学出版社 2005 年版，第 152 页。

查、接收和审查的客体，也就是证据。基于以上理由，他认为在民事诉讼上，存在下列各种证据：（1）证人陈述；（2）书证；（3）物证；（4）当事人本人的答辩；（5）勘验笔录；（6）鉴定人的意见。[①] 克列曼的观点对我国的民事诉讼法理论和立法影响很大，1982 年《民事诉讼法（试行）》中，勘验笔录就作为一种独立的证据形式规定下来，并一直延续至今。

我国理论界和实务界通常将勘验理解为，人民法院审判人员在诉讼过程中，为了查明一定事实，对与案件争议有关的现场、物品或物体亲自或指定有关人员进行查验、拍照、测量的行为。将查验的情况和结果制成笔录，就称为勘验笔录。由于《民事诉讼法》明确将勘验笔录规定为证据形式，在我国的民事诉讼中，勘验中能够作为证据使用的只有体现勘验过程和结果的勘验笔录，至于勘验留在法官大脑中的印象，只是影响法官对待证事实的心证因素，并不作为证据对待。这一点，与大陆法系及英美法系国家和地区将勘验的结果理解为包括五官作用于勘验物的直接感受是不同的。与物证相比，物证是案件事实发生过程中负载案件事实信息的物品和痕迹，而勘验笔录是在诉讼过程中对物品和痕迹检验所形成的笔录，勘验笔录往往是对物证信息进行提取的方法，其与物证具有密切联系，但并

① 参见李保永：《勘验笔录证据地位探讨》，载《陕西青年职业学院学报》2010 年第 1 期。

非物证本身。

勘验在我国民事诉讼中，是一种常见的人民法院证据调查方法，特别对于一些如相邻关系纠纷等民事案件，人民法院进行勘验对于案件事实的查明十分必要。《民事诉讼法》第 83 条对于勘验的程序要求、勘验笔录的制作等作出了原则性规定。《民事诉讼法解释》在此基础上，对于勘验的启动、鉴定人参与等内容作出补充。2019 年《民事诉讼证据规定》又对于勘验程序操作、勘验笔录内容等作出进一步完善。这些条文相互呼应，共同构成我国民事诉讼勘验制度。

（一）勘验的主体和客体

勘验是法院的职权，是法院证据调查的方法，这是各国的普遍认识。我国《民事诉讼法》第 83 条关于“勘验物证或者现场，勘验人必须出示人民法院的证件”的规定，同样将勘验作为人民法院职权行使的行为。就勘验主体而言，英美法系和大陆法系国家和地区的勘验人均为法官或者作为事实审理者的陪审员，这一点与我国略有不同。我国《民事诉讼法》并未明确规定勘验人必须是作为案件事实审理者的法官，从《民事诉讼法》第 83 条“勘验人必须出示人民法院的证件”的规定来看，强调勘验人作为人民法院工作人员的身份而并不强调其必须具有作为事实审理者的法官身份。在我国的《民事诉讼法》中，由于通过勘验留在事实审理者大脑中的印象并非勘验结果的组成部分，在案件事实查明中发挥作用的是勘验笔录，勘验人是否系审理案件的法官，并不十分重要。因此，我国民事诉讼中的勘验人，既可以是法官，也可以是人民法院的其他工作人员。

有观点认为，我国民事诉讼中的勘验主体并不限于作为事实审理者的法官，还包括专业技术人员，而《民事诉讼证据规定》也采纳了这种观点。① 这种理解并不准确。事实上，从《民事诉讼法》第 83 条关于“勘验人必须出示人民法院的证件”的规定可知，勘验人必须为人民法院的工作人员，是否系人民法院的专业人员，在所不问。审判实践中，很多情况下确实存在人民法院工作人员之外的专业人员参与勘验的情形，但其只是勘验人的辅助人员，不能作为勘验人。

就勘验的客体而言，勘验系针对物证或者现场进行。物证是以物品的自身属性、外部特征和存在状况等证明案件事实的证据形式。从其概念出发，现场、痕迹等也可以被理解为包含于广义的物证范围。在勘验过程中，可以采取测量、拍照、录音录像等多种检验方法，但在勘验标的涉及人的隐私和尊严时，如对伤痕、对身体的勘验，出于保护人权的考虑，特别应当注意对他人的隐私和尊严的尊重。

---

① 参见张永泉：《民事诉讼证据原理研究》，厦门大学出版社 2005 年版，第 153 页。

（二）勘验的启动与鉴定人的参与

1. 勘验的启动

在勘验的启动上，各国普遍承认法院可以根据当事人的申请进行勘验，也可以依职权进行勘验。如《奥地利民事诉讼法》第368条规定，法院为了查明事实情况，可依申请或职权，在必要时，召集一名或数名鉴定人命其进行检证。我国《民事诉讼法意见》第73条将勘验作为人民法院调查收集证据的职权，符合勘验本身的性质，审判实践中对于勘验也遵循这种认识。作为人民法院调查收集证据的职权，按照《民事诉讼法解释》和《民事诉讼证据规定》的逻辑，勘验的启动应当符合人民法院调查收集证据的条件。因此，启动勘验的事由存在两种情形，即根据当事人的申请启动和人民法院依职权启动。但由于勘验本身既是调查收集证据以形成勘验笔录的方法，也是核实证据的方法，如对物证的核实，因此，在人民法院依职权启动勘验程序时，不必像人民法院依职权调查收集证据时严格限于《民事诉讼法解释》第94条规定的情形，而是由人民法院根据具体情况来决定。

无论当事人申请勘验还是法院依职权进行勘验，都需要满足有必要进行勘验的条件。《民事诉讼法解释》第124条也明确规定了勘验要以人民法院认为有必要为前提。这种必要性，需要结合案件的具体情况进行判断。一般而言，可以从与案件事实的关联性、是否属于待证事实中的重要事项、是否属于勘验标的性状可能发生变更的情况、待证事实是否已经清楚等多个方面进行综合判断。

2. 鉴定人参与勘验

在对物证勘验过程中，可能会涉及专门性问题。有时鉴定人在鉴定时需要以勘验结果作为基础，在勘验时需要鉴定人帮助准确确定符合鉴定需要的资料；有时则需要鉴定人在勘验的过程中进行鉴定，以防止在勘验后资料灭失而无法再现物证的本来情况。因此，在一些涉及专门性问题事实查明的案件中，鉴定人参与勘验过程，有时是十分必要的。故《民事诉讼法解释》第124条对于鉴定人参与勘验作出规定，为审判实践中的具体操作提供法律依据。

但勘验与鉴定是民事诉讼中两种不同的证据方法，二者所针对的问题、适用的情况是不同的。鉴定是解决待证事实所涉及的专门性问题超出法官经验法则时，法官由于缺乏专业知识和经验无法对专门性问题进行判断的问题；而勘验则通常并不涉及专门性问题，并不超出法官的一般经验法则的范畴。审判实践中，普遍存在对于勘验重视不足，而对鉴定过度倚重的问题，对于仅涉及物证的外在形态、特征等依靠一般认知能力即能作出判断的情形，一些法院也经常通过委托鉴定的方式来完成，增加了诉讼成本，也削弱了勘验的功能。因此，应当把握勘验和鉴定的界限，对于不超出一般经验法则范围，勘验人即可以作出判断的问题，应当通过人民法院勘验的方法解决，没有鉴定的必要。对于人民法院无法通过勘验的方法查明专门性问题，才涉及在勘验过程中委托鉴定的问题。而审判实践中，在鉴定过程中有时也存在需要对物证、现场等进行勘验的情形，在这种情况下，从节约诉讼资源、方便案件审理的角度出发，应当综合运用勘验和鉴定两种调查证据的方法。这也是《民事诉讼法解释》第 124 条第 2 款规定的目的所在。

（三）勘验中当事人的程序保障

勘验是人民法院对于物体或者痕迹的观察、检验。虽然作为勘验对象的物证未必保存于当事人之处，但勘验作为人民法院证据调查的方法，对于待证事实的证明具有重要意义，也事关当事人的利益。因此，应当赋予当事人参与勘验的机会，以保障当事人的诉讼权利。

在勘验中保障当事人的权利，体现在两个方面：其一，在勘验之前，人民法院应当通知当事人勘验的时间、地点，以便当事人决定是否参与勘验过程，同时，也有利于当事人配合、协助人民法院开展勘验工作。在物证由当事人保存的情况下，勘验前通知当事人，以便其做好接受勘验的准备，更为必要。在勘验对象为当事人的身体或者物证由当事人保管时，当事人本身即为勘验对象或者物证原件的持有者，其必须出席勘验场所或者将物证提交到勘验场所接受勘验，否则人民法院可以根据《民事诉讼证据规定》第 95 条关于妨害证明规则的规定，使其负担证据法上的不利后果，根据对方当事人的主张作出对其不利的认定。如果当事人既非勘验对象也非物证保管人，则参与勘验并非其义务，当事人是否参与不影响人民法院勘验的进行。其二，当事人在人民法院勘验过程中有进行解释、说明的权利。勘验既是人民法院的证据调查方法，有时也是人民法院核实证据的方法。在一些案件审理中，当事人的解释、说明以及对重要事项的提醒，对于人民法院勘验活动的顺利、有效进行，十分重要。如在相邻关系纠纷中，当事人对有关宅基地的面积、四至、现状、争议位置等情况的解释、说明和提醒，对于人民法院准确有效地开展勘验活动、形成勘验笔录十分重要。

所需强调的是，勘验物的保管人或者现场的管理人，有协助勘验的义务，这是《民事诉讼法》第 83 条第 2 款的明确规定。这种义务在性质上属于公法义务。相关人员违反公法义务的，将承担相应的法律后果：对于当事人控制勘验物或者现场的情形，人民法院应当适用妨害证明规则，根据对方当事人所提出的不利于控制人的主张认定证据内容；对于勘验物或者现场被诉讼外第三人控制的情形，人民法院应当根据《民事诉讼法》第 114 条妨碍民事诉讼强制措施的规定，对控制人进行处罚。

（四）勘验笔录的制作

勘验笔录是人民法院对物证、现场的存在状况、存在时空以及相关属性勘验结果的体现，是我国民事诉讼中勘验结果的最终表现形式。作为法定的证据形式，勘验笔录的制作应当符合相应的规范要求。《民事诉讼法》第 83 条和《民事诉讼法解释》第 124 条对于勘验笔录的内容均提出原则性要求，2019 年《民事诉讼证据规定》第 43 条又作出必要的补充。勘验笔录中，勘验的时间、地点、勘验人、在场人、勘验的经过、结果，勘验人、在场人签名或者盖章，均为必要记载事项。遗漏这些必要记载事项的，勘验笔录的证明力将会受到相应的影响。勘验笔录的内容同时也与勘验方法存在一定关系，采取录像、拍照、绘图、测量、检测、检验等方式进行勘验的，勘验笔录中不仅应当记录勘所采取的方式，还应当记载录像、拍照、绘图、测量、检测、检验等操作的过程，并将绘制的现场图、录像、照片等作为勘验笔录的附件，注明绘制或者拍摄的时间、方位、测绘人或拍摄人的姓名、身份等内容，以进一步提高勘验的规范性和勘验笔录的质量，使勘验笔录更好地发挥在事实查明中的作用。

为确保勘验笔录制作的完整性、客观性，在勘验笔录的制作过程中，应当注意的是：其一，勘验笔录的内容应当如实记载勘验当时的客观情况，不能掺杂勘验人的主观推测和分析判断的内容。其二，勘验笔录文字的记载内容应明确，不能模棱两可、含糊其词，尽量避免使用不确定的表述。其三，勘验笔录应当在勘验过程中即时作出，才能准确、完整地反映勘验的经过和结果，避免事后补记可能导致的记忆不清、数据丢失。其四，为体现勘验的程序公开性和结果公正性，勘验过程应当邀请当地基层组织或者当事人所在单位人员参加，并在笔录上签字。基层组织或者当事人所在单位不派人参加的，不影响勘验进行，也不影响勘验笔录的合法性。

第六节 视听资料与电子数据

《民事诉讼法解释》

第116条 视听资料包括录音资料和影像资料。

电子数据是指通过电子邮件、电子数据交换、网上聊天记录、博客、微博客、手机短信、电子签名、域名等形成或者存储在电子介质中的信息。

存储在电子介质中的录音资料和影像资料，适用电子数据的规定。

2019年《民事诉讼证据规定》

第14条 电子数据包括下列信息、电子文件：

（一）网页、博客、微博客等网络平台发布的信息；

（二）手机短信、电子邮件、即时通信、通讯群组等网络应用服务的通信信息；

（三）用户注册信息、身份认证信息、电子交易记录、通信记录、登录日志等信息；

（四）文档、图片、音频、视频、数字证书、计算机程序等电子文件；

(五) 其他以数字化形式存储、处理、传输的能够证明案件事实的信息。

第93条 人民法院对于电子数据的真实性，应当结合下列因素综合判断：

(一) 电子数据的生成、存储、传输所依赖的计算机系统的硬件、软件环境是否完整、可靠；

(二) 电子数据的生成、存储、传输所依赖的计算机系统的硬件、软件环境是否处于正常运行状态，或者不处于正常运行状态时对电子数据的生成、存储、传输是否有影响；

(三) 电子数据的生成、存储、传输所依赖的计算机系统的硬件、软件环境是否具备有效的防止出错的监测、核查手段；

(四) 电子数据是否被完整地保存、传输、提取，保存、传输、提取的方法是否可靠；

(五) 电子数据是否在正常的往来活动中形成和存储；

(六) 保存、传输、提取电子数据的主体是否适当；

(七) 影响电子数据完整性和可靠性的其他因素。

人民法院认为有必要的，可以通过鉴定或者勘验等方法，审查判断电子数据的真实性。

第94条 电子数据存在下列情形的，人民法院可以确认其真实性，但有足以反驳的相反证据的除外：

（一）由当事人提交或者保管的于己不利的电子数据；

（二）由记录和保存电子数据的中立第三方平台提供或者确认的；

（三）在正常业务活动中形成的；

（四）以档案管理方式保管的；

（五）以当事人约定的方式保存、传输、提取的。

电子数据的内容经公证机关公证的，人民法院应当确认其真实性，但有相反证据足以推翻的除外。

一、视听资料

视听资料是指以录音、录像等设备所存储的信息证明案件真实情况的资料。视听资料的出现是现代科学技术发展的产物，将视听资料作为一种独立的证据类型，是我国在1982年《民事诉讼法（试行）》中创立的，其后的《民事诉讼法》一直延续了《民事诉讼法（试行）》的规定，并被《刑事诉讼法》和《行政诉讼法》所吸收，成为我国独有的一种证据形式。在2012年《民事诉讼法》修改之前，电子计算机存储的数据一般也被归于视听资料的范畴，但2012年修改《民事诉讼法》将电子数据作为独立的证据形式，因此视听资料的范围不再包括电子数据，而限于录音资料和录像资料。

视听资料作为证据出现在诉讼中由来已久。但与我国的处理方式不同，其他国家和地区虽然也有由专门的法律对视听资料进行规范的做法，但均依传统的证据方法对待视听资料，而没有将其作为独立的证据形式。在英美法系国家和地区，视听资料属于“文书”的一种形式，依据书证规则对待视听资料。英国《1995 年民事证据法》规定，“文书”除包括文字书写外，还包括地图、设计图、图纸、图表、照片、碟片、磁带、录像带、胶片和底片等。《美国联邦证据规则》第 1001 条也规定，文书包含如下的内容：（1）文字和录音。“文字”和“录音”包括文字、字母、单词、数字或其替代物，通过书写、打字、印刷、影印、照相、磁脉冲、机械或电子录音或其他形式的数据汇编记载下来。（2）照相。“照相”包括普通摄影、X 射线胶片、录像带和电影胶卷。（3）原件。（4）复制品。与英美法系国家和地区相比，大陆法系国家和地区对视听资料存在认识上的分歧。法国有判例认为，如果属公开方式取得的录音资料，可以作为初步书证。在德国，判例和多数学者认为录音资料不具有文字符号特征和可读性；此外，迅速说出的话语与经过考虑写出的文字也有本质的区别，因此录音资料是应属于物证而非书证。①

作为证据类型的视听资料包括录音资料和录像资料两种形式。录音资料是应用声、光、电和机械学等方面的科学技术，把正在进行的有关人员演说、对话以及自然声响

① 参见樊崇义主编：《诉讼法学研究》（第 6 卷），中国检察出版社 2003 年版，第 107 页。

等声音如实地记录下来，然后通过播放再现原来的声迹，以证明案件真实情况的证据；录像资料是应用光电效应和电磁转换的原理，将人或事物运动、发展、变化的客观真实情况原原本本地录制下来，再经过播放，重新显示原始的形象来证明案件真实情况的证据。与传统的证据形式相比，视听资料首先更依赖于录音带、录像带等物质载体，是以其记录的内容来对待证事实发挥证明作用，没有物质载体就不存在视听资料证据。在这一点上，视听资料与书证十分接近。其次，视听资料具有高度的准确性和直观性，其在形成过程中一般不受录制人主观因素的影响而造成对案件事实的歪曲。只要录制对象正确、录制方法得当、录制设备正常，视听资料就能十分准确地记录案件事实。借助相应的技术设备，视听资料就能够直接再现一定的案件事实。最后，视听资料的收集和审查具有科学性。视听资料的形成需要借助录音机、录像机等设备，人们可以使用一定的设备来制作视听资料，也可以借助一定的设备对其进行伪造或篡改。因此，对其真实性的检测常常也要依赖相应的科学技术和设备，通过鉴定等方法得出结论。根据《民事诉讼法》第74条规定，“人民法院对视听资料，应当辨别真伪，并结合本案的其他证据，审查确定能否作为认定事实的根据”。从这一规定的内容可以看出，视听资料作为认定案件事实根据的条件十分严格，不仅需要人民法院辨别其真伪，还应当与其他证据相结合，才能发挥事实证明作用。这种表述与《民事诉讼法》第78条第1款规定的“人民法院对于当事人的陈述，应当结合本案的其他证据，审查确定能否作为认定事实的根据”，基本一致。这意味着立法者对于视听资料这种证据类型，持谨慎态度，将其与当事人的陈述同等对待，不能独立证明案件事实而只能与其他证据相结合时才能作为认定案件事实的根据。但在审判实践中，相比当事人的陈述这种以人为证据方法而形成的证据资料，视听资料的可信程度明显更高、更值得法官信任。在真实性（完整性）能够确认的情况下，视听资料往往能够更直观地反映客观事实的发生过程，这一点是当事人的陈述无法比拟的。为此，《民事诉讼法解释》对视听资料的审查判断未作限制性规定，2019年《民事诉讼证据规定》也只在第90条补强证据规则中规定“存有疑点的视听资料”不能单独作为认定案件事实的根据。

二、电子数据

《民事诉讼法解释》

第116条　视听资料包括录音资料和影像资料。

电子数据是指通过电子邮件、电子数据交换、网上聊天记录、博客、微博客、手机短信、电子签名、域名等形成或者存储在电子介质中的信息。

存储在电子介质中的录音资料和影像资料，适用电子数据的规定。

2019年《民事诉讼证据规定》

第14条　电子数据包括下列信息、电子文件：

（一）网页、博客、微博客等网络平台发布的信息；

（二）手机短信、电子邮件、即时通信、通讯群组等网络应用服务的通信信息；

（三）用户注册信息、身份认证信息、电子交易记录、通信记录、登录日志等信息；

（四）文档、图片、音频、视频、数字证书、计算机程序等电子文件；

（五）其他以数字化形式存储、处理、传输的能够证明案件事实的信息。

（一）电子数据的内涵

电子数据即电子证据，是2012年《民事诉讼法》修改新增加的证据类型。根据联合国国际贸易法委员会《电子商务示范法》第2条的规定：“‘数据电文’系指由电子手段、光学手段或类似手段生成、储存或传递的信息……”由此，作为证据类型的电子数据，可以归结为以电子、电磁、光学等形式或类似形式储存在计算机中的信息作为证明案件事实的证据，既包括计算机程序及其所处理的信息，也包括其他应用专门技术设备检测得到的信息资料。由于电子数据是以电子形式存储在电子介质之上的，与传统的证据形式相比，其在保存方式上需要借助一定的电子介质。电子数据在本质上是一种电子信息，可以实现精确复制，可以在虚拟空间里无限快速传播，在传播方式上与传统证据只能在物理空间传递存在明显的差异。电子数据是以电子计算机及其他电子设备为基础的证据，没有专门的电子设备主件，没有相应的播放、检索、显示设备，电子数据只能停留在电子存储介质之中，无法被人们感知。因此，电子数据在感知方式上必须借助电子设备，而且必须依赖于特定的系统软件环境，如果软件环境发生变化，存储在电子介质上的信息可能无法显示或者无法正确显示。此外，电子数据与传统证据形式相比更具有稳定性和安全性的特点，对于电子数据的修改、复制或者删除能够通过技术手段分析认定和识别。①

多数国家并未将电子数据规定为独立的证据形式，但无论英美法系还是大陆法系国家和地区，均允许电子介质存储的电子信息作为证据在诉讼中使用。只不过基于不同的法律传统和制度，对电子数据的处理方式不同。在英美法系国家，电子数据可以归属于文书证据的范畴，但在书证的最佳证据规则和传闻证据规则适用上，对电子数据进行特殊处理。例如，《美国联邦证据规则》第1001条规定，如果数据被储存在计算机或类似装置里面，则任何可用肉眼阅读的、表明其能准确反映数据的打印物或其他的输出物，均为原件。就传闻证据规则而言，由于电子数据是将

① 参见樊崇义主编：《诉讼法学研究》（第6卷），中国检察出版社2003年版，第107页。

数字编码转化为人们可以识别的形式，因此面临被传闻证据规则排除的危险。对此，英美法系国家和地区通过对传闻证据规则设置例外的方式来解决电子数据的问题。大陆法系国家和地区将电子数据一般归于书证或者准书证的范畴。例如，《法国民法典》第1316条第1款规定，以电子形式作成的文书与书面载体的文书一样被视为证据，前提是作成该文书的人能够正式地得以识别，该文书的制作与保管的条件应能保持其完整性，签字应与签名人相一致，并代表当事人对由该行为所产生义务的同意。在日本和我国台湾地区，电子数据均被按准书证对待。

相对于书证、物证等传统证据形式，“数据”形态是电子数据区别于其他证据的重要特征。物证、书证虽然发挥事实证明作用的方式不同，但都是存在于现实物理空间内、以人类可以直接感受的客观实在物来证明案件事实；电子数据则是存在于虚拟空间内，以人类无法直接感受的数据来证明案件事实，数据一定依附于一定的电子设备上(如计算机、网络、手机等)。电子数据并非以自然属性而是以其内容来发挥事实证明作用，这一点与物证明显不同而与书证相近似；除包括文档等能够以书面形式输出的证据外，电子数据还包括计算机程序等无法以书面形式呈现的证据，而即使能够以书面形式呈现的电子证据，其原始载体也是由计算机语言编写，这一点又与典型的书证不同。传统的视听资料以录音带、录像带为载体，其复制和修改容易通过鉴定方式识别，而存储在电子介质中的视听资料是具有电子数据的特征的电子证据，其复制修改不易甄别。电子数据的外延比书证、视听资料更为广泛。

在2012年《民事诉讼法》修改之前，电子数据在法律上如何定位存在争论。主流观点将电子数据作为视听资料对待，认为电子数据属于视听资料的一种形式。反对观点有将电子数据作为书证、物证、混合证据、独立证据等多种意见。鉴于电子证据在表现形式、真实性判断和证明力等认定上存在诸多不同于传统证据形式之处，其不宜归于任何一种传统证据类型，更不宜分解为任何其他证据形式之中，《民事诉讼法》将其作为独立的证据形式，有利于民事诉讼事实的查明，符合现代社会民事诉讼的要求。

视听资料和电子数据都是随着现代科学技术发展而出现的新的证据形式，都需要借助相应的设备进行存储和复制，其真实性的检验也经常依赖科学技术手段，二者具有高度相似性。特别是现代社会，信息技术普及，绝大多数录音、录像资料存储在电子介质之中。视听资料又与电子数据高度重合。正是基于视听资料与电子数据的相似性，以及对证据审查判断的方法和逻辑的一致性，《民事诉讼法解释》将二者一并规定在同一条文之中。鉴于电子数据是2012年《民事诉讼法》修改时新增加的证据形式，《民事诉讼法解释》第116条对电子数据的内涵作出规定。2019年《民事诉讼证据规定》在此基础上，对于电子数据的范围作出进一步解释，使电子数据的内涵更为清晰、完整；同时，对于审查判断电子数据时最为重要的真实性规则作出规定，为审判实践中这种新类型证据的认定提供指引。

对于电子数据这种新类型的证据而言，确定其内涵是准确适用相应规则、正确审查判断证据的基础，也是解决审判实践中争论的必要措施。《民事诉讼法解释》第116条采取列举加概括的方式对电子数据的内涵作出规定。这一规定参考了《刑事诉讼法解释》（法释〔2012〕21号）第93条的内容，该条对电子数据的范围界定为“电子邮件、电子数据交换、网上聊天记录、博客、微博客、手机短信、电子签名、域名等”。《民事诉讼法解释》的规定与《刑事诉讼法解释》列举的范围相同，不同的是对于没有列举的情形，规定了以“存储在电子介质中的信息”这一特征来进行判断。电子数据既包括计算机程序及其所处理的信息，也包括其他通过专门技术设备检测得到的信息。对于电子数据与视听资料交叉的情形，规定存储于电子介质中的录音资料和影像资料，属于电子数据的范畴，划定了两种证据类型的界限。

由于电子数据的表现形式非常复杂，且随着信息技术的发展，电子数据的形式也不断发生变化，《民事诉讼法解释》对电子数据内涵所作的原则性规定，无法满足审判实践适用中的便利性和可操作性的要求。民事诉讼中，随着当事人提交电子证据的情形越来越普遍，电子数据的识别和采信在实践中也越发容易产生争议。因此，2019年《民事诉讼证据规定》参考了2016年9月《最高人民法院、最高人民检察院、公安部关于办理刑事案件收集提取和审查判断电子数据若干问题的规定》等法律文件的内容，并征求了信息技术领域专业人士的意见，对于电子数据的范围作了重新梳理，以类型化的方式对电子数据进行列举，作为《民事诉讼法解释》第116条第2款的补充，对于列举的类型无法涵盖的新出现的电子数据，则可以通过兜底性条款和《民事诉讼法解释》第116条第2款中概括性的规定予以解决。

根据2019年《民事诉讼证据规定》第14条的规定，电子数据包括网络平台发布类信息、网络应用服务类通信信息、记录类信息、电子文件和其他以数字化形式存储、处理、传输的能够证明案件事实的信息。

1. 网络平台发布类信息

这类信息既包括2019年《民事诉讼证据规定》第14条中列举的网页、博客、微博客等网络平台上发布的信息，还包括抖音短视频、朋友圈、贴吧、论坛、网盘等发布的信息。网页是指存储在Web服务器上，通过网络进行传输，并被浏览器解析和显示的html文件，其经由网址（URL）识别和访问，是一种由图片、文字和超链接等多种元素组装的多媒体页面。博客、微博客是一种建立在Web2.0技术之上的互动社区，是用来进行社会互动的媒体，其特点是赋予每个人创造内容并加以传播的权利。该类信息多为网络平台或网络平台用户发布的信息，在信息网络侵权案件中，相当数量的案件是通过网络平台发布信息的方式实施侵权行为，因此，网络平台发布的信息也成为这类案件中证明侵权事实的关键证据。如方某子与崔某元名誉权侵权纠纷案中，在新浪微博上发布的信息，即属于此类情形。

2. 网络应用服务类通信信息

这类信息包括手机短信、电子邮件、即时通信、通信群组等网络应用服务的通信信息。手机短信即移动电话短消息，它是指用户之间基于移动网络，通过移动手机传播的文本、图片等信息。电子邮件简称“E-mail”（标志为@），是通过计算机编制而成并经网络传递、收发的信息文件。电子邮件具有经济、快捷的特点，是广泛使用的一种信息传递方式。电子邮件由邮件头和邮件正文两部分构成，邮件正文显示的是文本信息，邮件头中含发送时间、发送地 IP 地址、发送人、收信人、收信时间等信息，这些邮件头中所包含的信息对于鉴别邮件真伪具有重要作用。即时通信又称实时通信，是一种能在网上识别在线用户身份并与之实时交换消息的技术，国内常见的微信、QQ 等就是即时通信工具。即时通信数据如 QQ 聊天记录，微信聊天记录是审判实践中较为常见的电子数据类型。

3. 记录类信息

记录类信息包括用户注册信息、身份认证信息、电子交易记录、通信记录、登录日志等信息。身份认证信息，是指电子数据中以电子形式所含、所附用于识别签名人身份并表明签名人认可其中内容的信息。电子签名属于典型的身份认证信息。电子签名主要有三个作用：一是证明文件的来源，即识别签名人；二是表明签名人对文件内容的确认；三是构成签名人对文件内容正确性和完整性负责。日志是指系统所指定对象的某些操作和其操作结果按时间有序的集合。记录类信息通常存储于网络运营商、电信服务商处，具有较强的稳定性，能够借此认定虚拟用户的真实身份，在审判实践中具有十分重要意义。

4. 电子文件

这类信息包括各类电子文档、电子图片、音视频、数字证书、计算机程序等电子文件。电子文档是文字资料呈现的电子数据。图片、音频、视频是以数据形态呈现的声音、图像及视频。按照《计算机软件保护条例》的规定，计算机程序是指“为了得到某种结果而可以由计算机等具有信息处理能力的装置执行的代码化指令序列，或者可以被自动转换成代码化指令序列的符号化指令序列或者符号化语句序列”。如在著作权侵权纠纷中，当事人往往通过图片、音视频、计算机程序等电子数据证明侵权事实。

5. 兜底性条款

由于信息技术发展速度十分迅猛，电子数据的类型随着新兴技术的发展可能进一步扩展或变化原有形态，对于前述四类无法涵盖的电子数据形式，2019 年《民事诉讼证据规定》第 14 条设置了兜底性条款，规定其他数字化形式存储、处理、传输的能够证明案件事实的信息均属于电子数据范畴，作为《民事诉讼法解释》第 116 条第 2 款概括性规定的进一步解释，由人民法院在案件审理中根据当事人提供的电子数据的具体情况进行审查判断。

审判实践中，各种类型的电子数据经常相互配合使用，人民法院也经常需要通过多种电子数据类型相结合来认定案件事实。例如，当事人在交易过程中经常通过微信聊天记录、QQ 聊天记录等进行沟通联络，有些电子交易平台也有其专属的即时通信工具，如淘宝网的“旺旺”。这种网络应用服务的通信信息本身，并不能证明信息沟通的主体与案件当事人的关联性，仍然需要记录类信息如用户注册信息、身份认证信息等，以此来确认通信工具的账户归属于案件当事人，将通信信息中的虚拟身份与现实身份相对应。

（二）电子数据真实性的认定

2019 年《民事诉讼证据规定》

第 93 条　人民法院对于电子数据的真实性，应当结合下列因素综合判断：

（一）电子数据的生成、存储、传输所依赖的计算机系统的硬件、软件环境是否完整、可靠；

（二）电子数据的生成、存储、传输所依赖的计算机系统的硬件、软件环境是否处于正常运行状态，或者不处于正常运行状态时对电子数据的生成、存储、传输是否有影响；

（三）电子数据的生成、存储、传输所依赖的计算机系统的硬件、软件环境是否具备有效的防止出错的监测、核查手段；

（四）电子数据是否被完整地保存、传输、提取，保存、传输、提取的方法是否可靠；

（五）电子数据是否在正常的往来活动中形成和存储；

（六）保存、传输、提取电子数据的主体是否适当；

（七）影响电子数据完整性和可靠性的其他因素。

人民法院认为有必要的，可以通过鉴定或者勘验等方法，审查判断电子数据的真实性。

第94条　电子数据存在下列情形的，人民法院可以确认其真实性，但有足以反驳的相反证据的除外：

（一）由当事人提交或者保管的于己不利的电子数据；

（二）由记录和保存电子数据的中立第三方平台提供或者确认的；

（三）在正常业务活动中形成的；

（四）以档案管理方式保管的；

（五）以当事人约定的方式保存、传输、提取的。

电子数据的内容经公证机关公证的，人民法院应当确认其真实性，但有相反证据足以推翻的除外。

---

1. 电子数据的真实性规则

与传统证据形式相比，电子数据的审查判断在两个方面具有较强的特殊性。

其一，对电子数据原件的识别。诉讼中应当提交证据原件，是各国普遍适用的一项规则。与传统证据类型的证据原件一般能够直接证明案件事实不同，电子数据由于是存储于电子介质中的电子数据信息，其在证明案件事实时需要将数据编码转化为人们可以识别的形式，由此引发电子证据的原件如何识别的问题。对于这一问题，应当根据不同情况适用不同的判断标准。第一，在调查收集证据保全的场合，电子数据的原件应当指最初生成的电子数据信息，而人民法院调查收集保全的对象应当是首先固定数据的各种存储介质。如果某一电子数据首先固定于某块计算机硬盘上，则该硬盘上的电子数据就是原件；如果某一电子证据首先固定于磁带、软盘或光盘上，则该磁带、软盘、光盘上的电子数据就是原件。第二，在举证、质证和审核认定证据时，应当进行适当的变通。在诉讼过程中的举证、质证和认证环节，电子数据的原始载体本身对于案件事实的证明并无意义，发挥事实证明作用的是其转换形成的可识别形式，如果固守传统的原始证据或原件的概念，这种转换形式将被作为复制件对待，从而将相当数量的电子数据排除在案件事实证明资料之外，这势必削弱电子数据应有的功能。对此，联合国国际贸易法委员会在《电子商务示范法》中提出依照“功能等同法”，将具有最终完整性和可用性等功能的电子复本规定为原件，只要数据电文确实起到了在“功能上等同或基本等同”于书面原件的效果，便可视为一种合法有效的原件，就能满足证据法对原件的要求。《美国联邦证据规则》采取将符合特定标准的电子副本视为原件的做法，在第1001条规定，“如果数据被储存在计算机或类似装置里面，则任何可用肉眼阅读的、表明其能准确反映数据的打印物或其他的输出物，均为原件”。我国有学者在考察各国制度的基础上，提出，电子数据原件是指最初生成的电子数据及其首先固定所在的各种存储介质，也包括如下电子复本：（1）准确反映原始数据内容的输出物或显示物；（2）具有最终完整性和可供随时调取查用的电子复本；（3）双方当事人均未提出原始性异议的电子复本；（4）经过公证机关有效公证、不利方当事人提供不出反证推翻的电子复本；（5）附加了可靠电子签名或其他安全程序保障的电子复本；（6）满足法律另行规定或当事人专门约定的其他标准的电子复本。①

其二，对电子数据完整性的认定。完整性是考察电子数据证明力的一个特殊指标，也是识别电子数据真实性的基础。电子数据的完整性包括两层意义，即电子证据本身

---

① 参见刘品新：《论电子证据的原件理论》，载《法律科学（西北政法大学学报）》2009年第5期。

的完整性和电子数据所依赖的计算机系统的完整性。[①] 电子数据本身的完整性是构成电子数据原件的一个要素，涉及形式上的完整性和内容上的完整性。形式上的完整性是指电子数据必须保持生成之时的原状，包括格式调整在内的任何更改都将视为完整性受到损害。而电子数据内容上的完整性是指电子数据自形成之时起，其内容保持完整、未遭到非必要的添加或删除。非必要的添加或删除是指对电子数据进行了关键性的更改，但对在电子文件进行格式调整、加入页眉、页脚、注明来源、形成过程和取得日期等非关键性的更改，并不影响电子数据的完整性。[②] 计算机系统的完整性有三层含义：一是记录电子数据的系统必须处于正常的运行状态，如果系统曾处于不正常状态，则对数据的完整性构成了影响；二是数据记录必须在业务活动的当时或即后制作，而专为某项目的如诉讼而制作的电子记录无法确保其完整性；三是在正常运行状态下，系统对业务活动必须有完整的记录，完整的记录是指数据电文信息、附属信息和系统环境信息要统一。[③] 无论对电子数据本身完整性还是对计算机系统完整性的认定，往往依赖

① 参见何家弘主编：《电子证据法研究》，法律出版社 2002 年版，第 151 页。

② 参见聂铄：《电子证据在民事诉讼中的运用》，载《武汉大学学报（哲学社会科学版）》2006 年第 4 期。

③ 参见何家弘主编：《电子证据法研究》，法律出版社 2002 年版，第 152 页。

专业知识和经验，因此在电子数据完整性的判断上，并非法官能够独立完成，而需要借助鉴定等证据方法的辅助。

2019年《民事诉讼证据规定》第93条以电子数据的完整性为核心，规定了检验电子数据真实性的标准。电子数据的真实性包括电子数据载体的真实性、电子数据本身的真实性和电子数据内容的真实性。而真实性的判断，均离不开电子数据本身完整性和电子证据所依赖的计算机系统完整性的考察。电子数据载体的真实性，是指存储电子数据的媒介、设备在诉讼过程中保持原始性、同一性、完整性，不存在被伪造、变造、替换、破坏等问题。电子数据本身的真实性，是指电子数据是否真实，是否与原始数据保持一致，是否存在被修改、删除、增加等问题。电子数据内容的真实性，是指电子数据所包含的信息与案件中其他证据所包含的信息能够相互印证，从而准确反映案件事实的真实情况。

根据2019年《民事诉讼证据规定》第93条的规定，电子数据的真实性应当结合下列因素进行综合判断。

其一，电子数据的生成、存储、传输所依赖的计算机系统硬件、软件环境是否完整、可靠。由于电子数据是计算机系统硬件和软件的产物，其生成、存储、传输均依赖计算机系统，因此电子数据的真实性很大程度取决于计算机系统的完整可靠性。如果计算机系统的硬件或软件系统的性能与运行状况不可靠，那它产生的证据就不可能真实；

如果传输过程中计算机系统环境不可靠，就可能对电子数据进行修改或者增删，最终得到的电子数据也不可能真实完整。因此，如果电子数据所依赖的计算机系统的硬件、软件环境存在篡改、故障等不可靠因素时，不能认定电子数据具有真实性。

其二，电子数据的生成、存储、传输所依赖的计算机系统的硬件、软件环境是否处于正常运行状态，或者虽不处于正常运行状态但对电子数据的生成、存储、传输是否有影响。即使计算机系统出现故障，也未必使计算机完全无法操作，此种情况下仍应审查特定故障是否影响电子数据的完整性、可靠性。如 1998 年《加拿大统一电子证据法》第 5 条第 1 款规定，“在任何法律程序中，如果没有相反的证据，满足以下条件，即可推定记录或存储电子证据的那一电子记录系统具有完整性，一是该计算机系统或其他类似设备在所有关键时刻均处于正常运行状态，或者即便不处于正常运行状态，但其不正常运行的事实并不影响电子记录的完整性，且没有其他合理理由对该电子记录系统的完整性产生怀疑”。从我国审判实践出发，参考其他国家的立法例，生成、存储、传输所依赖的计算机系统处于正常运行状态或者非实质异常状态，是认定电子数据具有真实性的考虑因素之一。

其三，电子数据的生成、存储、传输所依赖的计算机系统的硬件、软件环境是否具备有效地防止出错的监测、核查手段。计算机系统是否具有有效地防止出错的监测和核查手段，可以从另一个角度证明计算机系统是否处于正常运行状态，或者虽处于不正常运行状态但对电子数据的生成、存储、传输没有影响。计算机在网络环境中，经常受到病毒侵袭，或者可能受到磁场干扰，未经授权的人也可能侵入计算机。计算机系统应当具有能够防止未经授权的人进入计算机系统、实施安全命令控制、进行系统备份和恢复、自动进行数据准确性检测等功能。而计算机系统不存在防止出错的监测、核查手段，难以保证系统始终处于正常运行状态，亦难以保证生成、存储、传输的电子数据未发生改变。

其四，电子数据是否被完整地保存、传输、提取，保存、传输、提取的方法是否可靠。电子数据是否完整地保存、传输和提取以及相关方法是否可靠，是考察其真实性的重要考量因素。电子数据在保存、传输、提取过程中可能被篡改，可以审查电子数据的访问操作日志了解电子数据是否存在被增加、删除或者修改的情况，或者通过审查电子数据的完整校验值或者通过比对备份电子数据方式，查验电子数据的完整性与客观真实性。另外，还可以审查电子数据在传递的过程中是否采取加密措施，是否可能被截获；审查提取电子数据采取的备份、打印输出方法是否可靠，以便确定电子数据的完整性是否遭到破坏。

其五，电子数据是否在正常的往来活动中形成和存储。

大数据时代，发送短信、微信、电子邮件，网上购物，发布、浏览微博信息，网上汇款等都会产生、存储、传输信息，大数据能够记录这些民事活动的完整过程。这些电子数据并非孤立产生，其依附于人们正常的往来活动，具有很强的真实性。当事人在民事诉讼中提供的电子数据，应当与正常的往来活动相对应，如果电子数据不属于当事人之间正常的往来活动中形成和存储，则该电子数据的真实性通常需要当事人进一步证明。

其六，保存、传输、提取电子数据的主体是否适当。电子数据的保存、传输、提取主体应保持公正、独立，没有利害关系，经过授权，并符合技术性要求，以确保其所提取、保存、传输的电子数据的证明力。未经授权的人对设备进行指令操作，可能会对电子数据造成不可修复的破坏。有些当事人提供电子数据，仅出示有利于自己的内容，而删除对自己不利的内容。因此如果当事人提交自己保存的易于编辑的电子数据证明其主张的案件事实，通常应有其他证据予以佐证。相对而言，具有中立地位的主体保存的电子数据更为可信，更能够保证数据的完整性和可靠性。

其七，影响电子数据完整性和可靠性的其他因素。鉴于审判实践的复杂性，可能存在上述六种情形无法涵盖的影响电子数据完整性和可靠性的其他因素，司法解释设置了兜底性条款，由审理案件的法官根据案件具体情况进行判断。

电子数据的真实性审查经常涉及信息技术的专业知识和经验，审判实践中如果出现超出一般经验法则的情形，导致法官无法进行判断时，可以通过行使释明权促使当事人提出鉴定申请，或者在符合《民事诉讼法解释》第 96 条的情况下依职权委托鉴定，结合鉴定意见认定电子数据的真实性。在涉及电子数据的硬件系统或者软件环境运行状态的审查时，人民法院可以通过邀请专业技术人员如鉴定人参与勘验的方式，结合就勘验结果形成的笔录对电子数据的真实性进行认定。

2. 电子数据真实性的推定

推定是根据思维法则、经验法则、自然法则以及证明标准来认定事实。推定的基础是事物之间的常态联系，即当出现一定现象时，另一现象会出现，除非受到例外条件或者因素的制约。民事诉讼中的推定，是借助于某一既存事实，据以推出另一相关事实存在的假设。这种推定不仅遵循普通逻辑规则，还应受特定法律规则约束。推定有助于免除一方当事人在行为意义上的证明责任，使相对方不得不通过反证的方式避免不利诉讼后果，从而节省当事人和法院收集证据和审核证据的时间和成本。如果有证据证明推定的结果不正确，则该推定可以被推翻。

推定是解决待证事实无法直接证明的技术性手段。当直接认定电子数据的真实性难度过大时，可以采取推定的方式来认定电子数据的真实性。根据审判实践中电子数据认定的常见情形，结合电子数据真实性的判断方式，2019年《民事诉讼证据规定》第94条规定了推定电子数据真实性的五种情形。

第一，由当事人提交或者保管的于己不利的电子数据。民事审判实践经验表明，出于趋利避害的考虑，当事人通常会隐匿对自己不利的证据。当事人将不利的电子数据提交法庭或者予以保管，既意味着当事人认可其提交或保管电子数据的真实性，也意味着这种证据的真实性程度更为可信。人民法院基于一般经验法则可以推定当事人自己提交或保管于己不利的电子数据的真实性。

第二，由记录和保存电子数据的中立第三方平台提供或者确认的电子数据。记录和保存电子数据的中立第三方平台，如网络购物中的淘宝、京东等第三方平台，或者专门的数据存储平台、存证平台，收发电子邮件的服务提供商，电子支付的银行系统，这些网络平台或系统运营商由于与案涉当事人无利害关系，或者其本身即电子数据保管的第三方服务提供者，其所记录和保存的电子数据相对而言更具有可靠性与中立性，由其提供的电子数据可以推定具有真实性。

第三，在正常业务活动中形成的电子数据。电子数据并非纠纷发生之后形成，而是在正常业务活动中由无利害关系人员或系统自然形成的，其可靠程度相对较高，依一般经验法则可以推定其真实性。1998年《加拿大统一电子证据法》第 8 条规定，“如果能够证明电子记录的记录和存储是企业通常和日常生活过程中由非诉讼的当事人进行的，且不是在试图引用该记录作为证据的当事人的控制下进行的，在缺少相反证据的情况下，记录或存储电子记录的系统的完整性即可以证明”。比较典型的是在日常业务活动当中按照行业惯例、业务习惯形成的电子数据，如银行综合核算系统产生的流水账表、交易明细等每日交易记录；交通管理部门在交通道口安装的检测器录制的违章记录；电子商务企业在日常运营中制作的电子账簿、电子发票；等等。

第四，以档案管理方式保管的电子数据。档案是国家机构、社会组织和个人在社会活动中形成的，保存备查文字、图像、声音及其他各种形式的原始记录。以档案方式保管的电子数据，通常具有完整性、可靠性。电子档案管理的电子数据会严格遵循档案管理的法律法规和规范标准，从电子数据的收集、整理、鉴定、复制、调阅等各个环节均有章可循，有必要的备份保证信息，具有可还原可验证性。因此，以档案方式保管的电子数据可靠性高，一般可以推定其真实性。

第五，以当事人约定的方式保存、传输、提取的电子数据。当事人对电子数据的提取、保存、传输方式有约定的，按照约定方式所提取保存和传输的电子数据，即推定为真实。例如，当事人约定保存在双方或者第三方计算机中的电子数据系证据原件，具有真实性，或者按照一定程序、一定技术标准保存、传输的电子数据具有真实性。人民法院在审查电子数据的生成、存储符合当事人约定的基础上，可以推定电子数据为真实。

此外，由于公证机关具有中立性，且法律对公证证据赋予较高证明力，公证在实践中是收集和保全电子数据的有效途径。《民事诉讼法》第 72 条规定，经过法定程序公证证明的法律事实和文书，人民法院应当作为认定事实的根据，但有相反证据足以推翻公证证明的除外。2019 年《民事诉讼证据规定》第 10 条也规定，对于已为有效公证文书所证明的事实，当事人无须举证证明，但有相反证据足以推翻的除外。基于上述规定，2019 年《民事诉讼证据规定》第 94 条规定，电子数据内容经公证机关公证后，在无相反证据推翻的情况下，人民法院应当认定电子数据具有真实性。所需强调的是，对于公证的电子数据，应当结合公证内容进行审查，只有电子数据的内容经过公证机关公证证明的，人民法院才能认定电子数据的真实性。公证机关仅就电子数据提取过程进行公证的，不能据此得出电子数据内容真实性的结论。

第五章　证据评价

第一节　自由心证主义与证据裁判原则

《民事诉讼法解释》

第105条　人民法院应当按照法定程序，全面、客观地审核证据，依照法律规定，运用逻辑推理和日常生活经验法则，对证据有无证明力和证明力大小进行判断，并公开判断的理由和结果。

2019年《民事诉讼证据规定》

第85条　人民法院应当以证据能够证明的案件事实为根据依法作出裁判。

审判人员应当依照法定程序，全面、客观地审核证据，依据法律的规定，遵循法官职业道德，运用逻辑推理和日常生活经验，对证据有无证明力和证明力大小独立进行判断，并公开判断的理由和结果。

第97条 人民法院应当在裁判文书中阐明证据是否采纳的理由。

对当事人无争议的证据，是否采纳的理由可以不在裁判文书中表述。

一、自由心证主义

自由心证是“法官在认定案件事实的过程中，对于证据方法（证据资格、证据适格）、证据资料以及事实推定等事项，法律一般不作规定，而是交由法官依照经验法则予以判断的原则”①。“系指对于何一证据方法得为法院所利用，某一证据调查结果得被评价为具有多少证据价值，系交由法院自由评价决定，而原则上不以法律规定之，亦即法院在认定成为判决基础之事实时，依据该事件审理中所呈现之一切资料，原则上委由法官自由判断其证据利用与否及证据价值高低，并形成一定之心证。”② 自由心证主义是与法定证据主义相对而言的，是对法定证据主义的否

① 张卫平：《自由心证原则的再认识：制约与保障——以民事诉讼的事实认定为中心》，载《政法论丛》2017年第4期。

② 姜世明：《证据评价论》，厦门大学出版社2017年版，第2页。

定。法定证据主义是对证据的证据能力、证明力有无、大小以及如何审查判断证据，预先以法律进行规定，法官在案件审理中不能对证据进行自由评判和取舍，不允许法官在法律之外进行自由裁量，即对于证据能力以及法院证据调查后有关证明力的评价，均由法律进行规定，而非交由法官决定。在证据制度发展的历史上，法定证据制度是对神示证据制度的否定，其强调根据证据认定事实，对于防止法官恣意专断，推动理性裁判具有积极意义。但法定证据制度仅“根据证据的外部特征就用一些带有偶然性、随意性、暂时性的证据经验来评判证据，必然会导致机械性地认定案件事实，背离对客观真实的发现”①。法定证据制度的僵化无法适应现代社会诉讼制度的要求，不符合诉讼中事实认定的规律，也极易产生法官对事实的认定结果与其内心确信不符的悖论。因此，现代各国大多以自由心证作为诉讼中事实认定的基本原则。所不同的是，英美法传统上事实审理者为非专业的陪审团，需要通过证据规则中有关证据能力的规定，对陪审员进行指导和约束，事实审理者自由心证的范围主要限于证据的证明力；而大陆法系国家和地区由专业法官认定案件事实，因此，自由心证的范围既包括证据的证据能力，也包括证据的证明力。

早期的自由心证强调法官的自由判断，法官无须说明

---

① 张永泉：《民事诉讼证据原理研究》，厦门大学出版社 2005 年版，第 22 页。

心证的理由，斟酌全部辩论意旨及调查证据的结果，依凭良知和理性进行自由判断从而形成内心确信。这种传统自由心证随着时代发展逐渐被现代自由心证所取代。根据现代自由心证主义的逻辑，自由心证并非允许法官恣意判断，与传统自由心证注重主观方面的证据评价标准不同，现代自由心证更加注重自由心证的客观基础。这些客观基础既包括作为自由心证运用前提的现代法官制度的建立，也包括心证形成过程中的辩论主义、处分原则、直接言词原则等程序规则的遵守，以及心证形成后的判决理由公开和救济制度。

长期以来，我国理论界出于对自由心证的误解以及对审判者主观臆断的警惕，对于自由心证较为排斥。在 2001 年《民事诉讼证据规定》起草过程中，对于是否规定自由心证原则，进行了认真研究和讨论。自由心证作为世界各国所普遍认同的事实认定原则，本身与实事求是原则并不矛盾。事实上，自由心证原则是实事求是原则在诉讼中的具体化。人民法院对于复杂的案件事实，只有根据案件具体情况进行判断，才能符合实事求是的要求，而这种判断受程序规则、法官职业伦理等外部、内部规则的制约，能够防止法官在事实认定上的主观恣意，保障自由心证原则的合理运行。因此，2001 年《民事诉讼证据规定》第 64 条规定，“审判人员应当依照法定程序，全面、客观地审核证据，依据法律的规定，遵循法官职业道德，运用逻辑推理和日常生活经验，对证据有无证明力和证明力大小独立进行判断，并公开判断的理由和结果”，第一次将自由心证原则的基本内涵明确写入法律文件。《民事诉讼法解释》第105条对2001年《民事诉讼证据规定》第64条进行了文字修改，将“审判人员”修改为“人民法院”，删除了“遵循法官职业道德”的表述，保留了该条基本内容。2019年《民事诉讼证据规定》起草过程中，鉴于2001年《民事诉讼证据规定》第64条的表述更为全面、准确，故予以原文保留。

根据2019年《民事诉讼证据规定》第85条第2款的规定，我国自由心证原则的规定，可以作如下理解：其一，自由心证的主体为法官。从2001年《民事诉讼证据规定》第64条，经《民事诉讼法解释》第105条，到2019年《民事诉讼证据规定》第85条，对自由心证主体的规定经历了“审判人员—人民法院—审判人员”的变化过程。事实上，作为案件事实的审理者，人民法院和审判人员是同一含义，人民法院作为认定案件事实的主体，审理案件的司法活动是由独任制法官或者合议制中组成合议庭的法官或陪审员来实现。之所以采用审判人员的表述，在于强调法官的主体地位和作用。相比较而言，审判人员的表述更为准确。其二，自由心证须遵循程序规则和制度。即审判人员在认定案件事实过程中，应当遵守《民事诉讼法》所规定的原则和程序。这种自由心证过程中必须遵守的法定程序，既包括民事诉讼辩论主义原则、直接原则、言词原则、公开审理原则、诚信原则等基本原则，也包括回避等具体的制度。法定程序的遵守，是自由心证正当性的基础，也是对法官必要的制约。其三，自由心证的内容须对案件事实和证据进行整体评价。所谓全面、客观地审核证据，即就全部辩论意旨和证据调查结果进行统一考虑，对所有证据之间的关系作统一斟酌，而不能割裂证据之间的联系，片面执着于某一方面的证据，更不能对某些证据或者事实先入为主，存有偏见。其四，自由心证的过程中同样需要遵守实体法的规定。在自由心证过程中，实体法规范中的权利或者法律关系构成要件的规定，决定了举证责任分配的内容；而证明标准、法律推定等规范也经常规定在实体法之中。自由心证同样需要受到实体法律规范的制约。其五，自由心证不能违反法官的职业伦理，应当恪守中立立场，平等保护当事人的权利，勤勉尽责，秉持司法良知和理性。其六，自由心证以经验法则和逻辑推理为主要方法。"经验法则亦可称为经验定律，通常系指从人类日常生活经验所归纳而成的一切知识或法则；具体言之，系包含依科学方法观察验证自然现象而予以归纳之自然定律、支配人的思考作用之逻辑或论理法则、数学上原理、社会生活上义理惯例、交易上习惯，以及其他有关学术、艺术、工商业、语言等生活活动之一切定则"。① 经验法则并非事实本身，而是人们对事实状态的一种经验性认识。由于经验法则是归纳出来的认识，能够反映事物之间联系的高度盖

① 姜世明：《证据评价论》，厦门大学出版社 2017 年版，第 11 页。

然性。“法官也只有借助经验法则才能了解当事人主张的趣旨，合理地评价证据的证明力，进而作出合理的事实认定”。[①] 经验法则既是法官自由心证的方法，本身也是对自由心证的制约。自由心证违反经验法则的，事实认定结果可能构成程序违法而被撤销。逻辑推理也被称为论理法则，是指以理论认识之方法即逻辑分析方法评价证据、认定事实，在法院判断事实真伪时，不得违反逻辑上推论之论理法则准则[②]。在自由心证的证据评价环节，逻辑法则为证据关联性、直接证据与间接证据的区分、证明对象推论关系的解释提供合理依据及具体的逻辑方法；在案件事实认定的过程中，逻辑法则尤其是证据规则的逻辑化为法官自由裁量权行使及事实推论提供逻辑前提。[③] 逻辑推理是事实审理者在认定事实时必须遵守的法则，是解释自由心证的方法，也对法官的自由心证起到制约作用。违背逻辑推理的事实认定结果，也会在救济程序如二审中被变更或者撤销。其七，自由心证的内容为证明力的有无及大小。与大陆法系国家和地区不同，我国的自由心证原则并不包括证据能力，即证据能力（资格）并不属于自由心证的范

---

① 陈荣宗、林庆苗：《民事诉讼法》，我国台湾地区三民书局股份有限公司 2005 年版，第 375 页。

② 参见姜世明：《民事诉讼法》（下册），我国台湾地区新学林出版股份有限公司 2013 年版，第 49 页。

③ 参见陈贤贵：《论民事诉讼中自由心证的客观化制约》，载《法律科学（西北政学大学学报）》2020 年第 4 期。

畴。这一点，与英美法系的情况具有相似性。民事诉讼中证据的能力，由法律、司法解释作出排除性规定，如非法证据应当排除，是《民事诉讼法解释》第106条的明确规定，但如何认定非法证据属于法官自由裁量的范畴。一项证据是否属于非法证据，需要法官结合证据形成、取得的情况并平衡各种利益和价值作出判断，这一过程本身也可以归属于自由心证的范畴。其八，自由心证须公开。心证公开，是自由心证的应有之义。这种公开包括自由心证的结果及自由心证的理由。心证公开是通过人民法院在裁判文书中对证据是否采纳的理由、对事实进行认定的逻辑过程的阐述来实现的。裁判文书对于事实认定的说理，是人民法院自由心证过程和结果的全面反映。心证公开有利于对事实审理者形成有效制约，防止法官心证恣意武断。2019年《民事诉讼证据规定》第97条承继了2001年《民事诉讼证据规定》第79条的原文，规定人民法院是否采纳证据的理由应当在裁判文书中阐明，是对《民事诉讼法解释》第105条和2019年《民事诉讼证据规定》第85条“公开判断的理由和结果”的呼应，明确了心证公开的方式和要求。

自由心证主义虽然是在否定法定证据主义的基础上形成发展和完善起来的，但在自由心证原则下，也存在法定证据规则，这些规则本身也是对自由心证的制约和限制。例如，对于当事人之间存在仲裁约定的事实，需要以书面协议来证明；大陆法系国家和地区票据诉讼适用书面原则，证人证言等证据方法没有证据资格；等等。此外，民事审判实践中，当事人之间就证据形式（方法）、举证责任分配等问题订立的诉讼契约，只要不违反法律规定，对于法官的自由心证也具有约束力，当事人约定的内容不属于法官自由心证范畴。

二、证据裁判原则

证据裁判原则也称证据裁判主义，是指事实审理者对于事实的认定和判断，应当以证据为依据，即司法裁判应当建立在证据的基础之上。证据裁判原则在现代诉讼制度之下，包含三方面含义：其一，对于事实问题的裁判应当建立在证据基础之上，没有证据不能认定事实；其二，裁判所依据的必须是有证据资格的证据；其三，证据裁判原则是对裁判者的要求，裁判所依据的证据必须是经过法庭调查的证据，裁判者对于证据的认识必须以法庭为时空条件，以证据调查为其认识方式。① 自由心证主义对证据裁判原则起到重要的促进和提升作用。在法定证据制度时期，虽然证据对于事实查明具有重要作用，但法定证据制度之下的证据裁判方式对案件事实的查明只体现为形式真实，并非真正的证据裁判原则。只有在自由心证主义之下，基于事实审理者的良知和理性形成内心确信的实质真实，才

① 参见张永泉：《民事诉讼证据原理研究》，厦门大学出版社 2005 年版，第 27~30 页。

真正构建起证据裁判原则的基础。而证据裁判原则要求法官认定事实必须依据经过法定正式的证据调查程序后具有证据能力的证据，把没有证据能力的证据排除在判断对象之外，间接地保证自由心证的合理性，① 对于自由心证也是重要的保障和制约。

证据裁判原则在刑事诉讼中的要求和民事诉讼中的要求有所不同。在刑事诉讼中，基于对刑罚适用的慎重以及保障无辜的人免受刑事追究的考虑，对于证据裁判原则的要求比较高，特别是对于犯罪构成要件的事实，要求法院必须依据证据作出认定。这一点无论是大陆法系还是英美法系国家和地区，并无本质不同。而在民事诉讼中，法院对于事实的认定不仅依赖证据，还可以依据诸如自认规则、推定规则、妨害证明规则、失权规则等其他的方法，以及在辩论程序中存在的其他证据资料信息，即综合全部辩论意旨。因此，对于证据裁判原则的要求，远不如刑事诉讼严格。

2001 年《民事诉讼证据规定》第 63 条规定："人民法院应当以证据能够证明的案件事实为依据依法作出裁判。"这是典型的证据裁判原则的表述，体现了司法解释制定者确立证据裁判原则的明确意图。之所以规定证据裁判原则，理由在于 2001 年《民事诉讼证据规定》制定时，我国民事诉讼秩序比较混乱，由于缺乏系统明确的证据规则，各

---

① 参见张永泉：《民事诉讼证据原理研究》，厦门大学出版社 2005 年版，第 24 页。

地各级人民法院对事实的认定不注重证据，对证据的审查判断中各行其是甚至随意擅断的情形比较普遍，严重影响了当事人权利的保护和人民法院的司法公信力。对证据裁判原则的规定，是从事实认定的基本原则角度对人民法院裁判提出的要求。2001 年《民事诉讼证据规定》实施 18 年后，尽管审判实践中的情况已经大为改观，但这一规定仍然具有很强的现实意义。因此，2019 年《民事诉讼证据规定》第 85 条将 2001 年《民事诉讼证据规定》中的“依据”改为“根据”后，承继了 2001 年《民事诉讼证据规定》第 63 条的内容。

第二节　质证与审核认定证据的方法

《民事诉讼法解释》

第 103 条　证据应当在法庭上出示，由当事人互相质证。未经当事人质证的证据，不得作为认定案件事实的根据。

当事人在审理前的准备阶段认可的证据，经审判人员在庭审中说明后，视为质证过的证据。

涉及国家秘密、商业秘密、个人隐私或者法律规定应当保密的证据，不得公开质证。

第 104 条　人民法院应当组织当事人围绕证据的真实性、合法性以及与待证事实的关联性进行质证，并针对证据有无证明力和证明力大小进行说明和辩论。

能够反映案件真实情况、与待证事实相关联、来源和形式符合法律规定的证据，应当作为认定案件事实的根据。

2019年《民事诉讼证据规定》

第60条 当事人在审理前的准备阶段或者人民法院调查、询问过程中发表过质证意见的证据，视为质证过的证据。

当事人要求以书面方式发表质证意见，人民法院在听取对方当事人意见后认为有必要的，可以准许。人民法院应当及时将书面质证意见送交对方当事人。

第61条 对书证、物证、视听资料进行质证时，当事人应当出示证据的原件或者原物。但有下列情形之一的除外：

（一）出示原件或者原物确有困难并经人民法院准许出示复制件或者复制品的；

（二）原件或者原物已不存在，但有证据证明复制件、复制品与原件或者原物一致的。

第62条 质证一般按下列顺序进行：

（一）原告出示证据，被告、第三人与原告进行质证；

（二）被告出示证据，原告、第三人与被告进行质证；

（三）第三人出示证据，原告、被告与第三人进行质证。

人民法院根据当事人申请调查收集的证据，审判人员对调查收集证据的情况进行说明后，由提出申请的当事人与对方当事人、第三人进行质证。

人民法院依职权调查收集的证据，由审判人员对调查收集证据的情况进行说明后，听取当事人的意见。

一、质证

质证是在法庭审理过程中，在人民法院的主持之下，双方当事人对业已呈现在法庭的证据通过说明、解释、质疑、辩驳等方式揭示其内容，以影响法官对证据审核认定的心证过程的诉讼活动。质证是人民法院认定证据的必要前提，也是当事人重要的诉讼权利。根据《民事诉讼法》第71条的规定，“证据应当在法庭上出示，并由当事人互相质证”。双方当事人通过对证据充分发表意见，能够比较全面呈现证据的形式、内容、与待证事实的关联程度等情况，有利于人民法院在此基础上对证据进行全面准确的判断，从而保证人民法院认定事实的公正性和准确性。在这个意义上，质证是人民法院兼听则明的制度性保障。同时，质证的过程是当事人之间开展攻击防御的重要场合，围绕证据发表意见、进行辩论是双方当事人进行诉讼对抗的重要方式，也是当事人基本诉讼权利。由于人民法院对证据的认定结果直接影响当事人诉讼活动的结果，影响当事人在诉讼中的风险和责任的承担，因此，质证是在程序上为当事人所提供的按照自己的意愿充分展开攻击防御活动的机会和保障。因此，质证是证据的收集提供与采信之间的枢纽和桥梁，在证据制度中具有十分重要的意义。有鉴于此，《民事审判方式改革规定》第12条规定，未经庭审质证的证据，不能作为定案的根据。2001年《民事诉讼证据规定》第47条第1款后段中“未经质证的证据，不能作为认定案件事实的依据”，以及《民事诉讼法解释》第103条第1款所规定的“未经当事人质证的证据，不得作为认定案件事实的根据”，是对《民事审判方式改革规定》第12条规定的承继。

2001年《民事诉讼证据规定》将质证作为独立部分进行规定，充分体现了对质证问题的重视。这些内容分别被《民事诉讼法解释》和2019年《民事诉讼证据规定》在修改、完善后所承继沿袭。

（一）质证的主体

质证是当事人的诉讼权利，因此，当事人以及作为广义当事人的第三人属于质证的主体范围。有争议的是，人民法院组织质证活动，是否应当作为质证的主体？证人在质证过程中可以与其他证人进行对质，鉴定人在法庭审理中可以询问证人、当事人，接受当事人的询问，是否也是质证的主体？

在人民法院能否作为质证主体问题上，持肯定观点的理由为，人民法院作为证据的认定者，有责任保证质证的正确性和有效性，对于质证偏差造成的错案应当承担相应的法律责任。① 而人民法院在法庭上就证据的形式、内容对当事人和证人、鉴定人等通过发问等方式的互动，也符合质证活动的外在特征。司法解释并未采纳这种观点，自1991年《民事诉讼法》开始，法律、司法解释始终将质证的主体确定为当事人，理由在于：其一，自1991年《民事诉讼法》以来，有关质证的法律规定始终明确规定了质证是在当事人之间展开，即“由当事人互相质证”，这意味着当事人才是质证的主体。这一点在立法上是明确的。其二，人民法院是事实审理者，也是质证活动的组织者和主持者，其介入当事人之间质证活动，是其对证据进行审查判断以及诉讼指挥权行使的方式，与当事人围绕证据进行解释、说明、质疑、辩驳等行为存在本质不同。人民法院围绕证据进行询问的目的，在于对质证过程质量和效率的管理，以避免当事人基于能力、经验不足而未能充分质证进而影响事实查明效果。在这一过程中，人民法院始终保持中立的立场，并不实质性介入当事人之间的对抗，更不存在与当事人之间进行争辩、反驳等问题。审判实践中，尽管有时有的审判人员在组织质证过程中对当事人、证人询问时采取直接驳斥的口吻，或者就证据的证明力等问题与当事人发生争执，但这种有违法官中立的基本职业要求的行为并非民事诉讼中的正常现象，不能以此得出人民法

① 参见冯慧：《质证若干问题研究》，载《研究生法学》2001年第4期。

院为质证主体的结论。其三，对于人民法院调查收集的证据，有观点认为，“如果负责收集调查证据的法官不是该案合议庭组成人员或独任审判员，则他可以成为质证主体”①。这种观点并不妥当。负责调查收集证据的法官即使不是审判组织成员，其行为仍然是审判组织行为的延伸，将实施证据调查收集的人民法院工作人员作为质证主体与人民法院调查收集证据行为的性质及《民事诉讼法》的规定不符，也不符合质证的实质特征。事实上，在2001年《民事诉讼证据规定》起草过程中，即存在人民法院调查收集的证据是否由人民法院与当事人进行质证的争论。司法解释对此态度十分明确：即使证据系人民法院调查收集而呈现在法庭之上，质证仍然在当事人之间展开，人民法院只是对调查收集证据的情况进行说明，不介入当事人之间质证的实质性过程。对于人民法院根据当事人申请调查收集的证据，作为提出申请的一方当事人的证据，由申请人于对方当事人、第三人进行质证；对于人民法院依职权调查收集的证据，由当事人、第三人围绕证据发表意见，但在发表意见的过程中，并不排斥当事人之间、当事人与第三人之间进行质疑、辩驳，其实质上仍然是当事人之间进行质证。

至于鉴定人、证人等诉讼参与人，也不能作为质证的主体。鉴定人既是法官的辅助人，也是一种证据方法，在

① 冯慧：《质证若干问题探究》，载《研究生法学》2001年第4期。

对鉴定意见质证过程中，鉴定人的作用是对鉴定意见进行解释、说明，回答法官或者当事人的询问，并不参与当事人之间的对抗。而鉴定人对证人、当事人的询问，是其获取鉴定所需信息的一种方式，询问只是鉴定活动的组成部分，与质证无关。证人在接受询问时陈述证言、与其他证人对质，只是起到展现证据内容的作用，证人是质证对象的提供者，而非质证的主体。鉴定人、证人等诉讼参与人在法庭上的陈述，只是质证过程中的一个环节，其在质证过程中并不具有诉讼上的利益也不承受案件事实认定结果的诉讼风险。就《民事诉讼法》第 82 条所规定的“有专门知识的人”即专家辅助人而言，由于其地位为当事人的辅助人，附属于当事人，其参与质证的行为应当理解为当事人行为的延伸和组成部分，故专家辅助人也非独立的质证主体。

（二）质证的场合和方式

根据《民事诉讼法》第 71 条的规定，“证据应当在法庭上出示，并由当事人互相质证”。这意味着，质证应当在开庭审理之中进行，这也是质证活动所应遵循的基本原则。质证的功能不仅在于为人民法院审核认定证据提供必要的场合和条件，也在于保障当事人以证据为武器进行攻击防御的诉讼权利，而开庭审理无疑是当事人程序保障最为充分的场合。在开庭审理中，当事人以言词方式围绕证据陈述意见、提出抗辩、进行辩论，能够对证据和事实充分展开对抗；人民法院也能够通过直接观察当事人的质证活动、听取当事人的意见，对证据及事实问题进行全面了解，从而作出客观、公允和准确的判断。因此，质证原则上应当在开庭审理中进行。

根据《民事诉讼法》第 136 条第 4 项的规定，人民法院对于需要开庭审理的案件，应当通过要求当事人交换证据等方式，明确争议焦点。对于一些比较复杂或者证据较多的案件，人民法院在审判实践中通常也会组织包括证据交换在内的庭前会议，为开庭审理的集中进行作准备。有时在庭审之前或者之后，人民法院也会组织当事人对有关事实进行调查、询问。当事人在上述场合都可能对有关证据问题进行陈述、发表意见。无论是审理前准备中的证据交换、庭前会议，还是人民法院调查、询问，均由审判人员主持，只要符合对席、直接、言词的特征，且对于当事人而言亦属于公开进行的诉讼活动，与庭审的特征基本一致，只是在程序上有所简化，但对于当事人的程序保障并无太大的差别。因此，从提高庭审效率、节约诉讼成本出发，在这些场合当事人发表了质证意见的证据，应当视为质证过的证据。《民事诉讼法解释》第 103 条仅就当事人在审理前的准备阶段认可的证据作出规定，2019 年《民事诉讼证据规定》将其扩展到在人民法院调查、询问场合。需注意的是，对于当事人在审理前的准备阶段以及开庭之前人民法院调查、询问过程中发表过质证意见的证据，在开庭审理中，人民法院应当进行说明，并询问当事人是否有新的意见。当事人有不同于此前质证意见的新的意见的，人民法院应当适用《民事诉讼法解释》第229条的规定，要求其说明理由或者提供相应的证据，并结合当事人的诉讼能力等案件具体情况对其理由进行判断。对于庭审之后人民法院调查、询问中当事人发表质证意见的证据，当事人在判决前提出不同意见的，人民法院可以参照《民事诉讼法解释》第229条的规定，审查当事人变更意见的理由是否成立。

审判实践中，有时在质证时，当事人或者作为诉讼代理人的律师会提出，对某些证据的质证意见将在庭审之后以书面方式提交法庭。对于这种情况是否应当准许，存在一定争议。肯定的意见认为，当事人在庭审之后以书面方式质证，与庭审中发表质证意见并无本质不同，而且这种方式可以提高庭审效率。反对的意见则认为，质证应当以言词方式进行，这是由直接言词原则所决定的，也与质证本身的特点直接相关，以言词方式进行质证，对方当事人能够及时进行反驳，双方当事人的对抗过程完整充分，有利于人民法院对证据的情况进行全面了解和准确判断，而以书面方式发表意见，对方当事人通常也是以书面方式提出反对意见，这种书面质证反倒不利于审理效率的提高。2001年《民事诉讼证据规定》和《民事诉讼法解释》对于书面质证均未作出规定，2019年《民事诉讼证据规定》在起草过程中，对于是否允许当事人以书面方式质证，如果允许应当设定何种条件，也存在争论。2019年《民事诉讼证据规定》采取了有条件准许的做法，第60条第2款规定“当事人要求以书面方式发表质证意见，人民法院在听取对方当事人意见后认为有必要的，可以准许”，即在听取对方当事人意见的基础上，综合考虑书面质证的必要性后作出判断。其理由在于，质证原则上应当以言词方式进行，这既是《民事诉讼法》关于质证规定的基本逻辑，也是由质证本身的特点所决定的。但有时当事人要求书面发表质证意见，也有其合理性。如当事人未在举证期限内提供而是在庭审中提出的证据，在不符合证据失权条件时，对方当事人需要进行必要的准备，无法当庭发表质证意见。这种情况下，当事人从节约诉讼成本考虑，可能不要求再次开庭质证，而申请书面质证。因此，一概不允许书面质证，过于绝对，也不符合审判实践的需要。但书面质证并非质证的一般方式，只能在特定的情况下有条件的准许，不能作为一般性规则。在决定是否准许书面质证的申请时，人民法院应当充分考虑对方当事人的意见，对方当事人不同意申请人书面质证的，通常不宜准许当事人以书面质证意见替代言词质证；对方当事人同意书面质证的，人民法院也应当综合考量案件和证据的具体情况，考虑书面质证方式是否能够实现质证效果、是否能够起到节约诉讼成本和提高诉讼效率的目的等因素，进行综合判断。对于准许当事人提交书面意见，应当在收到书面意见后及时送交对方当事人。对方当事人提交反驳意见的，也应当及时送交申请人。

2001 年《民事诉讼证据规定》第 48 条对于应当保密

的证据的质证作出规定，《民事诉讼法解释》第103条第3款进行文字修改后延续了其内容。关于应当保密的证据，在审判实践中主要指向涉及国家秘密、商业秘密和个人隐私的证据。这类证据均具有一定的秘密性，如不加限制地公开证据过程，可能会违反法律规定，给国家利益或社会公共利益造成损害，或者损害商业秘密、个人隐私的权利主体的合法权益。因此，在证据质证问题上，既要考虑质证对案件事实查明和当事人权利保障的意义，也要考虑这种具有秘密性的证据本身的特征。根据前述司法解释的规定，对于这种应当保密的证据，不得公开质证。这意味着，其一，即使对于应当保密的证据，质证仍然是一般性要求，人民法院应当保障当事人对证据质证的诉讼权利，通常仍然应当由当事人围绕证据进行陈述意见、质疑辩驳。其二，对应当保密的证据的质证，不得公开进行，即人民法院不得在公开开庭中组织质证。如果公开开庭审理中涉及这些证据的质证，应当在要求旁听人员退出法庭后进行质证，进行庭审直播的也应当及时中止直播。其三，人民法院应当结合证据的具体情况，决定应当保密的证据的质证方式，对于确属不宜对当事人公开的证据，由人民法院审查，经向当事人说明情况后，决定是否将其作为认定案件事实的根据。

（三）质证的内容

当事人质证既是为行使自身的诉讼权利、维护实体权利，也为人民法院认定证据提供基础。因此，人民法院审查判断证据的考量因素，是当事人对证据质证的主要内容，人民法院在组织当事人质证过程中，应当指挥引导当事人围绕这些因素进行。而人民法院对证据的审查判断，是围绕证据本身能够作为认定案件事实根据的基本属性展开的。

我国通说认为，证据的客观性、关联性和合法性是证据的三种属性或三个特征。证据的客观性即证据的真实性，是指一切民事诉讼证据都必须是客观存在的真实情况，它是不以人的意志为转移的，任何人的想象、揣测和臆造，都不能成为民事诉讼的证据，这是民事诉讼证据的最本质的特征。[①] 证据的关联性是指诉讼证据与案件的待证事实之间有客观的联系，它要求诉讼证据应该是能够全部或部分地证明案件的有关事实是存在还是不存在。[②] 合法性是指诉讼证据必须是按照法律的要求和法定程序而取得的事实材料。[③] 客观性、关联性和合法性是构成证据的充分条件，缺一不可，必须同时具备。但近年来，一些学者对于证据属性特别是证据的客观性进行检讨、反思，提出质疑。“如果我们要判断某一证据是否在内容上与案件事实相符，就必须事先了解案件事实是怎样的。案件事实发生在过去，

---

① 参见肖建华：《证据属性之判断——比较法与法学方法论的启示》，载《甘肃政法学院学报》2006 年第 2 期。

② 参见汤维建：《关于证据属性的若干思考和讨论——以证据的客观性为中心》，载《政法论坛》2000 年第 6 期。

③ 参见汤维建：《关于证据属性的若干思考和讨论——以证据的客观性为中心》，载《政法论坛》2000 年第 6 期。

要想了解它必须通过证据进行推理，案件事实正是通过推理得出的结论。但是，现在我们却被要求用推理的结论反证推理依据的正确性，这在逻辑上显然是混乱的”。[①]“证据是否具有客观性是证据判断要解决的问题……法官在整体案件事实被认识之前，无法确切地把握证据和案件事实整体之间的关系，无法对证据的真实与否下结论……证据的客观性问题……不是证据的属性，而是证据判断的问题”。[②]

尽管理论上对于证据属性问题存在争论，但对于人民法院从证据的真实性、关联性、合法性角度审查判断证据，理论界和实务界大多不持异议。与之相对应，证据的真实性、关联性、合法性也应当成为当事人对证据质证的主要内容。另外，在证据满足真实性、关联性、合法性的前提下，证据在多大程度上发挥对待证事实的证明作用，人民法院还需要对证据的证明力进行考察。因此，质证通常包含两个方面的内容，即对证据的真实性、关联性、合法性的质证和在此基础上对证据证明力的质证。这两个方面的内容实质上也是人民法院对证据进行审查判断、形成心证的重要因素。审判实践中，审判人员在对证据的审查判断证据过程中，也都会自觉、不自觉地首先围绕证据的“三

① 纪格非：《对“证据属性”在证据制度中基础性地位的质疑》，载《山东师范大学学报》2005 年第 1 期。

② 肖建华：《证据属性之判断——比较法与法学方法论的启示》，载《甘肃政法学院学报》2006 年第 2 期。

性”来进行审查判断。这种状况与其他国家有很大的不同。在英美法系国家和地区，与证据概念的讨论有关的是证据的相关性和可采性，而大陆法系国家则注重证据作为证明方法的属性。可以说，对证据的真实性、关联性和合法性的关注和讨论，是我国证据法理论与实践中独具特色的现象。

真实性是证据的必备属性，人民法院在审查判断证据时，也必须首先审查证据的真实性。证据的真实性是人民法院查明的案件事实能够最大限度地接近客观真实的基础。在当事人质证以及人民法院在此基础上对证据审查判断的过程中，有关证据真实性的问题一般围绕以下几个方面展开：(1) 证据来源，即证据如何形成，如何收集取得，收集证据的程序是否合法或合理等。证据的来源对于检验证据的真实性具有较为重要的意义，证据的形成、取得过程和主体，收集证据的过程等因素，都对检验证据的真实性有帮助。(2) 证据的内容。内容的真实性是证据真实性的实质内容。对证据内容真实性的检验，往往需要运用经验法则，结合证据之间的逻辑关系进行综合的论证和评价。

关联性是证据必备的自然属性，是证据能够被采纳的首要条件，在证据规则中发挥着基础性和根本性的作用。“证据必须同案件事实存在某种联系，并因此对证明案情具有实际意义”。《美国联邦证据规则》第 401 条规定，“关联性证据是指证据具有任何这样一种倾向，有这项证据比没有这项证据，使对审理案件有意义的任何事实的存在更可能或更不可能”。从这个意义上说，关联性实际上就是证据对案件事实所具有的证明性。对证据关联性的检验，可以从证据与待证事实之间的实质关系和证据的证明价值两方面来进行。关于证据与待证事实之间的实质关系，主要围绕当事人提供证据的证明目的、该目的是否有助于证明争议事实来展开。如果证据的证明目的并非指向待证事实，则该证据与待证事实之间没有实质关系，也没有关联性。而证明价值实质上是对证据证明待证事实存在或者不存在的可能性的考察。如果证据对待证事实的存在更有可能或者更无可能，该证据即具有证明价值。

证据的合法性能否作为证据的属性，存在争议。否定的观点认为，证据本身并不存在合法性问题，存在合法性问题的是证据程序而非证据本身，如果认为证据须有合法性，则人为增添了主观色彩。从2001年《民事诉讼证据规定》以来的民事审判实践来看，合法性一直是人民法院审查判断证据的基本要求，也是当事人质证的必备内容。一般认为，证据的合法性包括证据应当符合法定的形式以及证据的形成和获得要合法。但在实践中，形式的合法性通常只有法律有明确的特定要求时才被考虑，而证据形成、获得途径的合法性主要结合实体法的规定并考虑价值衡量的因素来综合判断。

具备真实性、关联性和合法性的证据，能够作为证明案件事实的基础，人民法院认定案件事实时，应当以这样的证据为依据。

（四）证据的证明力

证明力也称证据力，是指由法官对证据的可信性和关联性加以判断所产生的对案件事实的证明效力，是证据对于法官形成内心确信或强化这种内心确信所具有的作用和价值。

法官对证据证明力的审查，实质上是检验某项事实是否需要证明以及是否已经得到证明的过程。相应地，当事人对证据有无证明力和证明力大小进行说明和辩论，其目的也是对法官的证据评价产生影响。法庭裁判的事实不是先验的，证据的证明力也不是纯客观的。法官的证据评价是主观对客观反映的过程，是对各种证据的证明力进行主观评价的结果。在确定某项事实属于证明评价范围的前提下，法官依据证据裁判主义的原则，运用经验法则并遵守证明力规则，对证据的证明力作出判断。证据的证明力规则虽然具有法定证据制度的特征，但由于现代社会世界各国普遍确立以自由心证作为证明评价的原则，证据的证明力规则往往只是针对特定的情形提出要求，通常情况下，法官是依自由心证的原则来判断证据证明力的有无和大小。我国的民事诉讼实践中，也遵循同样的原则。

审判实践中应当注意的是，《民事诉讼法解释》第104条第2款规定的“能够反映案件真实情况、与待证事实相关联、来源和形式符合法律规定的证据，应当作为认定案件事实的根据”，并不意味着只要当事人提出的证据满足真实性、关联性、合法性的要求，人民法院就应当据此支持当事人相应的事实主张。证据的真实性、关联性、合法性是人民法院审查判断证据证明力的基础，不具备这三个特征的证据，其对待证事实的证明力无从谈起。人民法院需要对具备真实性、关联性、合法性的证据的证明力作出评价，最终确定当事人的事实主张是否能够成立。

二、审核认定证据的方法

2019 年《民事诉讼证据规定》

第 87 条　审判人员对单一证据可以从下列方面进行审核认定：

（一）证据是否为原件、原物，复制件、复制品与原件、原物是否相符；

（二）证据与本案事实是否相关；

（三）证据的形式、来源是否符合法律规定；

（四）证据的内容是否真实；

（五）证人或者提供证据的人与当事人有无利害关系。

第 88 条　审判人员对案件的全部证据，应当从各证据与案件事实的关联程度、各证据之间的联系等方面进行综合审查判断。

在自由心证主义和证据裁判原则之下，2001 年《民事诉讼证据规定》第 65 条和第 66 条规定了单一证据审查认定的指引性方法和全部证据的综合审查判断要求，被 2019 年《民事诉讼证据规定》第 87 条和第 88 条所承继。

（一）单一证据的审查认定方法

根据《民事诉讼法解释》第104条的规定，当事人对于证据的质证，围绕证据的真实性、合法性和关联性展开。人民法院对于证据的审查认定，同样围绕证据的真实性、合法性和关联性进行。2019年《民事诉讼证据规定》第87条提出的五项指引性规定，实质上均属于真实性、合法性和关联性审查的范畴。

第一，就单一证据而言，对证据真实性的审查包括审查证据的形式真实性和内容真实性。其一，2019年《民事诉讼证据规定》第87条第1项所规定的原件规则，主要指向证据的形式真实性，对于原物、原件的要求所针对的是物证、书证以及参照适用书证规则的视听资料、电子数据等证据类型。符合原件规则的证据，推定其具有形式真实性。当事人提交复制件、复制品的，人民法院应当要求其提供原件、原物以供核对，除对方当事人认可的外，无法与原件、原物核对的复制件、复制品不能单独作为认定案件事实的根据，需要其他证据进行补强后，才能发挥事实证明作用。对于当事人陈述、证人证言等言词证据，通常不存在形式真实性问题，但立法上可能存在程序方面的要求，如未经法庭准许不出庭作证的证人提供的书面证言，不具有证据资格。其二，2019年《民事诉讼证据规定》第87条第4项规定的证据内容的真实性，是指证据能够反映客观事实，对待证事实的证明能够发挥实质作用。证据内容真实性的检验，即使对于单一证据而言也往往并非仅通过对这一证据本身的审查能够完成，需要结合案件的其他事实和证据，审查单一证据的内容与其他证据和事实能否相互印证、是否存在矛盾，根据法官的日常生活经验法则和逻辑推理，进行甄别判断。第 87 条第 5 项“证人或者提供证据的人与当事人有无利害关系”，主要涉及证据内容的真实性问题，此处“提供证据的人”主要系从证据来源角度考虑。根据 2019 年《民事诉讼证据规定》第 90 条第 3 项的规定，与一方当事人或者其代理人有利害关系的证人陈述的证言，不能单独作为认定案件事实的根据，同样需要其他证据补强才能发挥证明作用。对于证据提供者而言，其与当事人存在利害关系的，也应参照这一规则处理。

第二，2019 年《民事诉讼证据规定》第 87 条第 2 项“证据与本案事实是否相关”，是指对于证据关联性的审查。证据的关联性是指证据与待证事实之间的实质性联系，它与证据的真实性和证明价值并不直接相关，主要侧重于证据对事实的认定是否有证明作用。对于关联性的判断，需要人民法院结合当事人的请求权基础和具体的事实主张，运用一般经验法则和逻辑推理，来审查证据与待证事实之间的关联关系及程度。

第三，2019 年《民事诉讼证据规定》第 87 条第 3 项“证据的形式、来源是否符合法律规定”，是关于证据合法性的规定。有关证据的合法性问题，《民事诉讼法解释》第 106 条关于民事诉讼非法证据判断标准和排除规则的规定，无疑是最重要的法律依据，对于证据的形成、获取是否非法，应当根据这一规定进行判断。但有关证据形式的合法性，并无明确的法律司法解释规定。曾经有观点认为，《民事诉讼法》第66条关于证据类型的规定，具有法律意义，不符合该条规定的证据不具有合法性。这种观点并不妥当。《民事诉讼法》第66条的规定，意在明确审查判断证据应当根据不同的证据类型适用不同的规则，并不排斥其他能够证明案件事实的资料作为证据的合法性。事实上，审判实践中对于其他未被涵盖的证据形式，均解释为法定证据类型的一种表现形式。如在2012年《民事诉讼法》修改之前，电子数据并非法定证据类型，但在解释上大多将其作为视听资料的一种形式。2019年《民事诉讼证据规定》第87条第3项中的“证据的形式”，主要是指法律、司法解释对于某些事实的证明，存在对证据形式的特殊要求的情形。例如，当事人之间有关仲裁的约定需要以书面仲裁协议来证明，这种书面协议即属于法律所规定的证据形式。

（二）对于全部证据的审查认定方法

人民法院对于案件全部证据的审查认定，是在自由心证主义指引下对证据进行综合判断的过程。对于全部证据的审查认定，不能脱离对单一证据的审查。事实上，民事诉讼中，仅有单一证据的案件并不常见，多数情况下案件事实的证明是由多种证据综合发挥证明作用的结果。在这一过程中，证据与案件事实之间的关联程度以及各个证据之间的联系，是证据的审查认定中最为重要的内容。

人民法院对于全部证据的审查认定，针对的是具有证据资格的证据，没有证据资格的证据不能纳入综合判断的范围。故证据资格属于前提性问题，具有证据资格是证据进入人民法院审查认定范畴的基础。大陆法系国家和地区对于民事诉讼中证据资格交由法官自由心证来决定，即使是违法取得的证据，也并不一概排除，而是由法官通过利益衡量决定能否作为认定案件事实的根据。这一点与我国情况不同。2001年《民事诉讼证据规定》和《民事诉讼法解释》对于非法证据，均规定不具有证据资格。但对于非法证据的判断，则在规定一定标准的情况下，交由法官在具体的案件中根据情况进行利益衡量后确定。因此，原则上，证据资格问题并不属于人民法院自由心证的范畴，但在具体的认定上允许人民法院在法定条件之下进行自由裁量。

证据与案件事实的关联程度，是在各个证据与待证事实具有关联性的前提下，对于关联性的强弱进行的分析判断。而就各个证据之间的联系而言，能够形成完整证据链条的证据，具有指向的一致性，彼此之间互相印证，互相补充，共同使待证事实的证明能够满足法定证明标准的要求。如果证据彼此之间相互矛盾，无疑会削弱整体的证明作用，也很难保持证据链条的完整性。在证据与待证事实的关联程度以及证据之间的联系的判断上，经验法则和逻辑推理无疑是必不可少的方法。经验法则是人们从生活经验中归纳的关于事物因果关系或属性状态的法则，基于经验法则的知识或者认识在很大程度上反映了事物的性质、状态和事物之间联系的高度盖然性，因此以经验法则作为推定和认定事实的根据具有正当性。逻辑推理是人们在认识事物和分析事物中所运用的逻辑规则和法则，反映了人们思维分析法则的客观性，是人民法院在认定案件事实中必须遵循的规范。对于案件全部证据的审查认定过程，是经验法则与逻辑推理综合运用的过程，通过对各个证据与待证事实的关联性以及彼此之间的相互联系的分析评价，就证据对待证事实的证明价值作出判断，进而形成对待证事实的认定。

第三节　瑕疵证据的补强

2019 年《民事诉讼证据规定》

第 90 条　下列证据不能单独作为认定案件事实的根据：

（一）当事人的陈述；

（二）无民事行为能力人或者限制民事行为能力人所作的与其年龄、智力状况或者精神健康状况不相当的证言；

（三）与一方当事人或者其代理人有利害关系的证人陈述的证言；

（四）存有疑点的视听资料、电子数据；

（五）无法与原件、原物核对的复制件、复制品。

瑕疵证据的补强规则，也被称为补强证据规则，是指诉讼中，在需要以某些证明力较弱或者存在瑕疵的证据认定案件事实时，应当以其他证据进行补充或者辅助以增强其证明力的规则。瑕疵证据必须与其他证据合并使用，才能据此担保其真实性或者证明价值，故有观点认为，设置补强证据规则的立法意图在于，对那些属于单一的证据，其证据本身在质量上缺乏应有的证明价值，因此，需要对这种证据从数量上加以补强，即从数量的角度来强化该种证据在质量上的证明价值，以此保障借助这类证据证明案件事实的真实可靠性。[①] 在补强证据规则中，用以加强其他证据证明力的证据为补强证据，被补强的证据为主证据，二者须指向相同的证明对象，构成补强与被补强的相互关系。

就补强证据的功能而言，存在三种观点，即案件主要事实说、主要证据说和折中说。案件主要事实说认为，补强证据不仅要对主证据有增强或担保证明力之功效，还应当能独立证明案件主要事实；主要证据说认为，补强证据通过帮助提升主证据的证明力达到能够对案件事实作出判断的效果；折中说则认为，只要补强证据与主证据结合起来能够共同证明案件事实是否存在即可，并不必然要求补强证据同时具有单独证明案件事实的能力。[②] 上述三种观

---

① 参见毕玉谦主编：《〈最高人民法院关于民事诉讼证据的若干规定〉释解与适用》，中国民主法制出版社 2002 年版，第 479~480 页。

② 参见陈海涛：《论民事诉讼中的补强证据规则》，载《河北科技大学学报（社会科学版）》2019 年第 3 期。

点之中，案件主要事实说对于补强证据的功能要求过高，由于补强证据与主证据均指向相同证明对象，如果补强证据能够独立证明案件主要事实，法官根据补强证据即可对案件事实作出认定，而无须以补强证据增强主证据的证明力，故这种观点不符合补强证据本身的特点和功能。补强证据在诉讼中不仅具有补强主证据证明力的作用，也可能对案件事实发挥一定程度的证明作用，只不过这种证明作用未必一定要达到独立证明主要事实的程度。因此主要证据说对于补强证据在诉讼中的作用和范围限制过窄，事实上，补强证据只要能够与主证据相结合共同实现对案件事实的证明作用即可，这也是法律规定补强证据规则的目的所在。故折中说更具有合理性。

我国民事诉讼中的补强证据规则最早规定在1998年《民事审判方式改革规定》第28条，根据该条规定，“下列证据，不能单独作为认定案件事实的依据：1. 未成年人所作的与其年龄和智力状况不相当的证言；2. 与一方当事人有亲属关系的证人出具的对该当事人有利的证言；3. 没有其他证据印证并有疑点的视听资料；4. 无法与原件、原物核对的复印件、复制品”。2001年《民事诉讼证据规定》第69条保留了其中第1项、第4项内容，考虑到与一方当事人有亲属关系的证人也可能出于利害关系考虑而出具对其不利的证言，将“与一方当事人有亲属关系的证人出具的对该当事人有利的证言”修改为“与一方当事人或者其代理人有利害关系的证人出具的证言”；而视听资料是否需要其他证据印证，应当结合案件具体情况判断，对于没有疑点的中立第三方录制的视听资料，即使没有其他证据结合，也可以独立发挥事实证明作用，故将“没有其他证据印证并有疑点的视听资料”修改为“存有疑点的视听资料”；增加了“无正当理由未出庭作证的证人证言”。2019年《民事诉讼证据规定》在2001年《民事诉讼证据规定》的基础上，作出进一步修改，根据《民事诉讼法》的规定和当事人的陈述的特点，将当事人的陈述作为须补强的证据；将“未成年人所作的与其年龄和智力状况不相当的证言”修改为“无民事行为能力人或者限制民事行为能力人所作的与其年龄、智力状况或者精神健康状况不相当的证言”，以适应审判实践的要求，并与有关证人资格条文的表述相呼应；在存有疑点的视听资料规定中补充了具有相似特征的电子数据；基于“无正当理由未出庭作证的证人证言”因不符合《民事诉讼法》关于证人以出庭作证之外的其他方式作证的程序规定，不具有证据资格，其不属于可以补强的证据范围，故删除了该项内容。

理解2019年《民事诉讼证据规定》第90条的内容，可以从如下几个方面考虑：其一，我国民事诉讼中补强证据规则，是针对其规定的五种情形下证据证明价值的补强，而非就证据能力的补强，证据能力存在瑕疵的情况，并非补强证据所能够解决的，不属于可以其他证据补强的范畴。其二，补强证据并不要求对于案件事实具有独立证明作用，更不要求对于案件主要事实的证明作用，事实上，多数情况下，补强证据是通过对间接事实的证明、借助逻辑推理发挥对主证据的证明价值补充增强作用。补强证据能否发挥补强功能，需要法官结合案件情况以及补强证据与主证据的结合程度等因素，通过自由心证进行判断。其三，尽管补强证据是以数量优势弥补主证据证明价值的不足，但并非简单的数量堆积，归根结底是以补强证据的证明价值补充主证据证明价值的不足，需要由法官结合补强证据与主证据作综合判断。

第四节 证明妨害规则

2019 年《民事诉讼证据规定》

第 95 条 一方当事人控制证据无正当理由拒不提交，对待证事实负有举证责任的当事人主张该证据的内容不利于控制人的，人民法院可以认定该主张成立。

所谓证明妨害，存在广义和狭义两种理解。广义的证明妨害是指诉讼当事人以某种原因拒绝提出或由于自己的原因不能提出证据的行为后果。① 狭义的证明妨害则将证明妨害与举证责任的概念紧密相联，并将规范主体特定化，即“不负举证责任之当事人，在具备一定主观归责要件

① 参见汤维健、许尚豪：《建立举证妨碍制度，完善证据立法》，载《证据学论坛》2004 年第 2 期。

（如故意、过失），将证据方法毁灭、隐匿或妨害利用，使负举证责任之当事人因无法利用该证据而无法尽其举证责任，此时如依原来举证责任分配之原则，使该负举证责任之当事人承受败诉判决，将产生不公平之结果，从而在事实之认定上，就负有举证责任之当事人之事实主张，作对其有利之调整”①。民事诉讼当事人为实现其诉讼目的，需要对其诉讼主张所依赖的法律要件事实进行证明，在事实真伪不明状态下，负有证明责任的当事人即应当承担由此而产生的不利后果。但是，“如果不负有证明责任的一方当事人，通过诸如隐瞒重要证人的居所或让其逃往国外、更改文书的内容、过失地疏于保管收条等重要文书等种种故意或过失行为来毁损证据方法，进而对于（对方当事人）利用证据方法形成妨害（证明妨害），那么就会使负有证明责任的当事人陷于难以证明（证据缺乏）的境地，进而使案件事实处于真伪不明。在这种情形下，如果法院通过适用证明责任原则作出判决而使负有证明责任的当事人败诉，那么不免会产生不当且不公平之感。于是，就应当考虑以证明妨碍为杠杆来开发‘避免通过证明责任作出裁判’的法律技术”②。由此在立法上设置证明妨害制度。

证明妨害制度是大陆法系与英美法系国家和地区所普

---

① 黄国昌：《民事诉讼理论之新开展》，北京大学出版社 2008 年版，第 217 页。

② ［日］高桥宏志：《民事诉讼法——制度与理论的深层分析》，林剑锋译，法律出版社 2003 年版，第 465~466 页。

遍承认的民事诉讼法上的制度，所不同的是前者在立法和实务上所指称的证明妨害通常限于狭义的证明妨害范畴，而后者的证明妨害则更接近于广义的理解。[①] 在英美法系国家，英国法院在著名的阿莫尼诉德拉米瑞尔案（Armony v. Delamirie）中，建立了“证明妨碍”概念，对毁灭、隐藏证据以妨害他造进行证明活动之当事人，课予其证据法上一定之不利效果。[②] 美国对证明妨碍行为之规定，并非仅于证据法之领域中加以处理，依证明妨碍行为之态样，而系可能同时构成“刑事犯罪行为”“民事侵权行为”“律师伦理规范之违反”。[③] 在大陆法系国家和地区，《德国民事诉讼法》虽未就证明妨害制度作为一般性规定，但就书证及当事人询问的证明，则有关于证明妨碍效果的个别规定。《日本民事诉讼法》在不遵守文书提出命令的后果、毁灭文书以及当事人拒绝询问等规定中设置了有关证明妨碍的规定。

从逻辑上讲，纵然没有妨害证明的行为，负有举证责任的当事人提出了有关证据，事实也未必能够明晰，也可能仍然发生真伪不明的情形。因此，理论上就证明妨害的法理基

---

① 参见黄国昌:《民事诉讼理论之新开展》，北京大学出版社 2008 年版，第 222~242 页。

② 参见黄国昌:《民事诉讼理论之新开展》，北京大学出版社 2008 年版，第 216 页。

③ 黄国昌:《民事诉讼理论之新开展》，北京大学出版社 2008 年版，第 222~223 页。

础存在认识上的分歧。主要有以下几种观点：其一，经验法则说。德国学者罗森贝克认为，证明妨害涉及一切经验法则，亦即若事实（按不利于相对人者）非真，则相对人应不致妨碍举证之进行，而是予以支持，其破坏证据调查，即显示其恐惧结果之呈现。[①] 其二，违反诉讼上协力义务说。证明妨害的理论基础在于实施妨害行为的人违反了诉讼上的协力义务，即民事诉讼当事人负有协助法院发现真实和促进诉讼的义务，证明妨害行为不仅对事实发现造成障碍，对于促进诉讼也会产生消极影响，是对诉讼上协力义务的违反因此有必要对这种行为予以制裁。[②] 其三，违反诚信原则。当事人妨害举证的行为，违反以公平方法进行诉讼的原则，属于滥用诉讼权利的情形，违反民事诉讼中所应当遵守的诚实信用原则，如果该行为导致事实证明困难，则不能使实施妨害行为的人从事实不能证明的状态中获得利益。其四，违反实体法上的证据保存义务。当事人基于法律、约定或者习惯，对于特定证据负有保存义务时，如果由于该当事人的原因致使对方当事人在诉讼中无法使用证据，负有保存义务的当事人应当对此负有责任。有关证明妨害的法理基础，我国有学者主张，举证妨害具有各种形态，行为人的行为动机不尽相同，后果也会涉及不同的范围和层面。因此证明妨害的理论

---

① 参见姜世明：《民事诉讼法》（下册），我国台湾地区新学林出版股份有限公司2013年版，第100页。

② 参见汤维健、许尚豪：《建立举证妨碍制度，完善证据立法》，载《证据学论坛》2004年第2期。

基础是多元的，既有实体法上的证据保存义务，也有诚信原则和诉讼上的协力义务，也应当考虑他方当事人正当的实体利益和程序利益，依衡平、公平方式进行诉讼。这既是当事人为诉讼上行为之指针，也是法院评判诉讼上当事人行为之基准。[①] 这些理论观点分别从不同的角度和立场，对于证明妨害的法理依据进行阐释，对于全面考虑证明妨害的基础问题，具有积极意义。但证明妨害作为一种诉讼制度，具有制裁违反诚信原则和恢复无此妨害状态的双重目的，因此其理论基础实质在于诉讼上的诚信原则和实现当事人之间的公平。正如我国台湾地区"民事诉讼法"第 282 条立法理由所称："当事人以不正当手段妨碍他造之举证活动者……显然违反诚信原则；为防度当事人利用此等不正当手段以取得有利之诉讼结果，并顾及当事人间之公平，爰增设本条"。[②]

证明妨害的构成要件包括客观构成要件和主观构成要件两个方面。第一，客观构成要件，包括有证明妨害行为、存在待证事实真伪不明的情况、妨害行为与待证事实真伪不明的状况存在因果关系这几个方面。证明妨害行为可以是积极的作为，也可以表现为消极的不作为，只要造成对方当事人对该证据使用困难，无论作为还是不作为，均不影响妨害行为的构成。这种行为一般应在诉讼中发生，但

① 参见宋英辉、汤维建：《我国证据制度的理论与实践》，中国人民公安大学出版社 2006 年版，第 465 页。

② 黄国昌：《民事诉讼理论之新开展》，北京大学出版社 2008 年版，第 218 页。

有时在诉讼之前发生，也可能被认定为证明妨害行为，如医院在诉讼之前损毁病历的行为。待证事实真伪不明是证明妨害客观构成要件的重要因素，当事人虽然实施了妨害证明的行为，但待证事实并未因此而陷于真伪不明的状况，则无适用证明妨害规则的必要。因果关系是构成证明妨害的关键，如果待证事实真伪不明是其他原因造成的，与妨害行为无关，也不应适用证明妨害规则。第二，主观构成要件，即实施妨害行为的当事人的主观故意或者过失。故意实施妨害证明的行为应无异议，就过失而言，一般是指对有关证据负有保管的法定、约定等义务的情形。过失证明妨害大致有三种类型："（1）为虽有意图使证据方法不能被使用，但对该证据方法被除去之于将来诉讼之意义却疏未认识。（2）为虽明知该证据方法于将来诉讼之意义，却过失将其毁弃或损坏。（3）为过失毁弃或损坏某证据方法，且其对该证据方法于将来诉讼之意义亦疏未认识。"①

就法律后果而言，证明妨害可以导致公法上的制裁，如《日本民事诉讼法》规定，对不遵守文书提出命令的人员，法院可以裁定处以罚款。同时，证明妨害也可以在诉讼法上发生一定法律效果。对此，大陆法系国家和地区理论和实务上存在转换举证责任，是降低证明标准、依经验法则进行证据评价等多种观点。转换举证责任通过举证责

① 姜世明：《民事诉讼法》（下册），我国台湾地区新学林出版股份有限公司2013年版，第106~107页。

任转换的方式来调整因证明妨害行为所产生的事实证明上的不公平状态，“只要权利一方当事人有证据表明佐证其权利主张的重要证据被对方控制，则应由相对方承担举证责任，若其不举证，则应认定权利主张成立”①。降低证明标准，是通过降低对待证事实的证明标准，以降低妨害行为所产生的损害，使当事人即使缺乏某些证据也能够实现对其主张的证明。② 法院应当在心证基础上综合考虑妨害方式，可归责的程度以及被妨害证据的重要程度进行自由裁量。如果事实真伪不明是由于证明标准问题所致，则可以降低证明标准。依经验法则进行证据评价的观点，则主张通过适用“一旦实施证明妨碍，就将于实施者不利的事实视为存在”的经验法则，并在自由心证主义的框架内予以处理。③ 即如果当事人实施证明妨害行为的，法院可以据此推定对方当事人关于此证据的主张或相关的事实的主张为真实。我国台湾地区“民事诉讼法”第 282 条规定了在证明妨害情况下，法院得审酌当事人妨碍他选举证之态样、所妨碍证据之重要性等情形，依自由心证确认他造关于该证据之主张或依该证据应证之事实为真实，因此学者

① 王利明等主编：《中国民事证据的立法研究与应用》，人民法院出版社 2000 年版，第 729 页。

② 参见张卫平：《证明妨碍及对策探讨》，载何家弘主编：《证据学论坛》（第 7 卷），中国检察出版社 2004 年版，第 169 页。

③ 参见［日］高桥宏志：《民事诉讼法——制度与理论的深层分析》，林剑锋译，法律出版社 2003 年版，第 466 页。

一致认同综合考量“妨碍行为之态样”（特别是主观归责性）、该证据之重要性、可替代性等因素，区分不同的案件类型，课以不同的证明妨害的法律效果。由此，多数学者以妨害者可归责性高低为判断基准，对于故意实施证明妨害行为的场合，可以直接推认被妨害者之主张为真实；在因重大过失的情形下，降低被妨害者的举证责任标准为“低度的盖然性”；在轻过失证明妨害时，被妨害者的证明标准降低至“优越的盖然性”。①

《民事审判方式改革规定》第30条规定，有证据证明持有证据的一方当事人无正当理由拒不提供，如果对方当事人主张该证据的内容不利于证据持有人，可以推定该主张成立。这是我国证明妨害规则最初的法律渊源。由于这一规定在审判实践中适用效果比较理想，因此2001年《民事诉讼证据规定》第75条沿袭了这一规定。2019年《民事诉讼证据规定》一方面在第95条作出文字修改后延续上述规定的基本内容，作为证明妨害规则的一般规定；另一方面在第48条书证提出命令的后果方面，区分不遵守书证提出命令的不同情形，规定了不同后果，是妨害证明法理在书证提出命令场合中具体适用的特殊规则。对于司法解释中所规定的证明妨害规则，可以从如下几个方面理解。

其一，证明妨害规则的适用仅针对故意实施证明妨害行

① 参见黄国昌：《民事诉讼理论之新开展》，北京大学出版社2008年版，第221页。

为的情形。“无正当理由拒不提交”，这种表述本身意味着控制证据的当事人有妨害对方当事人使用证据的主观故意，对于过失行为妨害对方当事人使用证据的则没有适用的余地。

其二，对于证明妨害行为的法律后果，原则上人民法院认定负有举证责任一方当事人有关证据内容的主张成立；例外地在控制书证的当事人不遵守书证提出命令，且实施了“以妨碍对方当事人使用为目的，毁灭有关书证或者实施其他致使书证不能使用行为”时，直接认定对方当事人主张以该书证证明的事实为真实。即原则上认定被妨害者“关于该证据之主张为真实”，在特定情况下直接认定“应证之事实为真实”，并不考虑是否存在“被妨碍者处于该证据方法作成过程之外而难以被期待得知该证据之内容”的情形。[①] 2019 年《民事诉讼证据规定》第 95 条将 2001 年《民事诉讼证据规定》第 75 条中的“推定”修改为“认定”，原有条文中的“推定”并非证明方法上的推定，而是推认之意，修改为“认定”更为准确。

其三，将 2001 年《民事诉讼证据规定》第 75 条中“持有证据”修改为“控制证据”，适当扩大证明妨害规则的适用范围。即构成妨害证明的当事人，并不限于直接持有证据的人，当事人即使并未直接持有证据，但其基于特定关系对证据持有人有管理、支配地位的，如存在行政隶

① 参见黄国昌：《民事诉讼理论之新开展》，北京大学出版社 2008 年版，第 222 页。

属或领导关系、系履行辅助人、委托代理人等，可以认定为当事人系证据的控制者，应当为证据持有人的行为负责。

其四，人民法院在适用证明妨害规则时，应当根据案件情况适当行使释明权，使控制书证的当事人有发表意见、进行解释和陈述的机会，也使对方当事人有进一步主张和辩论的机会，防止由于控制书证的当事人的疏忽、对规则不了解等原因，遭受裁判突袭的风险。

第五节　非法证据的认定

《民事诉讼法解释》

第 106 条　对以严重侵害他人合法权益、违反法律禁止性规定或者严重违背公序良俗的方法形成或者获取的证据，不得作为认定案件事实的根据。

非法证据排除规则源于美国的刑事诉讼。在美国，自 1914 年威克斯诉合众国案确立非法证据排除规则后，经过 1961 年马普诉俄亥俄州案将其从联邦法院推广至各州法院的刑事诉讼。这一规则仅针对非法取证的政府执法人员，即使在刑事诉讼中，非法获得证据的主体是普通人时也不适用。按照英美法系普通法传统，发现案件真实居于诉讼的核心地位，取证方式不影响证据的可采性，利用一切证据对案件事实作出最准确的认定，比排除证据所能实现的某些目标更重要。因此，非法证据排查规则基本不在民事诉讼中适用。但经过几十年的发展，民事诉讼领域非法证据排除规则从绝对不适用发展为在特定领域适用或者允许法官裁量适用。[①] 与美国不同的是，《英国民事诉讼规则》第32.1（2）条明文授权法院可以排除原本可采的证据。借助该权限，法官可以排除违法（illegally）获得的证据（如犯罪、侵权、违约）、不当（improperly）获得的证据（如欺诈、欺骗、贿赂、威胁或引诱），以及通过侵犯私生活及家庭生活受尊重权（《欧洲人权公约》第8条）获得的证据。[②]

大陆法系国家和地区对事实的认定依据自由心证原则，法律对证据能力一般不作特别限制。除《瑞士民事诉讼法》第152条规定“仅当发现真实的利益更重要时，才考虑违法获取的证据手段”外，大多并未对非法证据排除作出规定。《德国民事诉讼法》中没有关于违法证据的规定，一般以“证据禁止”对相应的证据可采性进行描述。通说将证据禁止分为禁止收集证据和禁止评价证据两个层面：证据收集是指包括证据调查以及法院作成准备性的证据裁定在内的一切过程；证据收集违法或不许可，并不必然导致禁止证据评价的后果。[③] 在日本，早期民事诉讼中的证

---

① 参见毕玉谦：《民事诉讼上的非法证据排除：理论学说与认定标准》，载《证据科学》2012年第4期。

② 参见周翠：《民事非法证据排除的规范解释与实务观察》，载《中国法学》2020年第3期。

③ 参见周翠：《民事非法证据排除的规范解释与实务观察》，载《中国法学》2020年第3期。

据调查规则比较宽松，原则上对证据能力不作限制，采取侵害人格权手段取得的证据并不影响证据能力，对人格权的侵害在侵权损害赔偿中解决。近年来有学者主张，对侵犯隐私取得的证据，只要未经本人同意就没有证据能力，在信息收集过程中违法的证据同样没有证据能力。[①] 在我国台湾地区，尽管有学者认为，在自由心证原则之下，足以解决有关证据取舍的所有问题，而不产生证据能力的问题，任何证据方法都有证据能力，即使违法取得的证据方法仅可能发生其他的刑事或民事责任的问题，与证据能力毫无影响；但通说认为，发现事实真相并非民事诉讼的唯一目的，实体真实与程序正义具有相同的价值，如果取证人所采取的手段、方式或行为具有严重的反社会性，或称社会的危害性，导致法律的尊严受到严重贬损及他人的权益受到严重侵害，在这种情形下，对案件事实真相的发现将被迫退居次位。否则，与取证难度相适应的手段或方式在追求案件真相发现上将具有不可替代性。注意程序法所追求之真实价值，并不表示就能得出法院应容许不计代价追求真实的结论，因而对违法取得的证据在诉讼中的可利用性，就不能单纯以追求真实、举证人的举证利益或证明权等理由而使其取证行为的瑕疵得以正当化。[②]总体而言，在大陆法系国家和地区，主流观点认为，民事诉讼应当公

①② 参见毕玉谦：《民事诉讼上的非法证据排除：理论学说与认定标准》，载《证据科学》2012 年第 4 期。

平进行，以违法方式收集证据是对对方当事人的诉讼突袭，违反诚信原则。实体法和诉讼法均属于法秩序的组成部分，故违反实体法收集的证据，在诉讼法上应当排除其利用。否则，无异于承认和鼓励可以违法取得证据，从维护法律秩序出发是不妥当的。法院对违法取得的证据不予排除本身即构成对实体法的违反。而当事人也不能通过违法的方式行使其诉讼权利。尽管存在一定争论，但对于严重侵犯人权的方法取得的证据，一般会否定其证据效力。

在2001年《民事诉讼证据规定》公布实施之前，最高人民法院在1995年作出的《关于未经对方当事人同意私自录制其谈话取得的资料不能作为证据使用的批复》（法复〔1995〕2号，以下简称1995年《批复》）中指出："证据的取得必须合法，只有经过合法途径取得的证据才能作为定案的依据。未经对方当事人同意私自录制其谈话，系不合法行为，以这种手段取得的录音资料，不能作为证据使用。"这一批复是我国第一部关于非法证据排规则的法律文件，它确立了民事诉讼中证据应当具有合法性的原则，并针对录音资料提出了非法证据判断的标准，具有十分积极的意义。但未经对方当事人同意的录音资料未必不合法，在录音资料是否具有合法性的判断标准上，1995年《批复》显得过于严苛，其提出的录音资料的合法性标准很难满足，与现实情况不符，且将未经对方当事人同意的录音资料一律排除，容易发生有违实体公正的结果。审判实践中，将1995年《批复》确立的规则扩展到所有视听资料的审查判断，当事人一方设置在公共场所的录音、录像设备如银行营业大厅中的监控设备拍摄的内容，也被排除在合法证据之外，不符合人民群众的普遍认知。

为此，2001 年《民事诉讼证据规定》第 68 条在明确规定非法证据应当排除的原则基础上，对非法证据的判断标准进行重新设计，规定“以侵害他人合法权益或者违反法律禁止性规定的方法取得的证据，不能作为认定案件事实的依据”，即以取得证据的手段是否侵害他人合法权益或者违反法律禁止性规定作为非法证据判断标准。与 1995 年《批复》相比，2001 年《民事诉讼证据规定》第 68 条的规定无疑是一个重大进步，其明确规定了非法证据的一般性判断标准，不再将“未经对方当事人同意”这种不符合实际情况的条件作为判断证据是否合法的标准，从原则上界定了民事诉讼非法证据的范围，也为审判实践提供了可供遵循的操作性规则。在审判实践中，2001 年《民事诉讼证据规定》第 68 条确立的非法证据判断标准和排除规则也取得了比较好的法律效果和社会效果。

但在对 2001 年《民事诉讼证据规定》实施情况进行的调研中，也发现第 68 条在适用中暴露出一定问题。在一些特殊的情况下，2001 年《民事诉讼证据规定》第 68 条确立的判断标准有时会遭遇合法权益之间的冲突。例如，在离婚案件中，当事人主张有配偶者与他人同居的事实时，由于该事实一般具有隐秘性，有关证据不易取得，配偶另一方在取得证据的过程中可能会对他人的隐私等人格权造成侵害。这种情况下，严格按照2001年《民事诉讼证据规定》第68条的标准适用，有时会产生不公平的结果，也不利于保护当事人的合法权益。为此，在2003年全国民事审判工作座谈会上，最高人民法院提出，在判断非法证据时应当进行利益衡量，即对取得证据方法违法所损害的利益与诉讼所保护的利益即忽略取证方法的违法性所能够保护的利益进行衡量，以衡量的结果作为判断非法证据的重要考量因素。如果因取证方法违法对他人权益造成的损害明显弱于诉讼中所需要保护的利益，则不应该认定该证据为非法证据。事实上，在非法证据的判断上进行利益衡量，也是英美法系与大陆法系国家和地区的普遍做法。英国法官在排除不当方式获得的证据时需要符合公平审理原则，而且应当对案件的全部情形进行衡量，尤其在考虑所有相关证据的公共利益与避免不恰当地侵犯个体权利的需求之间创设平衡。在德国，法官能否利用违法获得的证据，取决于对“法益与利益权衡”的结果。不过，德国学界又发展出规范保护目的说，也即法官能否利用违法取得的证据，取决于取证所违反的规范保护目的。依此，在违反一般法律的基础上获得信息的，并不绝对导致禁止证据评价的后果，但对宪法保护的基本权利（例如人的尊严、一般人格权）进行违法侵犯的，被违反的法律的规范保护目的通常就禁止法官对所获得的证据资料进行证据评价。[①]

在非法证据的判断上，我国有学者主张以重大违法作为排除非法证据的实质性标准，并引入利益考量的方法确定是否构成重大违法。由于在非法证据排除问题反映了法律制度中各种不同目标、价值和利益之间的竞争与冲突，而这些目标、价值和利益均有其合理性，因此在确定非法证据排除规则时，常常因“鱼和熊掌不可兼得”的困境而无法达到两全其美的效果。因此，在非法证据的判断上，应当综合考量实体公正与程序正义的冲突，目的合法与手段违法的冲突，保护自己合法权益与侵犯他人合法权益的冲突，保护合法权益与维护法律秩序的冲突，以将非法证据排除规则建立在各种冲突的最佳平衡点上。

《民事诉讼法解释》第 106 条延续了 2001 年《民事诉讼证据规定》实施以来最高人民法院判断和排除非法证据的基本立场，并以此作为修改 2001 年《民事诉讼证据规定》第 68 条的指导思想。从 1995 年《批复》到 2001 年《民事诉讼证据规定》第 68 条，再到《民事诉讼法解释》第 106 条，体现了对非法证据逐步限缩范围的发展脉络。

对于《民事诉讼法解释》第 106 条的理解，应当从以下几个方面考虑。

其一，非法证据应当排除，这是民事证据制度中的一

① 参见周翠：《民事非法证据排除的规范解释与实务观察》，载《中国法学》2020 年第 3 期。

项基本要求，对于维护法律秩序，促进诚信诉讼，保障社会基本价值具有重要意义。

其二，违反法律的禁止性规定作为非法证据判断标准仍然是必要的。违反法律的禁止性规定主要是指违反实体法上的规定，这里的实体法不限于民事法律，一切实体法规范包括公法性质的法律均包括在内。禁止性法律规范不同于强制性规范，其范围更为有限，体现了实体法的基本价值规范。对违反法律禁止性规定获取的证据如果不进行限制，事实上是对破坏法律秩序的鼓励。

其三，《民事诉讼法解释》第106条将2001年《民事诉讼证据规定》第68条中“侵害他人合法权益”修改为“严重侵害他人合法权益”，增加了程度上的要求，即对侵害他人合法权益要达到严重的程度。这种表述在一定程度上体现了利益衡量的因素，也意味着对他人合法权益造成一般性侵害的，不会导致证据被排除，因此对于非法证据的范围进行了限缩。而且在理解上，这种严重侵害合法权益的情形，主要是指针对侵害人格权的情形；对于财产权利的侵害，通常并不会导致证据被排除，因财产权利被侵害而对行为人的违法行为进行侵权法、刑法上的制裁并不影响证据的使用。

其四，增加了“严重违背公序良俗”的情形。审判实践中，对于获取证据的方法是否构成“侵害他人合法权益”，一直以是否满足侵权责任的构成要件作为判断标准。违反公序良俗损害他人合法权益的情形因构成侵权，事实上已经被“严重侵害他人合法权益”的标准所涵盖。在非法证据的判断上“严重违背公序良俗”的情形，所指向的是，证据在形成或者获取过程中并无对他人合法权益的明显损害，但证据的形成或者取得本身构成违背公序良俗的情形。需要注意的是，与2001年《民事诉讼证据规定》第68条相比，《民事诉讼法解释》第106条对非法证据的界定并不限于获取证据的方法违法，证据形成本身严重侵害他人合法权益或者严重违背公序良俗亦可以构成非法证据。

其五，民事诉讼中证据是否被排除，通常只涉及当事人之间的利益，在当事人对于证据的合法性不持异议的情况下，人民法院原则上无须对证据是否为非法证据进行审查。

其六，民事诉讼中的非法证据，是指以非法方法形成或者直接获取的证据，违法行为已被追究刑事、民事责任，鉴于真实价值的要求，衍生证据，不必认定为非法证据。例如，违法窃听因而查得尸体所在并挖掘出来，似无须加以排除，以免过度妨碍真实的新发现。①

① 参见姜世明：《新民事证据法论》，厦门大学出版社2017年版，第112页。